国家社科基金
GUOJIA SHEKE JIJIN HOUQI ZIZHU XIANGMU
后期资助项目

袁同礼年谱长编

Yuan Tongli: A Chronicle

一

雷 强 撰

中華書局
ZHONGHUA BOOK COMPANY

图书在版编目(CIP)数据

袁同礼年谱长编/雷强撰. —北京:中华书局,2024.7
(国家社科基金后期资助项目)
ISBN 978-7-101-16452-7

Ⅰ.袁…　Ⅱ.雷…　Ⅲ.袁同礼(1895~1965)-年谱
Ⅳ.K825.4

中国国家版本馆 CIP 数据核字(2023)第 231320 号

书　　名	袁同礼年谱长编(全五册)
撰　　者	雷　强
丛 书 名	国家社科基金后期资助项目
责任编辑	李洪超　王传龙
文字编辑	王鹏鹏
封面设计	毛　淳
责任印制	管　斌
出版发行	中华书局 (北京市丰台区太平桥西里 38 号　100073) http://www.zhbc.com.cn E-mail:zhbc@zhbc.com.cn
印　　刷	三河市宏盛印务有限公司
版　　次	2024 年 7 月第 1 版 2024 年 7 月第 1 次印刷
规　　格	开本/710×1000 毫米　1/16 印张 202　插页 18　字数 3200 千字
国际书号	ISBN 978-7-101-16452-7
定　　价	980.00 元

袁同礼先生

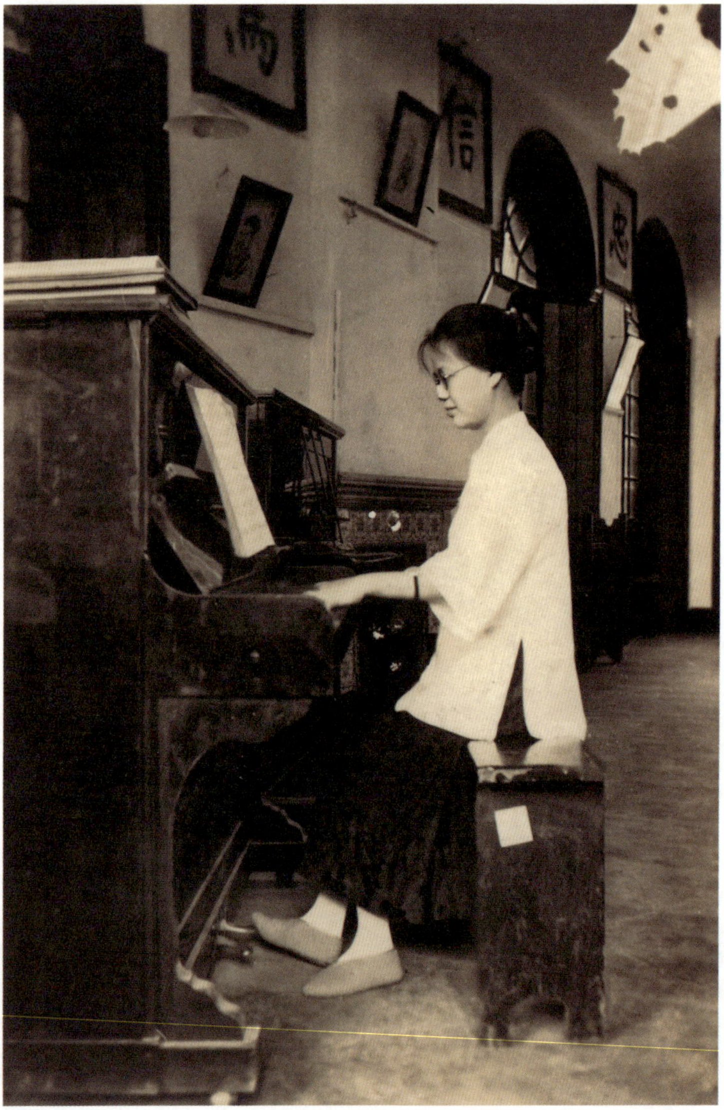

袁慧熙女士

1927 年 5 月 21 日，袁同礼和袁慧熙婚礼合照

20世纪40年代后期，袁家在北平的合影

后 排 左 起：袁敦礼、袁澄（袁同礼长子）、袁同礼、袁复礼、袁伟

三排左二起：赵玉琨（袁敦礼夫人）、廖家珊（袁复礼夫人）、袁静（袁同礼长女）、袁慧熙（袁同礼夫人）、袁枚、袁疆

二 排 右 二：袁清（袁同礼次子）

1929 年 1 月 31 日，中华图书馆协会第一次年会与会会员和嘉宾在中央大学孟芳图书馆前合影留念

1929 年 5 月 11 日，北平北海图书馆举行馆舍奠基仪式

1930年10月，国立北平图书馆图书展览会同人摄影

1934 年 2 月，国立北平图书馆同人欢送袁同礼先生赴欧美考察

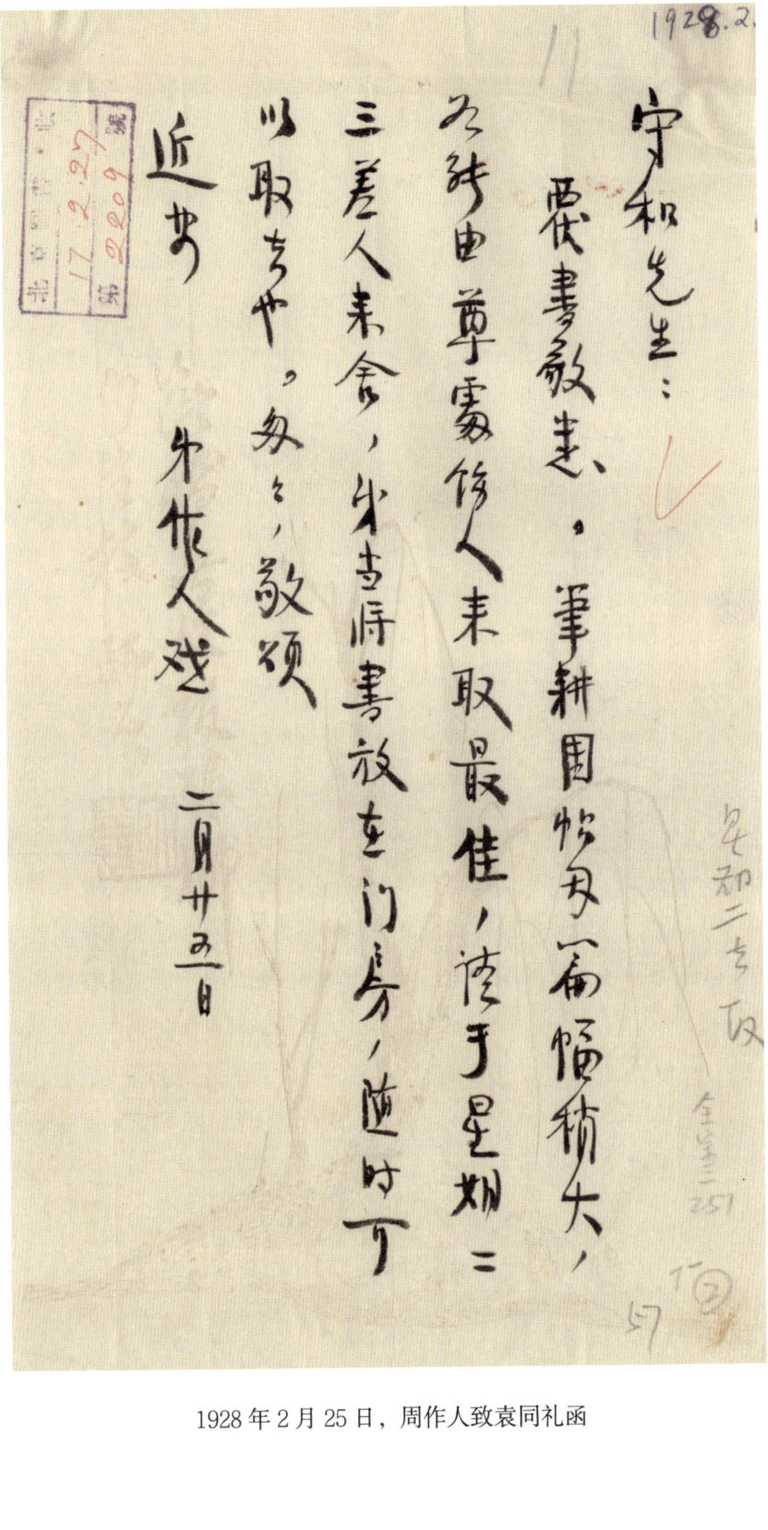
守和先生：

覆书敬悉。笔耕图收到一篇幅稍大，故特由尊处饰人来取最佳，请于星期二三差人来舍，当可将书放在门房，随时可以取去也。匆匆，敬颂

近安

作人启

二月廿五日

1928 年 2 月 25 日，周作人致袁同礼函

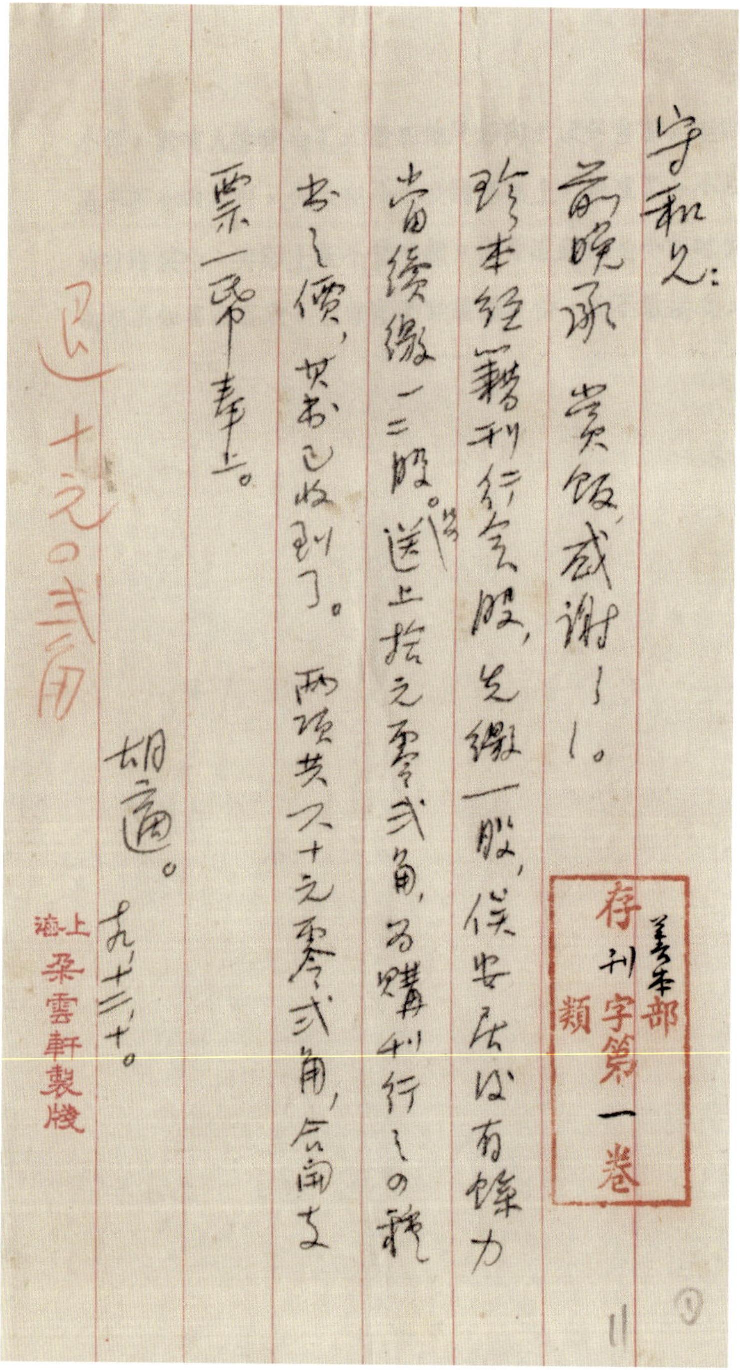
守和兄：

前晚承赏饭，感谢感谢。珍本经籍刊行会股，先缴一股，俟安居后有余力当续缴一二股。送上拾元零贰角，为购刊行会的丛书之价，此书已收到了。两项共八十元零贰角，合开支票一纸奉上。

胡适。

十九，十二，十。

1930 年 12 月 10 日，胡适致袁同礼函

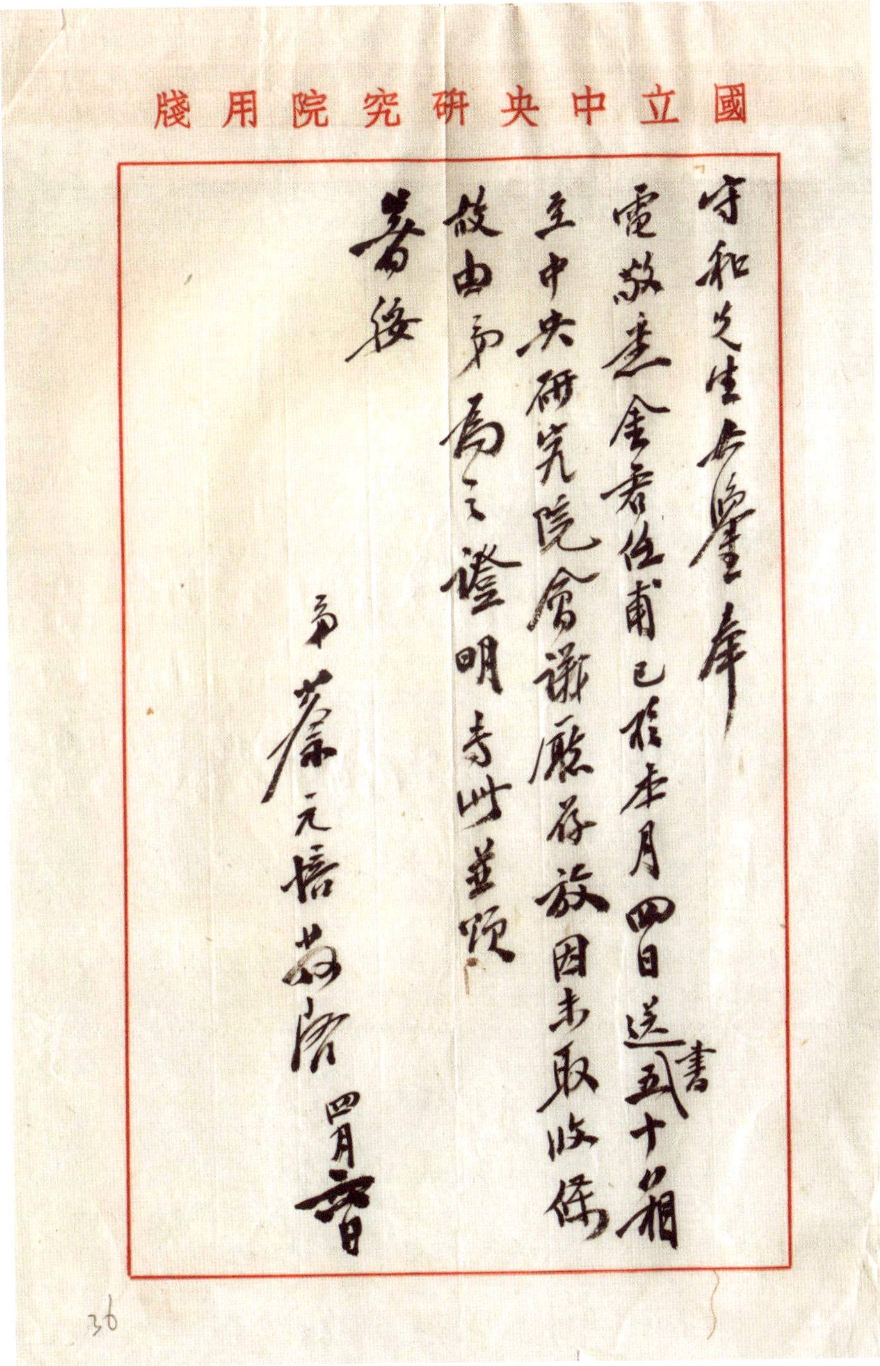

國立中央研究院用牋

守和先生大鑒：奉
電敬悉。金君任甫已於本月四日送書五十箱
至中央研究院會議廳存放，因未取收條，
故由弟爲之證明。專此，並頌
著綏

弟蔡元培敬啓 四月六日

30

1936 年 4 月 6 日，蔡元培致袁同礼函

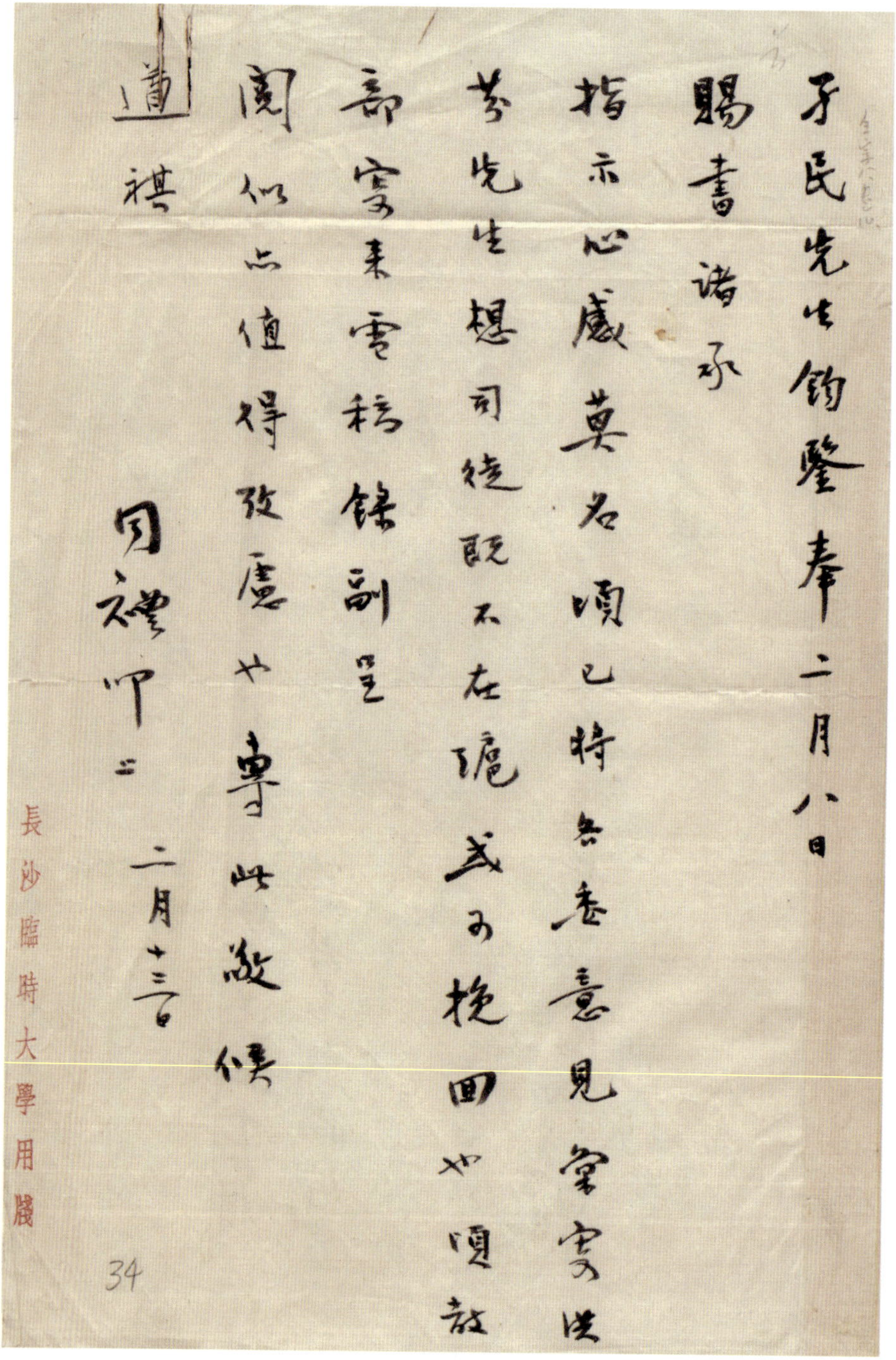
孑民先生鈞鑒：奉二月八日
賜書，諸承
指示，心感莫名。頃已將各委意見寄孫洪
芬先生，想司徒既不在滬，或可挽回也。頃該
部寄來電稿錄副呈
閱，似亦值得考慮也。專此，敬候
道祺
同禮叩 二月十三日

長沙臨時大學用箋

34

1938 年 2 月 13 日，袁同礼致蔡元培函

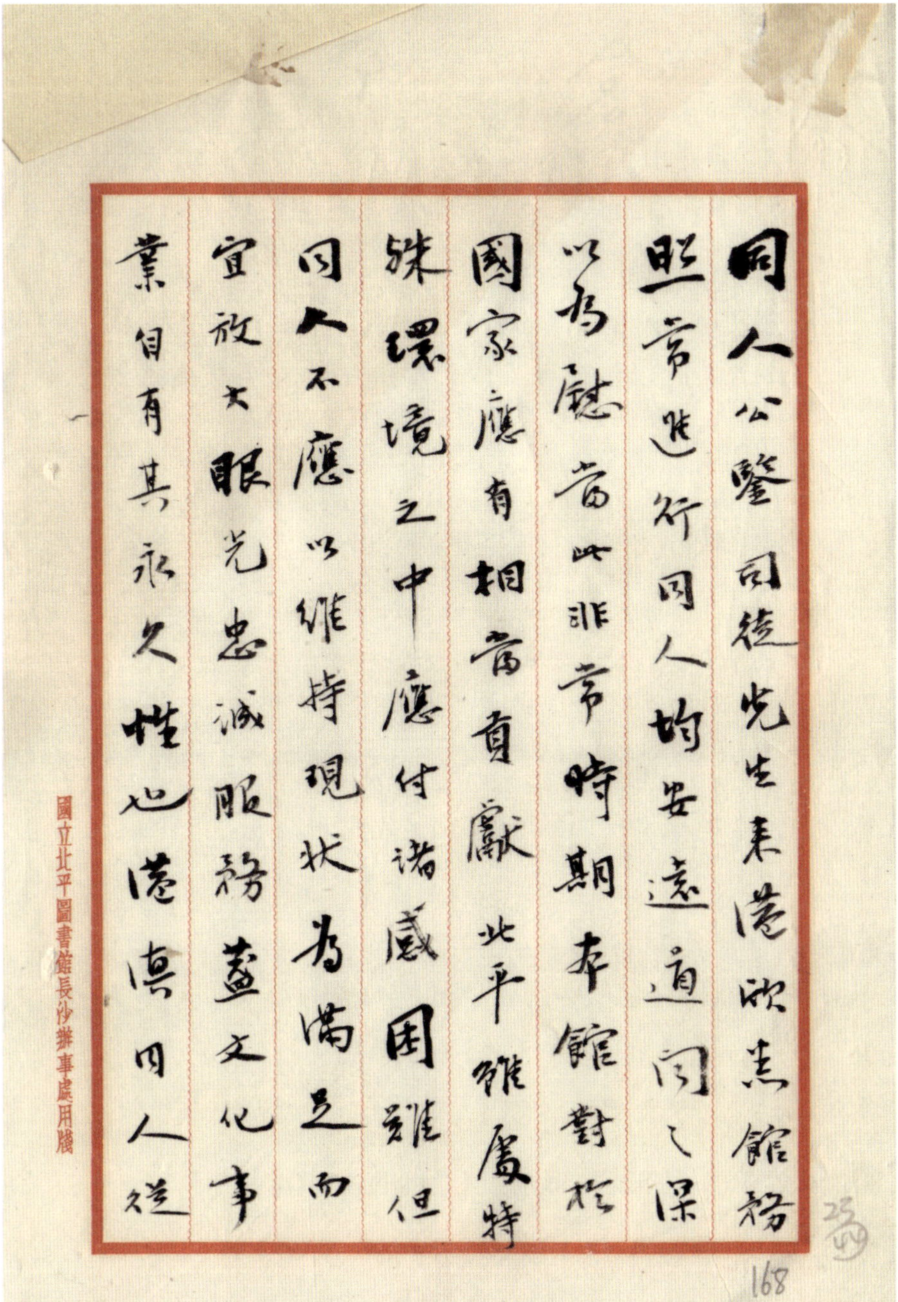

同人公鑒：同禮先生來港，欲悉館務照常進行，同人均安，遠道聞之，深以為慰。當此非常時期，本館對於國家應有相當貢獻。北平雖屬特殊環境之中，應付諸感困難，但同人不應以維持現狀為滿足，而宜放大眼光，忠誠服務，蓋文化事業自有其永久性也。港滬同人從

國立北平圖書館長沙辦事處用牋

168

1938 年 4 月 28 日，袁同礼致平馆留守馆员函

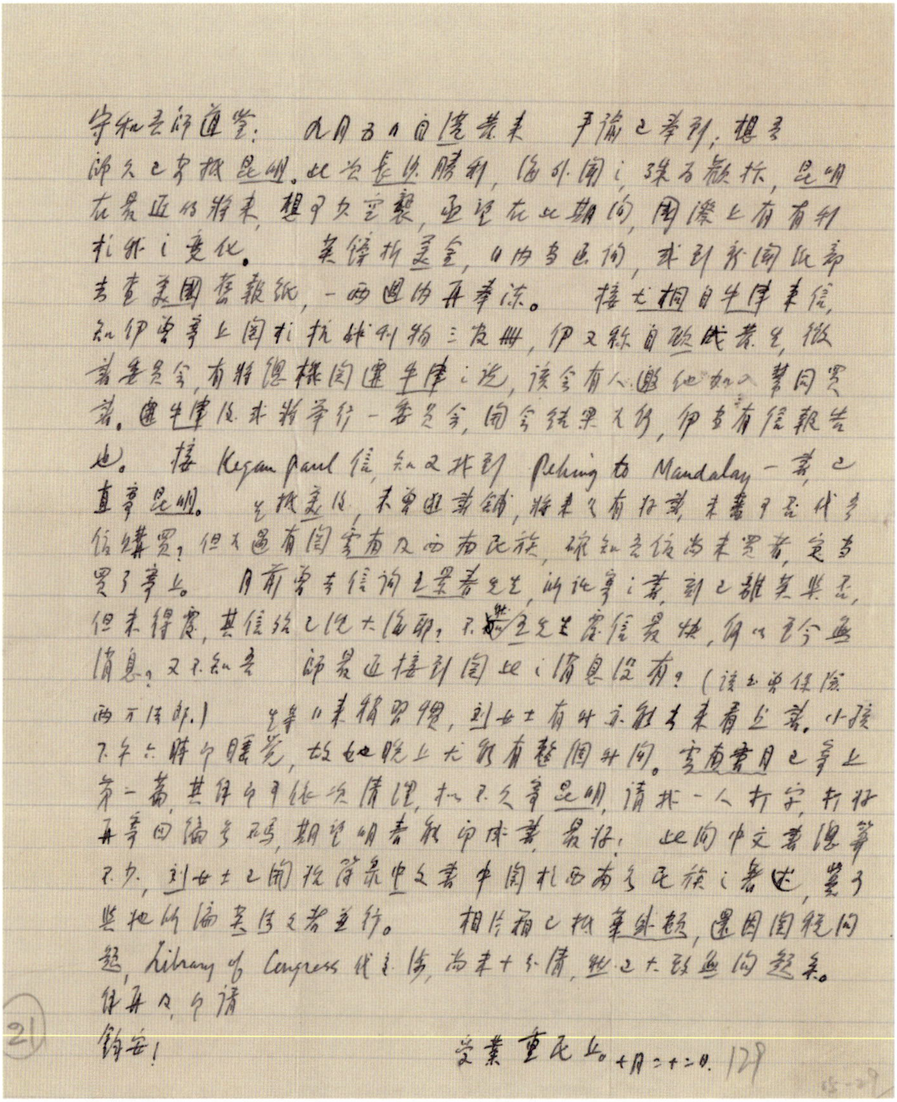

守和吾师道鉴：九月五日自港发来手谕已奉到，想吾
师久已安抵昆明。此次长沙胜利，海外闻之殊为欣忭，昆明
在最近的将来，想可久安无恙，亟望在此期间，国际上有有利
於我之变化。 吴德析还金，日内当函询，求到前询能否
寄查美国各报纸，一两周内再奉陈。 接士桐自牛津来信，
知伊曾寄上关於抗战刊物三夹册，伊又称自欧战发生，彼
等委员会有将恩棣阁迁牛津之说，该会有人邀他加入帮同买
书。迁牛津后，本将举行一委员会，开会结果如何，伊当有信报告
也。 接 Kegan paul 信，知又非到 Peking to Mandalay 一书，已
直寄昆明。 先据定后，本曾函书铺，将来如有存书，未尝可否代为
任购买？但不过有关云南及西南民族，确知吾师尚未买者，定当
买了寄上。 月前曾去信询王崇武先生，所托寄之书，到已离英几天，
但未得覆，其信给已往大海那？不然王先生寄信最快，何以至今无
消息？又不知吾 师最近接到关此之消息没有？（该书曾保险
两万法郎。）　先拿小米稍买惯，刘女士有时不能夕来看兰书。小孩
下午六时即睡觉，故她晚上尤能有整個时间。云南书目已寄上
第二篇，其余亦可依次清理，想不久寄昆明，请找一人打字，打好
再寄回编号码，期望明春能印成书，最好！此间中文书很算
不少，刘女士已开始浏览中文书中关於西南各民族之著述，义了
些地所论类似之者並行。 相片箱已抵柔佛较，還因关税问
题，Library of Congress 代之付，尚未十分清，然已大致無问题矣。
余再及，即请
钧安！
受业重民上。十月二十二日。

1939 年 10 月 22 日，王重民致袁同礼函

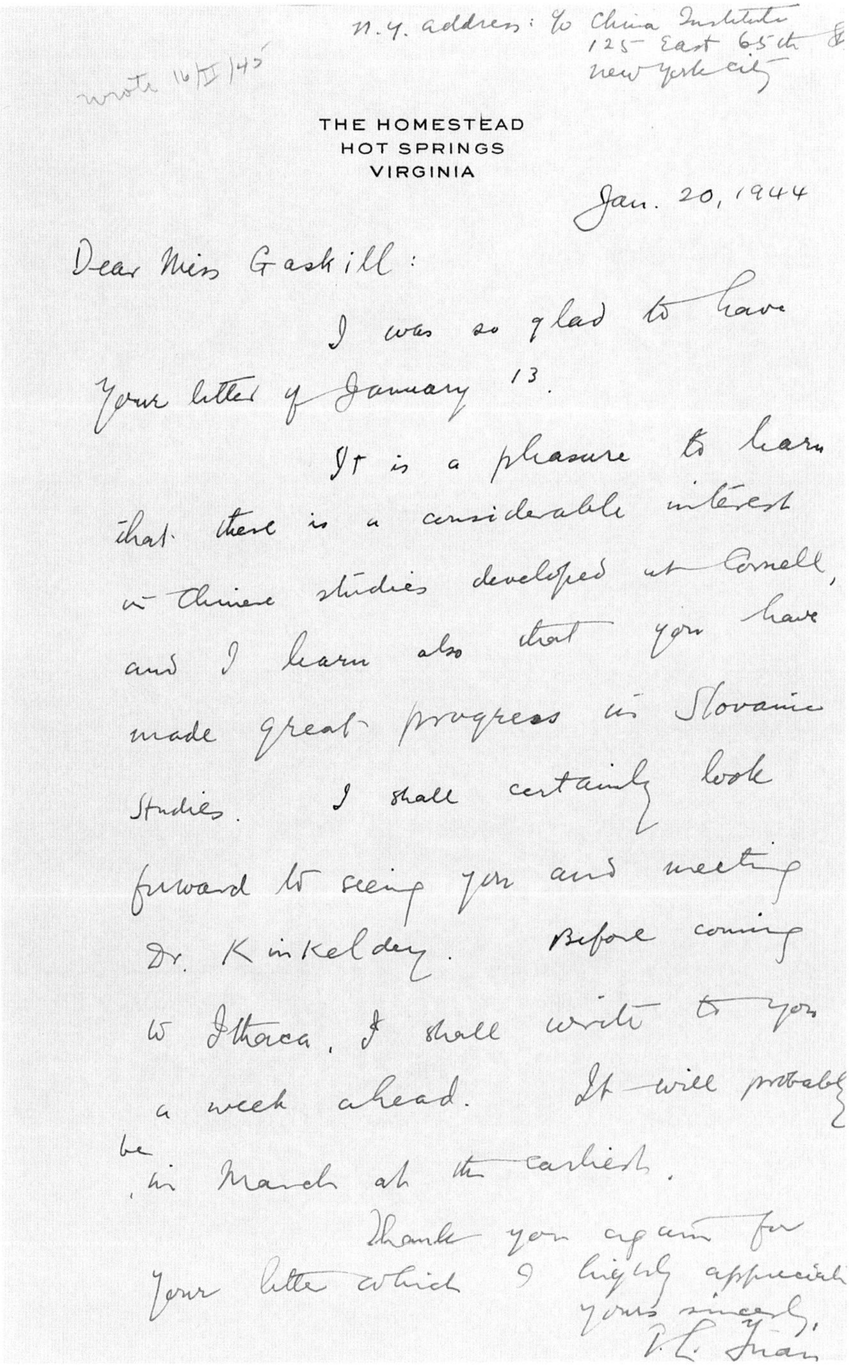

N.Y. address: c/o China Institute
125 East 65th St.
New York City

wrote 16/II/45

THE HOMESTEAD
HOT SPRINGS
VIRGINIA

Jan. 20, 1944

Dear Miss Gaskill:

I was so glad to have your letter of January 13.

It is a pleasure to learn that there is a considerable interest in Chinese studies developed at Cornell, and I learn also that you have made great progress in Slavonic studies. I shall certainly look forward to seeing you and meeting Dr. Kinkeldey. Before coming to Ithaca, I shall write to you a week ahead. It will probably be in March at the earliest.

Thank you again for your letter which I highly appreciate.

Yours sincerely,
T. L. Yuan

1945年1月20日（误写作1944），袁同礼致加斯基尔函

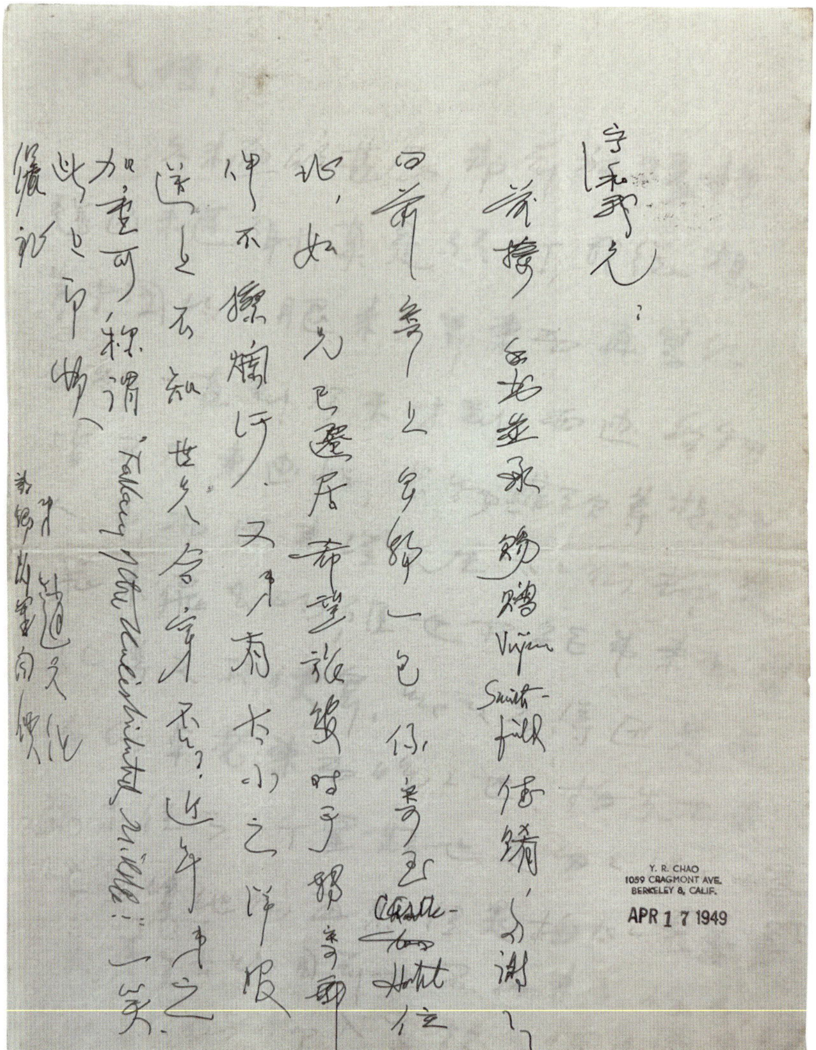

Y. R. CHAO
1059 CRAGMONT AVE.
BERKELEY 8, CALIF.
APR 17 1949

1949 年 4 月 17 日，赵元任致袁同礼函

国家社科基金后期资助项目出版说明

后期资助项目是国家社科基金设立的一类重要项目，旨在鼓励广大社科研究者潜心治学，支持基础研究多出优秀成果。它是经过严格评审，从接近完成的科研成果中遴选立项的。为扩大后期资助项目的影响，更好地推动学术发展，促进成果转化，全国哲学社会科学工作办公室按照“统一设计、统一标识、统一版式、形成系列”的总体要求，组织出版国家社科基金后期资助项目成果。

全国哲学社会科学工作办公室

目　录

第一册

第二册

第三册

第四册

第五册

人名索引

序　一

雷强博士多年辛苦勤劳所编的家父《年谱长编》就快出版了！我想借此短序不但要恭喜他编成这年谱，也要感激他为收集、考订如此巨量史料所耗费的心血和精力！

首先我要指出寻找家父资料的难度。家父和母亲带着我们姐弟三人离开中国大陆来到美国是1949年2月；由于我们那时在战乱中出国，匆忙之中无法将1949年以前的文件随身带出，而且家父本拟在局面稳定后返回北京，继续为国家服务。因此家中原本只有自1949年至1965年间家父与友人、中外各机构的往来书信。家父去世后，母亲和我们姐弟决定把这些书信交由芝加哥大学图书馆特藏部保存，即“袁同礼档案”，这些资料我和我的侄女袁书菲（Sophie Volpp）尽量设法供给雷博士利用。但留在大陆的资料在上世纪六七十年代多已散失，1949年前的档案史料我本以为不可能收集到，幸得雷博士多方穷尽式地探询和搜集，基本上将家父在中国大陆工作时期的前大半生——也是他事业上最有成就最有光彩的时期全景式地展现给今人。雷博士的功劳有目共睹，我实在要恭喜并感谢他的毅力和执着！

家父的大半生是在国家内乱外患中度过的。他生在甲午年，正值清政府签了马关条约，将台湾省割让给日本；他读北大时，日本强迫中国签订“二十一条”；他事业最成功的时期也正是中国面对军阀、内战、日本侵略的时期。他最不朽的功劳应该是把那时的国立北平图书馆（今中国国家图书馆）建设成为一个世界一流的现代化国际性图书馆。从图书馆的设计、基建，到图书卡片目录、采购善本、国际图书交换、图书保存，以及创办图书馆馆刊、季刊，各方面他都有相当的主导力。此外，家父有计划地栽培人才，如王重民、向达、赵万里、谢国桢、孙楷第、钱存训、张秀民、严文郁、汪长炳、徐家璧、顾子刚等。

在美国的这些年（1949—1965），为了谋生、养家，他多方申请研究资助，并降低身份，谋取美国国会图书馆的编目工作——但这也是他伟大的一面,能屈能伸。在美国,他一边辛勤工作,一边作科研编书。他的巨作《西文汉学书目》(*China in Western Literature*),中国留美、留英、留欧大陆博士生论文目录,和"新疆研究丛刊"中的多种都是在上世纪五十年代末六十年代初完成的。除此之外,还编纂"中国考古艺术目录"等未刊稿。

我在北京出生时正好是卢沟桥"七七事变"后两星期,父亲八月上旬已离开了北京,避免被迫成为日伪的傀儡。我半岁时,母亲带了我们四个孩子逃往内地。抗战时期,父亲因为工作需要,经常不在家。抗战胜利后我们回到北京两年多,他公务社交繁忙,我很少见到他。实际上我对父亲真正了解是到了美国以后,那时静姐、澄哥都先上大学、研究院,然后就业,只有我陪着父母在家。我们在华盛顿的公寓离国会图书馆很近,步行十来分钟可到。我记得路上父亲给了我很多劝告,譬如说我需要奋斗,不要放弃目标。关于国家大事,父亲有一句话我一直没忘:只要中国不打仗,一定会强大起来,因为中国人聪明苦干!很遗憾,他一生真没有体验过几年的太平!

我住在家时深深感觉到父亲总是把他的时间排得很紧。五十年代后半期,我们搬到华盛顿西北区,离国会图书馆有一段路程;他每天一早上班,傍晚六点左右才回家。晚饭时我们总是用无线电听国际新闻,有了电视后看新闻。晚饭后他继续做他的编目工作一直到深夜。周末对他来说也不是休息日,而是多出两天的工作时间。他虽天性好客——我们也有时请客到家吃饭,但他不愿意客人坐得太久。客人离开后几分钟,他又恢复工作了。我想如果他不这样勤劳工作,也许可以得享高寿。

雷博士的大作是一个显微镜,把家父的一生放大,让我们观看他的交往。从这年谱巨作我们可以看到家父和国内的文化界、西方的汉学家的互动。当然家父的专长在图书馆界,可是这年谱也很鲜明地表现出家父的学术范围包括历史学、文学、图书馆学、博物馆学、经济学、国际关系学等不同领域。《长编》的重要优点之一就是它把众人与家父交往的信件全文附上,这让读者能够更好地了解上世纪六十年代以前中外学术界的动态和联系。因涉及人物众多,恕我不能一一道来,只能略举知名人物:中国文化、学术界人士有蔡元培、梁启超、李石曾、顾维钧、张元济、陈垣、徐森玉、周诒春、胡适、李大钊、陶孟和、赵元任、陈源、蒋廷黻、李书华、陈受颐、任鸿隽、洪业、李济、傅斯年、罗家伦、郭廷以、裘开明、劳榦、杨联陞、方豪、何炳棣、陈祚龙、王伊同、赵万里、王重民、钱存训、蒋彝、刘麟生等；老一辈的西方汉学家则几乎全都与家父有较为密切的联系，譬如伯希和（Paul Pelliot）、戴密微（Paul Demiéville）、钢和泰（Alexander von Staël-Holstein）、斯文·赫定（Sven Hedin）、大维德爵士（Sir Percival David）、西门华德（Walter Simon）、富路德（Luther. C. Goodrich）、恒慕义（Arthur W. Hummel）、田清波（Antoine Mostaert）、费正清（John K. Fairbank）、卜德（Derk Bodde）、毕乃德（Knight Biggerstaff）、戴德华（George E. Taylor）、拉铁摩尔（Owen Lattimore）、颜复礼（Fritz Jäger）、福华德（Walter Fuchs）、卫德明（Hellmut Wilhelm）、傅吾康（Wolfgang Franke）、图齐（Giuseppe Tucci）、德礼贤（Pasquale M. D'Elia）、噶邦福（John J. Gapanovich）等。

因为父亲1949年离开大陆，1965年就去世了，他又从没去过台湾，现在两岸的年轻学者很多都没听说过他。雷强博士的《长编》有力地填补了当前中国学术界的空白！

再过两年，2025年，父亲就过世六十年了，今年我也八十五岁了。我最大的希望就是能够很快见到雷强博士的巨作出版。家父一辈子吃苦耐劳。1949年他来美国时已过半百。他一边要继续学术研究，一边又要养一家五口。1950年6月朝鲜战争爆发，中美关系决裂，台湾政情又有白色恐怖，他只好在美国留下，最后在国会图书馆工作到退休，1965年刚退休不久就因病去世了。雷强博士能把家父一生的经历，尤其是1949年前的一段，以年谱的形式编出，让读者能够从图书馆的角度了解中国现代学术史、欧美汉学史的发展脉络，这不仅可以告慰家父，更有功于整个中外学术界。不过对我——他的小儿子，父亲宽厚平和、和蔼慈祥的面容永远照亮我的心胸。

袁 清

2023年3月6日新泽西州平原镇

序　二

编撰年谱是一件无私之举。历经十年，雷强博士编纂的《袁同礼年谱长编》对研究中国近代学术史、文化史的学者来说将是一份无价之宝。可以预见在未来的几十年里，它将被广泛参考。

这本书包含了我外祖父袁同礼先生的生平、著述和往来书信，呈现了数十年间他对建设中国图书馆事业、推动中外学术交流的投入，讲述了中外学术界的精彩往事。其中，本书汇集的信件部分出自致力于中国近现代转型的文化精英，他们竭尽所能发展各种公共文教机构，譬如图书馆、大学、博物馆。尽管如今这些公共机构已经被视为现代社会应有之物，但在清末民初，它们大都还处于萌芽阶段。

据我的母亲袁静女士回忆，外祖父的梦想之一是让中国的每个村庄都有一个公共图书馆。他们那代人青年时即以天下为己任，但是实现梦想的时间却少得可怜。1916 年外祖父从北京大学毕业后，随即前往清华学校担任图书馆馆员，其间他负责监管当下仍在使用的清华大学图书馆的营造。1920 年，北京大学校长蔡元培将外祖父送往美国哥伦比亚大学和纽约州立图书馆专科学校学习，认定他将来会学成归国，帮助中国确立并发展现代图书馆学。1924 年外祖父回国，到 1937 年 7 月日军侵入北平，较为安定的时局只有短短的 13 年。此间，他担任了北京大学教育系讲师兼图书馆主任，发起并筹组了中华图书馆协会并长期负责执行部的事务，随后不久又担任故宫博物院图书馆的副馆长。最为重要的是，在 1926 年他离开北京大学图书馆，担任了北京图书馆（即北平北海图书馆）、国立北平图书馆的副馆长，蔡元培去世后，外祖父成为了馆长。无论是梁启超还是蔡元培都身兼数职，图书馆日常事务都落在了外祖父的肩上。在某种意义上讲，外祖父对馆务、馆舍、馆员的筹划，奠定了中国国家图书馆的基业。外祖父和他那一代友人、同事不朽的努力，在本部年谱里得以充分体现，我想每一位读者在翻阅之后都会对这些先贤肃然起敬。

除投身于为中国建设图书馆的基础设施之外，外祖父还致力于追索海外收藏中的中国文物。据我母亲说，外祖父对记录海外的古籍善本、艺术品和文物的兴趣源于他的一个愿望——那就是当中国有一天有能力要求各国返还这些古物时，他所修编的相关目录能在谈判过程起作用。1924年从欧洲返回中国前，他在英国、法国、德国调查了《永乐大典》卷册保存情况。此后十余年间，外祖父发表了多篇关于《永乐大典》现存卷册踪迹的文章。

1934年，外祖父利用赴美、欧考察之便搜求有关欧美收藏的中国艺术品的信息。在1940至1941年，他与陈梦家合作编写了《海外中国铜器图录》，该书基于外祖父在上世纪三十年代收集的照片。序言中，他描述了流失海外的中国文物之多，以及日军侵华战争爆发对他研究工作的影响：

> 我国古物历年流失于国外者，不可胜记。……民国二十三年适有欧美之行，爰从事调查列邦所藏之中国古器物，稿已盈尺，未克刊布。二十五年复承中央古物保管委员会之委托，乃继续征集；本拟将影片记录，分类刊行，工作未竣，而卢沟变作，进行事宜，胥受影响。本年[一九四〇年]春乃将铜器部分，重行整理，并承陈梦家先生之赞助，编成图录，分集印行。

外祖父也延揽其他的家庭成员来共同推进这一愿景，为后世制定一份踪迹路线图，以追溯失落的文物。很久以前，我的母亲和舅舅们收到了一封来自母亲表亲、音乐学家李慧年和她丈夫汪德昭的信，这封信证实了外祖父对追索海外流失中国文物的终生关切。1945年法国汉学家伯希和去世时，他们二人仍然在巴黎求学。外祖父写信给他们，询问是否可以接触到伯希和的遗孀，确认伯希和收集的敦煌文物是否还在他的私人收藏中，以及能否将它们返还给中国。他们二人在信中写道：

> 伯希和把敦煌宝物运到巴黎后，大部分交给博物馆，但是最精彩的手抄件，彩色佛像，明朝纸币……等等，收留在家中。伯希和去世后，他的夫人要把这部分宝物卖掉。守和表舅知道消息后，从北平电告，令我们和伯希和夫人接谈，可否把敦煌文物，部分卖给中国。伯希和夫人是一个没有文化修养的人，她要价之高，不可想象……

尽管购买这些文物已不可能，外祖父还是请求汪德昭对伯希和家中的文献和文物进行编目，以期未来最终能够追索到这些物件的下落。为此，汪德昭花了两个月编写目录。然而最终，伯希和的遗孀将这份目录据为己有。

在战争期间保护国立北平图书馆的古籍善本既是外祖父的职责,也出于他对中国文化遗产的由衷关切。太平洋战争爆发前,国立北平图书馆历年来南迁的善本古籍被藏在上海的法租界震旦大学校内。在法国被德国占领后,日伪的势力渗透到法租界,这些藏书面临着被截获并运往日本的危险。外祖父组织将这些藏书运往美国作妥善保存,并多次前往上海与徐森玉、王重民、钱存训等人一起挑选、包装和发运这些古籍。

正如中国国家图书馆制作的纪录片《善本南迁》中所讲述的那样,因为外祖父在 1941 年秋忙于将这些善本从上海运往华盛顿,家人们错失了离开香港的时机,失陷于此。生活在日据时期的香港无疑是这个家族在战争年代中最为惨痛的经历之一。陈衡哲女士和她的儿子任以安也困在日据时期的香港。多年以后,任以安告诉我,他和他的母亲到袁家寻求庇护,外祖父和外祖母从仅有的三个房间中辟出一间供他们居住。我的母亲从来不愿意谈及那段过往。但任以安告诉我,他们每天都需要花费数小时来寻找食物。因为日军在街上巡逻,母亲被困在公寓内长达数月之久。但通过玩地理游戏,她的思绪得以短暂飘离日军魔爪下的香港。任以安记得有一次我的母亲提出“列支敦士堡”,同龄的伙伴们被这道题难住了,但她感到非常满足。

或许本书中收录的最触动人心的文字是外祖父于 1941 年 10 月 30 日写给胡适的一封信,在极度困顿的环境下,外祖父的次女(也就是我从未谋面的姨姨)袁桂夭折了。然而,他仍以公务为重,外祖父告知胡适先生他已将存放在法租界的 100 箱图书运往美国,其中 25 箱直接寄送给美国国会图书馆,75 箱寄送给加州大学伯克利分校。他写道:

> 平馆善本书籍壹百箱已分数批运美。因海关不肯负责,不得不特别慎重,收件之人必须时常更换,以免引人注意,故内中廿五箱寄国会图书馆,七十五箱寄加省大学。又因抢运性质,故只要能谋到船上舱位若干即寄若干,幸均安然出口,如释重负。今则美轮已停驶沪上,以后再运必更困难矣。箱件到美以后,分存两地或应集中一处,敢请费神代为筹划,一切统希钧裁,径嘱吴、王两君办理可也(装箱目录各寄加大及国会图书馆一份)。
>
> 闻数月以来,贵体与精神俱佳,深慰远怀,惟每晚睡时过晚,未免有损健康,尚冀在可能范围以内多加休息,为国保重,不胜企祷。平馆

经费前以中基会无力增加，曾向教育部请求列入国家预算，亦未能办到。近来物价日昂（美金一元可换国币三十余元），同人星散，办事尤感棘手，倘不从速设法，则后顾茫茫，真有不堪设想者，未识我公将何以教我。最近舍下长幼三人均患盲肠炎，而次女以割治稍迟，竟因之夭伤。此间医药之费颇属不赀，故私人方面亦告破产，因之心绪恶劣，未能早日握管，想公必能见谅也。近印《石刻题跋索引》，为一有用之工具书，特交邮寄呈壹部，并乞惠存为荷。

这封信中有太多的内容值得被学者所利用和引征。然而，在此我仅想向外祖父、外祖母和她的孩子们在抗日战争期间所做出的牺牲致敬。1937年7月，那是袁清舅舅出生前不久，外祖父的名字出现在日军的通缉名单上，他因此被迫离开北京。外祖母留在北京生产完后，带着四个孩子前往香港与外祖父汇合。在战争年代以及战后不久，因为工作的缘故，外祖父经常长时间离家，在云南、越南、印度、香港、上海、重庆等地奔波。抗战期间，我的母亲上过十余所不同的学校。与战时在昆明的表亲们相比，母亲这段经历则更为艰难。当我问她为什么要经常搬家时，她说："我们跟着书走。"这样的解释让我略略知悉战时的艰辛，每每想到此处就会哭出来。这个家族从北平搬到昆明，再到大理，再经由越南抵达香港，然后返回昆明，之后在1942年前往重庆，1946年回到北平。今人从字面很难想象他们受过的苦，然而这一切付出都体现了他们那代人抗战必胜的信念。

本书后半部分收录的信件表现了外祖父在美国期间的坚毅和决心。那同样是一段艰难岁月，可能更为孤寂。全家一无所有地远赴美国，匆忙之间甚至连套完整的衣服都没有带。1949年2月21日，赵元任、杨步伟夫妇在旧金山的码头迎接了外祖父、外祖母及我的母亲和舅舅们，并将他们带到伯克利的家中。在那里全家度过了在美国的第一夜。我的母亲对此终生心怀感激，她记得杨步伟特意为她准备了一只行李箱，里面装满供她带到华盛顿特区的衣物。

1965年1月以前，外祖父断断续续地在国会图书馆以顾问或编目员的身份工作着。徐森玉先生的哲嗣徐文堪曾告诉我，留在中国大陆的同僚和朋友都理解为什么外祖父愿意"屈尊"担任编目员：因为他只能用这种方式，守护在1941年运往美国的国立北平图书馆古籍善本；如果时局允许，或许能够将这些珍宝运回魂牵梦绕的北平。直到1965年1月15日，外祖父退休之前,他就像一位“看门人”,守在那里。外祖父的预感是准确的:在他去世几周后,“国立中央图书馆”的馆长蒋复璁致函美国国会图书馆,要求将这些图书运送到中国台湾地区,但这种结局违背了外祖父的意愿。

1949年后的十余年里,外祖父完成了他生平所撰文献目录中的大半。令人惊叹的是,其中相当部分的目录他是在国会图书馆全职工作之余编纂的。袁清舅舅记得他下班回家后会与家人共进晚餐。他们会听收音机上的新闻,然后外祖父就会去书房继续他的工作,直到晚上11点左右才上床睡觉。雷强博士在这本书中收集的信件略略展现了这项工作的艰苦程度。为了编写中国留美、留英、留欧大陆各国博士论文目录,外祖父开始收集中国留学博士学生们的信息,他一封接一封地给各学校写信,以了解获得博士学位的学生信息。然后他还得尝试通过各种途径或手段联系这些学生,询问他们中文名字的汉字写法。

与他那一代的许多人一样,外祖父鲜少谈及自己的成就。袁澄舅舅曾告诉我,尽管他于20世纪40年代末在清华大学就读时经常在外祖父监督建造的美丽图书馆里学习,但外祖父从未提到过他监督了图书馆的建造。外祖父对子女们都非常支持,并不干涉他们心中的目标。母亲曾告诉我一些温暖的细节,譬如无论外祖父多晚从办公室回家,总是会来到孩子们的卧室,检查他们是否踢掉被子。母亲及舅舅们每个人都表示,在他们记忆里外祖父从未说过一句愤怒的话。尽管在我两岁的时候,外祖父已经去世,但一直以来,我对他是个什么样的人有着深刻的印象,这大概源自母亲、舅舅们还有外祖父的同代人对他怀有的崇敬之情。

最后,我想表达的是,雷强博士在编纂这本年谱过程中付出的无私劳动令我想起外祖父致力于促进他人研究的精神。我一直认为外祖父身处英雄辈出的年代,为建设文教机构、推动中外学术的进步,他们付出了极大的心血,常常是忘我且无私的。当读者阅读本书中所辑录的史料时,应该能感受到那一代人心怀的巨大责任感,这种责任感之强具体表现为——在他们看来任何与研究相关的工作都是值得付出的。在他对《永乐大典》的研究中,在他关注中国文物在海外流散的过程中,在他为国家图书馆服务的岁月里,以及在他修编的文献目录中,凡此种种,无不体现了外祖父始终挂怀的是让后世之人能够便捷地接触到古籍善本、新近著述、文物和他人的研究成果，这是图书馆、博物馆的职责，也是外祖父毕生的追求。非常感谢雷强博士继续推进外祖父心怀的使命。

袁书菲（Sophie Volpp）

2023 年 8 月 5 日

序　三

雷强撰成《袁同礼年谱长编》,寄一校稿给我。书稿篇幅甚巨,我用了近半年时间陆续读完,如同穿越时空,走过20世纪上半叶。那是中国传统社会向现代社会转向的年代,艰苦而又惨烈,社会极具动荡,民生困顿不宁;但那又是一个生机时现、活力充沛的天下。无数知识分子,无论竹布长衫还是西装革履,沉淀旧学、激扬新知,做出了那一代知识分子的伟业。袁同礼先生便是其中的代表,但一直隐于角落,未曾被学术界深入研究。《长编》引导我与那一代文化名流巨擘照面,感其音容,读其文章,致以敬礼。今岁冬月极寒,《长编》使我体悟到了热度。

一

2005年1月,我接替任继愈先生担任国家图书馆馆长,有幸主持国图馆务数载,对于国图的历史比较了解,相关研究也很关注。2009年,国图在百年华诞之际出版了《中国国家图书馆馆史》《中国国家图书馆百年纪事》《中国国家图书馆馆史资料长编》等书籍,结合上世纪90年代出版的《北京图书馆馆史资料汇编》,为中国近现代图书馆学史、文化史、学术史的相关讨论提供了大量的原始材料。时光荏苒,悠悠十数年过去,雷强编撰的《长编》即将问世,作为老国图人,我亲见前后接续,深感意义重大。

图书馆在文化、学术事业中有其天然的工具属性,服务读者是本职,"甘为他人做嫁衣"是客观描述,往往处于焦点之外(但倘若换个角度,则实为中枢),与荣光无缘。因此,研究中国近现代文化史、学术史、中外交通史的学人极少关注图书馆之作用和影响,盖史料不彰、索迹极难;而图书馆学界人士则多关注所谓的新趋势、新热点、新技术,不仅搜集、整理、钩沉中外史料的功力难如人意,更乏史学研究中坐冷板凳的决心和毅力。

1949年前学术界曾有一旧说,即北平城内有三大文化学术机构,分别为故宫博物院、北平图书馆、北京大学,它们都坐落于古都中轴线上且彼此邻近,让人魂牵梦绕。1945 年 5 月 4 日,中华教育文化基金董事会在华董事翁文灏给远在美国的胡适写了一封长信,谈及对战后该会在华事业的恢复和发展的想法,其中表示“北平图书馆是一个有价值的基础”。这话虽然重要,但也没有道个十分明白。我认为这句“有价值的基础”不仅针对人文、社科,也包括自然科学领域。换言之,抗战胜利北平光复后,作为中国最重要的文化、学术之城,高等院校、研究所在此聚集,彼此竞争、合作,北平图书馆仍然是其中最重要的推动者。北平图书馆文献资料的丰富、精专、罕见,馆员素质之优良,业务科组之齐全,学术信息之通畅、迅捷,参考咨询工作之专业,无不使中外学人瞩目钦重,皆有所求。袁同礼先生则是主导北平图书馆馆务的灵魂人物,自 1929 年至 1949 年,可谓殚精竭虑,今日国家图书馆百年基业赖先生培植者甚多。

在平馆之外,袁同礼还长期兼任中华图书馆协会执行部部长、故宫博物院图书馆馆长,引领民国时期中国图书馆界、博物馆界积极开展各项业务,举办展览、创立刊物,与国外各行取得密切联系,用以彼此学习、增进理解;尤其在抗战爆发后全力争取各方援助,维持文化、学术事业并谋求复兴。严文郁《中国图书馆发展史:自清末至抗战胜利》(1983)、中国图书馆学会编著《中国图书馆学科史》(2014)已略有记述,而《长编》爬梳钩贯,则蔚为巨观。

不仅如此,我读《长编》,深感袁同礼先生是中国学术现代化转型历程的幕后巨擘之一。20 世纪以来,中国学术能够“独立”“自由”(陈寅恪语)与外国学术界展开平等对话、交流,在相当程度上是得益于以袁先生为代表的那一批学者及他们所创立的机构。《长编》辑录了袁同礼先生与伯希和、钢和泰、斯文·赫定、恒慕义、费正清等各国知名汉学家、学者的通信,这些信札和所附备忘录无疑是最好的材料,见证了中外学者相互帮助、彼此砥砺的岁月。

国内学界做平馆馆史研究,极少将触角延伸一地之外,限于眼界而无洞见。在此,我仅试着举一个例子:北平图书馆利用摄书机(Photostat)和缩微胶卷机(Microfilm Camera)开展文献共享服务是 20 世纪 30 至 40 年代馆务发展的重要途径之一,今日国图的缩微部门即在此基础上发展起来的;而以往的追述(如《传承文明　服务社会:全国图书馆文献缩微工作成果展图录》)不但未能指出两套设备前后的关联、安装细节,更无人探究北平图书馆获赠后者的国际学术合作背景,美国各图书馆、学术团体理事会藉此希望获得的中文文献是哪些,北平图书馆意欲得到的交换品又是哪一方面的。透过《长编》,我终于能够清楚其前后经过和波折,更可知悉相关档案的所在,为研究开无数门径。我读《长编》,深觉在丰沛的材料之外,宽广的视野更值得肯定。

二

袁同礼先生是20世纪中国新文化运动的参与者,与新文化运动的领袖、健将有着密集的交往。《长编》所述袁同礼先生行状和人事,所收友人与其大量通信,从个人的角度展现出新文化运动的某些细节,可作史的补充。

1916年,袁同礼就读北京大学预科文科甲班时,同窗傅斯年、周炳琳等人都是新文化运动的健将。1918年,傅斯年在《新青年》发表文章申论文学改革,倡导白话文学。1919年《新潮》创刊,傅斯年为主任编辑。在五四运动时,周炳琳任北京大学学生会、北京学生联合会秘书,傅斯年则在五四这一天被推举为大会主席团成员兼游行总指挥。《新潮》筹备创刊时,傅斯年就在致袁同礼的信中告知此事。其后多次致函袁同礼,请其代售或推荐。1919年8月26日,傅斯年致函袁同礼,用了很大篇幅反思五四运动:"自从五四运动以后,中国的新动机大见发露,顿使人勇气十倍。不过看看过去的各般动机,都是结个不熟的果子,便落了。所以我所盼望的,还是思想界厚蓄实力,不轻发泄。"此信表露出他的真实思想:希望更多地积蓄思想的力量,这样才会使新的动机结出成熟的果子。所谓"不轻发泄",在此处应指五四运动,这就是此封信的价值所在。

从《长编》得知,1918年3月清华学校接待北京大学图书馆主任李大钊的来访,袁同礼引导参观考察,给李大钊留下深刻印象:"袁先生由午前十一时至午后五时,耗六时间宝贵之光阴,导吾辈遍观各处,一一为亲切之说明,尤令人铭感无已。"此后的3月下旬、4月中旬二人都有书信来往。5月上旬,李大钊又与同人到访清华。10月,梁漱溟的父亲梁济自沉积水潭,11月李大钊致函袁同礼商量吊唁梁济事情。袁同礼与李大钊的关系,基于图书馆业务,还与北京图书馆协会及少年中国学会两个组织有关。

1918 年 12 月，北京中学以上各图书馆筹备成立北京图书馆协会，袁同礼和李大钊同被推举为筹备委员。在成立大会上，袁同礼被选为会长，李大钊为中文书记。1919 年夏，李大钊致函袁同礼告知图书馆协会立案已被教育部驳回。1918 年王光祈、曾琦等人筹建少年中国学会，1919 年正式成立。李大钊也是发起人之一。在《长编》中可多次看到王光祈致信袁同礼请在清华代售《国体与青年》。1919 年 6 月 13 日，清华学校仁友会与少年中国学会召开第一次恳亲会，王光祈和袁同礼代表少年中国学会参会。经雷强考证，袁同礼此时不仅是会员，还是编译部译员和月刊编辑。李大钊与袁同礼的交往和往还信函透露出一个重要的信息，即二人的交往已经远远超出图书馆业务的范围。1919 年 6、7 月间，李大钊写信给袁同礼谈到陈独秀被捕事："独秀被捕，每日设法营救，稍忙，然终未有结果。"从信中的口气看，三人不是一般的关系，袁同礼一定也在关心陈独秀被捕一事。

袁同礼还与此一时期重要的学者如胡适、蔡元培、蒋梦麟、吴宓、张申府等有着密切的交往。1921 年 1 月，袁同礼拜访了泰戈尔，并致函蒋梦麟、胡适和梁漱溟，希望北京大学聘请泰戈尔来华讲学："鄙意北大现有杜威、罗素担任讲演，西方文明自可窥见一斑。惟东方文明阐扬亦不容缓，而堪胜此任者，求之今日，实非台峨尔莫属。"1924 年，泰戈尔受梁启超、蔡元培的邀请访华，是否与袁同礼的推荐有关，还可再考，但从这件事可以了解到袁先生欲使东西方文明皆为国人所知的愿望。

雷强与我同在国家图书馆工作，但我还是通过陆建德兄的举荐认识了这位年轻有为的学者。建德兄眼界很高，一般人不会入其法眼。读了《长编》，深感雷强的学识功力之好，也为国家图书馆有这样的人才而高兴。假以时日，雷强一定会成为中国现代文化史研究的知名学者，对此我深信不疑。

詹福瑞

2024 年 1 月 5 日

序　四

——为学术的热诚

近现代人物的年谱推进历史研究，已是不争的事实。

袁同礼是民国年间负责具体馆务的国立北平图书馆副馆长，馆长之职在蔡元培去世后由他继任，他还兼过西南联大图书馆馆长，长期担任中华图书馆协会的执行委员会主席。在二十余年里，袁同礼创办中、英文《图书季刊》，影印珍稀古籍善本，利用各种渠道积极扩大馆藏，在南京建立工程参考图书馆，组织各种地区性和全国性图书馆协会的活动并加强国际交流，对那段时期中国图书馆事业的贡献可以说无人可及。

诚然，考察宪政五大臣之一、两江总督端方首先建立公共图书馆并请缪荃孙（1844—1919）筹建江南图书馆、出任总办，功莫大焉。缪荃孙稍后又于1909年创办国家图书馆的前身京师图书馆并任正监督，但是真正为国立北平图书馆奠定其国内至尊地位的馆长还是接受了现代新式教育和图书馆学专业训练的袁同礼。钱存训称“在现代中国图书馆事业发展的过程中，袁同礼（守和）先生是一位有口皆碑、众望所归的领袖人物”，①这是恰当的评价。2010年国家图书馆召开“袁同礼纪念座谈会”，同时出版了《袁同礼文集》、《袁同礼著书目汇编》和《袁同礼纪念文集》（收有李文洁《袁同礼年谱简编（1895—1949）》）。袁同礼从1949年年初赴美直至1965年病逝，无法与国内保持正常联系，但是他非但没有中断图书馆的工作，还在文献目录学上做出令人钦佩的巨大贡献。现在与袁同礼相关的论文已经很多，但是学界迫切希望更全面地了解这位现代图书馆事业的奠基者。雷强撰写的《袁同礼年谱长编》首次披露了袁家珍藏的大量书信，利用了众多海外档案，所辑录的事项基本完整反映了袁同礼的生平事迹。它涉及中国现代图书馆学以及文物考古、欧美汉学等多个领域，必将受到广泛的关注。

---

① 钱存训著《东西文化交流论丛》，商务印书馆，2009年，页237。

一

中国现代的图书馆事业是在国际交往的大背景下发展起来的。晚清新政后期,现代意义上的公共图书馆以西学东渐的潮流为助力,正在中国悄悄出现。美国女传教士韦棣华(Mary E. Wood,1861—1931)1899年来华,不久就投身中国现代化转型期的文教事业,她先在武昌昙华林文华学校阅览室基础上扩建馆舍,1910年创设向社会开放的文华公书林(Boone Library),编目采用《杜威十进分类法》,这是中国第一家公共图书馆。1921年她又创办武昌文华图书馆学专科学校(Boone Library School,院系调整时并入武汉大学),使之成为我国现代图书馆事业的重镇,哈佛燕京学社图书馆首任馆长裘开明就是该校毕业生,而以韦棣华命名的基金会至今仍通过中国图书馆学会向图书馆学情报学专业的学生提供奖学金。正是由于包括韦棣华在内的一些美国友人的请愿,美国政府将庚子赔款余款退还中国(赔款部分已退还,用于设立游美肄业馆,即清华大学的前身)。1924年9月,中华教育文化基金董事会(简称中基会)在北京成立,负责管理并支配美国退还的部分庚子赔款。中基会惠及面很广,最令人瞩目的一个项目是扩张北京图书馆,这一决定也在苦于派系斗争的教育界引发了一些不很令人愉快的言论。[①] 民国年间中国的文教事业得益于中基会甚多,可惜迄今为止中国大陆学界似未有专著问世。[②]

1931年6月25日,国立北平图书馆举行新厦(即现在的文津街国家图书馆古籍馆)落成典礼,与会人士对未来充满期待。来宾纷纷在馆前大院新立的石碑前驻足,碑上镌刻了蔡元培所撰《国立北平图书馆记》(钱玄同书写),叙述该馆缘起和沿革。这栋巨厦附设发电机房,规模当时在亚洲各国的图书馆中居于第一,从设计到建造,资金全部来自中基会。蔡元培以国立北平图书馆馆长的身份在盛典上报告创办经过,继而由蒋梦麟等人代表各界致辞、演说,最后致答词的是负责日常馆务的副馆长袁同礼。此

① 详见鲁迅《杂论管闲事·做学问·灰色等》,《鲁迅全集》第3卷,人民文学出版社,2005年,页197—209。此文作于1926年1月3日。

② 中基会在二十世纪四五十年代之交迁台,但董事会年会常在美国召开。胡适多年参与中基会的工作,曾任董事长。

时袁同礼年仅三十六岁，已在全国的图书馆界确立了卓越的声誉。收入《袁同礼文集》的第一篇文章《国立北平图书馆之使命》就是他在那次落成典礼上的致辞。他说，民智之通塞，与其图书馆事业之盛衰相为表里；平馆新厦落成，"其志在成为中国文化之宝库，作中外学术之重镇，使受学之士，观摩有所，以一洗往日艰閟之风。""艰閟之风"四个字，是对传统私家藏书楼的婉转批评。平馆是国际合作的结晶，它将致力于国际交流："中外大通，学术界亦不闭关自守，……吾人深愿以此通中外图书之邮，为文化交通之介。"[①]这部《年谱》中收有数以百计的袁同礼与国际同行尤其是美国图书馆界以及几个著名基金会人士的英文来往信件，它们都是他在尽力"通中外图书之邮"的见证。袁同礼的这种能力是以往京师图书馆馆长缪荃孙、江瀚等学界耆宿所不具备的。

平馆新楼落成前一个多月，蔡元培撰《韦棣华来华服务三十年纪念》一文，特意指出新型的图书馆应以提供公共服务为目的：

> 我国人天性，最喜聚书，自汉之"天禄"，隋之"观文"，直至清之所谓"四库"，以帝王之力，广搜秘籍，首先提倡，士大夫闻风兴起，……明清之际，尤为显著。……惟此等藏书，皆为贵族所专有，仅绝少数人始得阅读。又管理之法不良，而保守之力有限，卒之或付劫灰，或致流散，深为可惜。
>
> 至于为平民谋便利而设图书馆，则最近数十年学制革新以后始有之。而韦女士之创办公书林，恰当其时。以多量之热心，作相当之助力，购置中外书籍，部居分别，灿烂秩然，招引观众，予以阅读便利及鼓励其兴趣。又以图书馆为专门之学，设科讲习，远道之来请益者日众。此其裨补学界，有潜滋暗助之功，正吾人所当感谢者。[②]

显然，平馆应该以更大的规模、在更高的层次上"裨补学界"。平馆英文名The National Library of Peiping，由于有中基会资金保障，图书馆界对它寄予厚望也是势所必然的。南京国民政府成立后筹设中央图书馆（由蒋复璁任馆长），抗战复员后有几年经费稍多于平馆，但是北平在文化上的地位非

① 国家图书馆编《袁同礼文集》，国家图书馆出版社，2010年，页3。

② 高平叔撰著《蔡元培年谱长编》第3卷，人民教育出版社，1998年，页523。韦棣华当时是图书馆界的楷模，为纪念她来华三十周年，袁同礼与任鸿隽、周诒春于1930年4月22日共同发起募捐，见《年谱》相关记述。

南京可比，平馆又继承了京师图书馆的馆藏，在国内首屈一指的地位不容置疑。

二

平馆既然以中基会为后盾，自然与美国图书馆界的联系也特别紧密。五四运动前后，由于韦棣华的资助与推荐，或受她的影响，我国有志于图书馆事业的青年才俊如沈祖荣（1883—1977）、戴志骞（1888—1963）和洪有丰（1892—1963）都是去美国留学，袁同礼也是这些人中的一员。北大预科毕业后，他应清华教务主任王文显之邀任清华英文兼图书助理，一度代理清华图书馆馆务，1920 年赴美留学。

袁同礼是新文化运动的参与者，五四一代的精英。他编《清华周刊》，参与创立少年中国学会，曾邀请归国不久的胡适参加清华学校白话文学研究会的活动，又在学校图书馆代售《新潮》杂志和中国科学社编辑的《科学通论》。他结交各种人物，倾听各种声音。1918 年 7 月 30 日，上海圣约翰大学毕业后到清华当英文教员的孟宪承在信上流露出担忧："《新青年》在南方销路颇好，将来在文学中必成一绝大势力无疑。惟数先生骂人皆极痛快，不肯容纳丝毫异己者之思想意见，以视西洋大学者之风度，似尚不逮耳。"五四学潮过后，傅斯年很快意识到必须厚积实力。他经考试获山东官费留学资格，即将赴英，这些文字出自他 1919 年 8 月 26 日致袁同礼的信函：

> 自从五四运动以后，中国的新动机大见发露，顿使人勇气十倍。不过看看过去的各般动机，都是结个不熟的果子，便落了。所以我所盼望的，还是思想界厚蓄实力，不轻发泄。清华学生的 sociability[案：好交际、合群]实在是改造中国的一种好原素，若再往精深透彻上做上几步便可为学界之冠。你是清华的职员，又曾是大学[北大]的学生。若把大学的精神输进清华，或者"青出于蓝而青于蓝"了。——这是你的责任。
>
> ……以后当发奋读书，从学问上的 abc，一步一步做起！我回想以前，颇有些对你抱愧的地方，但是毕竟是最好的朋友，希望以后精神上时时会通！

袁同礼应该深有同感。对他来说,“从学问上的 abc,一步一步做起”就意味着尽职学好图书馆的业务。

袁同礼留美时间并不长,但是他勤走勤看勤学(回国借道欧洲),参加各种图书馆协会的会议,广交朋友,而且密切留意国内消息。这时他就显示出极强的人际交往、沟通能力。傅斯年在信上用 sociability 一词夸奖清华的学生,其实这是袁同礼典型的特点。袁同礼二十年代初游美已经展露了善结交的特长。从拜访正在美国巡回演讲的泰戈尔,邀请他访华,到访问美国国会图书馆,促成该馆向北大寄赠书目卡片等一系列活动莫不体现了他“学术界亦不闭关自守”的理念。1922 年 9 月 3 日,他从华盛顿致信蔡元培,缕述档案整理的全部流程,其中包括档案的去取、分类、编目、索引和装订修补。他在美读到沪报登载的一则消息,历史博物馆所存清代内阁档案已拨归北大,立即向蔡元培进言。他指出,中国传统图书以经史子集分类,在西学东渐的大背景下,图书馆建设必须博采众长,考虑合适的分类法,从而形成自己的特色。编目亟需改革:“宜用 3×5 寸之纸片。我国编目,往往用红格本,笨拙极矣。亟须采纸片式之目录(Card catalogue),俾先后部次,随时便于更动。”至于目录格式,“大致可参照美国图书馆协会编定之条例(A. L. A. Catalogue rules),稍予变通。”古籍的索引,“必须采互注之法[案:即英文的 cross reference],以便稽核。”在组织架构、人员分工和工作流程诸方面,他也提出切实可行的建议。最后他写道:

> 查文明各国,各设有档案局,关于史料之片纸只字,靡不罗而庋之。……我国历代储藏,图书尚无妥善之法,遑论档案。史迹之湮亡,云胡可量。今幸有清内阁档案拨归北大整理,深于整理方法,稍予注重,阅览规则,亦须妥为厘订。一俟政治入于轨道,宜采英国制设立档案局。此与文献之考证,学术之进步,影响甚巨,皆赖先生之硕画鸿筹,始能有望于成焉。

蔡元培此时已大概意识到,袁同礼回国后堪当重任。从郑天挺为《明末农民起义史料》(北京大学文科研究所编辑,1952)写的长序(作于 1951 年)来看,北大的清代内阁大库档案整理会(后改明清史料整理会)1922 年 7 月 2 日就公布了整理计划,袁同礼回北京后参与这些档案的整理也是题中应有之事。郑天挺在序末提及的人士中,就有他的名字。以袁同礼的标准,这部史料的编辑还是留下诸多遗憾。

三

北平图书馆新厦落成典礼举行后不久就发生“九一八事件”，从此华北政局不宁，故宫博物院古物南运，平馆的善本如何安全转移，自然也提上日程。《年谱》中很多篇幅涉及善本装箱南迁的复杂过程。钱存训的《北平图书馆善本古籍运美迁台经过》一文①对此有较为精要的叙述，但是远不及《年谱》中的记载详备，比如行政院和教育部的态度、费用问题均告阙如。好在《年谱》从相关各方搜集到了更多档案史料，譬如大陆学界鲜有人涉猎的詹森（Nelson T. Johnson，1887—1954）大使档案，在此不得不称赞雷强的眼界和执着。这批古籍冠以美国图书馆新购图书之名，自1941年8月下旬至10月上旬分批从上海运出，辗转送往美国加州大学伯克利分校、国会图书馆，1942年春在胡适的协调下全部归于后者代存。善本南迁及运美是平馆在抗战期间保存中国文化典籍的重要事件，袁同礼先生作为主要筹划者和实施者之一，其坚毅和果敢让人钦佩。

郑振铎先生发表于1937年的文章《失书记》里说到个人藏书的损失，不禁感叹：“北平图书馆的所藏，乃至北京大学图书馆，清华大学图书馆，乃至无数私家的宝藏之图籍还不是全都沦亡了么？”②但是战事乱象的演进方向，也往往在意料之外。1945年11月12日，袁同礼由上海飞抵北平，作为政府代表接收北大图书馆并代任馆长。北大图书馆在沦陷期间图书非但并无散失，反而以四十万元之价购得李盛铎藏书，大大丰富了馆藏。第二天他召集平馆全体馆员训话，19日呈教育部文：

> 二十七年五月三十一日经伪新民会强行提去政府出版品及俄文书籍一部份，除已函达北平市市党部请予清理归还外，其他留平之善本图籍、《四库全书》及普通中西文图书均幸无残佚毁损，房舍器物亦尚完好。

这是幸运的，《年谱》中也不乏书厄。1941年年底，日军占领香港全境，不久香港摩罗街书摊出现大量图书，据香港中文大学马鉴档案，1942年2月

---

① 钱存训著《东西文化交流论丛》，商务印书馆，2009年，页64—75。

② 郑振铎著《西谛书话》，三联书店，1998年第2版，页201。

10日袁同礼赴马鉴宅,“告知摩罗街书摊状况,后二人同往该处,见各摊陈列之书均系乱时匪徒自官署、学校或私人寓所劫掠者,现普通书以重量贱卖,善本则散见于各摊,极难配全,且索价甚昂。”这些“匪徒”乘乱打劫,类似的不幸事件在抗战时期并不鲜见。

袁同礼与年轻一代的图书馆学学者、目录学家王重民(字有三,1903—1975)的通信最为感人。敦煌学在袁同礼心目中地位极高,向达(字觉明,1900—1966)和王重民在伦敦和巴黎整理敦煌文书,也是受平馆的委托拍微缩胶片,王重民更是时时向袁同礼汇报自己的工作进展和想法。[①] 他后来赴美,在海外生活十三年,1947年归国时内战已经爆发。1948年12月21日,袁同礼与梅贻琦、李书华、杨武之(杨振宁之父)等人飞南京,离平前请王重民代理馆务。王重民屡以长信告“愁怅失眠”,此时北平已经被围,“北大存粮,尚够两个半月之用”。北京和平解放,对爱护故都古建筑的人士来说,也让人心安。[②] 1949年2月20日,平馆驻沪办事处的李芳馥写信告以货币贬值的惨状,然后说:“绝望之下,只祈求早日解放也。”上海图书馆1952年7月开馆,李芳馥任馆长。

1949年至1951年,北京图书馆馆政废弛,王重民、赵万里、毕树棠等人写信劝袁同礼早作归计,但是袁同礼做出了他自己的判断,留在美国,先后服务于斯坦福研究中心的胡佛研究所和国会图书馆,继续个人的学术事业。过了一两年,海外通信服务中断。1954年9月10日,袁同礼为正在芝加哥大学写博士论文的钱存训提供新的秦汉书史线索,通信语气沉重:

> 一九五一年长沙发掘系科学院考古研究所主持,一九五二年五月至一九五三年四月则由湖南文化管理委员会主持,当时发掘596坟墓,雇用一批职业盗墓人,从事于粗率的发掘,因未采用科学方法,以致历史文化遭到破坏(见一九五三年二月四日《光明日报》)。两机关之发掘报告迄未出版,但内中关于秦汉书史之资料甚多。吾兄可函托森玉、西谛两兄设法搜集(西谛任文化部副部长)。弟曾函询王有三及曾昭燏(南京博物院院长)、贺长群(南京图书馆馆长)、向达诸人,

---

① 近年来英法俄等国所藏敦煌文献陆续由上海古籍出版社刊布,此时此刻,更应怀念王重民和向达两位敦煌学先驱。

② 马衡、袁同礼、胡适、谷锺秀和梁思成在1948年3月28日联名呈文,呼吁维护文物建筑。

均无复音，想由大陆寄信到英亦不易也。①

《年谱》中胡适的名字出现最为频繁。胡适考证《水经注》（为戴震辩白），经常请袁同礼代查资料。两人在海外，始终关注着大陆所出新书和知识界状况。1953年3月袁同礼寄胡适《明代农民革命史料》（即《明末农民起义史料》，郑天挺、孙钺等编辑，开明书店，1952年）和《傀儡戏考原》（孙楷第著）。胡适5月7日复信，他想到的并不限于李自成：

> 《农民革命史料》收到了，十分感谢你！
>
> 大概明末的"流寇"不是完全没有意识的暴动。我在一部清初小说《豆棚闲话》里发现一首"流寇"军中流行的"西调"：
>
> 老天爷，你年纪大，
> 你耳又聋来眼又花，
> 你看不见人，你听不见话！
> 杀人放火的享尽荣华，
> 吃素看经的活活饿杀！
> 老天爷，你不会做天，你塌了罢！
> 老天爷，你不会做天，你塌了罢！！
>
> 这是很有力量的呼喊。其实任何一个时代的大动乱，多少总带一点革命性质。罗思华的自传里说白莲教原名"百连"，即"一连十，十连百"之意。可见十八世纪的"教匪"也是有组织的一种运动，不幸史料毁的太干净，我们竟不能考知十七世纪后期到十九世纪初年的"白莲教"的信史了。②

胡适肯定记得发生在1944年（甲申三百年）的论争，近十年时间过去了，他依然反对暴力，但是他对历史事件的理解不是一成不变的。这也是一种自由的精神，即对自己是否正确不那么自信的精神，自然也是一种尽力从别人视角观察世态的精神。二十世纪五六十年代，从美国看中国，势必与在

① 袁同礼1936年夏末奉命赴洛阳等地考察，并于10月14日撰写一份报告，其中提及"近十余年来，出土古物以铜器、陶器为大宗，土人以大利所在，私行盗掘者几成一种职业，并发明一种铁锥，专作为探试地层之用。……查洛阳盗墓无月无之，而以秋冬为尤甚。盖本地农人多有盗墓者，秋收后禾苗尽去，不致妨碍农作物也。"洛阳城南的龙门石窟始于后魏，但是考察时"千佛洞，全部佛头无一幸免。……民国二十二年，钱王倬著《洛阳名胜记》，各洞佛像尚多完整，今则满目疮痍，盖被毁程度以近三年为最烈也。"民国年间统治程度之低下，由此可见。

② 胡适信中所引"西调"与上海古籍出版社1983年出版的《豆棚闲话》小有出入。

中国内部看中国是有所不同的。《年谱》中这段时期的诸多记述会让我们产生异样的感觉,也许多一种或数种视角有利于加深对自身历史进程的认知。五十年代中期大陆批判胡适,而袁同礼组织筹划了《庆祝胡适先生六十五岁论文集》上、下册,1956 年 12 月和 1957 年 5 月作为史语所集刊系列出版。这是一种反向的互动,而大陆方面,二十世纪八十年代以后,胡适再度成为热门话题。季羡林在作于九十年代末的《站在胡适之先生墓前》中表达的敬意并不纯粹属于他个人。

四

《年谱》中可以摘引的内容实在太多,有心的读者自可发现无数现当代文史方面的珍宝。"卢沟桥事变"后各大学往内地迁徙,路线时常临时改变,如西南联大师生从沿海地区赴云南,原来可以从香港搭船到越南海防,坐法国人建的窄轨火车直达蒙自或昆明,但是在 1940 年 6 月和 1941 年 9 月,龙云奉中央政府之命炸毁滇越线上的河口大桥、白寨大桥和隧道,以防日军利用,于是从海防北上云南的通道中断。近二三十年来,抗战时大学弦歌不辍的故事很受欢迎,但是对办学的细节,大家不甚了了。当时西南联大等国立、私立大学所需的书籍和实验仪器,大都是在印度通过英国机构购买的。二战时期的印度并未被日本全部占领,英国的殖民统治机器与盟军的指挥体系有效合作,依然运转。滇缅公路、中美合作的中印公路(也称史迪威公路)的修筑以及驼峰航线的开辟是抗战史中伟大的一章,无数物资给大后方输入抵抗的能量。二十世纪三十年代初期袁同礼主持的平馆曾经帮助过费正清(John K. Fairbank, 1907—1991)和顾立雅(Herrlee G. Creel, 1905—1994)等人,与美国汉学界友情深厚。1942 年年底到 1943 年春,袁同礼与来华调查的费正清共同撰写"中美文化关系备忘录",拟资助中国学者,他们还在蒋廷黻家开会讨论救助中国学者的具体实施方案。我们的抗战记忆还需要这部《年谱》中相关的材料来充实。

1948 年下半年,平津国立各院校长每个月都举行谈话会,袁同礼在 12 月 8 日还出席由胡适和梅贻琦为召集人的平津唐东北等地国立十七院校长谈话会,21 日与梅贻琦、李书华等人飞南京。从此之后,这一共同体很快就因时局的发展而分裂,"南渡北归",不相往来,这是最可感叹的。他们即使能在异国见面,也被一道无形的屏障阻隔。1951 年 11 月,以丁西林为团长的中国文化访问团赴印,时任印度德里大学中央教育研究院客座教授的查良钊(西南联大教授兼训导长)见到团员中有冯友兰等联大老友,站起来想打个招呼,冯等起立走出,避之若浼。1962 年 4 月 27 日陈源从伦敦致信袁同礼,提及一年前竺可桢夫妇应英国皇家学会之邀来此访问:"藕舫夫妇去年来英,弟初无所知,偶闻人言,设法探听,在其离去前会谈一小时。据云彼等到英时,曾与该方使馆说明,有亲戚在英,希望一晤。虽已获准,尚未排得时间也。匆匆一见,未能详谈。"竺可桢是陈源妹夫,1940 年他与陈汲在重庆结婚时陈源即坐在主桌。

五

1963 年 1 月 27 日,洪有丰(字范五)在上海去世,袁同礼撰文纪念,表达了他对后辈的希望:"惟望从事图书馆事业者,能用科学方法输入新知,并能致力于工具书之纂辑,以完成范五之夙愿,而应学术界之需求,此则余殷殷企望者也。"洪有丰的夙愿,也是袁同礼自己的夙愿。袁同礼去国后不能与老友互通音问,但是他们热诚提供服务,在精神上始终息息相通。罗家伦任台北"国史馆"馆长时一再请袁同礼在美国国会图书馆查找抗战史料,他在 1961 年 5 月 24 日信上禁不住说:"此种麻烦事劳兄不断费心,不安之至!好在为学术的热忱,是兄胸中不断燃烧的光焰也!"

这种"不断燃烧的光焰"也在《年谱》中闪亮。

雷强在国家图书馆一直忙于各种展览的策划、布撤展工作,并不属于馆内某一研究部门,但是他致力于袁同礼年谱的编撰,十年如一日,终于完成这么一部多卷本的书稿,应该庆贺。近几十年来,我国出版了为数众多的现当代学人年谱、日记、书信和回忆录,卷帙浩繁,令人生畏,然而雷强博采群籍,相互参证,不时指正前人之失。例如:1918 年 3 月 15 日李大钊携北大图书馆事务员四人去清华学校,同行的有图书馆庶务段宗林,但第二天的《清华周刊》在"校闻栏"登载这段消息时将"段宗林"错排为"段宋林"。《年谱》中七百余条注释,都体现出他的精细。海外图书馆的档案,雷强也竭力访求。考释和系年容或有个别值得推敲之处,相信《年谱》出版后图书馆学领域和史学界的大雅君子还会讨论书中呈现的挑战性问题。

我和雷强相识已有十几年了。他的硕士论文给我留下深刻印象。后来他跨界撰写了很多现代文学和学术史方面的考释文章，有的难度极大，如发表于《鲁迅研究月刊》的《钱玄同与赵元任往来书札十一通考释》（钱玄同用拉丁字母写吴音的信件）。雷强使用不论保存在何处的民国史料，已经达到了驾轻就熟的程度。他像奥运会上符合标准的一位业余爱好者（amateur），保持了纯粹的热爱之心，赛出了比职业选手(professional)更好的成绩。袁同礼在他的英文信件中数次使用“a labor of love”这一短语，我想，这部《年谱》也配用“爱的劳作”来形容。

陆建德

2023 年 6 月

序　五

袁同礼先生（1895—1965）是中国现代图书馆事业的奠基人之一，为国立北平图书馆（现国家图书馆）的发展作出了重要贡献。先生主持馆务期间，与国外图书馆和学者建立了广泛联系，致力于图书的采购、交换，对西方汉学研究书籍的搜罗尤其不遗余力，奠定了国家图书馆汉学书刊的馆藏基础。同时他精于古代藏书史的研究，所编纂的多种书目是汉学研究不可或缺的重要工具书，享誉世界、嘉惠学林。

袁先生在我的心目中，有着非同一般的亲切感。1931 年，舅舅张秀民先生从厦门大学毕业，深得其师瑞安李笠先生的赏识，李先生将舅舅发表的两篇论文寄给袁先生，袁先生看后当即回信，“请速来”，因此可以说袁先生就是舅舅的“伯乐”。于是舅舅未及行毕业礼，夏天即到国立北平图书馆任职，此后持续工作四十年，直至退休。在当年，毕业后能进入国立图书馆工作，实属不易，因此舅舅一直对袁先生抱有感恩之情。

1971 年，我与退休还乡的舅舅一起居住在嵊州乡间，因而得以听闻先生的大名。而对先生事迹的逐步了解，则是在上世纪八十年代自己弃工从文、研究科学史之后。舅舅时常对我讲述三四十年代北平图书馆的掌故和学界的轶事，在舅舅的心目中，袁先生是与胡适、梅贻琦齐名的北平学术界最为闪耀的人物。先生一生献给图书馆事业，事必躬亲，网罗人才，不遗余力，缔造了一个现代化的中国图书馆，功德无量，令人钦敬。舅舅在晚年时，还专门写了《袁同礼先生与国立北平图书馆》一文，深情回忆了这位可敬的老上级。

对袁先生更深入的了解，则是近二十年来的事。先是因为研究李俨先生，接触到袁先生的一些信件。近十年来，因从事民国时期中国地质学史、古生物学史以及考古学史的研究，我数次访问法国、瑞典和美国的档案馆、图书馆，对当时的中国学者和国际学术界的交往格外留意，无意中发现了一些有关袁先生的新史料。先在瑞典斯德哥尔摩发现先生和斯文 · 赫定往来书信，后又在巴黎吉美博物馆发现先生致伯希和信件，都是当时国际学术交流的重要物证,从中可以得窥先生在其中扮演的重要角色。仅以先生和伯希和的交往为例,在 1931—1945 年的近十五年间,现存的给伯希和的信就有十八封之多,从中更加了解先生的学术交流网络。①

这批信件中最重要的内容是有关学术资料的交换。作为图书馆的负责人,袁先生特别关注充实图书的馆藏,千方百计为国内学者获取所需资料,为此与国际学人多方交流,而伯希和正是与他互动颇多的人士之一。上世纪三十年代,陈垣和伯希和都十分关注《元朝秘史》的研究,而巴黎也保留此书的一个版本,于是先生写信请伯希和代为复制。另外,国内学者对明清之际传教士多有兴趣,如从事历算研究的李俨先生,曾多方收集耶稣会士相关资料,而巴黎国家图书馆保存这方面资料最多,因此多次写信请求北平图书馆帮助。先生信中请伯希和复制有关艾儒略和南怀仁的传记,很可能是受李俨先生之托。同样,先生也为伯希和提供了很多帮助,伯希和当时感兴趣的著作,包括《高丽图经》《古玉图谱》《格古要论》《石渠宝笈(二编)》等书,先生都代为协助查找。同时,先生为中法图书交换,特别是国立北平图书馆与法国国家图书馆、法国汉学图书馆的馆际交流,作出了重要贡献。

信件中也多有学术访问交流活动的记录。伯希和在 1932—1933 年、1935 年到访中国,停留了数月时间,在北平期间,受到了国内学者的热烈欢迎,不仅多方演讲,并且频频参加筵宴。袁先生多次请伯希和餐叙,安排讲座,并安排他在故宫博物院调阅意大利耶稣会士郎世宁的画作。而先生为图书馆公务也多次出访,我们在信件中可见到先生工作的繁忙。特别是先生在 1934 年、1945 年两次访问欧洲,考察图书馆事业,其中 1934 年这次停留时间最久,6 月至 11 月间访问了比利时、法国、德国、奥地利、英国、西班牙、意大利等国的图书馆,并赴西班牙参加学术会议,多次在巴黎与伯希和见面。1934 年 7 月访问巴黎时,还与后来到平馆做交换的杜乃扬(Marie-Roberte Dolleans, 1911—1972)小姐见面。先生到访的城市包括布鲁塞尔、巴黎、柏林、维也纳、伦敦、马德里、佛罗伦萨、罗马,在罗马期间,很可能与罗马大学汉学教授华嘉(Giovanni Vacca, 1872—1953)晤面。抗战

① 韩琦:《袁同礼致伯希和信》,《国际汉学研究通讯》第 26 期(2022. 12),北京大学出版社,2023 年,页 116—133。

期间由于局势的原因,先生和伯希和的通信较少,存留的信中可见先生控诉日本帝国主义对中国图书事业的摧残,呼吁法国对中国图书馆的支持。这些通信为我们了解先生的学术活动提供了许多新的信息。

袁先生早年在哥伦比亚大学求学,后毕业于纽约州立图书馆专科学校,对图书馆的职责有深入的了解。除了创建国立北平图书馆,他还是出色的目录学家,继法国汉学家高迪爱(Henri Cordier, 1849—1925)之后,增补了西方汉学文献书目,所编中国留学欧美博士论文目录,对近代留学史研究有重要参考价值,此外还编纂有铜器、艺术品等多种目录,迄今为止仍是相关领域的重要参考书。为编纂这些目录,先生忘我工作,有时为了核对信息,在卡片目录盒旁一站就是很长时间,这种勤奋工作、无私奉献的精神,实在令人感动。以《西文汉学书目》为例,这是一项浩大的工程,为编纂此书,先生走访了欧美的许多重要图书馆,收集了英、法、德文有关中国研究的 18000 多种著作,阅读和查对了其中的大部分文献,为核对作者年龄和汉名信息,多方写信求证,很多人的汉名始为人知。因此,此书不仅包含了大量的学术信息,也是研究辉煌时期的欧洲汉学史和美国早期汉学史的重要参考书。留学欧美的中国博士论文目录也同样凝聚了先生的多年心血,如早年在法国留学的中国学者丁肇青,其博士论文研究法国耶稣会士杜赫德,之前我一直不能确定他的名字,近来的论著提到他时常出现音译错误,而事实上先生当年即已考出真名。要不是有先生的努力,许多先辈学者的名字很可能已被后世遗忘。

先生有强烈的爱国情怀,从事流落在海外的中国文献和文物的研究工作,无论对《永乐大典》所存各卷的调查,还是对铜器、艺术品目录的整理,都是贯彻了这一理想。而对抗战时期文献的统计,则是为了揭露日本的文化侵略,体现了他拳拳的爱国之心。除此之外,在抗战中后期,先生在百忙之中肩负《图书季刊》(英文本)的编辑工作,在种种不利时局下仍然维持中外文化、学术交流,让我钦佩不已。先生一直期盼回国,也因此没有去过台湾地区,然而他最终没有实现这一愿望,不能不说是一个极大的遗憾。

三十年前,在沈阳召开的清史国际会议上我有幸结识先生的哲嗣袁清教授,之后常有联系,也多次在北京、广州和普林斯顿相会,每次见面,我们自然也会聊到先生与平馆的旧事。因为舅舅和袁先生的特殊关系,二十年前,袁清先生还特意到嵊州乡间看望舅舅。前年 9 月,承蒙袁清先生的厚爱,特意写信给我,邀我为《袁同礼年谱长编》写序,实感荣幸,也义不容辞。

袁先生是民国初期中国图书馆事业的奠基者,但未能获得应有的认可与颂扬,无论出于何种原因,于先生都极为不公。为准备此序,我特意细读了先生的一些论著和《思忆录——袁守和先生纪念册》中友朋的回忆文章,对先生的生平和贡献有了较多的了解,对先生也愈加景仰。该书收录了很多先生海内外友人的纪念文字,从不同侧面反映了先生为国奉献"劳碌的一生",提携后进、乐于助人的高尚品格,以及对中国图书馆事业和学术文化的重要贡献。2010 年,国家图书馆开会纪念袁先生,会后出版了《袁同礼文集》和《袁同礼纪念文集》,虽不及时,但仍体现了时代的进步和对袁先生功绩的逐步承认。

雷强博士毕业于北京外国语大学,其博士论文即探讨民国时期北平图书馆与美国的学术交往,近十年来废寝忘食,致力于袁先生年谱的编纂工作,阅读了大量民国文献,包括专著、报刊、日记、书信、档案,可谓竭泽而渔,并与袁先生的家属,特别是袁清先生、袁书菲女士多有联系。年谱洋洋三百余万言,收录信件原文多为首次刊出,这对了解袁先生的为人、治学以及学术交往,有很高的史料价值,无疑将推进国家图书馆史乃至中国现代学术史、文化史的研究,具有重要的学术意义。

韩 琦

2024 年 2 月于香港理工大学

袁同礼先生小传

雷　强

袁同礼，字守和，祖籍河北徐水，1895年3月25日生于北京，中国现代图书馆学家、博物馆学家。父亲袁承忠仕途中辍，母亲韩毓曾曾协助严修开办女塾。兄长袁复礼为著名的地质学家，堂弟袁敦礼是体育教育学家，有“袁家三礼”之誉。先生早年入姻亲李焜瀛家塾学习，自此结识李宗侗。1916年夏，北京大学文预科英文甲班毕业，同窗有傅斯年、周炳琳、毛以亨等人，同年入清华学校工作，任“英文兼图书助理”，因主任戴志骞赴美留学，旋即负责校图书室事务，于日常工作外尤其负责监督营造新馆，并广邀学界人士如胡适、任鸿隽等人来校讲座。1918年冬，与李大钊等人筹组北京图书馆协会，当选正会长。1919年加入少年中国学会，积极参与会务。1920年由北京大学资助并获清华学校津贴，赴美留学，入哥伦比亚大学历史系学习，并加入美国图书馆协会。在美期间，积极为北京大学图书馆获取美国出版物、交换品，并设法谋取国会图书馆印制的书目卡片，作为中国现代图书馆标准化编目之模本。1921年秋，受黄郛邀请担任其私人助理，为其参与华盛顿会议准备相关资料，自此结识诸多外交界人士。1922年，获哥伦比亚大学学士学位，10月入纽约州立图书馆学校，翌年6月完成必修课程，随即前往英国入伦敦大学。1921年至1923年每年夏季，均赴国会图书馆实习，藉此对大型图书馆的行政、业务、馆藏、馆员、馆舍等诸多方面有切身的体会，亦与该馆人士建立起广泛、深厚的情谊。1924年在欧洲大陆各国考察图书馆并访查《永乐大典》流散情况，6月获纽约州立图书馆学校图书馆学学士学位。

1924年7月底归国，短暂出任广东大学（即后来的国立中山大学）图书馆馆长。是年冬即北上，被推为北京大学图书委员会委员，又因黄郛举荐加派为清室善后委员会委员之一，虽资历最浅，但因熟悉欧美博物馆典章制度、运营手段，深获各界人士信任，自此与故宫博物院结下深厚渊源。1924年11月底，任北京大学教育系讲师并讲授图书馆学、图书利用法、目录学等课程，不久即以新法整顿该校图书馆，主持馆务。1925 年，将大部精力投入清宫物品点查工作，并筹组中华图书馆协会，尤其妥善处理北京、上海两地前期组织的合并事宜，折冲樽俎、深孚众望，奠定图书馆协会组织框架，确保其发展走入正轨。是年 11 月中华教育文化基金董事会与北洋政府教育部依照约定成立国立京师图书馆委员会。1926 年 2 月底，中基会因政府无法履约，决定自办图书馆，定名为“北京图书馆”，聘梁启超、李四光为正副馆长，先生为图书部主任，自此协助任公为馆务操劳，并以该馆承担出版品国际交换职责。1927 年 5 月 21 日，与清末名臣袁昶孙女袁慧熙女士结婚，旋东渡日本，假蜜月之便调查日本藏中国古籍善本情况，特意赴东京访问内阁文库。1928 年夏，国民革命军北伐成功，是年 10 月，与蒋廷黻等人筹划王彦威、王亮所藏《清季外交史料》出版，此部史料后为中外学术界所倚重，为中国近代史研究之要典。1929 年 1 月初，受中基会之聘为北平北海图书馆（原北京图书馆）正馆长，随后南下出席中华图书馆协会第一次年会。同年 6 月，中基会决定原北平图书馆（京师图书馆）与北海图书馆合组成立国立北平图书馆，蔡元培为馆长，先生副之。因蔡元培身兼数职且长期在南京、上海居住，馆务几由先生全部主持，确立各种规章制度，并将图书馆工作分采访、编目、阅览、参考等架构，广泛罗致人才，派员出国赴欧美学习进修，访查英法各国所藏敦煌写经及罕见中文文献，创办中外文馆刊，进行学术研究，编辑多种卡片目录，影印善本古籍，编订联合目录和书目索引等，树立了中国现代图书馆之楷模，获得中外图书馆界和学术界的盛赞。1934 年，赴日、美、法、德、苏联、瑞典、英、西班牙、意大利等国访问，与各大学、图书馆进一步确立出版品交换业务，并利用欧美汉学发展之势，积极申请美国洛克菲勒基金会资助，使得馆务日益壮大，成为东亚地区最为重要的学术、文化机构之一。

卢沟桥事变骤起，馆务被迫中断，所幸 1933 年起国立北平图书馆已着手将善本择要装箱南迁，并在南京、上海筹设办事处。1937 年 8 月初，奉教育部令离平，历经险阻于 9 月初辗转抵达长沙，随即与长沙临时大学筹划合组图书馆办法。后因抗战持续，南下同仁随临时大学内迁至昆明。抗战中前期，先生一边遥指北平馆务，竭力维持；一边积极倡导开展西南文献整理工作；一边与西南联合大学筹组中日战事史料征集会，竭尽所能搜集中外相关文献，其中相当部分为日伪出版物，尤为国民政府外交部和学术界所看重;一边以中华图书馆协会执行部主席身份向美欧各国申请援助,以图内迁各图书馆的复兴事业,但因为滇越铁路、滇缅公路运输问题,收效有限。1940 年底,远东局势日益恶化,存放于上海租界的国立北平图书馆善本图书不再安全,先生与美国驻华大使詹森等人多次面洽善本运美方案。后经胡适、王重民、徐森玉、钱存训、李耀南等人协助,在太平洋战争爆发前,从上海运出 102 箱古籍善本,并由在国会图书馆的王重民监督拍摄其中绝大部分为缩微胶卷,此事困难程度超乎今人想象,为国家保存了极为重要的文化典籍,厥功至伟。1941 年底,与家人陷于香港,历经半年方得脱险,后由广东、广西、贵州辗转前往重庆。1942 年底,与美国汉学家费正清共同撰写《中美文化合作备忘录》,假国立北平图书馆(重庆办事处)和中华图书馆协会之力开启一系列中美文化合作事宜,并通过各种途径以美方捐助救济中国学者,受此恩惠者甚广,今多无人知悉。1944 年 11 月经印度飞往美国,考察图书馆事业,并联络各方募集捐助和书刊。1945 年 5 月,美国匹兹堡大学颁发法学名誉博士学位与先生,表彰其对东西文化交流所做出的巨大贡献。1946 年 4 月,受教育部委托再次赴美,为各国立院校订购书刊,6 月赴英,参加联合国教科文组织筹备委员会,被推选为图书馆及博物馆特别委员会副主席,随后前往德国考察中国古物情况,7 月任巴黎会议代表团顾问。抗战复员后,在逆境之中仍多方筹划,努力恢复平馆馆务至此前正常水平,可惜时局日益动荡、物价腾昂,无奈之下于 1948 年 12 月 21 日乘飞机离开北平,后于 1949 年 2 月在上海携家人乘船远赴美国,出任国会图书馆中文文献顾问。

1949 年夏,赴巴黎出席联合国教科文组织第四次大会,10 月底返美。本作归国之计,但受抗美援朝之役影响滞留美国,幸获中基会支持,得以展开续编考狄《中国书目》计划。1951 年 8 月,前往斯坦福研究中心,任胡佛研究所编纂主任,任期两年。1953 年 10 月,前往华盛顿,继续担任国会图书馆中文文献顾问,校订王重民所编该馆中文善本书目旧稿。1954 年 3 月底,携夫人前往欧洲,收集英、法、德、意等国文献资料,重拾续编《中国书目》之责,考订详尽,不厌其烦。1955 年 2 月,偕夫人、长子袁澄回到美国,随即筹划《庆祝胡适先生六十五岁论文集》组稿、出版事宜。此时,先生虽在国会图书馆从事研究,但并非隶属该馆,因洛克菲勒基金会对先生续编《中国书目》之资助通过该馆发放。1957 年 5 月,正式担任国会图书馆著录编目部的职员，翌年3月，转任主题编目部，负责远东文献，直至1965年1月退休。在美期间，一方面出于兴趣爱好，一方面则因养家重担，始终笔耕不辍，陆续编撰、出版《中国经济社会发展史目录》、《国会图书馆藏中国善本书录》（校订）、《西文汉学书目》、《中国留美同学博士论文目录》、《现代中国数学研究目录》、《中国留欧大陆各国博士论文目录》、《新疆研究丛刊》（八种）等著作，除此之外尚有相当数量的未刊稿，如《孙中山文献目录》、《马可波罗书目》、《中国考古艺术目录》等。

1965年2月6日，因癌症卒于华盛顿，享年71岁。

有子女四人，长女袁静、长子袁澄、次女袁桂、次子袁清，袁桂在香港沦陷前夭折。

凡　例

一、本《谱》是关于袁同礼先生的个人编年史，叙述其一生事迹，起于一八九五年，迄于一九六五年，历经七十一年。此外，谱主父母、兄弟、子女等亲人之重要事件亦酌情录入。

二、本《谱》谱主年龄按中国传统方式（虚岁）计算。

三、本《谱》采用公元纪年，辑录信札中如有用农历落款者虽保留原状，但皆置于公历相应月日之处。

四、本《谱》分为正文和附录两大部分。

五、本《谱》正文分为三部分：一谱文，即叙述谱主行状及相关人物、事件；二引文，即引用的信札、电文等史料；三按语，即对涉及人物、事件的考证或补充说明文字。

六、本《谱》谱主行状，凡无日可考者系月，无月可考者系年，其中可据事件前后、信札内容推定春夏秋冬、上中下旬者，则叙次于适当位置；无法推定且无前后逻辑关系参考者，则列于相应月、季、年之末。

七、本《谱》所收录中文信函多为繁体字，为方便阅读，现改为通行简体。

八、本《谱》所收录中文信函多无标点，现施以新式标点；部分信函原有之旧式标点，则尽量予以保留。

九、本《谱》所收录中文信函多为行书、草书撰写，凡遇难以辨识之字，皆以□代之。信中脱字、衍字、别字等，皆依原件保留，在按语中予以更正说明。

十、本《谱》谱主长期主持国立北平图书馆、中华图书馆协会，留存有相当数量的公文史料，此类多系文书代笔，今或撰写题要，或择要录入，遇由谱主亲笔书写者，则全文录入。

十一、本《谱》谱主与美国国会图书馆、美国洛克菲勒基金会、美国图书馆协会、美国各大学等学术团体、欧美学者多有信件往来，其外文信函视具体内容，酌情选录。

十二、本《谱》涉及的外文信函中有相当部分为谱主自拟底稿、文书打字稿、收件方转予相关人士的抄件、转载于报刊之上的排印件，存在各种细节问题，本《谱》在辑录过程中仅对其中明显的拼写、语法错误予以订正，其他则保持原貌。

十三、由本《谱》所辑录信函推知的相关往还信、电，如无内容留存则不再置于相应日期下；可藉以知悉先生行踪或由他人日记中获知者则均列入本《谱》中。

十四、本《谱》所涉谱主著述，按撰写时间编排；撰写日期不可考者，按刊行日期编排。《袁同礼文集》未收录之佚文，酌情全文录入。

十五、本《谱》附录收录了若干难以系年的往还信札，以供读者参考。

一八九五年　一岁

三月二十五日①

先生出生于北京宣武门外南横街绳匠胡同祖宅。父亲袁承忠（？—1932），又名袁笃修，字翔甫，清末秀才，官至山东候补县丞，曾参加治理黄河，因患风湿遂归家养病。母亲韩毓曾（？—1933），为“天津八大家”之韩氏族人，即本谱中的“韩太夫人”，共育三子。长兄极聪颖，但七八岁时即病故；二哥袁复礼（1893—1987），字希渊，地质学家；先生为最幼者。

仲父袁承恕，又名幼云，其夫人韩氏（？—1917），与韩毓曾同出自天津望族，育有一子一女。其子袁敦礼（1895—1968），字志仁，体育教育家；其女袁勤礼（晓琴）（？—1935），嫁彭昭贤。

> 按：先生祖籍为河北徐水。曾祖父袁绳武，清同治朝在山西任高平知县，光绪朝初年升任福建邵武知府②，后告老返回北京，寄居在南横街。其子袁廷彦（1854—？），即先生祖父，字际云（霁云），刑部主事升员外郎，善书法，长期负责管理李鸿藻、张之洞创立的畿辅先贤祠。先生祖母彭书舫（1852—1936），为咸丰朝武英殿大学士彭蕴章的孙女，育有一子一女。其女嫁李鸿藻长子李兆瀛，李兆瀛殁后，守寡并服侍李鸿藻。

---

① 吴光清《袁守和先生传略》（《思忆录》，中文部分页3）谓先生生于1895年3月23日，此说后被相关论述所承，如《民国人物小传·袁同礼》、李文洁《袁同礼年谱简编（1895—1949）》等，但据袁同礼家人提供的先生亲笔填写美国移民署申请表，其生日栏为3月25日，故笔者采用先生本人的表述。

② 张光润《“袁氏三礼”家世考述》，《史林》，2018年第6期，页105-106。

一八九八年　四岁

九月下旬

刘光第宿绳匠胡同，因戊戌变法失败被捕，时有人往南横街袁家祖宅搜捕，先生及家人颇有印象。〔《思忆录》，中文部分页 17〕

按：9 月 24 日，刘光第在军机处被捕。绳匠胡同，又名丞相胡同。

一九〇三年　九岁

是年冬

先生与堂弟袁敦礼入绳匠胡同姻亲李焜瀛家塾学习，同学有李宗侗，均跟赵某人读《朱子小学集注》《论语》等典籍。〔《李宗侗自传》，北京：中华书局，2010年，页61-62〕

按：李焜瀛（1874—1937），字符曾，李鸿藻次子，曾任刑部郎中、邮传部左丞署左侍郎。李宗侗为其长子，李煜瀛（即李石曾，1881—1973）为其三弟。

一九〇四年　十岁

是年

先生、袁敦礼与李宗侗入畿辅小学堂末班读书，同班三十余人，年龄不一。王姓教习，为保定两级师范毕业生。〔《李宗侗自传》，页63-64〕

按：该校本设在南横街路南，与绳匠胡同南口相对，最初主持校务者为书纪年，后为陈凤韶。房屋共两层院落，为刘寿夫的房产，时因不敷用，又借用李焜瀛家的书房。

一九〇六年　十二岁

是年夏

畿辅小学堂校址迁移，先生似随之继续读书。〔《李宗侗自传》，页71-72〕

按：李宗侗因其家聘请谢向臣做教习，仍在家中读书，附读者共十余人，其中似无先生及袁敦礼。

一九一二年　十八岁

是年

先生在私立畿辅中学学习。

按:该校约于 1906 年(光绪三十二年)创立,先生祖父袁廷彦为该校董事,校长为范桂鄂,校址设于宣武门外路西直隶会馆旁。[①]

---

① 《直隶教育界》第 5 期,1914 年,“调查”页 6;中华教育改进社编《京师教育概况(民国十三年至十四年)》,1926 年,页 37。

一九一三年　十九岁

九月

先生入北京大学预科第一部英文甲班，同学有傅斯年、周炳琳、毛以亨、沈雁冰、陈治策、朱一鹗等。〔《民国人物小传》（二八），《传记文学》第27卷第4期，1975年10月，页93〕

按：时预科入学资格为“须在中学校毕业，或经试验有同等学力者”，地点应在北河沿清代译学馆旧址。

一九一四年　二十岁

四月八日

韩振华致函先生，告知就读北京大学预科的保书已续就，并请查收。

顷电话不清，未能畅谈，甚怅。贵校保证书改定，来函属继续作保，除刘、纪两君及舍弟外，均已填好送去。兹留一纸呈阅，并望转交郭、阚诸君一阅为荷。即候

守和弟刻祉

兄华

中华民国三年四月八日

外保证书一纸、人名单一纸

郭振唐、韩缙华、刘棨、阚景新

纪堪祥、张崧年、李濂镗、毕荣光

邢允范、邵福昺、袁同礼、李光宇

〔北京高等师范学校附属中学校信笺。袁同礼家人提供〕

按：韩振华（1884—1963），字诵裳，天津人，1906年私立南开中学第一班师范生毕业，与陶孟和有同年之谊，后留学日本，毕业于东京高等工业学校，时应在北京高等师范学校附属中学任职。韩缙华即韩振华胞弟，此时已入清华学校读书[①]，兄弟二人的父亲即韩耀曾（？—1935），与先生之母韩毓曾同辈，但是否同为韩荫棻的子女，待考。韩氏为"天津八大家"之首，以海运业为主，清末韩荫棻弃商入仕，民国初年其子韩耀曾曾任政府国务院咨议之职，并育有子女七人，分别为韩俊华（嫁李莲普）、韩振华、韩缙华、韩升华（嫁傅铜）、韩咏华（嫁梅贻琦）、韩恂华（嫁邝寿堃）、韩权华（嫁卫立煌）。

---

① 傅葆琛《韩君缙华传》，《励学》第1期，天津：励学社，1916年，"传记"页3–4。

是年春

北京大学预科成立文学会，以研究修辞属文为宗旨，下设国文、英文两部，每部又分演讲科和著述科，会员凡六十四人。其中英文部推举俞九恒为部长，李珍为副部长，王显谟、先生为文牍；此外，先生兼任英文部编辑长，编辑员为俞九恒、陈宝书。〔《国立北京大学廿周年纪念册》，1918年，"集会一览"页8〕

按：国文部以沈沅为部长，傅斯年为副部长，毛准、顾诵坤（即顾颉刚）为文牍。俞九恒，字重威，浙江海宁人，北京大学预科第二部毕业，与先生有同年之谊，1919年北京大学理本科化学门毕业。

是年冬①

北京大学为周慕西教授举办追思会，先生应作为学生代表之一出席，并撰写祭文。〔张红扬《周慕西博士：北大教授捐书第一人》，《中华读书报》，2013年5月8日，第19版〕

按：周慕西（1879—1914），福建厦门人，哲学家、教育家，曾赴英、德等国留学，1911年返国，任北京大学预科长、哲学系教授，1914年7月在英国伦敦因疟疾不治去世。后范文澜、张申府、傅斯年等学生撰写祭文，均收录在*To the Everlasting Remembrance of the Right Honorable and Right Rev. Moses Chiu*。

① 追思会时间未能查明，此处仅根据《政府公报》（第949号，1914年12月25日，页22）教育部呈文推定，特此说明。

一九一五年　二十一岁

是年春夏

先生致信《清华周刊》编辑部，寄赠《劝学》杂志。

《清华周刊》诸君鉴：

敬启者，敝校屡承以贵周刊见赐，同人等披读之下饮佩无量。《劝学》杂志创办伊始，谬误之处实所不免，谨以一册奉览，非敢云璓瑶之报，实欲借助他山耳。深睎指其瑕疵，不吝教正。贵校他刊亦冀代为关知。此布，并询著安。

〔袁同礼家人提供〕

按：1915 年春，北京大学文学会出版《劝学》杂志第 1 期。[①] 此件为底稿。

是年秋

文学会改演讲科为言语科，内分演讲、辩论两项，并改选全体职员，会正徐崇钦，国文部部长雷国能，副部长毛准，文牍谭声丙、何世桢；先生任英文部部长，副部长俞九恒，文牍李冰、陈毅。此时，文学会会员凡八十五人。〔《国立北京大学廿周年纪念册》，1918 年，"集会一览"页 8〕

按：雷国能（1897—?），字人百（白），四川开县人，1917 年北京大学预科第一部英文甲班毕业，后入本校法本科政治学门，1918 年 11 月留学，获美国哥伦比亚大学硕士，归国后曾任北京民国大学总务长。[②] 谭声丙，字夔卿，安徽合肥人，北京大学预科第二部毕业，与先生有同年之谊，后任安徽省第六中学校长、祁门县长等职。[③] 李冰，字洁民，安徽合肥人，北京大学预科第二部毕业，与先生有同年之谊。[④]

---

①《国立北京大学廿周年纪念册》，1918 年，"集会一览"页 8。

②《北京民国大学十周纪念册》，1925 年，"现任职员一览表"。

③《安徽省政府委员会会议记录》，1930 年，页 83。

④《国立北京大学毕业学生一览》，1930 年，页 99、177。

十月二十六日

韩振华覆函先生,告其父韩耀曾行期。

日前送物带回大札,敬悉。希弟函呈阅,仍望便中赐还,因尚未作复也。家父已于前星期二日赴津,现因同行之人未到,尚须在津稍候,方能出差也。

守和弟足下

兄振言

中华民国四年十月廿六日

〔北京高等师范学校附属中学校信笺。袁同礼家人提供〕

十一月九日

韩振华致函先生,告韩缙华因盲肠炎不治去世。

舍弟患盲肠炎,前到协和医院医治,竟于昨日亥时长逝矣。今日(九日)下午六时,在协和成敛。吾弟如拟一见,可前去信。津中尚不知,去信可先勿题。

守和弟

兄期振华顿首

九日子正

〔袁同礼家人提供〕

按:是年夏,韩缙华患腹痛,医治后暂和缓,11月初病复发,后赴京前往协和医院治疗,但已无回天之力。

是年秋

先生患腿疾。

十一月十六日

韩振华致函先生,告其曾回天津,并赠先生衣物、钱款。

不晤数日为念,弟腿疾已大愈否?念念。兄上星期五日赴津,禀知家父母,尚能以兄等为念,强节哀恸。惟家祖及尊府尚不知之,家父前日同兄来京,仍寓华宾馆,弟以不去看为是。日内有暇,乞电约惠临一谈,有事奉恳也。昨由电话局送来信一件、衣服一包、大洋五元,遣价送上,乞查收为祷。专上,敬请刻安。

兄期振华顿首

中华民国四年十一月十六日

顷已电谈，无须来校矣，致清华青年会函并须谢校长及诸位先生。又及。

〔北京高等师范学校附属中学校信笺。袁同礼家人提供〕

十二月二日

韩振华覆函先生，询问腿疾并问南开同学会住址单。

手示敬悉。家父及兄均好，劳念感甚。弟足疾如何？宜常访細堂，期速愈为是。南开同学会住址单现急需用，乞代向陈君宝书索一分，寄下为盼。如未印成，乞将原底寄下，用毕即还。此复

和弟

兄振华顿首

中华民国四年十二月二日

家父今晚车回津，三五日内仍来。

〔北京高等师范学校附属中学校信笺。袁同礼家人提供〕

按：陈宝书，字筫谷，河北丰润人，北大预科第二部毕业，与先生有同年之谊，后任南开中学数理教员。[①]

十二月三日

韩振华覆函先生，告其父韩耀曾回津，并请协助陈宝书转寄韩缙华南开学校旧友谢函。

复示敬悉。家父昨晚车回津，为我弟留拾元，今日送贵校信甚多，恐纷乱失落，暂存兄处，弟何时出城来取为盼。寄南开同学谢函，有不知住址者七件，已送陈君宝书处，烦转寄，即不用住址矣，请转致陈君为荷。敬上

守和弟

兄振言

中华民国四年十二月三日

〔北京高等师范学校附属中学校信笺。袁同礼家人提供〕

十二月十日

韩振华致函先生，告韩缙华棺椁将运回天津，约届时送柩。

敬启者，拟于阳历十二月十二日搬运舍弟柩回津。九钟半由广惠

---

①《北京大学毕业学生一览》，1930年，页98。

寺起棺，十二时到车站，吾弟有暇，乞光送为感。敬上

守和弟

兄期振华顿首

十二月十日

〔袁同礼家人提供〕

一九一六年　二十二岁

二月十二日

韩振华覆函先生，送电影票。

询件舍妹均不之知，伊已允函询六舍妹，有回信即行奉闻。明晚有巴拿马赛会电影，送去入场券，有暇可往一观也。

守和弟

兄期振华

二月十二日

〔北京高等师范学校附属中学校信笺。袁同礼家人提供〕

按：1915年2月20至12月4日，“1915年巴拿马——太平洋国际博览会”（The 1915 Panama-Pacific International Exposition）在旧金山举办，旨在庆祝巴拿马运河通航。

二月十六日

先生致信严修，请其为《劝学》题写刊名。

范翁太姻伯钧鉴：

旧历岁除返津，屡叨至教，感慕之私，未尝一日去怀。自回校以来，乏善足陈，故未修笺问候，幸勿为罪。客岁敝校同学有《劝学》杂志之组，兹第二期已付剞劂，同学辈素仰太姻伯盛名，复以姻再侄忝在戚末，嘱转烦题端《劝学》，藉辱光宠，其字形大小恳照旧式稍杀为祷。专此，敬请崇安。

姻再侄〇〇谨上

二月十六日

〔袁同礼家人提供〕

按：1916年2月，《劝学》本拟发行第2期，但“因印字局误期不克发行”。[①]此件为底稿。

① 《国立北京大学廿周年纪念册》，1918年，“集会一览”页9。

二月十八日

严修覆函先生,寄上所题封面。

手书诵悉。属题封面,写就寄上,希察入。复颂文祺,不宣。

严修手启

二月十八日

〔袁同礼家人提供〕

二月二十二日

韩振华覆函先生,告韩耀曾及家人回津,并送北京高等师范学校附属中学简章等物。

示悉。前日劳驾,谢谢。家父已于昨日早车同家叔回津。日前来京时,为吾弟带来洋烛一包,兹与敝校简章一同送上。敝校春假向不招考学生,暑假后方能投考也。天寒,乞珍重。

守和弟

兄期振华顿首

二月廿二日

〔北京高等师范学校附属中学校信笺。袁同礼家人提供〕

是年春

北京大学、高等师范、清华学校、汇文大学、通县协和大学举行五校联合辩论会,分国语和英语两种,每种皆分正反两组,每组三人。北京大学推选俞九恒、李冰、先生、陈宝书、娄学熙、恭开平为英语辩论员,结果正反两组胜败各一。〔《国立北京大学廿周年纪念册》,1918 年,"集会一览"页 8-9〕

按:娄学熙,字穆清,吉林宾县人,1917 年北京大学预科第一部英文甲班毕业,后入本校法本科。国语辩论员为雷国能、吴家象、张云鹤、李四杰、郭振唐、何世桢,正反两组皆胜。

是年夏

先生从北京大学预科第一部(文科)甲班毕业。〔《国立北京大学廿周年纪念册》,1918 年,"学生一览"页 29〕

按:该毕业班中有傅斯年、郭金章、周炳琳、毛以亨、项镇藩等 42 人。

清华学校教务处主任王文显对先生颇赏识,力主延聘至该校工作,职务为"英文兼图书助理"。〔《清华周刊》第 80 期,1916 年 9 月 27 日,页 15-16〕

　　按：时该校图书处主任为戴志骞，暑期之中图书室略加扩充，并新添中英文书籍、杂志。

毛以亨覆函先生，告其因家事须返乡，并询清华学校待遇。

守和兄鉴：

尊示敬悉一是。代领文凭，辱承转托李君，谢谢。弟羁留此间，缘以故旧盘桓，故不能一时抽身赴江。今得家报，知家母有病，促弟早回。当拟明日赴程，但阳历八月中旬仍当返校也。兄就职清华，甚善。闻朱斌魁云清华职员办事热心者，例得送派出洋留学，则兄今日虽出而任学事，他日仍得继学之机会也，前程浩大可想而知，特为预贺。未悉此供何职，资金多少，谊属故人，休戚殊为关心也。刻下去心如焚，归心似箭，恕不多候。此请侍安。

弟以亨顿首

又，李冰君辱托购官纱一事，弟回家后当即至敝友赵君此间机庄处定识，以现货丝色不纯也。未悉李君现已收到否？价格尚未言及，希转告李君。又及。

〔袁同礼家人提供〕

　　按：毛以亨（1894—1970），字公惺，浙江江山人，北京大学预科第一部毕业，后去法留学。朱斌魁（1895—1963），字君毅，浙江江山人，教育家、统计学家，1910年考取清华学堂留美预备生，1916年秋赴美国留学，先后就读于霍普金斯大学、哥伦比亚大学。

先生赴天津。

谭声丙致函先生，询问任职清华学校图书馆情形，并告有同窗投考清华学校，请先生从旁帮忙。

守和仁学兄如握：

津站话别，瞬又月圆。北望海天，徒劳瞻企。顷奉手翰，备聆佳状为慰。弟归来意趣索然，幸眠食无恙，堪慰绮怀耳。家敦曾兄事不知下期可否补考？渠返京期约在八月下旬，不知可否赶及？兄下期就清华聘，甚善甚善，不知月薪若干？尚可兼别差否？乞见告。舍亲处馆事已将尊意转知矣，乞勿介怀。重威、洁民投考清华，不知可否必售，兄能否托人代为说项？津中近状若何？矩之等常晤及否？乞代道念。蜗居无状，孤陋寡闻，有暇乞时惠数行，藉舒渴想。匆覆，即颂时祉，并敬侍福。

弟声丙再拜

一号

〔袁同礼家人提供〕

按:“矩之”应指王守则,江苏吴县人,北京大学预科毕业,后入本校工本科。

九月十一日

晨八时,清华学校举行开学仪式,教职员及学生共聚一堂。首由周诒春校长致辞,并介绍新教员,后略谓本校师生人数、校舍均有大幅增加,希望此新气象能够持续不断。〔《清华周刊》第 80 期,页 14〕

按:周诒春(1883—1958),字寄梅,安徽休宁人,教育家,时任清华学校校长。本学期新聘的年轻教职员有孟宪承、林玉(语)堂、刘大钧等人。另,吴宓由该校高等科毕业,但因体育科成绩不佳,未能如期赴美学习,周诒春令其担任学校文案处翻译,月薪 60 元。先生初到清华时月薪 80 元,与吴宓同住清华园“游美学务处”东北角的小院内,遂成知交。①

九月十二日

晚,清华学校举行中秋茶话会,赵国材夫妇、演讲员麦克罗博士夫妇、各教职员及全体同学新旧欢谈,十时许始散。〔《清华周刊》第 80 期,页 15〕

按:赵国材(1879—1966),字月潭,上海人,时为清华学校副校长。

是年秋

郭金鼐、郭金章覆函先生,感慨同窗往事并为毕业文凭迟迟不发而烦恼。

守和学兄足下:

顷奉瑶笺,藉谇足下已到京任清华图书馆事,忭羡无似。足下英资逴跞,久为同侪称许。异日游学新大陆,学成返国后,必能出其蕴蓄效力社会,仕优则学,学优则仕,甚有望于足下也。弟等叨蒙庇荫,同毕学期,惟三年中所学毫无进境可言,抚衷自问,踧踖实深。升入分科则家况困难,力有不逮,出而谋事又恐学问谫陋,弗克负荷,进不得,退

① 吴宓著、吴学昭整理《吴宓自编年谱》,北京:生活·读书·新知三联书店,1995 年,页 151-153。孟宪承、林语堂亦住此院。

不能。每一念及，不禁汗发霑衣，回皇无措，以视足下，相去犹霄壤矣。闻津埠交通银行已于本月实行兑现金融，困难当可藉以稍纾。惟京中中、交两行执全国金融枢纽，迄不兑现，行基杌陧，商情动摇，不即速实行兑现，信用将永无恢复之日，殊为可虑也。毕业文凭，久不颁发，一群饭桶，敏于吃饭而拙于办事，令人可恨。究于何日发给，足下亦有所闻否？公余之暇，尚祈时赐教言，以匡不逮。盛暑繁溽，诸希珍摄为要。手此，即请大安，统维蔼照不尽。

弟郭金鼐、郭金章顿首

〔袁同礼家人提供〕

按：郭金鼐（1892—？），字秉龢，郭金章，字治平，安徽合肥人，兄弟二人皆为北京大学预科毕业，与先生有同年之谊。郭金鼐，后任青岛市财政局局长；郭金章入北洋大学，1920年12月法律学门毕业，后在天津交通银行任文牍。[①] 此二人之父郭文翥（1851—1926），号仲萱，清末秀才，曾任直隶省满城县知县，民国时寓居天津。

十月十六日

郭金章致函先生，谈其兄长郭金鼐工作职务及个人学习近况。

守和同学老哥台鉴：

久疏音问，时切驰思，维起居佳胜为颂。弟于阴历七月底随秉龢家兄同赴扬州府属宝应县。现家兄在板浦淮北盐运副使公署任繙译职，藉资历练。弟此次赴宝系到家伯处完姻，本月初始行旋津，休息三日即入北洋肄业，因补功课致疏问候，歉甚。北洋法科仅有法律一门，每星期二十七小时，毫不觉累。兄在清华担任教授，每星期若干小时，有暇常来津否？如来津时，尚望预先函告，当即趋谒，藉图一晤。赐函寄敝校或径寄敝寓均可。专此，敬请台安。

弟郭金章顿首

阳十月十六晚

〔北洋大学用笺。袁同礼家人提供〕

按：板浦，今属连云港市海州区。

---

① 《国立北洋大学卅周年纪念册》，1925年，“毕业同学录”页42。

十一月中旬

郭金章覆函先生,告其入北洋大学后之近况及其兄的联系地址。

守和同学老哥赐鉴:

顷奉手示,藉谗文祉增祥,诸凡佳善,欣慰无似。弟入学后晌将一月,殊无蔗境,近唐景周兄来校,尚不甚觉寂寞。本学年京校同学送入敝校者约四十名,但无一相稔者,后日拟举行欢迎新同学会,藉联旧谊。现在调查母校同学约八十余人,计全校三百余人,已及四分之一而强,将来团结坚固可望占一大部份势力也。秉龢家兄通讯处系安徽临淮关盐务稽查局。舍弟现仍在申江,家君本拟命其由铁路来津,现因鲁省匪势甚炽,已改命取海道北上矣。匆肃,敬请文安,不尽。

弟郭金章顿首

〔袁同礼家人提供〕

按:唐景周(1895—?),安徽合肥人,1917年6月北京大学预科第二部英文乙班毕业[①],后入北洋大学矿冶工程学系,毕业后以清华学校"津贴生同学"身份赴美留学,获哥伦比亚大学矿学士,后任安徽官矿督办公署矿师、水东矿厂厂长、安徽省矿务委员会委员。

十二月三十一日

郭金章覆函先生,告知《清华周刊》尚未寄到并询先生寒假是否赴津过年。

守和学兄大人惠鉴:

顷奉手书,就谗兴居纳福,餐卫咸宜,式符鄙颂。日前曾接贵校周刊社来函,报已同时寄发,惟书籍印刷物递到较迟。昨星期六回寓时尚未收到,今日或可投到敝校矣。渎神订购不情已甚,代付报资于心何安,俟台驾来津后必当如数奉还,诣府面谢也。敝校年假阳历半月一日,阴历半月。昨三家兄由海州来函,拟回津度岁,届时当能晤面。弟能来与否,此时尚不能确定耳。专肃,敬请文安,不一。

弟郭金章鞠躬

十二月三十一号

〔北洋大学用笺。袁同礼家人提供〕

按:1914年3月《清华周刊》创刊,至1937年5月共出版676期,

---

① 《国立北京大学廿周年纪念册》,1918年,"学生一览"页40。

此时栏目有“言论”“纪录”“学术”“记事”“杂纂”“来件”“校闻”“文苑”等，由华洋书庄代印，书页上未标注售价。

十二月

某日夜，先生与吴宓在“游美学务处”东北角的小院内隔室对谈，涉及校务和人事，为校长周诒春所闻。〔吴宓著、吴学昭整理《吴宓自编年谱》，北京：生活·读书·新知三联书店，1995 年，页 153〕

按：翌日，周诒春招吴宓面谈，望其少发牢骚，学人应力戒此风。

是年

陶孟和致函先生，请从清华学校借书一种。

拜启，久违为念。恭现在文科担任历史学原理一科，缺参考书。贵图书馆如有关于历史学研究之书籍，望由邮寄下，暂假一用，不胜感祷。又昨年有 Huntington:*Climate + Civilization* 已购到否？专此，即候近安。

陶履恭顿首

〔袁同礼家人提供〕

按：“陶履恭”即陶孟和（1887—1960），以字行，天津人，祖籍浙江绍兴，社会学家，时在北京大学任教。信中所说之书准确题名为 *Civilization and Climate*，美国地理学家伊斯沃思·亨廷顿（Ellsworth Huntington, 1876-1947）著，1915 年耶鲁大学出版。

一九一七年　二十三岁

一月中旬

郭金章覆函先生，请继续代订《清华周刊》并寄上费用。

守和学兄大人惠鉴：

年前奉到赐书，敬悉壹是。年假内，兄曾来津度岁否？兹恳者，贵校周刊仍祈代订半年，特先寄上钞票一元，连前代垫之款，尚属不敷，容后算清续呈。匆肃，敬请台安。

弟郭金章肃上

〔袁同礼家人提供〕

按：此函应在春节（1月23日）之前撰写。

三月十八日

郭金章致函先生，告北京大学与北洋大学有合校传闻。

守和同学老哥鉴：

前奉上快函，附寄钞票洋壹圆，计早达签掌。乃日久未奉覆书，不解何故？量邮子误投诸洪乔耶。侧闻俄京革命已告成功，如果确实，于吾国前途，必大有影响矣。母校自蔡校长莅任以来，即有将京津两大学归并之议，现几经磋议，决定两大学不办重复科目，敝校将来专办工科，原有法科办至毕业为止，此现亦议定之，大概情形将来有变更与否，尚不得而知也。贵校周刊仍逐期寄来。今并奉闻，即请春安。

弟郭金章肃上

三月十八号

〔袁同礼家人提供〕

按："俄京革命"应指俄国"二月革命"（3月8日至12日），推翻罗曼诺夫王朝，结束君主专制，非指"十月革命"。"蔡校长"即蔡元培（1868—1940），1917年1月任北京大学校长，确有将北京大学、北洋大学等校合并的计划。

三月二十六日至三十日

本周,先生担任清华学校中等科晚间自修监课老师。〔《清华周刊》第95期,1917年2月8日,页26〕

按:该学期中等科晚间自修应自1月29日起至6月8日止。

五月七日

郭金章致函先生,对先生叔母韩氏去世表示哀悼,并告郭金鼐将于暑期返回天津。

守和学兄大鉴:

久未通函,正欲裁笺致候,忽奉讣音,惊悉令婶大人仙驭西驰,吾兄哀感之怀,自难言喻。惟令婶坤仪夙著,淑范常存,贤昆仲又才华峻迈,气概超群,前程均未可限量,九泉之下自必含笑。尚希毋过哀悲,弟以道远未克趋奠,谨具素幛一悬。即祈代荐为荷。三家兄现仍在板浦,拟暑假前回津。敝校再有六星期即放暑假,贵校如何?公余之假,乞时锡教言,是所至盼。专肃,敬请文安。

弟郭金章顿首

五月七日

令弟统此致唁。

〔袁同礼家人提供〕

七月一日

吴宓致函先生,谈看护私人日记、信札等杂事。

守和兄鉴:

别来数日,甚念。宓居此安适,事务进行亦速,堪慰锦注。顷有二事欲烦吾兄拨冗代办,谅必赐允。(一)弟室中有弟旧日之信函、日记等,在知友如吾兄等固亦无妨传示,而其中颇有一时感愤诽议校中当道之语,若使侦探、间谍之小人见之,必为谗谮之资,而致前途之梗。近又鉴于某事后再面告甚不放心,乞兄督饬校役将宓内室之门锁上,最好兄将其钥带在自己身边,以妨宵小之潜入,是要。(二)室中有口袋一,内放污衣多件,请饬校役拿给洗衣人,催其洗来以后饬送唐孟伦先生,便中送弟处以为不时之需。弟约再须一星期至多十日即可回校,届时尚可与兄一谈。如兄不及此时而早日返津,则请入京时,驾临青年会一晤为盼。匆匆不尽,即请刻安。

（此函阅后付丙）

弟吴宓顿首

七月一日晨

自北京东城青年会发

〔袁同礼家人提供〕

按：唐孟伦（1871—1922），字贻典，广东鸡山人，清华学校首任校长唐国安（1858—1913）世侄，长期担任清华学校庶务长，1922年3月19日去世。

七月中下旬

郭金章覆函先生，谈张勋复辟事。

守和学兄大鉴：

顷奉手书，敬悉兴居纳吉，餐卫咸宜，式繐揄忱。弟伏枥津门，坐消假日，摊饭浇书，都成无俚。以视吾兄日拥图书万卷，学业之进一日千里，奚啻天壤之隔。三家兄于前晚到津，嘱代致候起居。近来政潮汹涌，国体迭更，忽共和忽帝制，波诡云谲，瞬息万变，令人如入五里雾中，不可捉摸，寡廉鲜耻、争权夺利至斯已极，恐蛮触之争效尤不已，将鹬蚌之利坐收有人矣，可叹！耑覆，即请大安。

弟郭金章顿首

〔袁同礼家人提供〕

按：是年6月14日，张勋率领辫子兵入京，30日召开“御前会议”，翌日改称“宣统九年”，7月12日溥仪再次宣告退位。

七月二十六日

张泽熙覆函先生，请将其兄张泽垚在沪地址告知周诒春，并叙友情。

守和兄鉴：

顷奉廿五号明片，阅悉一一。前上一明片，寄至北京海甸太平庄西口外路东寿宅转交，不知曾否收到。缘因日前往东门扛张胡同访兄，见门条贴此，故知之。宝眷是否寓此，抑住校，望示悉为盼。此次政潮发生以来，津地房价高至二三倍之多，尚有人抢得租赁，现时京中已就平靖，仍多有畏乱不回京者，他事如常。舍间业于上月移回芙蓉街，并闻家兄早已去沪，寓三茅阁桥信昌厚客栈，现欲入康乃尔大学，因有友人极力主荐之，故一切手续均已办妥，只有眼疾尚未全愈，不过八月前总可无恙也。季眉先生既定八月四号去沪,望将家兄在沪地址告知,到沪请其书一明片与家兄,以便诸事容易接洽,如能得知周君到沪寓所,则更妙矣。望一询示知,以便转知家兄,乞费神一探为荷。

阅来示知我兄已得图书馆主任一席,从此可以博览群籍,蒸蒸日上,异日能步戴君后尘,留学异邦,前途实未可量,羡甚羡甚。戴君想系由校派送,故料兄亦必有此一日也。弟自暑假起首在京勾留两星期,今年敝省无缺额,故未能应试。我校校长蔡君已去职矣,将来继任云谁,尚不可知,工科一年级不再招生,弟班仍当继续进行,俟此班卒业,则再无工科名目矣。此次年考预科除未考者不计旧同学均未降级,亦一幸事也。重威等均已回里矣。接来示仍以兄称,弟极盼改称,我等交既莫逆,亦应以年之长幼而别。弟早有与兄结为八拜友之意,总以未晤面而止。今年弟之旧同学均经同意,如蒙允准,即乞先行示知,弟当以弟之兰谱寄呈,以后回京重晤时,再拍一照可耳。兄意如何?极盼高见,有以示弟,望速为要。寓中平安,勿念,余容后叙。专此,敬请升安,并叩老伯大人福安。

小弟张泽熙顿首

二十六日

〔袁同礼家人提供〕

按:“东门扛张胡同”应指袁家在天津的寓所,今属南开区。“政潮发生”即指7月1日张勋复辟,“季眉先生”即周诒春,“戴君”指戴志骞。

八月十四日

郭金章覆函先生,请照顾报考清华学校之友人,并谈时局等事。

守和学兄大鉴:

前奉华翰,当覆一笺,计早达记室矣。兹有恳者,友人王君名迈,江苏淮安人,淮北王运副之大公子。年甫十四,聪颖异常,秉龢家兄前在板浦时,曾教以英文、算术各科,将及一载,学业颇为可观。月前在南京报考贵校中等科取列第三,不日赴京覆试。该生年少,人地生疏,到校时当祈费神关注,至深纫感。其考试科目及一切手续并祈预为示知,除交王君英文函,属其到京躐谒代报外,谨先奉闻。对德奥宣战,闻已宣布明令,从此中国益将多事。津埠水势极大,北数省闻均受水灾，萑苻遍野，水旱洊臻，蒿目时艰，惄焉如擣，京中近状若何？专泐，敬请秋安。

弟郭金章顿首

六月廿七日

〔袁同礼家人提供〕

按：王迈，由后信可知并未入清华学校。是年7月下旬，天津水灾始发，函中落款时间应为阴历，即阳历8月14日，当天北洋政府正式对德奥宣战。

是年夏

清华学校图书部主任戴志骞赴美国学习图书管理法，所有事务暂由先生代理。〔《清华周刊》第112期，1917年9月20日，页21〕

按：时该校正在营造图书馆，预计本年12月竣工，故又聘北京高等师范国文专修科毕业生章寅及清华学校毕业生查良钊为襄理。

张泽垚覆函先生，告其去美留学前行程安排并请介绍本年清华学校留美同学。

守和吾兄赐鉴：

敬启者，昨奉到舍弟泽熙寄示手书并转寄周校长函，备悉一一。近维兴居休鬯为颂为慰。此次诸承照拂，极为感纫。前函本拟亲自寄去，闻沈诵之兄言及兄名，始忆为前舍弟附属中学同学，曾见数次，惟皆于人众中，未曾亲聆教益，实为怅仄。垚此次来沪，本拟即赴美去，以距开学日尚早，不如与清华同行较不寂寞，昨得周君函，允与同行，感极。垚下星期内当可到京，届时再当订期面聆一切。贵校此次拟赴波斯顿 Boston Massachusetts Institute of Technology 者有几人，垚甚欲与结识，晤时拟请介绍九月一日动身，能赶及开课日否，外致周君一函，烦饬人送呈为祷，余面叙。即颂近好。

弟张泽垚顿首

廿日

〔袁同礼家人提供〕

按：张泽垚（1894—1970），张泽熙（1899—？），字豫生，江西鄱阳人，兄弟二人皆为北京大学预科第二部毕业，与先生有同年之谊。张泽垚毕业即留校，一年后公派赴美留学。张泽熙1919年北京大学工本科土木工学门毕业，同年底留学美国，入康乃尔大学。[1]“周君”即周诒春。沈诵之，江苏武进人，后曾任交通银行汉口分行副经理等职。Boston Massachusetts Institute of Technology 即麻省理工学院，张泽垚似本欲前往该校学习，但实际则入康乃尔大学，后信亦有提及。

九月四日

赵国材致函先生，请担任新生复试监考、阅卷事。

径启者：

本月五六七日为本校覆试各省咨送中等科新生之期，拟请台端担任覆试时监考阅卷等事，覆试地点在中等科教务室，每日上午十时起举行，并请先期会商接洽，以企便利。深感贤劳。专此，敬颂道安。

赵国材谨启

九月四日

〔袁同礼家人提供〕

九十月间

郭金章致函先生，谈北洋大学近况、天津水灾等事。

守和学兄赐鉴：

不通音讯又将月余，比维学业增进，餐卫适宜，至以为颂。弟自上月初入校上课后，一切仍昔，毫无蔗境，学业反日荒，言之弥增惭恧。秉龢家兄仍在津门，亦殊无俚也。母校来敝处就学者将及七十人，中至稔者为冯焌、唐虞诸兄，常相聚谈，不若去岁之寂寞。津埠大水，吾兄当早有所闻。上星期日弟曾亲到受灾区域勘察一遍，日租界四面钟及英租界老西开一带被水最深，约五六尺，幸河北沿岸抢护得力，未遭水浸，否则不免其鱼之叹矣。吾兄近况若何？课余之暇，尚希时锡箴言，以匡不逮为荷。耑泐，祗请文安。

弟郭金章顿首

家兄嘱笔致候

〔袁同礼家人提供〕

按：“津埠大水”，应指1917年天津水灾。

---

① 《国立北京大学毕业学生一览》，1930年，页202。

清华学校图书部廉价出售图书数种，由先生负责该项事务。〔《清华周刊》第114期，1917年10月4日，页19〕

按：待售图书为《人类历史》《心身试验》《科学本源》《兽思》《兽智》《人类对于商业之能力》等。

十月十六日

郭金章覆函先生，告其兄郭金鼐已回海州任职。

守和学兄惠鉴：

日前接奉手书，敬悉一一。敝校图书室存书不多，并无书目，方命之愆，尚望谅之。秉龢家兄已于昨日襆被南下，仍回原差任事。惟在上海须耽搁数日，到时不无稍迟耳。余乏淑状可告。专此敬覆，即请秋安。

弟郭金章顿首

十月十六晚

〔袁同礼家人提供〕

十一月十日

赵国材致函先生，请其担任校癸亥级社团顾问。

守和先生大鉴：

启者，本校学生组织之会社向有顾问一席。兹请阁下为中等科三年级会顾问。素仰执事对于课外作业最具热心，尚希惠允偏劳，时加指导，俾该生等有所遵循，是为至祷。专此，敬颂台祺。

赵国材谨启

六年十一月十日

〔清华学校用笺。袁同礼家人提供〕

按："中等科三年级"即所谓清华癸亥级，其中较为知名者有梁思成、梁实秋、李迪俊、吴景超、吴文藻。先生虽"素习会务"，但"然言语部取消。常会不用。级事闲放。顾问亦未得致力焉。"①

① 《癸亥级刊》，1919年6月，"级略"页17。

一九一八年　二十四岁

二月初

先生赠*The Life of Moses Chiu* 与北京大学图书部。〔《北京大学日刊》第65号,1918年2月6日,第1版〕

按:该书由 Charles L. Ogilvie 著,中文名为《周慕西先生事略》,1916年上海广学会(Christian Literature Society)初版。

二三月间

刘半农覆函先生,请在《清华周刊》刊登《征集歌谣章程》。

手示谨悉。兹遵命检奉敝校《征集歌谣章程》十份,乞代为分发同志,并在贵校杂志中发表,是为至盼。此请台安。

刘复谨覆

〔北京大学法科公用笺。袁同礼家人提供〕

按:刘复即刘半农(1891—1934),语言学家、文学家。是年2月1日,《北京大学日刊》第61号"纪事"栏刊登《北京大学征集全国近世歌谣简章》,沈尹默"主任一切并编辑'选粹'",刘半农"担任来稿之初次审定并编辑'汇编'",钱玄同、沈兼士"考订方言"。该函无落款时间。

三月七日

夏廷献覆函先生,告知因成本问题不便将《征集歌谣章程》登载于《清华周刊》。

手示谨悉。承委一节,当于《周刊》校闻内提及介绍,如欲将该件全登,则印费太钜(《周刊》每页洋一元八角),不如以该纸分送本校各级各会传阅,较为惠而不费。未识尊意云何? 此复

守和先生

弟夏廷献上

三月七日

〔清华学校用笺。袁同礼家人提供〕

按：夏廷献，字霆轩，浙江嘉善人，时为《清华周刊》顾问。刘半农之请载于《清华周刊》第132期（1918年3月14日出版）“校闻”第8页，题为“征集歌谣”。

三月十五日

上午十一时，李大钊偕北京大学图书馆事务员章士锳、邓秉钧、盛铎、商契衡四人①前往清华学校参观，先生费心招待，引导参观图书馆等处。〔《北京大学日刊》第95号，1918年3月19日，第5版；《清华周刊》第133期，1918年3月21日，“校闻”页6〕

按：李大钊（1889—1927），时任北京大学图书馆主任，正着手整顿馆务，参观清华学校图书部正是其重要举措之一，虽然后者正在营造馆舍，但设计方案和硬件采购均有可取之处。李大钊就其大致经过，写下“参观清华学校杂记”，其中尤其提到“备承清华校长赵先生、图书馆主任袁先生及各机关诸职员最诚恳之招待……袁先生由午前十一时至午后五时，耗六时间宝贵之光阴，导吾辈遍观各处，一一为亲切之说明，尤令人铭感无已。”

三月中上旬

李石曾覆函先生，并赠书两种。

示悉。因病未即复为歉，乞谅之。承索《生物学会规程》及《法兰西教育》，各奉一册。《生物学会章》见《大豆》之末。此复，即颂大安。

李煜瀛启

〔袁同礼家人提供〕

按：此次赠书，《清华周刊》第133期有致谢记录（“校闻”页6）。《大豆》1910年初版，其后附《巴黎远东生物学研究会简章》，定价1元；《法兰西教育》，1913年10月出版，留法俭学会发行，文明书局印刷，定价银元4角。

三月十六日

下午一时，清华学校中等科联合辩论团开第一次预赛会，每级各派代表两队，分四处举行，辩题为“欧战结束后，各国在东亚的均势是否被打破”。其中第一组正面为赵锡麟、王宗澄、刘驄强（中四），反面为安绍芸、张治

① 《北京大学职员录》，1918年，页2。

中、张忠绂(中三),李广诚、先生、戴元龄为裁判,结果判定正面获胜。〔《清华周刊》第133期,1918年3月21日,“校闻”页3〕

按:李广诚,字仲华,浙江杭州人,圣约翰大学毕业,曾任清华学校庶务处主任;戴元龄,字梦松,天津人,曾任清华学校国文教员。①

三月二十三日

清华学校中等科英文会举行辩论会,论题为“清华应否创立学生法庭”,正方潘光旦、王宗澄、全增嘏,反方梅贻宝、陈钦仁、刘骢强,先生任裁判,正方获胜,并推潘光旦、刘骢强最为优秀。〔《清华周刊》第134期,1918年3月28日,“校闻”页5〕

按:《清华周刊》记潘光旦为“潘光亶”。全增嘏(1903—1984),浙江绍兴人,1923年清华学校毕业,后赴美留学,先后获斯坦福大学哲学学士、哈佛大学硕士学位,回国后曾任《天下》(*T'ien Hsia Monthly*)月刊编辑,中国公学、大同大学、复旦大学教授。

三月下旬

李大钊覆函先生,赠书一种并告知北京大学与清华学校交换书籍事进展。

守和先生:

承赐各件及手示均悉。拙译《国际法论》呈上一册,捐赠贵馆,并乞指正。交换书籍已按单检齐,俟法科将书送到即汇呈尊处。敝馆所欲借阅之书,容后函告。诸蒙垂爱,感何可言!以后请教之处正多,惟进而益之。匆上,即请公安。

弟大钊顿首

〔国立北京大学用笺。袁同礼家人提供〕

按:本月20日,《北京大学日刊》即告知由本刊经理部转来《英文清华学报》《清华周刊》数册。②《国际法论》应为《中国国际法论》,原作为日本法学博士今井嘉幸,李大钊、张润之合译,1915年7月健行社初版。后,《清华周刊》第135期(4月4日)在“校闻”中记有“又承北京大学图书馆主任李守常先生赠自著之《中国国际法论》一册”。

① 《清华一览》,1926年,页11、18。

② 《北京大学日刊》第96号,1918年3月20日,第2版。

四月十一日

郭金章覆函先生,告假期拟往北京一游。

守和同学兄惠鉴:

顷奉手书,藉谉兴居佳胜,深慰下怀。敝校照章六月一号放春假一礼拜,法科仝人拟假期内同到首善观大理院审理诉讼。弟亦望随往,就便赴贵校一游,兼聆雅教,惟期愿不识果能获遂否耳。余乏淑状可告,即请文安。

弟郭金章顿首

旧历三月初一日

〔北洋大学校用笺。袁同礼家人提供〕

四月十六日

李大钊覆函先生,请借清华学校图书馆编目依据之参考书。

守和先生道鉴:

敬启者,敝馆编目伊始,拟广加参考以资遵循。兹就先生前次见示之书单中检出数种,如贵馆储有是书而目前可不需用者,乞暂假一阅,即付去手,阅毕奉还。耑此,即请公安。

李大钊敬启

四月十六日

〔国立北京大学用笺。袁同礼家人提供〕

按:时李大钊着手主持图书馆重新编目,公告校内人员"春假期内本馆拟改编书目,所藏中西文书籍必须清理一次,以资考订。凡本校教职员学生诸君,曾由本馆借用书籍者,务乞一律赐还,是为至荷!"①该函为文书代笔,落款则由李大钊签名。

四月十九日

先生为清华学校中等科甲组作伦理演说,讲题为"近世教育家周慕西博士事略"。〔《清华周刊》第138期,1918年4月25日,"校闻"页1、The Weekly Budget of News and Comments. p. 1〕

按:先生历述周慕西的勤能、在英德两国的游学经过、并介绍其强迫教育主义,对其病逝表示哀悼,最后勉励同学他日留学后归国效力。

---

①《北京大学日刊》第104号,1918年3月29日,第1版。

四月

先生赠北京大学图书馆书两种，分别为《纽约省一九一五年教育状况报告》、《纽约省公立图书馆一九一七年报告》。〔《北京大学日刊》第125号，1918年5月1日，第5版〕

按：4月30日，北京大学图书馆函谢。①

五月上旬

北京大学图书馆主任李大钊、庶务主任李辛白、庶务段宗林等人赴清华学校参观。〔《清华周刊》第141期，1918年5月16日，"校闻"页3〕

按：李辛白，安徽无为人；段宗林，字梓筠，直隶人，时任杂务课事务员，《清华周刊》将其错排为"段宋林"。

六月四日

郭金章致函先生，告因行期紧凑不能前往清华学校参观。

守和学兄大人赐鉴：

音讯久疏，驰思倍切。正拟裁笺致候，乃荷手翰先颁，敬谉起居增祥，公私纳吉，无任欣忭。弟伏枥津沽，如恒稽懒。春假期内曾有首善之游，本拟赴贵校参观兼领雅教，乃京内旧同学太多，坚留盘桓，不果如愿，贵校之游只好俟诸异日矣。敝友王迈君现改入天津中学校肄业，因其家长将来不欲其远游，正与徐朴人兄往事相类。闻贵校之长已易人，当有一番新设施。有何新闻，暇时祈常通信示知为叩。专泐祗覆，敬请文安。

弟郭金章顿首

四月廿六号

唐景周兄嘱笔问候。

〔袁同礼家人提供〕

按：由前信可知春假在6月之后，故落款日期应为农历。"贵校之长已易人"，4月13日，北洋政府外交部令第47号，命张煜全出任清华学校校长。②

① 袁同礼家人提供。

② 《政府公报》第799号，1918年4月15日，页5。

六月二十二日

雷国能致函先生，欲借阅清华学校留美章程。

守和学兄足下：

闻尊处备有关于留学欧美章程多种（如自费留美规则之类）。弟拟暂假一阅。如蒙于日内寄下，不胜铭感。敝校现在正值年考，试毕拟即踵校畅叙一切也。专此，顺颂日祉。

弟国能顿首

六月廿二日

〔袁同礼家人提供〕

六月二十九日

赵国材致函先生，请担任监考事务。

径启者：

本校此次招考插班生等定于七月一日举行，拟请阁下分任监考事宜，业请恺臣兄面恳一切，用再具函奉邀。敬希惠允偏劳。准于该日上午八时驾临礼堂，协同照料。是为至祷。专此，祗请

守和先生台鉴

赵国材谨启

七年六月廿九日

〔袁同礼家人提供〕

按："恺臣"即张继泽，浙江杭州人，上海圣约翰大学毕业，时任清华学校中等科教务员。①

七月三十日

孟宪承致函先生，感谢寄赠册页，并请先生先行拟请愿稿，另询问清华学校近况等事。

守和吾兄大鉴：

昨上一函，已入记室否？今日又奉赐寄小册子五本。乍睹标题似小说一类，及细读乃知是大文章。此项印刷物，自当为之流传也。弟昨接潘君文焕婚礼请帖，兹拟恳吾兄代为加入，校中之赠品团万一来不及，无可设法，则弟到校后再补送亦可，惟既有帖似早送为妙，故敢

---

①《清华学校一览》，1917年，页6。

上渎也，费神感谢之至。前日闻杨君景时言席已辞职，确否？专科赴美学生案已见各报，而高等科、插班生尚未见揭晓，大约不登报矣。图书馆现已迁移否？校中情形如何？暇希兄示一二。阅报见 Hotel List 中北京饭店下有 Mrs Soong Tsung Faung，度宋君已北上，曾晤面否？（该栏中并有 Mr. & Mrs. Y. C. Chang, family 字样，未审即校长眷属否？）朱家华君暨夫人赴瑞士留学，沪报登其撮影。朱君系大学教师，谅吾兄必知其人也。请愿事总须先行起草，方可据以讨论。现在只有三人，团体极小，似无庸彼此谦逊。吾兄本斲轮老手，且早已搜集材料，成竹在胸，即望俯允所请"顾全大局"，先行属稿为祷。译《娜拉》一剧之罗家伦与作《易卜生传》之袁振英，想均系大学学生，二作均可诵。《新青年》在南方销路颇好，将来在文学中必成一绝大势力无疑。惟数先生骂人皆极痛快，不肯容纳丝毫异己者之思想意见，以视西洋大学者之风度，似尚不逮耳。弟近温读《石头记》，颇觉得益，坊间无《金瓶梅》佳板，至今未获一览也。此上，并颂暑祺。

孟宪承谨上

七月三十日

〔袁同礼家人提供〕

按：孟宪承（1894—1967），字伯洪，江苏武进人，清华学校肄业，1919 年考取公费留学美国，在华盛顿大学攻读教育学，1920 年又赴英国伦敦大学教育研究所深造，1921 年回国后，先后任教于东南大学、圣约翰大学、光华大学、中央大学、浙江大学等校。潘文焕（1890—？），字光宇，祖籍江苏新阳，生于北京，圣约翰大学毕业，后赴美留学，获明尼苏达大学学士学位[1]，归国后任清华大学土木建筑教授；杨景时，江苏吴县人，曾在清华学校教授物理；Soong Tsung Faung 即宋春舫（1892—1938），浙江湖州人，剧作家，时在清华学校任教；Y. C. Chang 即张煜全（1879—1953），字昶云，广东南海人，时任清华学校校长。1918 年 6 月《新青年》第 4 卷第 6 号为"易卜生专号"，刊登罗家伦、袁振英等人的文章。

---

① 《游美同学录》，1917 年，页 186-187。

是年夏

张申府致函先生，请借清华学校图书馆藏书目录并求教编目方法。

永和学兄：

尊处所有图书馆书，请先开示一目，以便往借。又尊处各种印件，如索书目之名片等等，亦请检赐一分。尊处书目今如何编法，亦望示及。此白，并颂公祺。

弟张崧年白

〔国立北京大学用笺。袁同礼家人提供〕

按：是年，张申府因课程不多，便应李大钊之邀在北京大学图书馆服务，具体职责为检查和校对勤工俭学者所翻译、编目、打印的卡片，暑期李大钊回乡时，代理馆务。[①] 该函中所提“印件”系是年 9 月 3 日覆函起始处所提之物。

九月三日

张申府覆函先生，欲借图书馆学书籍并谈将北京大学图书馆馆藏杂志复本赠与清华学校等事。

守和学长兄：

前蒙惠示并各印件，深感厚意。辱开图书馆书目，就中第一、第六、第九三种，弟拟得一读，不知此时是否在需用中？二十九日寄守常兄书，今亦得读，惠赠贵处杂志寔所忻感，敝馆杂志亦颇有重者，嗣当检齐用以为报。《言治》校中未有，守常归时必可以一册为赠。仁山兄久病咳血，比始瘥愈。冗务稍理，会同趋谈。专此敬复，即候秋祉。

弟崧年拜

九月三日

〔国立北京大学用笺。袁同礼家人提供〕

按：《言治》非指 1913 年北洋法政学会编辑发行者，而是 1917 年 4 月恢复出版的季刊。1918 年 7 月第 3 期出版，李大钊撰写了《东西文明根本之异点》等 11 篇文章，袁同礼极有可能在致张申府信中为清华学校索取一册，故有“守常归时必可以一册为赠”之答语。“仁山”即高仁山（1894—1928），幼名宝寿，江苏江阴

---

① 张申府著《所忆：张申府忆旧文选》，北京：中国文史出版社，1993 年，页 13。

人，时亦为北京大学图书馆馆员[1]，其病情经过待考，后赴日本留学，又入美国哥伦比亚大学，1923 年归国，在北京大学教育系任教。

九月十一日

郭金章覆函先生，告其兄弟近况，并谈北洋大学工科新生人数。

守和砚兄大人惠鉴：

顷奉大札，藉悉文祉增祥，诸凡顺适，至慰下颂。敝校已于本月二号开学，三号照常上课，惟暑假期内废读日久，昔时所学大半荒芜，以视吾兄学业、经验与日俱深，相去何可以道里计耶？秉龢家兄已于月前遄返临淮，日内当有申江之行。舍弟于上星期六由京来津，次晨乘津浦车赴沪迎娶，喜期系旧历本月十一日，娶后半月即须言旋，因稽核所章程仅能告假一月，故须急回，将来接眷赴京，抑仍单住大同公寓。此时尚未决定，辱承垂询，特以奉闻。敝校开学后一切均仍旧贯，毫无新设施可言。唐景周兄现尚未到校，想正在途中，不日可到。敝校同学录尚无刊行本，从前刊印章程均附毕业生题名录，今则并此无之矣。此次工科新班，闻经母校咨送者约四十余名，较去岁为少。贵校此次开学亦有母校旧同学否？暇时祈时惠箴言，是所至幸。手肃，敬请秋安。

弟郭金章顿首

九月十一日

〔北洋大学用笺。袁同礼家人提供〕

九月中下旬

唐景周致函先生，就侄儿考入清华学校表示谢意并告其暑期行踪。

守和学长兄大鉴：

久不聆雅教，渴念良殷。前日舍侄已蒙贵校录取，非我公关注，断不致如此易易也，敬谢敬谢。弟夏间以家务忙迫，匆匆南返，抵里后潮水日增，沟浍皆盈，致令小轮停驶，旱道行缓，复值盛暑，故未敢轻易就道也。及抵津校已迟两星期矣。当晤治平兄，始悉兄有函致弟，而至京乃得之，不胜欣慰之至。惟望秋风多便，时赐好音为盼是祷。匆此，

---

① 《所忆：张申府忆旧文选》，页 90。

即请大安。

同学弟景周具

〔袁同礼家人提供〕

按:“舍侄”似指唐篇,字叔武,安徽合肥人,清华大学肄业。①

九月三十日

张尚龄致函先生,介绍友人黄日葵。

守和仁兄足下:

前书计尘青览。日来久不裁书,歉甚。兹有友人广西黄君日葵,慷慨志士也,以拒约归国,从事新闻唤醒世论。顷将肄业京大文科研究哲学。到后吾兄幸进而交之,不任盼祷之至,余容后报。肃此,顺颂刻安。

弟尚龄再拜

九月三十日

唐惠宝兄见时带致意。

〔中华书局造笺。袁同礼家人提供〕

按:张尚龄,字梦九,少年中国学会会员之一。黄日葵(1898—1930),字一葵,广西桂平人,1916年秋自费留学日本,入弘文书院。1918年5月,因为反对段祺瑞政府与日本订立“二十一条”协定,遂罢课回国,少年中国学会会员之一。

十月二十一日

张尚龄致函先生,告其已赴上海并主持《救国报》译述栏目,请赐稿件。

守和仁兄足下:

都门乍聚,欢若平生。别来载望,燕云时劳寤寐,遥想学业日进为祷。弟七日起身,金陵小作勾留,九日抵沪,现寓法租界贝勒路华盛顿里。弟现承乏《救国报·译述》一栏,本报宗旨系以介绍外情、开发民智为宗旨。顾材料太少,如有大作,请时赐寄为盼。仁伯兄有信来否?草此,顺颂学安。

弟张尚龄再拜

十月廿一日

〔中华书局造笺。袁同礼家人提供〕

---

①《清华同学录》,1933年,“前肄业生同学录”页6。

按:《救国报》似于是年夏创办①,“仁伯兄”,待考。

十一月四日

夏廷献致函先生,告友人屈爔赠书及委托代售事。

守和先生台鉴:

兹有敝友屈伯刚君(统计局佥事)欲将自著之《自治外蒙古》一书托贵校经售。兹送上十册,其一册请留存图书馆以供众览,余九册请设法代售,每册大洋五角。琐渎金神,感谢不尽。此颂台绥。

弟夏廷献顿首

十一月四日

〔中华全国铁路协会本部公笺。袁同礼家人提供〕

按:夏廷献,时任铁路协会常务干事兼会报经理。“屈伯刚”即屈爔(1880—1963),浙江由拳人(今嘉兴),曾在京师大学堂学习,后游学日本早稻田大学。《自治外蒙古》1918年4月30日出版,定价大洋壹圆。《清华周刊》第149期(11月14日)“校闻”中刊登赠书消息,并请欲购者至图书馆接洽。

十一月中旬

李大钊致函先生,商吊唁梁济事。

守和兄:

送漱溟先翁挽联已由申府缮就送去。署兄及申府、郭君晓峰并弟四人名,人百名已不及署。惟闻漱溟尚有讣闻,吾辈或尚须送一吊帐,届时可合吾等五人共同为之。尊意云何?

弟钊顿首

〔北京大学西式信纸。袁同礼家人提供〕

按:本月10日,梁漱溟之父梁济先生自沉净业湖(即积水潭)。“郭君晓峰”字仁林,少时与梁漱溟同在顺天高等学堂求学,彼此间甚为熟悉。此外,李大钊、袁同礼、张申府、雷国能皆为少年中国学会的正式会员。

十一月二十五日

雷国能致函先生,告知去美读书情形,另所带之信多被海关人员拆阅。

① 《申报》,1918年9月30日,第7版。

守和学兄惠鉴：

前由太平洋舟中录呈一函，到格校后又寄一函，未审已否收到？兹有拜年片廿一张，分致各人（人名另纸抄录），拟托吾兄代为转送。因不知各人详细住址，故信封亦未写就，并请吾兄代为一挥是感。又前次周寄梅先生托带赴华盛顿之函，弟因现不到该处，已交邮挂号寄去，惟到旧金山时税关人员因战时关系检查甚严，所带信件多被拆阅。周先生托带之函，亦有被拆阅者，便中祈告周先生，且弟课忙未暇作书致候，亦祈代达歉忱。现时格校凡有中国学生一十人，即男生九人、女生一人。本月初旬，范源濂、严修、张伯苓、孙子文四先生特来视察格校。格城老幼均表欢迎，曾开欢迎会，请诸先生演说，盘旋五日始去，饮食酬酢无虚日，亦盛举也。吾兄近况如何，公余尚望随时赐示。专此，顺候春祺。

弟能顿首

民国七年十一月廿五日

〔袁同礼家人提供〕

按："格校"应指哥伦比亚大学。

是年冬

梁漱溟致函先生，就此前吊唁其父并惠助表示感谢，并赠书与清华图书馆。

守和尊兄座右：

先君之丧，荷蒙临吊并惠助刊资，不孝等衔感无既，容料简已毕，当诣前泥首以谢。兹敬奉先君遗书石印、铅印两种，各二册，拟乞陈诸图书馆，以供众览，是否可行，尚希裁之是荷。专此，即请台安。

棘人梁漱溟稽颡

〔袁同礼家人提供〕

按："遗书"应指《梁巨川先生遗笔》《敬告世人书》。①

清华学校欧战协济会募集捐款共计二千六百四十二元八分二厘，其中先生募集六元。〔《清华周刊》第151期，1918年11月28日，"校闻"页4〕

十二月二日

陈宝泉覆函先生，已遵前请题写报签。

---

①《清华周刊》第154期，1918年12月19日，"校闻"页8。

守和先生台鉴：

顷接手教，辱承奖饰，感歉奚如。嘱书报签，兹写就寄上，即希备用是幸。敬颂公祺。

附书签。

陈宝泉启

中华民国七年十二月二日

〔北京高等师范学校用笺。袁同礼家人提供〕

按：陈宝泉（1874—1937），字筱庄，天津人，教育家，清末随严修任职于学部，后历任学部主事、郎中、师范科员外郎，时任北京高等师范学校校长。

十二月三日

北京中学以上各学校图书馆主任在汇文学校召开讨论会，到会者十余人，议决在北京组织"图书馆协会"。会上，推选先生、李大钊（北京大学）、葛飞伦（协和医学校）、高德（汇文学校）、李崇文①（税务学校）、德韦思（崇文中学）为筹备委员，负责起草协会章程。另，先生被选为委员长。〔《清华周刊》第153期，1918年12月12日，"校闻"页5〕

按：葛飞伦、高德在《北京大学日刊》中分别记作"吉非兰""高罗题"。

十二月九日

傅斯年致函先生，告欲赴清华学校游览并谈《新潮》杂志将创刊。

守和学兄：

一年未见，渴想殊甚。上星期日承枉驾相顾，弟竟以事不在，至歉也。弟拟择一天气和暖之日往贵校一行，以罄□□藉作观光，惟时期未能预定耳。弟等组织一月刊杂志，定名曰《新潮》，第一期准于明年一月一日出版，届时当以奉赠。此请道安。

弟斯年顿首

十二月九日

〔北京大学消费公社制信纸。袁同礼家人提供〕

① 《清华周刊》原文记作"税务学校代表李"。

十二月上旬

北京图书馆协会筹备委员会在北京大学继续开会讨论。〔《清华周刊》第153期,1918年12月12日,"校闻"页5〕

十二月中旬

清华学校举行中等科各级联合演说预赛,分为甲乙两组,其中甲组演说员为四年级裴庆彪、三年级施滉、二年级潘光迥和王造时、一年级唐振钰和徐敦璋,裁判员为杨景时、先生、李广诚,结果裴庆彪评为最优。〔《清华周刊》第154期,1918年12月19日,"校闻"页5-6〕

十二月二十一日

下午二时,北京图书馆协会假北京大学文科事务室举办成立大会。先生以清华学校图书馆代表身份出席,与会者共计二十人,通过会章、附则(六条)。先生被选为正会长,高罗题(Howard S. Galt)为副会长、李大钊为中文书记、吉非兰(Emily Gilfillan)为英文书记。〔《北京大学日刊》第292号,1919年1月21日,第3版〕

> 按:与会具体人员,可参考《北京图书馆协会成立纪闻(续)》[①]。其中,高罗题后长期担任燕京大学教育系主任,中文名应为"高厚德"[②];吉非兰[③]在协和医学校服务时间为1918年7月至1920年6月,后因结婚返回美国。[④]

是年冬

张东荪覆函先生,欢迎投稿并赠送清华学校图书馆《时事新报》。

> 来书并大稿均诵悉。敝报原为社会陈情,勿论何种意见,一律欢迎,而《学灯》尤为各学校学生发挥其心得而设,足下大作固属欢迎之至,即贵同学如有撰述,可以掷下,无不揭载,尚望以此意告诸贵同学诸公也。自明日起,即赠阅敝报一份。自来中国即缺学问的空气,吾辈实负开创此空气之责也。匆言。
>
> 东荪上

〔袁同礼家人提供〕

---

① 《北京大学日刊》第293号,1919年1月22日,第4版。

② 燕京大学编《燕京大学教职员学生名录》,1929年,页4。

③ Peking Union Medical College, *Annual Announcement* (1919-1920), Peking, April 1919, p. 8.

④ 李锺履著《北平协和医学院图书馆馆况实录》,1933年,"序言"页2。

按:张东荪(1886—1973),原名万田,字东荪,浙江杭州人,哲学家、政治活动家、政论家、报人。1918年3月,张东荪创办《时事新报》副刊《学灯》,该副刊与北京《晨报》副刊、《民国日报》副刊《觉悟》、《京报》副刊并称新思潮四大副刊。先生之信应为投稿,文章即"诺贝尔奖金",刊于1919年1月25日《时事新报·学灯》"青年俱乐部"一栏。

一九一九年　二十五岁

一月三日

沈承烈致函先生，询问清华学校有无春假。

守和仁兄姻大人阁下，

敬维年祺迪吉，凡百称祥为颂为慰。弟计署从公，毫无建树。去夏，小儿仁培考取清华学校，幸隶门墙，诸承照拂，感激万分，仍望随时教诲，切勿客气。兹有恳者，北京大学近年来分为三学期，在耶稣复活日向在阳三月二十日之后，即英语 Easter 有例假一星期或十日，清华学校是否有此等假期，务祈示知为感。专此，敬请年安。诸维爱照不庄。

姻五弟沈承烈顿首

新年三日

〔袁同礼家人提供〕

按：沈承烈，字佑甫，浙江吴兴人，曾留学英国，回国后任财政部主事。[①] 沈仁培，字益三，1918 年夏考入清华学校，毕业后留学美国，先在格林内尔学院（Grinnell）获学士学位，后获哥伦比亚大学教育学硕士，归国后在北平中国银行任职。

一月七日

王光祈致函先生，请在清华学校代售《国体与青年》。

守和先生左右：

自上次在陈君处畅聆宏论以来，忽忽又数月矣，久未晤谈，念甚。去秋弟与守常、梦九、眉生眉生已于上月在东京病故，可叹，知注并闻及其他有志青年建设“少年中国学会”，欲集全国纯洁青年，第一为精神上之联络，第二为学术上之切磋。盖以现在一切党系皆不足有为，过去名流又徒使人失望，吾辈青年不能不有一种觉悟，及一种互助，否则安能生存于二十世纪，与世界各先进国之青年为伍耶？敝会因欲灌输青年智

---

①《北京东西洋留学会员录》，1916 年，页 22。

识,故发行丛书及报章,现在第一次丛书《国体与青年》将于本月十二号出版,是书为会员曾琦君著,上篇关于青年之修养,多所发挥;下篇详述国体与青年之关系。海上各教育家皆称许为有益青年之作,俟出版后即当敬呈一部,以求高明指教。惟贵校学生多纯洁有为之青年,不知尊处能代销若干份否?全书约百余页,定价一角二分,盖欲求其普遍,故定价极廉,如承允诺,即请从速回示为荷。又足下何时在校,本星期日即十二号进城来否如进城住在何处何时有暇,均请详示,以便走谒。敝会会员数人将由上海前赴巴黎,促弟到沪商议一切,弟将于十六号出京。匆匆草此,尚希原鉴。即颂著祺。

名正肃

七日

附呈敝会规约一份。

〔袁同礼家人提供〕

按:王光祈(1892—1936),字润玙,一字若愚,生于四川温江,少年中国学会的创始人之一。"陈君"或为陈淯,字愚生,或陈宝锷,字剑修,二人均为少年中国学会会员。"守常、梦九、眉生"即李大钊、张尚龄、雷宝菁,其中雷宝菁(1899—1918),祖籍陕西,生于四川眉州,故字"眉生",1918 年 12 月 14 日病故于东京山龙医院,年仅十九岁。《国体与青年》,其版权页标注为"中华民国八年一月十六号出版""定价大洋壹角伍分"。曾琦(1892—1951),原名昭琮,字慕韩,四川隆昌人,与王光祈等人发起成立少年中国学会,先生与之颇有往来。"敝会会员数人将由上海前赴巴黎"应指周无(字太玄)、李璜(字幼椿)两人留学事,王光祈于 1 月 21 日抵沪,23 日假同济学校召开会议。

一月八日

傅斯年致函先生,请在清华学校代售《新潮》杂志。

守和学兄:

久不晤,未审起居佳胜否,念念。敝志《新潮》定于本月十一日印就,弟已嘱敝校出板部寄赠吾兄一份,寄贵校图书馆一份,贵校学报一份,想二三日内可以收到。同社中嘱弟转托吾兄在清华代为销售,未审可否?如无不便之处,当寄上若干册,或由图书馆代售,或由兄托别位代售均可，其价目则照印费折合每册大洋二角。谨此奉托，敬候回示。即请日祉。

弟斯年顿首

一月八日

〔国立北京大学用笺。袁同礼家人提供〕

按：据《新潮》创刊号初版原刊可知，该刊编辑者为新潮社、发行者为国立北京大学出版部、印刷者为财政部印刷局，定价每册三角。该刊出版日期注为 1919 年 1 月 1 日，而由此信可知实为一月中旬印制完毕。傅斯年代售之请，只求按印刷费销售，可见其意欲扩大刊物知名度，并不以利润为重。先生收到此函后即覆，答应代售。

一月十三日

傅斯年覆函先生并寄赠样刊，请在《密勒氏评论报》中对《新潮》给予介绍。

守和学兄：

两信并悉。承允代售，感谢感谢。兹先以赠阅者三本送上。其代售之廿册，容于明日印刷者全数送来时，再行寄去。

兄在密勒评论中所作之文，能将敝志内容略为述说，当更感谢。此请日安。

弟斯年

一月十三日

〔国立北京大学用笺。袁同礼家人提供〕

按：《密勒氏评论报》此时名为 *Millard's Review of the Far East*，并未刊登过有关《新潮》(*The Renaissance*)的介绍评论，亦无署名为"T. L. Yuan"的文章。

一月十六日

《北京大学日刊》在"杂录"一栏刊先生撰写的介绍文章，题为《诺贝尔奖金》。该期内容为介绍诺贝尔奖的由来、奖项设置、评选机构。〔《北京大学日刊》第 288 号，1919 年 1 月 16 日，第 4 版〕

一月十七日

《北京大学日刊》在"杂录"一栏续刊《诺贝尔奖金》。本期以一整页篇幅标注 1901 年至 1918 年五类诺贝尔奖的获得者。〔《北京大学日刊》第 289 号，

1919年1月17日,第4-5版〕

一月十八日

《北京大学日刊》在“杂录”一栏续刊《诺贝尔奖金》。本期总结各国获奖人数,该文完。〔《北京大学日刊》第290号,1919年1月18日,第4-5版〕

按:此文亦载于《时事新报》(1919年1月25日)、《东方杂志》第16卷第5期(1919年5月),较《北京大学日刊》版本无1901年至1918年诺贝尔获奖者表格。

一月十九日

周诒春(南京)致函先生,请其检出书籍并寄下。

同礼先生阁下,

别来经旬,时殷企念,维履祉翔华为颂。春自到宁以来,人事匆忙,不暇握管,致疏笺候,良用歉然。兹有恳者,现欲查阅一九一六年《年鉴》一书,记得校中似有存本,拟恳赐借一册,便中掷下为荷。专恳,敬颂时绥。

弟周诒春上

一月十九日

再,春现寓南京太平巷蒋宅。又及。

〔袁同礼家人提供〕

按:1918年1月4日,周诒春因与北洋政府外交部掌权之亲日派意见分歧,以“力微任重,劳顿成疾”为由,提出辞职,但离开清华学校应在该年夏天。收到此函后,先生即覆信并寄出*Statesman's Year Book*。

一月二十五日

下午一时,北京图书馆协会假北京大学开第一次职员会,商讨开展工作之办法。〔《北京大学日刊》第292号,1919年1月21日,第3版〕

一月二十六日

周诒春致先生两函,其一,言明所需之书。

同礼先生台鉴:

顷奉还云并附下雷君贺柬,感感。春所需之书为一九一六年之*China Year Book*,前书匆匆,未及指明。兹再烦兄一检,得便掷下为荷。匆此,即颂时绥。

弟诒春拜上

一月廿六日

〔袁同礼家人提供〕

其二,请检阅清华学校图书馆有无日印中国宫殿古画写真。

顷上一函,计先达览。兹有恳者,弟前在清华时曾向上海别发书馆购得日本印行之中国宫殿古画写真一种,同样两部。现因朱桂老意欲一览此书,拟烦足下商明张校长赐借一部或割爱见让,由春缴还书价,是否可行?切盼示覆。屡渎清神,铭感在心。专泐奉恳,顺颂台祺。

弟诒春拜上

一月廿六晚

再,顷承寄下一九一六年之*Statesman's Year Book*,明日交邮寄回,至祈检收。又及。

〔袁同礼家人提供〕

按:"朱桂老"即朱启钤(1871—1964),字桂莘,号蠖园,祖籍贵州紫江,生于河南信阳,政治家、实业家、古建筑学家,时任北京政府总代表,参加与南方护法军政府在上海举行的议和会议,周诒春亦在其中。①

二月二日

周诒春覆函先生,谈勿要寄送画集。

同礼先生执事,

顷奉还云,祇悉一一。宫殿写真校中既无购存,桂老已向沪行定购矣。画集勿庸寄来,年鉴收到再复。屡渎金神,感不胜言。此颂春祺。

弟周诒春上

二月二日

〔袁同礼家人提供〕

二月七日

傅斯年致函先生,谈寄赠、代售《新潮》及购书事。

---

①《南北和平会议开幕摄影》,《东方杂志》第16卷第3号,1919年3月,页码不详。

守和学兄：

初二日寄上一明信片，未知收到否？新潮已寄上四十三册；三册系赠者，四十册则托售者。第一期业已售罄。

评哲母士书需用否？至于哲母士之其他著作，弟近以需用之故，业向日本购买。但寄到或须一月以后也。

弟斯年

二月七日

〔国立北京大学用笺。袁同礼家人提供〕

按：信中“明信片”似非指前一封信，因1月13日为腊月十二，“初二”似指2月2日（正月初二）。由前信可知创刊号1月中旬始印就，至此信时不满一月就已售罄，盖其原因不外乎两方面，一是极受欢迎，二是初版印数有限。“哲母士”者应指威廉·詹姆士（William James），美国心理学家和哲学家。《新潮》创刊号中，傅斯年撰《去兵》一文，曾提到詹姆士；1919年1月16日，傅斯年撰“译书感言”，后刊于《新潮》第1卷第3号，其中提及张东荪约其翻译詹姆士《实用主义》（*Pragmatism: a new name for some old ways of thinking*, 1907）一书，可见此时詹姆士对傅斯年的影响。

黄郛致函先生，请在清华学校代售《欧战之教训与中国之将来》。

拜启，附上舍亲陶孟和君介绍片一枚，祈察入。拙著已于同日付邮，共寄上廿八本，收到后请赐复。该书寄售拟仿北京大学成例，作八折收价，烦为接洽。如销售不敷，请函示，以便再寄。耑布，顺颂

守和先生道安

弟黄郛顿首

二月七号

〔袁同礼家人提供〕

按：黄郛（1880—1936），原名绍麟，字膺白，号昭甫，浙江绍兴人，政治家、外交家。信中所托代售之书为《欧战之教训与中国之将来》，中华书局1918年11月1日付印、12月2日发行，定价大洋壹元陆角。

二月十六日

郑宗海（南京）覆函先生，允在科学社组织下代为宣传北京图书馆协会。

守和先生台鉴：

日昨由浙返宁，展诵尊札，祗悉一是，并承惠赐北京图书馆协会章程，读之尤见规画之详，其嘉惠于燕京士林者至厚，佩佩。科学社图书馆组织伊始，规模未备。弟新任，仅杂志股一部，事书发轫，尚在组织中。惟联络图书馆一事，允为流通之惟一办法。一俟敝馆部署稍定，便当以提倡联络事进议于敝社执事，否则亦当以私人资格略尽鼓吹之力也。专此布复，敬颂台绥。

郑宗海启

二月十六日

〔中国科学社事务所用笺。袁同礼家人提供〕

按：郑宗海（1892—1979），字晓沧，浙江海宁人，1914年清华学校留美预备部毕业，后获威斯康星大学学士、哥伦比亚大学硕士学位，归国后曾任浙江大学教育学教授等职。

二月二十日

王光祈致先生两函，告赠、售《国体与青年》细节。

守和尊兄大鉴：

日前厚扰感甚，今送呈《国体与青年》三十三本，除吾兄及雷人白兄、贵校图书馆各送阅一本外，其余三十本即请代派，是为至祷。耑此，即颂著祺。

弟光祈再拜

廿日

外致雷人白兄一信及规约、通告各一件，即希代为转寄，费神感甚。又及。

〔袁同礼家人提供〕

任鸿隽覆函先生，愿意接受演讲邀请。

同礼先生：

来教敬悉。弟不学无文，敢任讲演，特以贵校中外共仰。以弟谫陋，未获参观，倘藉机会得承教于贵校诸君子之前，固所愿也。弟现尚未在大学任事，时间无论何日皆可，还请先生将题目、性质、大概时间长短及大约在某星期示知，俾得先事安排为幸。复此，敬请文安。

弟任鸿隽敬启

二月廿日

〔袁同礼家人提供〕

按：任鸿隽（1886—1961），字叔永，四川垫江人，中国科学社主要发起人之一、首任社长。

二月二十四日

任鸿隽覆函先生，告知拟定讲演题目及赴清华学校日期。

同礼先生足下：

来示奉悉。星期五夜讲演题目拟定为“今日之科学思想”，用国语演说。闻午后一时间有车开行，拟乘是车来贵校，先遂参观之愿。又贵同事杨光弼、虞振镛两先生皆旧相识，乞代致意，庶不致失之交臂，此请文安。

鸿隽再拜

二月廿四日

〔中国科学社用笺。袁同礼家人提供〕

按：杨光弼（1889—1949），字梦赉，生于天津，1911 年考取游美学务处组织的第三批直接留美生，在美国威斯康星大学学习，获化学学士及硕士学位，1915 年接受周诒春校长的聘请，并于 1918 年来清华学校任教；虞振镛（1890—1962），浙江镇海人，1907 年入上海圣约翰大学，1911 考入清华学校，同年选送赴美国留学，先后获伊利诺大学农艺学学士、康乃尔大学理学硕士学位，1915 年回清华学校任教，兼农场主任。

二月二十七日

王光祈覆函先生，告知收讫售书款并请将其中一册赠予潘大逵，另告《少年中国学会会务报告》即将出版。

守和先生左右：

手示及现洋三元六角均已收悉。余书请暂存尊处，并希将《国体与青年》转送一本与贵校四川学生潘大逵君系曾琦君所送，费神感甚。弟去岁赴沪，今春回京，会务进行异常活泼，所有详情俟会务报告出版三月一日发行便知其详。此复，即颂著祺。

弟光祈再拜

廿七日

〔袁同礼家人提供〕

按:潘大逵,四川开县人,1924 年清华学校毕业,后留学美国,获斯坦福大学文学学士,归国后在上海私立法学院任教。《少年中国学会会务报告》确于是年 3 月发行第 1 期。

二月二十八日

任鸿隽赴清华学校演讲。〔《清华周刊》161 期,1919 年 3 月 6 日,The Weekly Budget of News and Comments, p. 4〕

按:先生应陪同并负责招待。

陶孟和致函先生,归还借书并告旅欧通讯地址。

示悉。奉还前借书三册,大约此间无他书矣。恭于今日赴津,大约四日到沪,通信处为"威海卫路卅五号卞宅",法通信处为 aux soins de M. Li huiyü, 3 Rue des Carmes, Paris 5e France,赐教请径寄该处为幸。

耀韩、梦赉诸君子均此不另。

恭顿首

廿八日

〔北京大学法科公用笺。袁同礼家人提供〕

按:"耀韩"即梅贻琦。1919 年初,陶孟和曾赴欧洲考察,鲁迅在 2 月 12 日的日记中有简要记述:"向晚同往欧美同学会,系多人为陶孟和赴欧洲饯行,有三席,二十余人。夜归。"①

二月

清华学校中等科三年级聘李深、张继泽、先生为顾问。〔《清华周刊》第 160 期,1919 年 2 月 27 日,"校闻"页 7〕

按:李深,字庆阶,广东香山人,时应任清华学校斋务长。②

梁漱溟致函先生,谈赴清华学校演讲事。

守和尊兄:

兹拟题目为"佛法之大致情形",盖今人于佛法多妄为生解,欲为辨明,其研究方法亦略言之。又请代声明大家是日讲前讲后如有所问,可遂意问,必有以奉答。此颂兴居。

---

① 《鲁迅日记》第 1 册,北京:人民文学出版社,2006 年,页 360。

② 《清华周刊》第 160 期,1919 年 2 月 27 日,"校闻"页 5;《清华周刊》第五次临时增刊,1919 年 6 月 14 日,"职教员一览"页 2。

制漱冥顿首

〔袁同礼家人提供〕

按:此次演讲于 1919 年 3 月 15 日(星期六)在高等科 141 号举办,讲题为“佛学之研究”。①

三月七日

胡适覆函先生,表示愿意赴清华学校参加白话文学研究会活动。

守和先生:

来信说清华学生要办一个“白话文学研究会”,我听了非常高兴。那时我若有工夫,一定来加入讨论。定期何时,请早日告我。

弟胡适敬上。

三月七日

〔国立北京大学用笺。袁同礼家人提供〕

按:3 月初,清华学校“白话文学研究会”成立。②

任鸿隽致函先生,请在清华学校代售《科学通论》。

守和先生大鉴:

前日过蒙厚待,感激不忘。顷得沪信,知敝社所刊《科学通论》已经出版,已告胡明复兄,寄数十册至尊处,乞为代售,至时即祈察收并乞费心转告同学是幸。张校长信已送去,知注并闻。专此,即请文安。

鸿隽再拜

三月七日

杨、梅、虞、孟诸先生均乞致候。

〔中国科学社用笺。袁同礼家人提供〕

按:“敝社”即中国科学社,中国近代第一个民间综合性科学团体,也是近现代规模最大、影响最广的科学团体。《科学通论》于 1919 年 3 月 1 日出版,定价大洋八角。胡明复(1891—1927),名达,字明复,以字行,江苏无锡人,中国第一位现代数学博士,参与创建中国科学社和最早的综合性科学杂志《科学》。“杨、梅、虞、孟”应指杨光弼、梅贻琦、虞振镛、孟宪承。

① 《清华周刊》第 163 期,1919 年 3 月 20 日,“校闻”页 5。

② 《清华周刊》第 161 期,1919 年 3 月 6 日,“校闻”页 5。

三月十五日

清华学校中等科国语演说比赛举行初赛，唐孟伦、孟宪承、先生任丙组裁判员，辩题为“战争是否有益于世界文明”，该组正方为李鹤龄、施滉、钱昌淦，反方为李法寰、尤家驹、陈明英。〔《清华周刊》162期，1919年3月13日，“校闻”页5-6〕

三月十七日

沈性仁覆函先生，感谢代售书籍并请转寄信札。

敬启者，来示敬悉。敝亲托售之书承蒙代为售罄，多多劳神，感谢之至。彼津中住址在“意租界二马路七号黄宅”便是，唯渠等近在南方，一时行止未定。尊处如有函件，不妨暂寄敝寓，当为转交也。耑此，敬上袁先生台鉴

沈性仁谨启

三月十七日

〔袁同礼家人提供〕

按：沈性仁（1895—1943），浙江嘉兴人，陶孟和夫人，其父沈秉钧任上海商务印书馆编辑，参与编辑《辞源》《新字典》等工具书。沈秉钧有三女一子，三姐妹分别为沈性真、沈性仁、沈性元，大姐为黄郛夫人，字“亦云”。“托售之书”参见是年2月7日黄郛来函。

三月二十日

中国科学社上海事务所致函先生，请代售《科学通论》。

敬启者，日前寄北京大学出版部《科学通论》三百本，嘱送尊处三十本代售，诸望鼎力协助为感。此致

袁守和先生

中国科学社上海事务所谨启

中华民国八年三月廿日

〔中国科学社用笺。袁同礼家人提供〕

三月二十三日

夏宇众致函先生，请在清华学校代售《中学国文科教授之商榷》。

守和兄鉴：

洋壹圆，已收到。兹奉上国文教授之商榷五册，即希查收。此复，

即颂近安。

弟夏宇众

三月廿三日晚

〔袁同礼家人提供〕

按:夏宇众,湖北广济人,1917 年毕业于北京高等师范学校英语部,与袁敦礼为同窗。《国文教授之商榷》即《中学国文科教授之商榷》,1918 年 6 月北京高等师范学校教育研究会出版,定价两角五分。

三月二十七日

夏宇众覆函先生,谈购书费无需补上。

守和兄鉴:

按八折算,无须补费。仍将来款付来人携转。此复,即颂刻安。

三月廿七日

弟夏宇众顿首

〔袁同礼家人提供〕

三月二十八日

清华学校中等科修业团举行演讲会,先生受邀出席,并以"中国现今之教育及补救之方法"为题发表演说。〔《清华周刊》165 期,1919 年 4 月 3 日,"校闻"页 5〕

三月三十一日

某人致函先生,告委托售票进行不畅。

守和先生台鉴:

前委售券,当即通知校内师生,惟迄今无购者。推其原因,系高师演剧售券约与贵处同时,致弟无所应命,殊增惭愧。今由弟购一张,附上中抄一元,余券十九张一并检还。敬希查收,并原宥为感,肃颂公祺。

弟来顿首

民国八年三月卅一日

〔北京高等师范学校附属中学用笺。袁同礼家人提供〕

三月

清华学校图书馆竣工。〔《清华周刊》第六次增刊,1920 年 6 月,"清华园人口调查"

页 24〕

按:该馆自 1916 年 4 月开始施工,费用共计 175000 元,施工方为泰来洋行。但所用玻璃、地板及铁制书架未能如期到齐。①

三四月间

胡适致函先生,赠《中国哲学史大纲》并商清华学校讲演事。

守和吾兄:

那天我从教育部会场回来,翻出我的记事簿,方才知道我曾应许送吾兄一本哲学史,并不是应许孟先生的,是我记错了。所以我把书送上,请你赏收。还有中学白话文学会要我四月十九日来演说的事,我一定来。但是如果他们能改在四月廿六日,便更好了。因为二十六日我要来清华做评判员。

适

〔国立北京大学用笺。袁同礼家人提供〕

按:"教育部会场"似指教育部所开"全国教育调查会",该会自 3 月 27 日开幕至 4 月初结束。②《哲学史》即胡适所著《中国哲学史大纲》,是年 2 月初版,为"北京大学丛书之一"。"孟先生"似指孟宪承。4 月 26 日(周六),胡适在清华学校礼堂做"白话文学何以必须研究"的演讲;同日晚八时,清华学校举行国语演说比赛,其中以罗隆基的发言"中国留学生"最为引人注目,胡适、金邦正(农业专门学校校长)、赵国材为裁判员。③

四月一日

清华学校南开同学会致函先生,告张伯苓将访问清华学校。

径启者,张师伯苓重洋归来,凡我旧侪,与先生违教多年,皆欲以一亲颜色为幸。兹蒙张先生特允,亲来本校与诸君话旧。本会拟于本星期五日晚八钟,假工字后厅开会欢迎,籍聆谠论,届时务求拨冗驾临。

清华南开同学会

---

①《清华周刊》第五次增刊,1919 年 6 月,"记载"页 29。

②《申报》,1919 年 3 月 29 日,第 3 版"专电";《教育调查会第一次会议报告》,《教育杂志》第 11 卷第 5 号。

③《清华周刊》第 168 期,1919 年 5 月 3 日,"校闻"页 5。

四月一日

〔袁同礼家人提供〕

按：张伯苓(1876—1951)，原名寿春，字伯苓，以字行，天津人，教育家、政治家，南开学校的创始人之一。1917 年 8 月，张伯苓赴美国哥伦比亚大学师范学院研修高等教育，后广泛考察美国各高校，翌年冬回国。

四月十五日

胡适致函先生，商借《留美学生季报》。

守和吾兄：

前几天在清华，可惜不曾见着你谈谈。现在我因有一事，要想借贵校的留美学生季报(自一九一七年起)一用，准于二十六日带回奉还。不知可以吗？

胡适敬上。

(四月十五夜)

〔袁同礼家人提供〕

按：《留美学生季报》前身为《留美学生年报》(1911-1914)，1914 年 3 月正式改为"季报"，主编多由清华学校(大学)留美学生担任，如陈达、沈鹏飞、罗隆基等人，该刊先由中华书局出版，1917 年改由商务印书馆发行。

四月中下旬

郭须静致函先生，谈偕友人来清华学校考察图书馆事。

刻拟五月一日(星期四)偕一友人河南某小学校长来京调查教育者到贵校参观并考察图书馆办法，届时有暇，幸枉候为盼。草此，即上

守和兄鉴

弟郭须静上

〔国立北京大学用笺。袁同礼家人提供〕

按：郭须静(1895—1934)，字厚庵，河南唐县人，1912 年入北洋法政专门学校，在《言治》月刊发表文章，颇受李大钊的赏识，后在北京大学图书馆任职。

四月底

清华学校中等科举行联合演说会决赛，裁判员为赵国材、孟宪承、先生，邓

健飞、梁治华、王恩蕃、闵启杰、何祖义、夏屏方六人参赛。〔《清华周刊》168期，1919年5月3日，“校闻”页7—8〕

按：《清华周刊》原文为“今日上午举行”，并未指明日期，但应略晚于4月26日，早于5月1日。

五月三日

清华学校甲子级语言股中英文语科举行第一次英文辩论，题目为“国际同盟能否实行”，裁判员为普利司女士、先生、杨景时，正方为罗宗震、林咸让、何永吉，反方为黄自、吴尚志、钱昌淦，正方获胜。〔《清华周刊》169期，1919年5月8日，“校闻”页6〕

按：是日为清华学校周年纪念日。甲子级即1924年毕业者，约在1916年入学。

五月三十日

郭金章覆函先生，盼来津时晤面。

守和同学老哥惠鉴：

正思念间，适奉手书。敬悉行旌不日莅津，寒舍如不嫌陋隘，即祈惠临。谨当扫榻以待，余容面罄。此覆，敬请台安。

弟郭金章顿首

五月卅日

〔袁同礼家人提供〕

六月十三日

清华学校仁友会与少年中国学会开第一次恳亲会，王光祈、曾琦、先生代表后者赴会。〔《少年中国》，第1卷第1期，页35〕

按：先生不仅是会员，还是编译部译员之一、月刊编辑员之一。①

六月中下旬

先生赴天津。

六月二十三日

郭金鼎、郭金章致函先生，询问袁季云与先生是否同族。

守和学兄大人惠鉴：

日前驺从莅津，东道多疏，殊深歉仄，迩雅文祉增祥，诸凡佳适为

① 《少年中国》第1卷第2期，页50。

颂。弟等居津乏淑可告。昨偶与友人谈及有袁先生,号季云者,亦保定人,前清时曾官刑部郎中,是否与吾兄一家。希为示知,余无可陈。徂暑诸惟善自珍重。专此,祗请文安。

弟郭金鼎、郭金章谨启

六月廿三日

〔袁同礼家人提供〕

按:"袁季云"即先生祖父袁廷彦,字际云(霁云)。

是年夏

梁漱溟覆函先生,告各校选派教员留学实为首次,或可在《教育公报》中找到相关信息。

手示敬悉,此种派遣各专门学校教员留学办法系由各校长向部呈请,经部批准。此次为第一次实行,大约《教育公报》可以查出呈批等件。弟仅开支给半薪,期限二年,余均不知也。手复

守和学兄

漱冥顿首

昨由舍间打电话到清华,兄已进城。

〔袁同礼家人提供〕

按:1919 年 3 月,北洋政府教育部公布《专门以上学校酌派教员出洋留学研究办法案》,规定"国立各校教员留学经费由教育部支给,省立各校由各省支给,私立各校由各该校支给",该案载于《教育公报》1919 年第 5 期。查阅各种梁漱溟传记或回忆录,均未提及此次官派出国计划,袁同礼询问此事或因自己极愿前往欧美留学,意欲打探具体办法。

李大钊致函先生,告知北京图书馆协会立案申请被教育部驳回。

守和吾兄:

图书馆协会立案已被教部批驳。前闻人言,这是傅次长亲自批的。日昨经过教部,果然有此批示,惜当时未带纸笔,未能将他抄下。这种腾笑中外的批文,应该布之中外。不日把批文抄下寄呈,如何宣布之处,乞兄酌裁。此问著安。

弟大钊顿首

廿九日

〔国立北京大学用笺。袁同礼家人提供〕

按：此信具体月份待考，但应略晚于 1919 年 6 月，“傅次长”应指傅岳棻，1919 年 6 月 6 日起以教育次长代理部务 。“批驳”事亦记于杨昭悊编著的《图书馆学》，该书提及“民国七年的时候，北京各图书馆发起北京图书馆协会，当时已经起草章程，修正通过，因为教育部不准立案，加以经费困难就停顿了。”①至于不准立案的缘由，已公开的史料均未直接点明。李大钊曾发表一短文，“听说政府近来很麻烦‘联合会’这几个字，所以图书馆联合会在教育部立案，也被批驳了。这真是一个大笑话。”②此时正值“五四运动”高涨期，北洋政府教育部对学校集会和社团组织甚为忌惮，自是合理的解释。但，另有一点颇值得注意，此时傅岳棻恰好担任京师图书馆馆长，若以常理似不应阻碍（北京）图书馆事业发展，然而协会中骨干委员除李大钊外，或为以袁同礼为代表的年轻人，或为英美人士；虽有代表京师图书馆之会员如谭新嘉、常国宪，然皆不能与傅岳棻相提并论，恐有僭越之嫌。

六七月间

李大钊致函先生，谈陈独秀被捕事，并请归还书目。

守和吾兄先生：

久不晤谈，至为想念。独秀被捕，每日设法营救，稍忙，然终未有结果。各校均已放假，假期不出校么？前呈去书目一册，如欲购买，即乞与书主接洽，不则乞将书目赐还，以书主催问故也。

暑中佳胜为祝。

弟大钊敬白

〔北京大学西式信纸。袁同礼家人提供〕

按：是年，北京大学自 6 月 23 日至 9 月 10 日放暑假③，清华学校放假时间待考。由“再论问题与主义”④可知李大钊于《每周评论》第 31 期出版（7 月 20 日）后离京返乡，故此函最晚应于七月

① 杨昭悊编著《图书馆学》（下册），商务印书馆，1933 年，页 449。

② 孤松（李大钊）《大笑话》，《新生活》第 6 期，1919 年 9 月 28 日。转引自李大钊著《李大钊文集》（下），北京：人民出版社，1984 年，页 92。

③《北京大学日刊》第 411 期，1919 年 6 月 24 日，第 1 版。

④《太平洋》第 2 卷第 1 号，页 11。

中旬发出。1919年6月11日,陈独秀在北京城南新世界游艺场散发《北京市民宣言》后被捕,后于9月16日保释出狱。“书目”应指叶楚珍代售古籍,6月5日,北京大学文预科讲师程演生致函李大钊,请将待售书目转予清华学校。

七月六日

傅斯年致函先生,告知将放洋留学请协助治装,并拟访清华园。

守和我兄:

两月不见,想你的很!我久有往清华园快谈几天的意思,只是没有时候。近来在济南住了几乎一月(五月廿九——六月廿二),回来又要(留学)考试,又要搬家,所以总没有工夫。

现在我考留学取录了。八月中旬往英国去。又要好几年不能见面!平日在京!不觉得什么;一旦要出中国,觉得许友戚友、同学都不愿远远离开;所以我近来心里老实不畅快。

我治装的事,请你帮忙指导!并请给我一信!

朱一鹗、陈邦济近来同我造了许多谣言;而我平素因意气太盛,所得罪的同学,就去竭力传播。上海方面有许多素不相识的人替我辩白,却是始料所不及的。朱、陈二公的德行手段,我算领教了。

弟斯年

六日

〔袁同礼家人提供〕

按:“许友”当作“许多”。时傅斯年考取山东省官费留学第二名,将赴英国留学。朱一鹗,字横秋,浙江东阳人,1916年入北京大学预科,1917年至1919年学习商业;陈邦济,字乃谦,浙江义乌人,1916年入北京大学预科,1917年至1919年学习采冶。① “谣言”之事,似与傅斯年五四运动时“思想激进”有直接关系,而目的或为阻挠其出国放洋,上海方面的友人待考。该信似未被先生及时收阅。

七月二十一日

先生访傅斯年,未值。

①《国立北京大学毕业学生一览》,1930年,页94、102。

七月二十二日

傅斯年致函先生，告出洋行期未定，并拟偕亲友赴清华园游览。

守和吾兄左右：

昨承枉顾，失迓为歉。弟曾于两星期前上兄一函，备述弟之近况，弟赴济之行，与日前朱一鹗、陈邦济诬我之事，并托兄介绍裁缝，末附弟近中住处。今观兄所留字，想此函遗失矣。

弟现以山东省费赴英留学。行期尚不能定。因船票买不到也。治装一事，即须着手。请兄将清华常照顾之材缝介绍与我！（以工资廉者为宜。）

弟拟往贵校一游，未识方便否？再敝姻长侯先生与同乡夏先生欲观光清华园，未审清华园中有旅馆之类否？（以不扰兄为归。我可扰兄，彼二君若往贵园而非扰兄不可，则不往矣。）一切请示复！余面谈，不尽。

弟现寓西四牌楼北，沟沿西，拣果厂十三号，侯宅。

弟斯年

廿二

前承招游，感谢感谢！

〔袁同礼家人提供〕

按："两星期前上兄一函"应即六日之函，并未遗失。"姻长侯先生"似指侯延爽（1871－1942），字雪舫，幼年在私塾念书，后来追随傅斯年之父傅旭安。傅旭安去世后，侯延爽为报答师恩，将傅斯年与傅斯岩兄弟二人的抚养与教育当作自己的责任。1908 年冬傅斯年随其前往天津，后入天津府立中学堂读书。"夏先生"，待考。"拣果厂"今为北京市西城区金果胡同。

七月二十七日

傅斯年覆函先生，告游清华园之议稍有变故，来访前会电话联系。

守和吾兄左右：

奉手示，敬悉一是。承赐书册，谢谢！招游极感！侯、夏两先生因暑热，前议作罢，并嘱弟代道谢意。弟往贵处之先，当以电话奉闻也。一切面谈，即颂暑安。

弟斯年

廿七日

〔袁同礼家人提供〕

七月三十日

孟宪承覆函先生,谈去美前的准备及所托诸事。

守和吾兄大鉴:

奉二十四日手书,甚欣慰。江苏官费中竟有如许黑幕,真不及料。蒙详示各节,更感激也。《密勒报》中辜氏文尚未读到,俟下次赴沪当购一册阅之,《新青年》四号已读过矣。兄假中住校,自是理想的消夏处,又有图书可供参考,朋友来相商榷,其乐可想。何君《游美须知》已寄到,谢谢。施君到沪后已晤及。弟与蔡君本定九月四日乘俄罗斯皇后行,现又改与施君夫妇同去,乘亚细亚皇后,于八月九日自沪启行,故行期已甚促。同行者除施君眷属外,为蔡顺理君及章锦芳君(一九一三约翰毕业,现在沪经商)。行装等事,适郑君铁如在沪,请其指导一切,竟于两小时内毕事,可云 efficient 否(shopping 在永安公司一处足矣)?衣服仅备三袭、雨衣一套及零件等,约百六十元,余物约百四十元,治装费三百尚仅够耳。弟拟六日离苏赴沪,因无办理护照、检验体格之烦,故稍缓不妨也。在美临时通信处为 c/o Dr. T. P. Sze, 2750 14th. St., N. W., Washington, D. C., U. S. A.,如承不时赐教,极为感盼。另封寄上《心理学大纲》一册,系还图书馆者,此外似别无借出之书(George Washington 章程拟携去备考,校中如无别本,则到后以新者奉上可也)。信内附上中国银行票一圆、日本邮局汇票一纸(弟从北京汇至东京不受退回,须饬人到局领回),弟留之无用,拟储兄处为购买《每周评论》之用,校中图书馆代理《每周评论》之发行,乞兄每期各留一份,积数份一寄可也(《新潮》及《大学月刊》拟将款交郑君铁如,托其代订)。此外,如有新出版物,蒙不时赐以若干用开茅塞,更加感荷。蒋博士到京后大学事业当仍积极进行。林君学费当亦有着,林现尚未到沪,清华学生住青年会仅见一二人。刘季陶、李松涛、席彬如均晤及。张东荪办《解放与改造》,九月初出版云。动身前或不再寄信,即此告别,容后续陈。即颂暑祉。

弟宪承谨上

七月卅日

〔袁同礼家人提供〕

按:“辜氏”似为辜鸿铭。蔡顺理,应为清华学校注册部事务员[①],归国后在外交部任职。Dr. T. P. Sze 即施赞元(1888—?),字君翼,江苏吴县人,上海圣约翰大学毕业,后自费赴美留学,获医学博士学位,时应任驻华盛顿中国教育使团团长。郑铁如(1887—1973),字寿仁,广东潮阳人,上海巨商郑星房之孙。刘季陶即刘大钧(1891—1962),字季陶,号君谟,原籍江苏丹徒,生于江苏淮安,经济学家,京师大学堂毕业,1911 年自费游美,入密歇根大学学习经济学。李松涛(1889—?),江苏嘉定人,1905 年进入上海圣约翰大学,1910 年官费留学美国,先后在威斯康星大学、哥伦比亚大学学习,1914 年回国任教清华学校。“席彬如”即席德柄(1891—1968),字彬儒,生于上海,曾入南洋公学,1909 年官费留学美国,先后在三一学院(Trinity College)、麻省理工大学学习,1914 年赴英国入伯明翰大学,1915 年归国,任教清华学校。《解放与改造》确于本年 9 月创刊。

八月二十六日

傅斯年致函先生,谈病情及家事,并反思五四运动。

守和老兄:

我小病不断,迁延了三十多天。虽然不是什么爬不起床的病,不过旅行是办不到的了。所以不曾往清华,劳你垂询,惭愧得很。

我从来不曾往清华园去过。清华是我久要参观的,风景好的地方又是我最要游的;所以在去国之先,必然以往游清华为快;更可以和老兄久谈。只是阻于生病,真令人发恨了。

现在连接家里三四封信,俱说,我的内人生病很重,而且还有许多家事牵联,须得早日回家。我现在决定九月一、二日赴济。清华之游,只好暂搁了。对你很惭愧,而且心里颇不畅快。不过我还要回京的,在家住上四十日就回京,由京赴上海。船票还不甚定,大约是十二月里。我回京后,必然再找老兄,畅畅快快的谈几天。

你送我的那本书,可以等我回京时交我。若现在寄来,以便先睹,尤其好了。

---

① 《清华同学录》,1937 年 3 月,“附录”页 IV。

自从五四运动以后，中国的新动机大见发露，顿使人勇气十倍。不过看看过去的各般动机，都是结个不熟的果子，便落了。所以我所盼望的，还是思想界厚蓄实力，不轻发泄。清华学生的 sociability 实在是改造中国的一种好原素，若再往精深透彻上做上几步便可为学界之冠。你是清华的职员，又曾是大学的学生。若把大学的精神输进清华，或者"青出于蓝而青于蓝"了。——这是你的责任。

我回想我这六年大学，简直不成一回事。读书做人都太惭愧了。在分科时恨预科，现在又恨分科时。我立志要把放洋的那一天，做我的生日。半年新潮杂志的生活，说了许多空话。以后当发奋读书，从学问上的 abc，一步一步做起！我回想以前，颇有些对你抱愧的地方，但是毕竟是最好的朋友，希望以后精神上时时会通！

其余等我回来见面再谈罢！

弟斯年。

八，廿六日。

〔袁同礼家人提供〕

九月二日

程经远致函先生，告知出洋行期并请寄下《留学指南》。

守和学兄大鉴：

久未晤，殊念。日来起居想都佳胜。启者，弟约于本月初旬南旋，放洋期定十月二十六号。兹拟请足下向贵校代索 *Information for Chinese Students Going to the United States of America* 一本，寄至敝寓骑河楼蒙福禄馆八号，想能勿却。费心至感，余俟续告。此致，即候日祉。

弟程经远上

九月二号

〔国立北京大学用笺。袁同礼家人提供〕

按：程经远（1898—?），字负仓，浙江黄岩人，1917 年北京大学工科毕业[①]，其实际出洋时间为 11 月 8 日[②]，获得美国哥伦比亚大学硕士、政治学博士，后在国民政府外交部任职。

---

① 《国立北京大学毕业学生一览》，1930 年，页 123。

② 《申报》，1919 年 11 月 10 日，第 10 版。

九月九日

卞肇新覆函先生，告知谋官费出国事已托人办理。

守和姻仁兄英察：

顷奉惠书并照像三张，感谢之至。从可知诸位在清华校那几日之快乐也。孟赉先归，在津盘桓几次，恨执事与韩郁文妹、梅月涵兄不在场也。杨氏先归去京，肇赴王庆坨看地，日昨才归来。天津既少良朋，又无所事事，殊无聊，看书闲游外，无可陈告者。执事谋官费事，慈约言已托人办之，好在系明年事也。特此，顺颂学祺。

弟卞肇新敬上

闰七月十六日

月涵、梦赉不另。

〔袁同礼家人提供〕

按：卞肇新（1889—1952），又名卞俶成，天津人，其家族即天津近代“八大家”之一的卞家。1918年韩咏华、梅贻琦订婚，介绍人即为严修、卞肇新。“慈约”即严智怡（1882—1935），字慈约（持约），教育家严修次子，美术教育家、博物馆事业家，参与创建中国首座公立现代美术馆——天津博物院。“孟赉”“梦赉”均指杨光弼。

九月二十九日

郭金章致函先生，告知学业近况及出洋游学打算。

守和学兄大鉴：

津门揖别，瞬又两月，渴慕之忱，无时或释，比维履祉文祺均臻佳善为颂。弟近来壹是如恒，毫无进境，所幸此次补考勉强及格，明夏无论如何总可卒业。惟学力绵薄，经验缺乏，自量尚难应世，思欲出洋游学而又踌躇未决，吾兄其何以教我耶？唐景周兄早已来校，日相聚晤。京中有何新闻，暇乞时赐教言，以匡不逮，是所至祷。专此，敬请文安。不一一。

弟郭金章顿首

九月廿九

〔袁同礼家人提供〕

十月三日

张煜全致函先生，请其担任伦理演讲一事。

径启者，本校中等科本学期伦理演讲，敬请执事担任，相应函达，即请查照。于十二月十二日（即星期五）下午三时惠临礼堂，演讲为荷。此致

守和先生

张煜全谨启

十月三日

〔清华学校用笺。袁同礼家人提供〕

按：该函应为文书代笔，钤"张煜全印"。

十月十一日

张泽熙致函先生，告知出洋行期及在沪通讯地址。

守和兄鉴：

本思行前来京握别，奈敝处坚不允，行未果。兹已期迫，定于十三号乘车赴申，十五早即可抵申，在申寓保既星兄之令亲所开三江旅馆（六马路），函件寄此即可收到。廿六号即放洋也。临行匆促，不知所云。匆颂刻安。

小弟泽熙辞行

十一日

〔袁同礼家人提供〕

按：保既星即保君建（1896—1970），字既星，江苏南通人，北京大学经济系毕业，后赴美留学，获哥伦比亚大学硕士、博士学位，归国初在教育界服务，后入外交部。

十月二十二日

亚洲文明协会覆函先生，请在清华学校代售图书两种。

敬复者，承允代售《欧战全史》并《十九世纪》二书，至为感荷。附上《欧战全史》上卷二十本，《十九世纪以来之战争及和约》二十本，统希察收，掷一收据是祷。并颂台祺。

亚洲文明协会启

十月廿二

〔袁同礼家人提供〕

按:《欧战全史》由梁敬錞、林凯译,该书版权页不明,但据林凯、王宠惠、胡适所写序言,可推断应出版于是年10月;《十九世纪以来之战争及和约》为"亚洲文明协会丛书之一",冯飞译,1919年6月25日出版。亚洲文明协会位于北京府右街饽饽房(今博学胡同)12号。先生收到此函后即覆。

十月二十四日

梁敬錞覆函先生,告亚洲文明协会代售书籍可以七折计算。

同礼学兄足下:

奉读大教,快慰莫名。连日偶沾时恙,未到到会,故前书未详折扣。敝会出板书籍均按廉价出售,惟为优待学界起见,特定七折特价。两书荷承代售,请即查照为荷。费神之处,容后面谢。专此,并颂撰祺。

弟敬錞顿首

廿四

〔袁同礼家人提供〕

按:梁敬錞(1893—1984),字和钧,福建闽侯人,北京大学毕业后留学英国,曾任北洋政府司法部秘书等职。先生逝世后,梁敬錞特撰写悼亡诗"墨沈犹鲜隔世惊,寝门余恸更苍生。开场东观尊初祖,遗集西疆萃大成。微尚早窥猿鹤隐,博征每校豕鱼精。渊渊书种千秋罕,莫便儒宗一代评。"①

十一月十四日

上海东亚图书馆致函先生,告《新潮》三版行将发售并请在清华学校销售。

守和先生台鉴:

径启者,北京大学新潮现在由敝馆三版发售预约。日昨由邮寄上预约券、传单等件一包,谅先送到。敢烦先生代售,以便尊处爱读者可就近购取。预约办法,传单上已刊明,请查照办理,售得之款,敝馆实收九成。希台洽为荷。专此,并颂公安。

民国八年十一月十四日

〔袁同礼家人提供〕

---

①《思忆录》,中文部分页54。

按:落款处盖有“上海亚东图书馆(五马路棋盘街西首)”章。

十一月十五日

卞肇新覆函先生,询问寰球中国学生会详情并索章程。

守和老兄姻大人惠察:

日来奉惠书,正值肇患肝气病,心中闷闷少兴趣,时常暴怒,不可自遏,日来略好。昨日慈约来舍,已将寰球中国学生会入会愿书交之,并求慈约转告家岳及王厅长矣。张伯师现在上海,不日归来,弟当代达尊意。慈约云该会果否有详章,会员人名录可否寄赐一份,又云可否在京津等处设立分会。尽请打听明白示知。余再话,顺颂大安。

弟肇上

十一月十五日

〔袁同礼家人提供〕

按:“家岳”即严修,卞肇新夫人即严修长女严智蠲(1886—?)。

十二月一日

张煜全覆函先生等人,告因病不能应召赴宴。

承召,本应趋陪,以贱恙新瘳,仍须静养,内子亦以家务萦躯,未克赴宴。专此鸣谢,并颂时祺。

凤屏、志骞、梦赉、守和先生

张煜全谨启

十二月一日

〔清华学校用笺。袁同礼家人提供〕

按:凤屏即陈凤屏,江苏人,民国初年赴比利时留学,时应在清华学校任职。[1] 志骞即戴超(1888—1963),字志骞,青浦人,上海圣约翰大学文学学士,是年8月中下旬由美归国。

是年冬

张申府覆函先生,表示愿意加入寰球中国学生会。

示悉。寰球中国学生会,弟可入一年,今寄上愿书,即希转交前涂为荷。尊处有无新定杂志,拟请择要示知,此复

守和学长兄

---

① 《北京东西洋留学会员录》,1916年,页73;《清华周刊》第六次增刊,1920年,“教职员录”页2。

弟崧年

十八日

〔袁同礼家人提供〕

按:《寰球中国学生会周刊》(*The World's Chinese Students' Federation Weekly*)第17期征求消息栏曾登一短文,内容如下"袁同礼先生为本会在北京方面征求会员,极其热心。除日前已征得郭玉清君、钟又鳌君、刁德仁君、陈凤屏君、张煜全君、邓芷灵君、彭清鹏君、谢冰君等外,兹又先后介绍胡适之君、金邦正君、卞肇新君、严修君、马寅初君、陈国樑君、周岐山君、施宗岳君、陈明英君、董大酉君、黄继善君、唐景周君、张崧年君等入会云。"①

是年

梁漱溟致函先生,告其从兄北来欲往清华学校一游。

守和尊兄:

顷有家从兄鼎甫,名焕彝,自南中来,其人留美多年,常三周地球,在湘营矿廿年。年来湘中锑业大盛,即所开创者也。雅慕贵校名誉,属冥为介于吾兄,拟一、二日内到贵校参观,倘获允许,乞赐电知。幸甚,手请台安。

弟漱冥顿首

〔袁同礼家人提供〕

按:此信具体时间不可考,应为1919年。信中所言"鼎甫"即梁焕彝,梁焕奎三弟,曾在日本、美国留学,并赴英国学习矿业知识,后协助其兄经营锑矿。梁漱溟与梁焕奎五兄弟为同族兄弟,且属"焕"字辈。"在湘营矿廿年"似指1899年梁焕奎筹集资金接办益阳板溪锑矿,将其改组为久通公司事。

---

①《寰球中国学生会周刊》第17期,1920年1月24日,第1版。

一九二〇年　二十六岁

一月二十二日

下午一时，先生访胡适，谈约一个小时。〔《胡适日记全集》第2册，台北：联经出版事业公司，2004年，页606〕

二月四日

北京大学校评议会召开常会，其中一项议案为：清华学校图书馆代理主任（前本校预科毕业生）袁同礼君，请本校每年补助美金480元，以三年为期。经讨论后议决：由北京大学与先生商订服务合同，合同协定后再由本校发给补助费，川资、置装费则由先生自筹。〔王学珍、郭建荣主编《北京大学史料》第2卷第1册，北京：北京大学出版社，页160〕

二月初

清华学校师生撰写"学生宣言书"，反对外交部委任新校长罗忠诒，先生为联署人之一。〔《申报》，1920年2月10日，第7版〕

按：罗忠诒（1886-1963），字仪元，福建闽县人，生于天津，英国剑桥大学经济科硕士，宣统二年（1910）授法政科进士，后未到校就职。本年8月，金邦正被任命为校长。

四月二十四日

清华学校举行第九次周年运动会，先生作为裁判员之一。〔《清华周刊》186期，1920年4月30日，"校闻"页28-29〕

六月十五日

先生致信胡适，请其为孟宪承在北京大学谋取留美补助。

适之先生：

孟君履历，我替写好，请你费神转交！今夏他仍留华盛顿大学之夏季学校；但是该校教育科教员，无一出色者，设备又不完备。孟君对之极不满意。他如能得到"西南大学"或"北大"之补助，则决意舍去，改入哥伦比亚之教育科。我很盼望先生代为说项，使他早日成功！

同礼上

六,十五

孟宪承,年二十六岁,江苏武进人,民国五年,在上海圣约翰大学毕业,得文科学士学位。曾任北京清华学校英文教员兼国文教员三年。民国八年秋,任驻美游学监督处书记,兼在华盛顿大学大学院研究教育心理诸科,现专门教育社会学。译有太平天国外纪、黑伟人,均由商务印书馆出版;实用主义(将由尚志学会出版)。曾著有 *Contemporary Chinese Literature*; *What the Chinese Read To-day*, etc. etc. 载于北京英文导报。

〔清华学校用笺。台北胡适纪念馆,档案编号 HS-JDSHSC-1635-001〕①

按:《太平天国外纪》(*Ti-Ping Tien-Kwoh: the history of the Ti-Ping Revolution, including a narrative of the author's personal adventures*),原著者为 Augustus F. Lindley(1840-1873),英国军人,曾为中国太平天国军队效力,该书 1866 年在英国初版,1915 年商务印书馆发行中译本;《黑伟人》,原著者为 B. T. Washington(1856-1915),1919 年商务印书馆出版,说部丛书第 3 集第 60 编。此时,胡适的通讯地址为北京后门内钟鼓寺 14 号。

七月一日

午后一时,少年中国学会假岳云别墅召开会员大会,先生、黄日葵、康白情、孟寿椿、雷孝实、李大钊、周炳琳、邓中夏、张申府、陈愚生到场。首由陈愚生报告开会宗旨,随后选举评议员、讨论会务,继由康白情报告赴日情形。因先生、康白情、周炳琳、张申府四人即将出洋留学,故该会借此机会欢送,合影留念。〔《少年中国》,第 2 卷第 2 期,页 41-42〕

按:该日为少年中国学会正式成立一周年之际,因国外会员选票未到,故选举评议员并无结果。岳云别墅原为浙江印县会馆西馆,今为宣武区盆儿胡同 55 号。此外,先生与康白情、黄仲苏、周炳琳应乘同船赴美留学。②

① 《胡适遗稿及秘藏书信》第 31 册页 617 收录该信,但未附孟先生履历,笔者据台北胡适纪念馆提供的电子档整理录入,特此说明。

② 《曾琦先生文集》(中),台北:"中央研究院"近代史研究所,1993 年,页 657。

八月

先生开始领取清华学校津贴。〔《清华一览(民国十四年至十五年)》,页 190〕

按:此次津贴至 1922 年 6 月止。

八月二十六日　上海

下午二时,先生与其他赴美留学生约二百人,自招商局中栈码头乘"南京号"去国赴美留学。〔《申报》,1920 年 8 月 27 日,第 10 版〕

按:8 月 20 日下午 4 时,寰球中国学生会联合江苏省教育会、欧美大学同学会、美国大学同学会、美国大学女子同学会假上海法租界杜美路 50 号美国哥伦比亚俱乐部开联合欢送会,本届清华学校及其他官、私费留美学生似均受邀。"南京号"原定 23 日自香港到沪,但因货运稽迟,至本日始发,叶公超及清华学校护送员王文显也乘坐该船赴美。[1]

九月十一日　檀香山

先生登岸,赴夏威夷大学(University of Hawaii)游览,与该校校长、图书馆主任晤谈。

按:详情见 9 月 18 日致蔡元培信。

先生致片胡适,简述旅行情况。

适之先生:

别后三十一日抵横滨,次日东行,今日安抵檀香山,毫无晕船之苦,堪慰远念。此上。

袁同礼上

九月十一日

〔台北胡适纪念馆,档案编号 HS-JDSHSC-1635-002〕

按:该片背面为东京驿的照片,应在日本购买。

九月十八日　旧金山

先生抵达美国本土,并致信蔡元培,告知途径檀香山时曾参观夏威夷大学。

孑民先生尊鉴:

九月十一日行经檀香山,曾上一片,半月后当达座右矣。是日登陆后,游览八小时,并参观夏威夷大学。该校成立仅十二载,原名 The

---

① 《寰球中国学生会周刊》第 44 期,1920 年 8 月 21 日,第 1 版;《申报》,1920 年 8 月 24 日,第 10 版。

College of Agriculture and Mechanic Arts of the Territory of Hawaii，后改 The College of Hawaii，今夏始改为大学，名 University of Hawaii。由设二科（一）College of Arts and Sciences，（二）College of Applied Science。晤大学校长 Dr. Arthur L. Dean，谓校中现设日文科，延日人某博士担任讲席，久有增设中文科之议，只以延访未周，迄无相当之人主持其事，竟致不克成立，言时引以为憾。同礼曾为其述母校近状，并谓北大为我国最高学府，各科讲座多系一时俊彦，如需中国教授，自可径函奉商，先生必愿代为罗致也。

埠中华侨约二万余人，不谙国情、不解国语，大半已隶美国国籍，然其眷念宗邦之情，固历久而不衰也。此次同人抵埠时，各界代表开会欢迎，并派员招待殷勤周至，敬爱有如家人，殊令人感佩不置。因念先生倘能介绍校内一二淹通中西之学者前往担任教授，庶吾国固有之文化得以宣传，而华侨被其教泽感触自多，必将起而效力祖国，共图匡济焉。不识尊意如何？

又晤该校图书馆主任 Miss Clara F. Hemenway，据称该馆成立已历数载，尚未藏有中国书籍，自当广为搜罗，以期完备。同礼允代改函母校将各种出版物寄赠一分，并请女士将该校印刷品径寄母校图书馆，藉资交换，先生接此信时当可收到矣。兹将该校通讯处列后，请将校中出版物按期邮寄该校，无任盼切。

今日安抵旧金山，明后日拟参观加利福尼亚及斯丹佛两大学，及各公立图书馆，约月杪可抵纽约。此上，敬颂道安。

袁同礼谨上

九月十八日寄自旧金山

守常先生同此。

夏威夷大学通讯处：Librarian, University of Hawaii, Manoa Valley, Honolulu, T. H.

〔《北京大学日刊》第 724 号，1920 年 10 月 23 日，第 2-3 版〕

按：Arthur L. Dean（1878-1952），1914 年至 1927 年执掌该校，是夏威夷大学早期发展中至关重要的人物。Clara Hemenway 自 1919 年至 1928 年出任该校图书馆馆长，《北京大学日刊》排印有误。

九月下旬　纽约

先生入哥伦比亚大学，为历史系本科四年级[①]学生。〔*Who's Who of the Chinese Students in America 1921,* p. 82〕

按：先生宿哥伦比亚大学 Livingston Hall，主修课程应以历史和社会科学类为主。[②] 除北京大学、清华学校津贴外，先生应获得哥伦比亚大学柯林斯奖学金（Collins Scholarship）。[③]

九月

先生注册成为美国图书馆协会会员，编号9394。〔"MEMBERS." *Bulletin of the American Library Association*, vol. 14, no. 5, 1920, p. 492.〕

按：1920年至1923年该协会会员名单中均列有先生，1924年至1928年不见记载，直至1929年，平馆作为机构会员加入，编号21280，先生则作为联系人重新出现在美国图书馆协会会员名单中。[④]

十月十三（四）日　哈佛大学

先生访吴宓，转交北京高等师范学校校长陈宝泉覆函、校中课程表。〔《吴宓日记》第2册，北京：生活·读书·新知三联书店，1998年，页184〕

按：本年2月下旬中国教育考察团访美，该团意欲考察美国教育现状并招揽留美人才返国任教，陈宝泉为其中成员。3月初，吴宓决定接受陈宝泉的延揽，3月5日，陈宝泉给吴宓二百美金，为该校英文部采访英文书籍，吴宓欣然担其职。其后，采访费用超出四十余元，由吴宓垫付，先生转交的信中陈宝泉对此毫无表示，吴宓颇气愤。

十月十六日　纽约

先生致信北京大学校长蔡元培，谈在美近况及未来打算。

孑民先生尊鉴：

上月十八日抵旧金山，曾上一书，谅达座右。同礼在金山时曾到

---

① 袁澄所撰回忆文章《劳碌一生的父亲》（《思忆录》，中文部分页133）称先生入历史系本科三年级，但据本年10月16日先生致蔡元培信中则谓"四年级"，笔者认为后者更为可靠。

② Columbia University Library, New York State Library School Collection, Series 2 Student Records, Box 65, Folder Yuan, T. L.

③《思忆录》，中文部分页132，英文部分p. 3。

④ "MEMBERS." *Bulletin of the American Library Association*, vol. 23, no. 11, 1929, p. 648.

各大图书馆参观,以加利福尼亚大学之图书馆设备最为完备,洵为美国学校图书馆之模范。在金山小住数日,即来纽约。哥伦比亚大学已于九月二十二日开学,同礼现入本科第四年级,明夏即可在此毕业,明秋再入阿尔班拿之图书馆学校 Library School of the University of the State of New York, Albany, N. Y.此校入学资格极严,非得有学士学位不能入也。北大同学在哥伦比亚大学者有十余人之多。□预科同学雷君国能今夏在乌斯德大学毕业后即来此研究国际公法,上月中国学生年会举行国语演说竞赛,雷君得首奖,颇为母校增光。先生赴法行期已定否?闻里昂大学中国部业已成立,中法学术界得互相联络,于两国学术之发展裨益非浅鲜,余俟续陈,敬颂道祺。

袁同礼谨上

十月十六日自纽约

通讯处:T. L. Yuan, 714 Livingston Hall, Colmbia University, New York City, N. Y., U. S. A

〔《北京大学日刊》第 748 号,1920 年 11 月 20 日,第 1-2 版〕

按:"同礼现入本科第四年级,明夏即可在此毕业,明秋再入阿尔班拿之图书馆学校",此处所言确为先生留学计划,尤其可从纽约州立图书馆学校档案中获得佐证,然而无论是吴光清所撰《袁守和先生传略》、富路德(Luther. C. Goodrich)所写 *The T. L. Yuan Memorial Scholarship*,还是 *Columbia Spectator* (June 5, 1934)都表示先生为 1922 年(届)哥伦比亚大学文学学士,而非此时预计的 1921 年,这种变动与翌年秋先生担任黄郛私人秘书有极大关系。

十月十八日

先生向纽约州立图书馆学校(New York State Library School)递交入学申请。〔Columbia University Library, New York State Library School Collection, Series 2 Student Records, Box 65, Folder Yuan, T. L.〕

按:先生填写的预计入学时间为 1921 年 9 月,计划学习 2 年。

十一月二十日

纽约州立图书馆学校批准先生的入学申请。〔Columbia University Library, New York State Library School Collection, Series 2 Student Records, Box 65, Folder Yuan, T. L.〕

十一月

美国东部各大学图书馆馆长在哥伦比亚大学举行第八次年会。先生受会议主席 Frederick C. Hicks 邀请与会并发表演讲,题为"中国图书馆问题",前后约半小时,颇受欢迎。〔《北京大学日刊》第 791 号,1921 年 1 月 20 日,第 2-3 版〕

按:Frederick C. Hicks(1875-1956),图书馆学家,曾任哥伦比亚大学法学院、耶鲁大学法学院图书馆馆长。

十一、十二月间

美国图书馆协会 Bogle 女士致函先生,邀请出席十二月下旬在芝加哥举行的大会,先生以经济因素覆信婉拒。〔《北京大学日刊》第 791 号,1921 年 1 月 20 日,第 2-3 版〕

按:Bogle 女士应指 Sarah Bogle(1870-1932),美国图书馆学家,尤以图书馆教育而著名,时应任美国图书馆协会秘书助理。

十二月八日

晚,Stephen P. Duggan 约先生往谈,其对中国教育现状颇感兴趣,先生为之介绍北京大学详情。此外 Duggan 曾谈及卡耐基国际和平基金会(Carnegie Endowment for International Peace)向各国教育、文化机构赠书一事。〔《北京大学日刊》第 791 号,1921 年 1 月 20 日,第 2-3 版〕

按:Stephen P. Duggan(1870-1950),美国学者、教育家,1919 年筹设国际教育协会(Institute of International Education),后长期担任美国外交关系协会(Council on Foreign Relations)主任。

十二月九日

先生致信蒋梦麟、李大钊,谈中国留美学生当下状态,并寄送美国出版界书目。

梦麟、守常先生:

上月寄守常先生一信,已收到否?闻孑民先生业已赴法!由梦麟先生主持校务。近想两先生健康、大学进步!罗素已抵中国,并任教席,闻之欣悦!同礼抵美以来,愈感经营本国大学之不可缓!年来出国留学者,不可谓不发达,此为过渡时代当然之现象。平情而论,以就学国外与在国内研究者相较,所多得者亦甚有限,而经济上则不太合算!况国内教育不发达,一经回国,最易与旧空气同化,然此仅就上等学生而言,至于宿妓涉赌之流,宁让其在国内沉沦,不必来此为外人藐视也！教育当局对于出国留学者，亟应加以取缔，愿先生能唤其注意！

美国出版界，异常发达，各种印刷品，一经出版，不久即告罄。同礼近索来此项出版物多种，不日即付邮，径寄北大图书馆。外详单二纸（共十七机关之出版物，尚有数处未寄到，接到后再付邮）。到时请照单查核是荷。

下列各机关之出版物，均极有价值，北大图书馆似宜购置。兹将其书目寄上：

1.American Library Association

2.American Scandinavian Foundation

3.Russell Sage Foundation

4.New York Botanic Garden

"Soviet Russia"为苏维埃政府之机关报。出版地在纽约，每星期发刊一次。内中材料，颇多可取。前三卷现均可购到。去岁曾与申府兄提及，不知已购置否？来信附上。

纽约植物院愿与北大互换印刷品，但交换者只*Bulletin*一种，其余皆须用现款购置。请将北大印刷品寄去五种，似不必寄全份也。其地址如下：

New York Botanic Garden, Bronx Park, New York, N. Y. U. S. A.

上月美国东方大学图书馆馆长，在哥伦比亚大学，举行第八次年会。主席 F. C. Hicks（哥校法律图书馆馆长）嘱同礼赴会，并约演讲。是日，到会者百余人，东方各大学图书馆长俱出席。同礼为之讲演"中国图书馆问题"，约半小时，颇受欢迎。讲演毕，主席付诸讨论，殊获益也。兹将是日会序寄上。

美国图书馆协会于本月二十七、二十八、二十九三日，在芝加哥举行大会，讨论各种图书馆问题。书记 Bogle 女士来函，邀前往赴会，同礼以限于经济，已复函谢之。特寄上该会十一月份之报告书一份，大会讨论各问题，载之颇详。

去年东方大学图书馆馆长举行年会时，曾指定组织委员五人，Organizing Committee for Cooperation with the Institute of International Education 其报告书五纸，又 Institute of International Education 之 Bulletin 两本，Announcement 一本，一并寄上。此种团体，北大亟应加

入！报告书内所言之 Specific Union List 及 International Exchange of Duplicates 于北大均有莫大之补助！

Institute of International Education 成立仅年余，现由 Stephen P. Duggan 教授主持其事。东方大学图书馆馆长年会时，渠亦莅会。昨晚约同礼往谭，对于中国教育情形，多所垂询。曾为之详述北大近状，渠颇注意。并提及此间之 Carnegie Endowment，近将关于美国书籍多种"Library on American"赠与各国（约值四五千元），法、意、希腊等国，均各蒙寄赠。如中国方面，与之交涉，必不难获到，云云。同礼以为此种机会，万不可失！极愿为北大谋到此项书藏，但既非正式代表，殊难与之启齿！因念倘北大能给予一种名义，如图书馆代表之类，有此头衔，方易接洽。据 Duggan 教授言，无须何种手续，只须有政府及使馆公文证明耳。应如何进行，请议决后，速为示知为盼！

燕京大学副校长及教员二人均在此。Duggan 教授亦以此种书藏相告，恐不免有"染指"之意。

华盛顿之 Government Printing Office，为公家出版物分散机关，现下绝版者业已甚夥！如此时再不向其索取，以后补购，实为不可能之事！然亦须有一种名义，方能蒙其寄赠。

又华盛顿之 Smithsonian Institution 附设有 International Exchange，大学方面，前此有无接洽？请查明示下，同礼亦愿与之交涉也。

德国书籍，刻下不准出境。美国书价，今年亦复大增，售出价目，往往与订定价目不同。此时购书，与前数年金价跌落之时相较，无形中颇受损失。

母校近来有何新设施？愿闻其详！《大学日刊》及他项印刷品，能赐寄一份否？

适之先生日来谅已大愈，为念！望代致拳拳！

袁同礼

十二月九日夜

〔《北京大学日刊》第 791 号，1921 年 1 月 20 日，第 2-3 版〕

按："东方大学图书馆馆长"应指美国东岸各大学图书馆馆长。Government Printing Office，1861 年成立，通译作"美国政府印刷局"，负责美国政府出版物的印刷发行工作。该信本有附件。

一九二一年　二十七岁

一月初

先生拜访泰戈尔(Rabindranath Tagore),甚盼其能来华讲学,藉此阐扬东方文明。〔《北京大学日刊》第805号,1921年2月5日,第2-3版〕

一月六日

先生致信蒋梦麟,谈最近与印度学者Taraknath Das、泰戈尔晤谈,并希望北京大学能延聘泰戈尔来华讲学。

梦麟先生:

印度戴思先生Taraknath Das为纽约Friends of Freedom for India干事,曾著"*Is Japan a Menace to Asia?*"书颇负时望。日前约往晤谭,谓中印二邦文化上关系素深,徒以宣传无人、提倡乏术,驯至承学之士专己守残,沟通之道缺焉。不讲东方文明,日即衰微,良可慨也。为今之计,二国学者亟应互相联络、交换知识,藉以发扬东方之文明,俾与西方文明相辉映,此诚当今之急务,不容忽略者也。余意中国大学于印度文明宜设专科,延聘名宿主讲,其中台峨尔者,当代大哲,久负重望,诚能延往讲学,东方文明之真谛,不难由是而阐扬矣。台氏现寓纽约,君倘欲聆其言论乎?当以一言为介,同礼欣然承诺。翌日,往晤台氏于Algonquin旅馆,台氏曰,中邦自欧化输入以来,固有文化湮而不彰,国华日消,民不知本,可慨孰甚。西方文明渊源,东亚治史学者,类能道之。方今欧美积学之士研治东方文明者,颇不乏人,而中邦学子反置国粹于不顾,不亦傎乎?故华人研究东方文明实较东方文明为尤急。同礼乃曰,东方文明向以中国印度为代表,故印度文明宜为国人所注重。北京大学校长蔡孑民先生曩在欧洲专攻哲学有年,自任校长后,于哲学一科备极注重,杜威、罗素先后应聘而至,惟印度哲学一门创办伊始,规模未备。异日承学者众,自当力图扩充。顾讲座难得其人,必得学术湛深、名重全球如先生者,主讲其中,方足以餍萃萃学子之望。先生以宣传东方文明为己任,倘蒙应聘前往,则国人之欢迎当远在杜威、罗素之上矣。台氏曰,曩者芮恩施博士在北京时曾约余游华,以俗务缠身,不克成行。余现为筹设印度大学游历欧美,意在躬访专门学者,以为异日担任延聘之准备。中印文化关系素切,印人研治中国学术自较西人为易,中华不乏博学知名之士,深愿晋接其人,罗而致之。至研究东方文明本余夙愿,有机缘自当本其所见,与中华学者相商榷也。

鄙意北大现有杜威、罗素担任讲演,西方文明自可窥见一斑。惟东方文明阐扬亦不容缓,而堪胜此任者,求之今日,实非台峨尔莫属。台氏挟志游华已非一日,诚能延其讲学,则于东方文明自可收发挥光大之功(台氏于印度古来之宗教哲理援论间有错误,西方学者已有定论,惟延其来华,俾国人略知物质之弊害、国粹之当保,影响亦颇大也)。先生现方主持哲学一系,用特略陈鄙见,倘荷采纳,请即径函台氏接洽一切。台氏于本星期六赴康桥任哈佛大学讲演,月杪赴芝加哥,二三月间在西美各州演讲,四月间将有欧洲之行,应德法瑞典挪威各国大学之召,七八月间可返印度。其通讯处列下:

(法国)Mon. Rabindranath Tagore
Cercle des Auteurs du Monde
9 Quai du Quatre Septembre
Boulogne-sur-Seine
France

(印度)Santini Keyaa P. O.
Bengal, India

耑此布达,顺颂教祺。

袁同礼谨启
一月六日自纽约

适之、漱冥两先生同此。

〔《北京大学日刊》第 805 号,1921 年 2 月 5 日,第 2-3 版〕

按:“实较东方文明为尤急”当作“实较西方文明为尤急”,“萃萃学子”当作“莘莘学子”。Taraknath Das(1884-1958),今通译为塔拉克纳特·达斯,印度独立运动宣传家,“印度同盟”创建者。

Algonquin 位于纽约曼哈顿岛,是该区的地标性宾馆,1902 年开始营业。

二月中旬

先生致信吴宓,劝其勿着急归国,应再留美一年,并表示可以向蔡元培举荐,担任北京大学教职。〔《吴宓日记》第 2 册,页 215〕

按:本年初吴宓已知北京高等师范学校陈宝泉因学潮之故去职,该校局势迟迟不得稳定,虽欲夏季归国,但无所投奔。先生之信虽属好意,但仍未帮吴宓解决去留难题。

是年春

黄郛偕妻子沈亦云抵达纽约,由袁复礼觅得公寓一间,后常与先生昆仲同至附近的中国餐厅就餐。〔《思忆录》,中文部分页 16-17〕

按:此次来美,黄郛夫妇本为考察一战后各国经济情况。行前,沈亦云二妹沈性仁及夫君陶孟和告知到纽约后可请先生协助。

五月底

先生抵达华盛顿,在国会图书馆实习。〔Library of Congress. *Report of the Librarian of Congress, for the Fiscal Year Ending June 30*, Washington: Government Printing Office, 1923, p. 187.〕

六月　纽约

洪有丰来访,与先生畅谈,相约以发展中国图书馆事业为己任。〔University of Chicago Library, Yuan T'ung-li Papers, Box 2〕

是年夏

先生代表北京大学与美国卡耐基国际和平基金会往复联络,后者向北京大学图书馆捐赠四百余册图书,价值美金二千元。〔《申报》,1921 年 8 月 2 日,增刊第 3 版〕

按:7 月 17 日,蔡元培在旧金山致信卡耐基国际和平基金会总秘书斯科特(James Brown Scott),告知已委托先生作为北京大学代表与之协商获取该会出版品。[①] 8 月 18 日下午,蔡元培又与斯科特面谈,后者应许继续将有关世界问题书籍赠予北京大学图书馆。

---

① 《蔡元培全集》第 11 卷,杭州:浙江教育出版社,1998 年,页 23。

八月十三日

国会图书馆目录部主任 Charles H. Hastings 致函先生,谈目录卡片捐赠北京大学事。

August 13, 1921

Dear Mr. Yuan:

The Library tells me that a depository set of our cards is to be sent to the National University of Pekin and has authorized me to arrange with you as to the details.

The first thing to do is to forward the exchanged form of agreement to Chancellor Tsai and ask him to copy it on his own letter-head, sign, and send it to the Librarian of Congress.

It is a large task to get out one of those sets, verify it, and prepare it, for shipments, the money cost being about $800. I do not see how we could complete the task on this year's appropriation, but can assure you that by a year from the present date we will in all probability have the set ready for shipment.

Of course, if one of the libraries that now have the set should surrender it, we would transfer it at once to the University of Pekin.

The set would of course need to be packed with care for such a long journey and I shall want to discuss this with you later. Should you leave the United States before the set is ready, please let me see you before you leave.

Yours very truly,

C. H. Hastings

Chief, Card Division.

〔《北京大学日刊》第 864 号,1921 年 10 月 13 日,第 2-3 版〕

按:1923 年,美国国会图书馆卡片目录开始[①]逐批寄送北京,实际赠送者约一百万张,"每片上印明书名、著作者、出版地及出版机关、刊行年月以及书之分类标题等等。"[②]事实上,该份捐赠

① 《北京大学日刊》第 1390 号,1924 年 1 月 19 日,第 2 版。

② 《国立北京大学图书馆蒙美国政府赠送书目片全份》,《图书馆学季刊》第 1 卷第 1 期,1926 年 3 月,页 148。

并非止于20世纪20年代,太平洋战争爆发前各年度《美国国会图书馆年度报告》(*Report of the Librarian of Congress*)均记载北京大学是其发行的卡片目录的寄存图书馆(depository libraries)之一。[①] 该函寄送至国会图书馆编目部(Catalogue Division)。

八月二十五日

先生致信蔡元培,谈国会图书馆向北京大学捐赠目录卡片之进展。

子民先生钧鉴:

……加尼奇万国和平会捐赠该会出版书籍事,同礼曾与James Brown Scott博士接洽一次,均已妥协。该会董事会将于下月杪举行年会,博士谓拟提出征求同意,想此为一种手续,当然可以通过。至于运费均可由斯密搜尼学院担任。国会图书馆捐赠之目录片,业与馆长接洽数次,已无问题。兹将馆中来信寄上,敬祈台阅。又契约一纸,特照其规定格式,另纸缮出,请先生签名后仍寄敝处,以便转交为荷。目录片约八百六十余万张,检点清楚需时颇久,内中有已绝版者,尚须重印,加以临时雇工,薪水共约八百元。此款亦由国会图书馆担任,馆长谓本年预算案已于春间由国会通过,刻下颇难筹拨,明年预算案必能加入,而彼时目录片亦可清理告竣。明夏或明秋当可运京云云。因念一年之后,北大一切设施必可归复旧观,届时再运送,计亦甚善。此项目录片须木箱三十只,转运费亦颇不贵,每木箱约费五六元(馆中可代做),加以运费保险费等等,恐非美金七八百元不办。每箱运费究须若干,俟返纽约询明再以奉闻。全份运京后,以后出版之书片随时付邮(由斯密搜尼学院代寄),照章每星期寄二次,全份寄到后应以有抽屉之木箱装置之,每屉可容一千五百张。敝意为预防异日发展起见,每屉暂置一千张,共需八百六十屉。纽约图书馆用品社Library Bureau所制之木箱精美而耐久,以每架容六十屉者为最合宜,每屉按一千张计算共须十五架,每架一百九十三元七角五分,价美金

① 1927年至1941年的《美国国会图书馆年度报告》"目录部"(Card Division)下属的"寄存图书馆"名录均记录了北京大学。

二千九百余元，加以运费所费太钜。敝意不如照规定之尺寸在京投标定制，前年同礼在清华时曾交裕源及义成两本厂定制出品，亦颇可用，一切详情请先生便中与清华图书馆戴志骞先生一商为盼。此上，敬颂道祺。

同礼谨上

八月二十五日寄自华京

〔《北京大学日刊》第864号，1921年10月13日，第2-3版〕

按：《北京大学日刊》所刊内文前即省略。契约草稿应为先生草拟。

To the Librarian of Congress Washington, D. C.

Sir

In consideration of the deposit in the Library of the National University of Peking of a set of the printed cards issued by the Library of Congress, the Library of National University of Peking hereby agrees to the condition under which such deposits are made, viz,

(1) The card shall be accommodated in suitable cases.

(2) They shall be alphabetically arranged.

(3) They shall be made accessible to the public.

It is further understood that the authorities of the Library of Congress are at Liberty to discontinue the deposit at any time hereafter should its continuance appear to then to be contrary to the public interest, or injurious to the other service of the Library of Congress, or inconvenient.

Library, National University of Peking

By ………… Chancellor

〔《北京大学日刊》第864号，1921年10月13日，第2-3版〕

按：该件草稿前虽有"September 24, 1921"字样，但根据先生中文信中所言"又契约一纸，特照其规定格式，另纸缮出，请先生签名后仍寄敝处，以便转交为荷"，似为预设收到蔡元培签署后的时间，故仍系在此处。

是年秋

留美学生撰写《维持北京国立高等专门以上学校之建议》，先生为连署人之一。〔《申报》，1921年9月7日，第10版〕

按:1921 年 6 月 3 日,北京大学等国立八校教职员因教育经费长期无着,教师与学生一起赴总统府求见总统徐世昌,队伍行至新华门与徐世昌派出的卫兵相遇并发生冲突,李大钊等数十人惨遭卫兵毒打,马叙伦头部、腰部被打伤,史称“六三”惨案。

九月下旬

先生应黄郛之邀,担任其私人秘书,后与之同赴华盛顿。〔《黄膺白先生故旧感忆录》,叶 114〕

按:9 月 20 日,北洋政府聘黄郛为华盛顿会议中国代表团顾问。先生原计划于该年秋入纽约州立图书馆学校学习,但黄郛诚意邀请先生担任其私人秘书且态度坚决。先生无法推脱,只得应命。自本年 9 月至翌年 2 月华盛顿会议闭幕,先生一直追随黄郛,为其搜集相关材料。

九月二十九日

先生致信清华学校师生,谈在美国国会图书馆经历、与伯希和交往及下学期课程等事。大意如下:

我要请你们原谅我!你们底信来的时候,我正在学校里忙着功课。自从到华盛顿来了以后,我早想给你们每人一信,但是这个大计画经久没有实现。

陈君寄来一本一九一一至一九二一底清华,那是从纽约转寄来的,我很感谢他。这本书很有趣。周君写信给我的时候,他还在医院里,不知道他现状怎样?

清华现在又开学了。北京教职员既然还在罢课期中,清华应该请得着几个好教习。但不知究竟怎样?我听说孟先生又到清华去了,不过我好久没有接他来信。倘若他来了,请你们叫他写信给我。

我于五月底到华盛顿来。我在美国国会图书馆里四个月所得的经验,比之在清华服务四年还强。该馆有很多中国书。我想那里底中国书,要是拿到北京来,恐怕要算第三。有些古板书籍在中国也找不到的。说来真是可叹!

你们或者愿意知道皮里阿教授(Prof. Paul Pelliot)现在也在华盛顿。他对于中国学问研究有素。他在甘肃燉煌发现了一个石洞,把唐朝古书等送到法国去,现在还存在法国国家图书馆。他告诉我一些有趣的事，那都是关于甘肃那个石洞的。他又说了一些他在拳匪时代底经验。我昨晚请他到远东饭店里去吃饭，藉以感谢他对于中国所作的事。

美国各图书馆对于购买中国书籍竞争很利害。欧洲人和日本人都注意中国私人藏书底出卖。倘若中国不注意这一点，十年以后中国学生恐怕要到华盛顿去读中国书呢！今年夏天我对于中国目录学稍稍研究了一下，同时也研究一点中国图书馆底历史。此门学问范围很广。我希望吴君可以研究图书事业。如果稍事涉猎，那就晓得图书学是和其他学问紧紧地关连着的。对于中国书籍，我们很有可以整理的地方。中国现正需要一个图书管理，学问也好并且能应用科学的方法。听说蔡君要学图书学，我很希望他不要改。请代我改意蔡君。如果我能够帮助他，我很愿意尽一点力。

我很忙。明天就要回纽约去了。下半年我在柯仑比亚大学院里读书，教习有 Kilpatrick、Hollingworth、Poffenberger 和 Snedden 诸教授。

袁同礼自国会图书馆，华盛顿。

一九二一，九，二九。

〔《清华周刊》第 228 期，1921 年 12 月 2 日，页 22-24〕

按："改意"当作"致意"。该信原为英文，后译成中文刊于《清华周刊》。信中所言"皮里阿教授"即法国著名汉学家伯希和；Kilpatrick 即 William H. Kilpatrick（1871－1965），通译为克伯屈，美国教育学家；Hollingworth 即 Leta S. Hollingworth（1886－1939），美国教育学家、心理学家、女权运动代表；Poffenberger 即 Albert Poffenberger（1885－1977），美国心理学家；Snedden 即 David Snedden（1868－1951），美国教育学家，以上四人皆在哥伦比亚大学任教。

九月底

先生回到纽约，继续在哥伦比亚大学读书。[①]〔《清华周刊》第 228 期，1921 年 12 月 2 日，页 22-24〕

① 笔者查找到 Columbia University, *Catalogue 1922-1923*, New York, p. 299.曾记录先生在 1921 年 10 月毕业（完成学业），但仍倾向于认为其为 1922 届，或因 10 月已是 1922 学年度。另，*Catalogue 1921-1922* 中记载的是 1920 年 10 月和 1921 年 2 月获得学位的毕业生，特此说明。

十月二十四日　华盛顿

先生致信美国 Smithsonian Institution，询问可否将 Peabody Institute of the City of Baltimore 藏书目录作为交换品寄赠北京大学。

2611 Adams Mill Rd
Washington, D. C.
October 24, 1921

Secretary
Bureau of International Exchanges
Smithsonian Institution
Washington, D. C.
Dear Sir:

The Librarian of the National University of Peking, Peking, China, directs me to inquire from you whether your Bureau would undertake to forward a set of the Catalogues of the Peabody Institute of the City of Baltimore which the Peabody Institute has presented to our Library. The entire set consists of 13 volumes and as we understand that your Bureau has charge of forwarding the publications of learned societies to foreign countries, we hope you will give favorable consideration to our request.

These 13 volumes are now in the Peabody Institute at Baltimore, Md. Should you consent to forward them for us, I shall make the necessary arrangements to have them express the catalogues to you.

Yours very truly,
T. L. Yuan

〔Smithsonian Institution Archives, Records, 1868-1988 (Record Unit 509), Box 1, National Library, Peiping〕

按：Smithsonian Institution，本谱中译作“史密斯森协会”，是隶属于美国政府的研究机构，由美国各公立的博物馆、美术馆及科学馆等会员所组成，其重要任务之一为从事国际性学者交流与出版品交换事宜。Peabody Institute of the City of Baltimore 通译作“皮博迪学院”，1857 年由慈善家 George Peabody（1792-1869）设立，是美国最早的音乐学院,今并入约翰霍普金斯大学。该信落款处为先生签名,于25日送达。

十月二十五日

史密斯森协会国际交换业务主管 H. W. Dorsey 覆函先生,告知皮博迪学院藏书目录将通过国际交换服务运往中国。

October 25, 1921

Dear Sir:

In reply to your communication of the 24th instant in regard to forwarding to the National University of Peking, Peking, China, a set of the Catalogues of the Peabody Institute of the City of Baltimore, I am authorized to say that the publications in question be forwarded through the International Exchange Service, and the Institution will be pleased to include them in its next consignment to China, which will be made within the next ten days.

Very respectfully yours,

H. W. Dorsey

Chief Clerk

Smithsonian Institution

〔Smithsonian Institution Archives, Records, 1868-1988 (Record Unit 509), Box 1, National Library, Peiping〕

按:H. W. Dorsey 即 Harry W. Dorsey(1874-1960),本谱中译作"多尔西",1907年至1948年担任史密斯森协会国际交换品业务主管。该信寄送华盛顿,此件为副本。

十月

蔡元培致函先生,谈津贴发放、在美购买书籍仪器事。

守和先生大鉴:

本校补助先生之津贴,今夏因校款无着,教职员罢职,未能及时汇上。现校务已照常进行,特将自民国十年七月至十一年六月应发津贴共四百八十金元汇上,请查收。

前者本校请先生在美购办书籍仪器,□蒙允诺,兹为便于先生与各方面接洽起□,特由校中出具委任书一纸,附函奉上,□请查收。

□在本校须在美购置心理学仪器若□，经济学系须购经济学书籍若干，□□均详另单，请按单购置，寄运来□□。心理仪器箱只及账目，寄交本校仪器部主任陈聘丞先生；经济学书籍□□及账目，交本校图书馆；所寄之书，并另开一单，寄交顾孟余先生为盼。

兹先汇出美金一千元，为仪器图书之购□，请查收，不足之数，以后续汇。专此，祇颂日祉。

蔡元培启

十年十月□日

附件：

汇票——四百八十金元一纸

——一千金元一纸

委任书一纸

心理学仪器单一份

经济学书籍单一份

〔《蔡元培全集》第11卷，杭州：浙江教育出版社，1998年，页36-37〕

十一月二十八日

先生致信多尔西，再询皮博迪学院目录卡片是否寄送北京大学图书馆。

November 28, 1921

My dear Sir:

Will you please do me the favor of informing me whether you have received the 13 volumes of the catalogues of the Peabody Institute of the City of Baltimore. In my letter to you dated October 27, I requested that you mail these to the Librarian, National University of Peking and I believe that you will include the set in your next consignment to China.

Yours very truly,

T. L. Yuan

〔Smithsonian Institution Archives, Records, 1868-1988 (Record Unit 509), Box 1, National Library, Peiping〕

按：信中所说10月27日信，似应为24日信。落款处为先生签名,于30日送达。

十二月三日

多尔西覆函先生,告皮博迪学院目录卡片尚未寄送中国,预计本月发送上海。

December 3, 1921

Dear Sir:

In reply to your letter of November 28 I beg to say that the catalogues of the Peabody Institute of the City of Baltimore to which you refer have been received and will be sent to the Librarian of the National University of Peking in the next consignment to China, which will be shipped from Washington during the latter part of this month. I may add that consignments for China are forwarded to the Shanghai Bureau of Foreign Affairs which conducts the Chinese Exchange Bureau.

Very respectfully yours,

H. W. Dorsey

Chief Clerk

Smithsonian Institution

〔Smithsonian Institution Archives, Records, 1868-1988 (Record Unit 509), Box 1, National Library, Peiping〕

按:该函寄送华盛顿,此件为录副。

是年冬

华盛顿会议召开,先生为中国代表团服务,期间结识金问泗等人。〔《传记文学》,第12卷第6期,页42〕

按:该会会期为是年11月12日至翌年2月6日。

一九二二年　二十八岁

是年春

先生与黄郛夫妇同赴纽约，送后者乘船前往伦敦，并致信时在英国的徐志摩请其接待。〔《思忆录》，中文部分页17〕

按：数月间，先生与黄郛夫妇朝夕相处，关系甚为融洽。黄郛在华盛顿公寓曾为先生专辟一室，沈亦云则负责一日三餐。除公事外，先生屡谈家世。

三月

《新潮》刊发先生文章，题为《一九二〇年重要书籍表》。〔《新潮》第3卷第2号，1922年3月，页162-182〕

按：该号为“一九二〇年世界名著介绍特号”，该篇文章以英文书籍为范围，分为哲学及宗教（36）、文学（41）、美术（12）、历史（21）、社会科学（86）、自然科学（67）、应用科学（47）七大类，共计310种图书，此文似为傅斯年约稿而作。

七月下旬　华盛顿

先生在国会图书馆实习。王崇植来华盛顿盘桓一周，与先生为伴，其间拟“少年中国图书馆”办法五条。〔《少年中国》第3卷第12期，页59、61〕

按：王崇植（1897—1958），字受培，江苏常熟人，少年中国学会会员，1921年考取清华学校，同年赴美留学入麻省理工学院。

七月三十一日

先生致信蔡元培，谈为北京大学获取美国国会图书馆目录卡片、为校图书馆募集捐款等事进展。

孑民先生钧鉴：

上月来华京，曾收到尊处电，汇美金一千元。惟迄今未奉手示，不识此款是否作为目录片运费之用，念念。

国会图书馆赠送之目录片，现正在检点中，今年年终即可运到。全份截至今年七月所出之书为止，约九十六万余张。七月以后出版者,按月付邮一次。运送时须定制木箱,每箱容十六屉,每屉容一千八百张,共需三十三箱。每箱约五六元。拟由汇下之一千元内拨出二百元为定制此项木箱之用。

同礼又特请其将各书片具按字母顺序排列,各屉前后次序,均以号数注明,故运到后便可应用,省却第二次之检点。

运送事曾与此间之斯密搜尼安学院接洽,已允代为转运。此院设有国际交换部(International Exchange Service)专分散各国政府之出版物。今书片既系印刷品,故无须另□运费也。

大学方面既将此款省下,拟□即以之购置图书学之书籍,特奉上书单十一纸,倘荷赞同,即希示复,并将原单寄下,以便择要添购,无任盼切。

书片目录箱,即可着手定制,去秋曾寄上国会图书馆所拟图样一纸,尽可仿照其规定之尺寸也。兹附上说明书一纸,以备参考。

大学图书馆募捐事,赖同学大家努力,一切进行尚属顺利。近日又由纽约华侨在中国城演戏,惟恐所入不多耳。华昌公司及广东银行为此间之大商,同学对之希望甚奢,乃仅捐百元,殊令人失望。闻一切详情已由募捐委员会报告,兹不复赘。此上,顺颂道履。

袁同礼谨上

七月三十一日自华盛顿

秋间通讯处:New York State Library School,Albany. N. Y., U. S. A.

〔《北京大学日刊》第 1074 号,1922 年 9 月 23 日,第 2-3 版〕

按:"斯密搜尼安学院"即 Smithsonian Institution。"华昌公司"应指华昌贸易公司(Wah Chang Corporation),李国钦改组华昌炼锑公司驻纽约办事处而设立,是规模较大的中美贸易公司。

九月三日

先生致信蔡元培,就北京大学整理清代内阁档案的方法和步骤提出意见。

孑民先生尊鉴:

七月杪曾上一书,述国会图书馆目录片事,谅达座右。日昨阅沪报,知历史博物馆所存清代内阁档案,已拨归北大,由诸教授分类编目。此项档案,有裨史学甚巨。惟卷帙繁重,窃料其整理,恐非易易,敢妄志所愚,以供采择。

（一）档案去取。敝意以为应全部保存。盖今日认为不重要之史迹，或为他日所最宝贵者。况各人眼光不同，我所摒弃者，又焉知不为他人所乐取。我国各衙署保存文件，往往分正辑、要辑、杂辑三种。编入正辑者，永远保存。编入要辑者，保存五年或七年。编入杂辑者，则保存二年，逾期即付之一炬。史料之湮亡，实不知凡几。美国一八八九年以前，亦任各衙署自由抽毁。是年二月十六日国会议决，凡各署抽毁文件，须先报告于国会。一九一二年又加修正，凡欲抽毁之文件，须将总目录送交国会图书馆，经馆长审查后，加以可否，径送国会，由国会委员会通过后施行。其对于保存文件之慎重，可以概见矣。

（二）分类。档案性质，与书籍不同，往往一文件而所涉之事甚多。故在若干时期内，仅能为概括的分类，每类之中，以其事件发生之先后为次。如卷帙极繁，再以区域分之，英语所谓 Chronologie geographie arrangement 是也。其只有年而无月日者，则列于该年之末。只有年月而无日者，则列于该月之末。其无年月日者，及年分错误者，则自立一类。内中如有年分可考者，则附于括弧之内注明之。

（三）编目。编目手续，可略分下列数项：

甲，编目登记，宜用 3×5 寸之纸片。我国编目录，往往用红格本，笨拙极矣。亟须采纸片式之目录（Card catalogue），俾先后部次随时便于更动。

乙，标定格式。目录片上，仅能择要登记。惟一张不能容时，亦可用二张或三张。故格式宜先标定，以期一律。格式大致可参照美国图书馆协会编定之条例（A. L. A. Catalogue rules），稍予变通。

丙，登记毕，并择要摘由 Calendaring。

丁，目录片编竣，以部类相从，再印成“书式”目录，目录片便于检阅，应一律保存，制木箱以储之。

（四）索引。索引为我国学问界之一大问题。倘若能将浩瀚古籍，一一附以索引，学子之精力，可省不少。即图书目录片之排列及各项文件之收存等等，莫不依据于此。整理清代内阁档案，原为便于编史或他项研究起见。既不能依据事实分类，则索引之用尤钜。目录片之登记，及摘由中最扼要之字，皆须编入索引。又须采互注之法，以便稽检。如“总理各国通商事务衙门”下，注“参见总理衙门及外务部”

等字，英语之 Cross Reference，德之 Überweisung，法之 renvois，均此意也。惟编制索引有极费斟酌者，西洋文字衍声，而字母只二十有六，故依字母顺序，应用极便。我国文字衍形，而笔画及部首又如是其繁，同部首又同笔画者，为数尚不知凡几，故排列次序，颇感困难。特尚有一法，即以笔画之多寡为次，笔画同者再依字之部首先后而定之（大致可参照《康熙字典》）。其部首同而笔画又同者，则依字之"第二部首"部次先后。一八九六年西人布列地（P. Poletti）著《华英万字典》，所主张之 Sub-radical，即此也。此法虽不甚适用（1）部首若是其多，难记其先后；（2）《康熙字典》部首均任意编定，如"丹"字既入"丶"部，"雘"字遂入"隹"部，而不立"丹"部。"乞"字既入"乙"部，"乾"字亦入"乙"部，而不立"乞"部。然可省检查之光阴无限。至于部首之先后，检阅既久，记忆自易。倘再以其标诸行首，则查索较便。其《康熙字典》部首不明了者，不妨改正或增加，是则有望于编纂字典者也。

（五）整理员之组织。整理员之组织，自以在整理事务上之需要为准。兹暂拟分配方法如左：

甲，登录部

（1）任去压垢、出晒及铺平诸事。

（2）核对草目。如清内阁或历史博物馆曾编有草目，应与拨到之档案核对一次，其被遗漏及已遗失者，另为登记。

乙，分类部

（1）档案由登录部送到后，依其内容粗分部次，即送交编目部。

（2）目录片缮就，仍由分类部同原档案及摘由一律收回核对并编号。编号毕，将档案送交装架部。摘由及目录片，则送索引部。

丙，编目部

（1）标定目录片格式。

（2）档案由分类部送到后，登记其年月日，页数，大小（以生的米突计），及其他特殊色。如具呈者姓名可考时，须一律登记。

（3）登记毕，由专人择要摘由，各就其所长，分任各部之档案。如研究经济学，担任关于户部之档案。研究法律学者，担任关于刑部之档案。

（4）聘缮写员数人，专任缮写，缮就，将原档案目录片及摘由交还分类部，核对并编号。

(5)编目部应有专人担任标题(assign subject headings)，遇必要时，可多设助理人，而宜以一人总其成。依档案内容分配标题。标题之多寡，以该档案所列事实而定。如二十一条，可列标题十六。则即“中国——中日关系”，“日本——中日关系”，“中国——中德关系”，“日本——日德关系”，“中日铁路条约”，“山东”，“南满”，“东部内蒙古”，“旅顺”，“大连”，“外人土地所有权”，“外人采矿权”，“外国顾问”，“汉冶萍公司”，“中国租借地”，“中日军械厂”。若从简略，则可列标题二则，即“中国——中日关系”，“日本——中日关系”。

(6)除登记正片外，另缮副片，其号数以标题数目为准。副片上各注明所属之标题。

(5)、(6)两项，手续甚繁，非一时所能办到。且我国图书馆事业尚在萌芽，实行当感困难，似可从缓。

丁，索引部

(1)排列纸片顺序(已如上述)，在每笔书每部首之前宜插以“导引片”guide card 以别之。

(2)采互注之法，俾检阅者便于查索。

戊，装架部

(1)分类部编号毕，将档案送交装架部，依种类分置于架上。收藏方法，尤宜特加注意。

(2)检点须修补之档案，送交装钉部。

己，装钉部

(1)专任装钉修补事宜。

各部设主任一人。助理员直接负责，按事务之繁简，定人员之多寡。惟宜注意“专一”Specialization 及“联属”Coordination，专一则各负责任，联属则团结互助，二者相与并行，成效较速。

查文明各国，各设有档案局，关于史料之片纸只字，靡不罗而庋之。英国之 Public Record Office，西班牙之 Archivo Histórico Nacional，其最著者也。我国历代储藏，图书尚无妥善之法，遑论档案。史迹之湮亡，云胡可量。今幸有清内阁档案拨归北大整理，深于整理方法，稍予注重,阅览规则,亦须妥为厘订。一俟政治入于轨道,宜采英国制设立档案局。此与文献之考征,学术之进步,影响甚巨,皆赖先生之硕画鸿筹,始能有望于成焉。草草不恭,顺颂道履。

袁同礼谨上

九月三日自华盛顿

〔《北京大学日刊》第1090号,1922年10月25日,第1-2版〕

按:《华英万字典》即*A Chinese and English dictionary, arranged according to radicals and sub-radicals*,1896年上海华美书馆(The American Presbyterian Mission Press)刊行。先生在该信中所建议的方法和步骤在当时的中国相关学术领域颇具前瞻性,尤其可贵的是先生不仅提出"纸片式之目录"作为现代编目的载体,更强调了"美国图书馆协会编定之条例",后者是避免将"编目"混为"分类"的客观依据。依据现有史料,北京大学并未采纳先生的意见,1936年顾颉刚主导禹贡学会整理清季光绪、宣统两朝档案,则以先生的建议为指导方针。① 《北京大学日刊》西文部分排印甚多错误。

十月　纽约州阿尔巴尼

先生入纽约州立图书馆学校学习,同学有李小缘。〔Columbia University Library, New York State Library School Collection, Series 2 Student Records, Box 65, Folder Yuan, T. L.〕

按:本年度,先生修完美国图书馆史(American Library History)等课程,成绩优秀。

十月三日

北京大学召开年度第十次评议会,蔡元培提议资助先生在美研究图书馆学,延期一年,决议通过。〔《蔡元培全集》第4卷,页771;《北京大学史料》第2卷第1册,页170〕

按:此次延期,应与先生临时担任黄郛私人秘书有关。

十一月五日

先生致信陶孟和,谈在美学习事并告欲速去法国学习目录学之原因。

---

① 国立故宫博物院《文献论丛》,1936年,页77。

孟和先生：

（上略）来图书学校已逾一月，颇失望。好教员不多而一般女教员不能在大处着眼，尤令人不耐烦。美国图书界年来倾向群趋于普及，故学校亦仅注意小图书馆，往往不能应吾人之需要。同礼原拟在此肄习二年后再留欧一年，现对之既不甚满意，拟明夏即去此赴法，入École nationale des chartes再求深造，不识先生以为如何。

美国图书馆之优点可资借镜者甚多。其行政上之效能尤宜采取。惟最大遗憾，莫过于图书界之无人才。论者谓馆员大半属于女子所致，虽不敢妄下断语，然就出版品而论，实不能令人满意。德国Graesel之*Handbuch der Bibliothekslehre*，虽出版于二十年前，至今尤属不朽之作。Leipzig大学教授Gardthausen，近著有*Handbuch der wissenschaftlichen Biobliothekskunde*，亦多贡献。此仅就普通图书管理而言。至于目录学，美亦较逊，法最发达，德意次之。英虽有大英博物馆，而于此则不得不让大陆。此同礼急愿赴法之又一因也。

目录学为研究学问不可少之利器，甚感真重要（法Peignot谓目录学包罗万有，为最大的科学，则未免吹的大甚）。我国科学的目录学不发达，故作高深研究者深感痛苦。其劣者便暗中抄袭，而养成Intellectual dishonesty，实学术界之耻。私意拟于返国后联合同志将中国目录学加以整理，他日苟得结果，可省学子精力无限，亦整理固有学术之先驱也。惟整理方法不得不取法欧美，而搜集西文目录学之书籍实不容缓。目录学在十九世纪末叶最为发达，其名著均已绝版。近来各国各有志恢复目录学事业，需要甚殷，书贾以奇货可居，任意索价。Petzholdt之*Bibliotheca bibliographica*及Vallée之*Bibliographie des bibliographies*诸书，函购多次，意不能获。T. F. Dibdin英著名之目录家也，著有*A Bibliographical, Antiquarian and Picturesque Tour in France and Germany*. 3 V. 春间在纽约旧书店见之，售者不知其价值，竟以奉赠。其第二书*Bibliographical: in England and Scotland*日前始觅得，书仅二册，索价四十元，不敢过问矣。

各国图书馆发达，皆汲汲以求古书为务。将来经济状况恢复后，竞争当尤烈。中国屡次失机会，令人心痛。美国近搜集各国古书及美术品，不遗余方（哈佛及密歇干大学在德收买法律书竞争甚烈）。Sir

Robert Witt 及牛津大学教授 Langdon 近为英国古物出口事,均有意见发表,Viscount Lascelles,前出伦敦演说,亦述保存古物之重要。纽约时报均为传载,并加讥笑。美之侵略政策,态度甚明,此其小焉者耳。《密勒氏评论报》近来言论异常荒谬,国人习惯于混沌状态之中,亦无表示,甚望先生能校正之。(下略)

同礼谨上

十一月五日

〔《北京大学日刊》第 1139 号,1922 年 12 月 25 日,第 1-2 版〕

按:"不遗余方"当作"不遗余力"。École nationale des chartes 即法国国立文献学院,世界上最早培养档案专业人员的高等院校。Graesel 即 Arnim Graesel(1849 - 1917),德国图书馆学家,*Handbuch der Bibliothekslehre*,1902 年初版,直译作《图书馆教学指南》。Gardthausen 即 Victor Gardthausen(1843-1925),德国历史学家、古文字学家、图书馆学家,*Handbuch der wissenschaftlichen Biobliothekskunde*,1920 年初版,两卷本,直译作《学术图书馆手册》。Peignot 即 Gabriel Peignot(1767-1849),法国目录学家;Petzholdt 即 Julius Petzholdt(1812-1891),德国目录学家;Vallée 即 Léon Vallée(1850-1919),法国目录学家;T. F. Dibdin 即 Thomas Frognall Dibdin(1776-1847),英国目录学家,*Bibliographical: in England and Scotland* 应指 *A Bibliographical, Antiquarian and Picturesque Tour in the Northern Counties of England and in Scotland*。Sir Robert Witt(1872-1952)英国艺术史专家,科陶德艺术学院(Courtauld Institute of Art)创始人之一。Langdon 应指 Stephen Herbert Langdon(1876-1937),美国出生后加入英国籍,亚述学家,时在牛津大学任教。Viscount Lascelles 应指第六代哈伍德伯爵亨利·拉塞尔斯(Henry George Charles Lascelles, 6th Earl of Harewood, 1882-1947)。《北京大学日刊》所刊信文前后均有省略,且西文部分排印甚多错误。

一九二三年　二十九岁

三月十六日

先生致信顾孟余，谈美国国会图书馆寄赠书目卡片与北京大学事。

孟余先生：

美国国会图书馆赠与北大之目录片，原定去秋寄京，嗣以馆中经费支绌，因又停滞。前见沪报，知北大将于今年冬间正式举行二十五周纪念，颇愿在纪念日以前能将全份目录片寄到，以使届时展览，故又催促一次。昨得馆长复函，谓最近出版之书片已于本星期寄出，以后每两星期付邮一次。其全份当陆续拣齐，随时发出。本年十月杪或可交齐云云。兹录原信奉上，即希台阅。

此项书片将达一百万张，以后出版者每年约四五万。关于学术之促进，功效甚大，不待赘言。惟数量既多，整理亦颇不易，尚望加以注意：（一）目录箱亟应赶速制成，其图样前年曾寄上，未免稍高，做时以稍低者为宜；（二）依著作者姓名，以字母顺序排列先后；（三）应购导片 Guide card 以便易于部次；（四）宜拨出相当地点陈列之，俾便检阅。至于如何防避火险，亦希筹及，至盼至盼。

又哈佛大学图书馆及芝加哥之 John Crerar 图书馆各印有书目片，前者属于历史法律者为最多，后者属于自然科学者为最多。大半皆系德法义三国文字，为国会图书馆所未及庋藏者，如北大能另指定专款，则二处书片均应首先购置，与国会图书馆之书片合并为联合目录（Union Card Catalogue），其便于学子者当甚大。

此外芝加哥大学，意利诺大学，Newberry 图书馆，纽约市立图书馆及伯林图书馆均有书片印行，而瑞士 Zürich 出版之生物学目录片不久亦将继续刊行。内有需款无多者，有需款颇钜者。将来校款充足，均宜添购。目下不妨先购哈佛及 John Crerar 之书片，因二处所印片数有限而又不存旧片，故应赶速购置也。不识尊意以为如何。此上，顺候教祺。

同礼谨上

三月十六日

〔《北京大学日刊》第 1218 号,1923 年 4 月 20 日,第 2 版〕

按: John Crerar Library 1894 年创立,是一家研究图书馆,其馆藏文献以科学、技术、医药为主,现由芝加哥大学运营。Newberry Library,1887 年创立,是一家独立的研究图书馆,以人文类馆藏著称,同样位于芝加哥市。该信《北京大学日刊》西文部分排印有误。

六月中旬

先生完成纽约州立图书馆学校所有必修课程。〔Columbia University Library, New York State Library School Collection, Series 2 Student Records, Box 65, Folder Yuan, T. L.〕

按:1923 年 6 月 20 日,该校为先生开具成绩单,先生各科成绩均较好,绝大部分在 80 分以上,此时尚有两门选修课 Reference Work 和 Original Bibliography 未完成。

是年夏

先生向中华教育改进社教育图书馆捐赠若干图书。〔《中华教育改进社第三次社务报告》,1924 年,页 31-32〕

按:该馆于本年夏开始筹备,且原文注为"纽约图书馆学校袁同礼君",故系于此处。

先生利用假期,再次前往国会图书馆从事中文编目工作。〔Library of Congress. *Report of the Librarian of Congress, for the Fiscal Year Ending June 30*, Washington: Government Printing Office, 1923, p. 187.〕

六月二十一日 华盛顿

下午,邵元冲赴国会图书馆参观,与先生、李小缘晤谈。〔《民国日报·觉悟副刊》,1923 年 8 月 21 日,第 3 版〕

按:邵元冲在其《东美鸿爪录》中写道:"因到中国图书部参观,闻其中藏中国书已约九万卷,各省府县志都搜罗极多,现仍逐年向中国添购,其驻沪的代理人闻为商务印书馆。在内晤袁同礼(北京大学学生)、李小缘二君,正在编纂中国书目,二君皆专治图书馆学:李君则新自阿尔班那城应招而来,即我在纽约州立图书馆所见者”。

六月末

先生离开美国前往英国。〔《少年中国》,第 4 卷第 5 期,“会员消息”页 7〕

是年夏秋　伦敦

先生入伦敦大学,注册为图书馆学研究生。〔《留英同学录》,1934 年,页 66〕

按:此后,先生陆续加入英国目录学会及牛津目录学学会。①

十月十七日

下午,胡汝麟赴中华民国驻英使馆,遇先生,略谈。〔胡石青著《三十八国游记》下,1933 年,页 364 〕

按:胡汝麟(1879—1941),字石青,河南通许人,1907 年京师大学堂毕业,回河南任高等学堂教务长,1921 年秋出国,漫游欧美,1924 年归国后历任教育部次长、华北大学校长、河南通志馆总纂、国民政府参政员等职。

十月

先生再次开始领取清华学校津贴。〔《清华一览(民国十四年至十五年)》,页 190〕

按:此次至 1924 年 6 月止。

十一月

先生撰《永乐大典考》。〔《学衡》第 26 期,1924 年 2 月,“述学”页 1-19〕

按:先生将此文寄送吴宓,后刊于《学衡》,并附照片两张,分别为“英伦博物院之阅书室(《永乐大典》六册今藏此院)”、“英国牛津大学图书馆(《永乐大典》十二册今藏此馆中)”。撰写此文时,先生与伯希和等汉学家多有信件往来。

十二月十四日

先生致信顾孟余,谈国会图书馆向北京大学捐赠目录卡片事。

孟余先生大鉴:

前接美京国会图书馆来函,知赠送北大之目录片已于秋间寄上十箱,约占全部三分之一,预计此时,或已到京。又今年新印之书片,曾于三月间按期寄出,谅收到者为数当已不少。查十箱内之书

---

①《“国史”拟传》第 9 辑,台北:“国史馆”,2000 年,页 109。

片，均已按字母顺序排列前后，每箱各屉上均有号数，可依其次序排列之。惟零星寄出之片，并无前后次序，不妨暂另置一处，勿相混乱是盼。此项目录片，欧洲各国得者甚少，英伦博物馆及法国国立图书馆，均未庋藏。瑞典蒙赠一份，但分散于三处学术机关。今北大竟得全部，亦属不易，甚望能将装置书片之目录箱赶速制就，并希在管理上多加注意，至为企盼。附上国会图书馆原信，祈台阅。此上，顺颂教祺。

同礼谨上

十二月十四日自英伦

〔《北京大学日刊》第1390号，1924年1月19日，第2版〕

按：国会图书馆原信并未刊登。

一九二四年　三十岁

四月

先生由比利时安特卫普（Anvers）赴柏林，途经荷兰的多德雷赫特（Dordrecht）、鹿特丹（Rotterdam）、海牙（'s-Gravenhage）、代尔夫特（Delft）、莱顿（Leiden）、哈勒姆（Haarlem）、阿姆斯特丹（Amsterdam）。〔《中华图书馆协会会报》第4卷第1期，1928年8月31日，页3-6〕

按：途经各城，先生皆赴当地图书馆、博物馆参观。其中，4月18日，先生访问鹿特丹公立图书馆。

是年春

先生在德国、奥地利两国图书馆发现四册《永乐大典》。〔《中华图书馆协会会报》第1卷第4期，1925年12月20日，页4〕

五月七日　莱比锡

先生访郑寿麟，谈《永乐大典》在欧各国的散落情况，由郑寿麟领至莱比锡大学参观图书馆及东亚研究所（Ostasiatisches Seminar），后又一同拜访Prof. August Conrady。〔《思忆录》，中文部分页56〕

按：郑寿麟（1900—1990），广东潮阳人，留学德国，后历任四川大学、北京大学、同济大学教授，1949年后赴台。August Conrady（1864-1925），德国汉学家，中文名孔好古，1891年担任莱比锡大学讲师，1897年升任副教授，20世纪初曾访问北京，后返回该校任教。

五月

先生赴柏林大学图书馆，考察该馆是否有散佚的《永乐大典》，结识在该馆工作的Walter Simon。〔《思忆录》，英文部分p. 41〕

按：Walter Simon全称Ernest Julius Walter Simon（1893-1981），德国汉学家、图书馆学家，中文名西门华德，后入英国籍，先生好友。

《科学》刊登先生文章，题为《化学参考书举要》。〔《科学》第9卷第5期，1924年5月，页580-600〕

六月十三日

先生获得纽约州立图书馆学校图书馆学学士学位（Bachelor in Library Science）。〔Columbia University Library, New York State Library School Collection, Series 2 Student Records, Box 65, Folder Yuan, T. L.〕

按：此前未完成的两门选修课应以论文或作业形式寄送该校，先生学籍卡成绩栏相应位置标注为OK，学位序号为368。

是年夏

先生入法国国立图书档案专科学校（École nationale des Chartes）。〔《中国留法比瑞同学会同学录》，1943年，页82〕

七月三日

中华教育改进社在南京公共讲演厅举行第三届年会，先生以北京大学图书馆代表身份被推为图书馆教育组组员。〔《申报》，1924年7月10日，第7版〕

按：年会会期为7月3日至10日，图书馆教育组出席者有洪有丰、黄警顽、裘开明、蒋复璁、查修、朱家治、王文山、杨绍思、陈长伟、施廷镛、章箴、陈梦觉、刘维屏、周贺章、戴志骞、钟叔进、冯绍苏、冯陈祖怡、何日章等。此时，先生尚未归国。

七月二十三日　上海

先生乘法国邮船公司的盎高号抵达上海。〔《申报》，1924年7月24日，第14版〕

按：该船由马赛出发，旅客共84人，其中留法学生十余位，如章以铨、杜士模、林崇镛、黄鸣谦、陈冠峰等。

七月三十一日

下午三时，吴宓来访，先生因外出未得晤谈。〔《吴宓日记》第2册，页269〕

是年夏

北京大学聘先生为讲师。〔《世界日报》（北京），1935年5月2日，第7版〕

先生以个人身份加入北京图书馆协会。〔《北京图书馆协会会报》第1期，1924年8月，页46〕

按：是年3月30日，该会在中华教育改进社事务所召开成立会。个人身份即乙种会员。

九月

广东大学聘先生为该校图书馆主任。〔台北“国史馆”，〈袁同礼〉，典藏号129-080000-1243〕

按:广东大学即后来的国立中山大学,此时校长为邹鲁。据称此时北京大学与该校有交换教员的约定,所以有双聘之名。[1] 先生应赴该校短暂任职[2],但 11 月间即返回北京。

十月二十二日　北京

北京大学召开评议会,讨论民国十三年至民国十四年度各委员会委员长及委员名单,并经评议会通过。顾孟余为图书委员会委员长,朱希祖、马叙伦、单不庵、李石曾、先生、皮宗石为委员,其中皮宗石为当然委员。〔《北京大学史料》第 2 卷第 1 册,页 123、181〕

按:25 日,该名单在《北京大学日刊》公布,此时先生似尚未回抵北京,应是推举的结果。皮宗石(1887—1954),字皓白,湖南长沙人,早年留学英国,归国后曾任北京大学教授、图书馆部主任,图书部主任为图书委员会当然委员。

十一月十八日

北洋政府国务院加派杨天骥、先生担任清室善后委员会委员。〔《京报》(北京),1924 年 11 月 19 日,第 3 版〕

按:此次加派由时任内阁总理的黄郛推荐[3],先生的身份应为国务院咨议代表。杨天骥(1882—1958),字骏公,号千里,江苏吴江人,1899 年入上海南洋公学,后兼任《民呼》《民吁》《民立》报主笔,民国后出任北洋政府国务院秘书、王宠惠秘书等要职。

十一月二十九日

先生开始在北京大学教育系讲授图书馆学。〔《北京大学日刊》第 1580 号,1924 年 11 月 28 日,第 1 版〕

按:另外两门课程——图书利用法、目录学则于下周(12 月 1 日至 7 日)开课,其中图书利用法一课至 1925 年秋的学年仍未讲毕,选修学生须继续学习。[4] 另,该系主任时为蒋梦麟,先生为讲师,此教职至 1930 年止。[5]

---

① 《世界日报》,1935 年 5 月 2 日,第 7 版。
② 《天光报》(香港),1935 年 8 月 7 日,第 2 版。
③ 《传记文学》第 5 卷第 3 期,页 17。
④ 《北京大学日刊》第 1758 号,1925 年 9 月 15 日,第 1 版。
⑤ 《国立北京大学职员录》,1930 年 5 月,页 21。

十一月

先生向北京大学图书部提议,设立图书馆学阅览室,将馆藏图书馆学、目录学方面的书刊汇集,此外先生捐赠了由欧美带回的相关书籍。〔《社会日报》(北京),1924年11月29日,第4版〕

按:该室似由新聘石道濬女士负责管理。

十二月三日

先生开始在北京大学教育系讲授目录学,时间为晚七点半至九时半。〔《北京大学日刊》第1580号,第1版〕

十二月二十日

清室善后委员会召开第一次会议,讨论并通过《点查清宫物件规则》。〔《故宫博物院早期院史》,页29〕

十二月二十二日

清室善后委员会举行点查预备会议,并就开放故宫为公共博物馆与图书馆等事宜予以讨论,议决设立国立图书馆、博物馆筹备会,以易培基为主任;设工厂筹备会,以吴敬恒为主任,规划古建筑维护事宜。〔《故宫博物院早期院史》,页29-30〕

按:本拟于翌日开始点查工作,但因警察未能到场,故延至24日开始。

一九二五年　三十一岁

一月

先生辞去广东大学图书馆主任职务。〔台北"国史馆",〈袁同礼〉,典藏号 129-080000-1243〕

二月五日

晚,吴宓来访,与先生、袁复礼长谈,藉此了解清华学校内情。〔《吴宓日记》第 3 册,北京:生活·读书·新知三联书店,1998 年,页 3〕

按:时吴宓受聘任清华学校研究院主任,先生宿南长街 9 号。

二月下旬

先生所授图书馆学课程时间略有调整,由原来的周六第九时改成周六第二时,地点照旧。〔《北京大学日刊》第 1630 号,1925 年 2 月 24 日,第 1 版〕

三月初

先生致信梁启超,欲借松坡图书馆第二馆房屋数间,作中华图书馆协会暂设事务所。〔丁文江、赵丰田编《梁任公先生年谱长编(初稿)》,北京:中华书局,2010 年,页 547〕

按:3 月 8 日,梁启超致信蹇季常,其中曾言"数日前袁同礼君来言,欲借第二馆房屋数间,为中华图书馆协会暂设事务所。窃计此事无法拒绝,且亦不必拒绝,已许之矣。忘却报告,想公及诸干事当无异议也。"

三月十一日

下午,先生作为监视参与清宫物品点查第四组点查承乾宫工作,该组组长为马裕藻,另有军警代表张自修、刘岳峰等人。〔《故宫物品点查报告》第 2 编第 3 册,附录页〕

按:清宫物品点查工作,参与人员众多、时间又长,组长、监视之责均为随机组合,并非固定职务,特此说明,以下各处皆同。本日点查物件编号为闰字 193-197。

先生访顾颉刚,欲谈发起图书馆协会事,后者以不相识且忙,却之。〔《顾颉

刚日记》卷1,北京:中华书局,2011年,页597、602〕

三月十四日

上午,先生作为监视参与清宫物品点查第五组点查工作,该组组长为王禔,另有军警代表李萃斋、白桂亮等人。〔《故宫物品点查报告》第1编第5册,附录页〕

按:王禔(1880—1960),浙江杭州人,书法篆刻家,西泠印社创始人之一。该组点查范围应在延晖阁、位育斋、澄瑞亭、千秋亭中的某处,点查物件编号为收字725-790。

三月十九日

上午十一时,孙中山灵柩自协和医院移往中央公园社稷坛大殿,先生为引导护柩人之一。〔《申报》,1925年3月22日,第5版〕

按:3月12日,孙中山因癌症在北京逝世。柩前引导人分为三组,多为政界人物,并由帮同执绋人在灵柩两旁照料。引导护柩人则为社会各界人士,有百余人之众。

三月二十八日

中午,先生与查良钊在新月社设宴,吴宓等人与席。〔《吴宓日记》第3册,页11〕

按:查良钊(1897—1982),字勉仲,祖籍浙江海宁,出生于天津,毕业于南开中学、清华学校,后赴美留学入芝加哥大学、哥伦比亚大学,归国后历任北京师范大学教务长、河南大学校长等职务。

三月二十九日

北京图书馆协会假地质学会图书馆举行本月常会,先生出席并放映电影片、演讲美国华盛顿大学图书馆组织构架。〔《东方时报》(北京),1925年3月28日,第2版〕

按:地质学会图书馆位于西城兵马司胡同9号。

是年春

清华学校举行国语演说比赛,张彭春为主席,裁判员为曹云祥、查良钊、先生,黄仕俊获得最优。〔《社会日报》(北京),1925年4月21日,第4版〕

按:清华学校将派选手参加华北六大学校竞赛,此次比赛即校内决赛,其时间似为4月3日晚。[①] 黄仕俊,字中廑,广西邕宁人,后

---

① 《清华周刊》第341期,页30;第342期,1925年4月3日,页16。另,第341期和第343期在相关记述中都记作“袁复礼”,恐为讹误,应为先生参加此类辩论比赛,特此说明。

留美入华盛顿大学习经济，归国后曾任广东省教育厅秘书等职。

四月十二日

下午三时，中华图书馆协会在北京中央公园来今雨轩开发起人大会，公推邓萃英为临时主席，先生为临时书记。会上，高仁山报告筹备经过情况，后决定组织筹备委员会，推举邓萃英、熊希龄、范源廉、查良钊、陈宝泉、洪业、沈祖荣等十五人为筹备员。先生以北京图书馆协会会长身份任筹备委员会临时干事，统筹全局。〔《晨报》（北京），1925 年 4 月 13 日，第 6 版〕

按：邓萃英（1885—1972），字芝园，福建闽侯人，日本东京高师毕业，后留学美国哥伦比亚大学，时任教育部参事。

四月中下旬

杜定友致电先生，邀请赴沪参加全国图书馆协会成立大会。先生以事未果，遂派蒋复璁代表前往，但后者未能与上海各代表商妥。杜定友又再次致电先生，邀请南下赴沪。〔《杜氏丛著书目》，1936 年，页 60〕

按：杜定友本拟挟赴上海参加筹组图书馆协会各地代表人数之众，使北京筹备组织融入沪之序列中，以示正统。

四月十九日

上午十时，中华图书馆协会假国立北京师范大学举行第一次筹备会。出席者为：洪有丰（江苏）、钟叔进（南京）、王文山（天津）、桂质柏（济南）、先生、熊希龄、陈宝泉、邓萃英（汪懋祖代）、洪业、查良钊（冯陈祖怡代）。其中，熊希龄为筹备会主席，先生为干事，洪有丰和查良钊为书记，先生和洪有丰先后报告筹备经过。会议通过协会简章，并推举候选董事十八人，分别为：蔡元培、范源廉、熊希龄、袁希涛、邓萃英、张伯苓、邹鲁、徐森玉、王文山、何日章、桂质柏、杜定友、沈祖荣、章箴、戴志骞、先生、钟福庆、洪有丰。会议决定第二次筹备会于本月末在上海举行，拟定先生和洪有丰前往参加。〔《晨报》（北京），1925 年 4 月 23 日，第 6 版〕

四月二十一日　上海

先生抵沪，当晚即与杜定友商讨南北图书馆协会合并办法，至翌日凌晨四时大致谈妥。〔《杜氏丛著书目》，1936 年，页 60〕

四月二十三日

上午九时，沪上全国图书馆协会筹备代表在上海徐家汇南洋公学图书馆召开第一次讨论会，到会者约六十余人。杜定友为会议主席，首先报告会议宗旨,书记王恂如宣读二十二日会议记录,继由南洋公学校长致欢迎词、Mary E. Wood 演说、王九龄演说,先生作为北京大学图书馆代表,报告北京组织的中华图书馆协会之经过。下午一时,会议继续,先请今日新到会者自行介绍,推举钟福庆、先生、潘寰宇、钱国栋、朱家治为审查委员,负责会议的议案审查工作。〔《申报》,1925 年 4 月 24 日,第 11 版〕

按:与会代表口头主张颇为杂乱且多有矛盾,故只议决组织办法、宗旨、名称等,其他议案由各代表书面提交,以利审查。Mary E. Wood(1861-1931),美国圣公会(Episcopal Church in the United States of America)传教士,中文名韦棣华,近代图书馆学家、图书馆学教育家。

四月二十四日

上午八时至十时,沪上全国图书馆协会筹备代表开审查会,审议各代表提出的书面议案,下午三点三刻始散。会后,黄警顽引导各代表至徐家汇藏书楼参观,并由徐宗泽带领参观博物院、圣母院、天文台、天主堂,五时许散。〔《申报》,1925 年 4 月 24 日,第 11 版〕

四月二十五日

上午十时,沪上全国图书馆协会筹备代表在上海北四川路横滨桥广肇公学三楼开会,与会者四十余人,杜定友为会议主席。讨论、通过组织草案,并确定协会名称为“中华图书馆协会”。下午二时,继续开会,仍以杜定友为会议主席,议决如下个案:一、以今日到会各代表为基本会员;二、选举执行部正副部长,何日章、先生、杜定友三人被推为执行部提名委员;三、此次筹备会一切费用由本协会担任;四、随美国庚款委员会开会时举行成立仪式;五、翌年年会地址,拟在北京或武昌,时间则以暑假为宜。最后,由陶行知致辞。会议结束,与会人员赴宝山路参观东方图书馆。晚,商务印书馆在大东旅社设宴款待,并由韦棣华女士发表演说。〔《申报》,1925 年 4 月 26 日,第 12 版〕

四月二十六日

上海图书馆协会欢迎 Arthur E. Bostwick 来华访问之译员,先生、李小缘、洪有丰、孙心磐、朱家治、黄警顽六人摄影留念。

按:Arthur E. Bostwick(1860-1942),美国图书馆学家,通译为鲍士伟,1907 年至 1908 年担任美国图书馆协会主席,时任圣路易斯公共图书馆(St. Louis Public Library)馆长。

四月二十七日

下午二时，上海图书馆协会等团体在青年会殉道堂举行美国图书馆协会代表鲍士伟欢迎会，先生作为北京图书馆协会代表出席并合影。〔《申报》，1925年4月28日，第11版〕

五月八日　北京

先生访问颜惠庆，商谈中华图书馆协会委员会事。〔《颜惠庆日记》第2卷，北京：中国档案出版社，1996年，页230〕

五月中上旬

因戴志骞赴美，中华图书馆协会推定由先生代行部长职权。先生与陶行知负责接洽各省图书馆、教育界同人，拟定本月二十七日在北京石虎胡同七号总事务所召开董事部第一次会议。〔《申报》，1925年5月13日，第11版〕

五月十八日

先生主笔呈函京师警察厅，为请中华图书馆协会在内务部立案。

> 窃同礼等前为研究图书馆学术，发展图书馆事业起见，曾联合各省图书馆同人，共同组织中华图书馆协会。业于四月二十五日在沪成立。当经大会通过组织大纲，选出职员，并经议决在北京设立总事务所，择日举行成立仪式。兹择定西单牌楼石虎胡同七号松坡图书馆为本会总事务所，并拟于六月二日假南河沿欧美同学会举行成立仪式。理合检中华图书馆协会缘起，及组织大纲，并董事部及执行部职员名单各一份，呈请鉴核，并乞转呈内务部备案，实为公便。谨呈
> 京师警察厅总监

〔《中华图书馆协会会报》第1卷第1期，1925年6月30日，页6〕

按：6月4日京师警察厅批示准予备案。

五月二十四日

中华图书馆协会执行部举行干事会议，其中议决委托刘国钧代表该会出席美国图书馆协会本年年会。〔《中华图书馆协会会报》第2卷第1期，1926年10月，页4〕

五月二十五日

晨六时许，梁启超、先生、高仁山等人赴北京西车站欢迎鲍士伟。〔《晨报》（北京），1925年5月26日，第6版〕

按：鲍士伟由山西太原来北京，到后暂宿司徒雷登宅。其在北京

行程预计为，本日由北京图书馆协会陪同浏览故宫三殿及天坛；26日赴北京大学参观、演讲；27日参观协和医学院，中午梁启超在北海设宴，随后参观松坡图书馆、京师图书馆，晚赴各学术团体联合欢迎会；28日在北京师范大学演讲，中午颜惠庆在团城设宴，下午参观松坡图书馆第二馆、中华教育改进社、地质调查所，晚在政治学会演讲；29日参观清华大学、燕京大学新址并游万寿山；30日参观历史博物馆，中午熊希龄在香山设宴，并参观慈幼院；31日游历清宫；6月2日参加中华图书馆协会成立大会，晚间北京图书馆协会设宴款待；3日游南口；4日赴天津。此间，先生应多有陪同。①

五月二十六日

晚八时半，鲍士伟在北京大学第二院大礼堂演讲，首由先生以英文致辞，大意为"鲍士伟博士为美国圣路易公共图书馆长，乃毕生致力于图书馆学之人。此次到京，今日作第一次演讲，吾辈实甚荣幸"。继由鲍士伟介绍美国图书馆的外观、内容、组织以及各种图书馆之异同，并配以幻灯片。〔《晨报》(北京)，1925年5月27日，第6版〕

五月二十七日

上午十时，中华图书馆协会在北京石虎胡同松坡图书馆召开第一次董事会，丁文江、蔡元培(陈源代)、梁启超、先生、胡适、熊希龄(高仁山代)、颜惠庆、陶行知(陈翰笙代)、范源廉(梁启超代)、洪有丰(先生代)出席。选梁启超为该部部长，先生为书记，并公推颜惠庆、熊希龄、丁文江、胡适、袁希涛五人组织成立财政委员会，筹划该会基金。颜惠庆、袁希涛、梁启超、范源廉、先生为一年期董事；王正廷、熊希龄、蔡元培、洪有丰、沈祖荣为二年期董事；胡适、丁文江、陶行知、钟福庆、余日章为三年期董事；教育总长施肇基、鲍士伟、韦棣华为名誉董事。

会议议决并通过执行部提出首届预算案，三千元。执行部部长为戴志骞(清华大学)，因其出国，由先生代理，副部长为杜定友(上海南洋大学)、何日章(河南省立图书馆)。聘于震寰为总事务所书记、严文郁为常务干事。先生与胡适提出选国内知名学者为本会名誉会员，该提议获得通过。最终

① 《晨报》，1925年5月25日，第6版。

推选王国维、王树枏、朱孝臧、李盛铎、柯劭忞、徐乃昌、徐世昌、陈垣、张元济、张相文、张钧衡、陶湘、傅增湘、叶恭绰、叶德辉、董康、刘承幹、蒋汝藻、欧阳渐、卢靖、罗振玉、严修；美国图书馆界 Melvil Dewey、Herbert Putnam（国会图书馆馆长）、Ernest C. Richardson（普林斯顿大学图书馆馆长）、Clement W. Andrews（克瑞拉图书馆馆长）、James I. Wyer（纽约州图书馆馆长）、Edwin H. Anderson（纽约公共图书馆馆长）、John C. Dana（纽华克公共图书馆馆长）、Charles F. D. Belden（波士顿公共图书馆馆长）、William W. Bishop（密歇根大学图书馆馆长）、Carl H. Milam（美国图书馆协会秘书）为中华图书馆协会的名誉会员。〔《申报》，1925 年 6 月 5 日，第 13 版；《中华图书馆协会会报》第 1 卷第 1 期，1925 年 6 月 30 日，页 6-7〕

> 按：丁文江（1887—1936），字在君，江苏泰兴人，地质学家，彝族文献搜集研究的开拓者，编著有《爨文丛刻》。执行部首届理事共聘 33 人，主要为全国大中学图书馆人物，其中蒋复璁以北京松坡第二图书馆代表身份入选。名誉会员中的美方人士似均与先生有过往来，先生随后向他们发函告知中华图书馆协会成立。此外，协会成立初始，资金无着，梁启超、先生、颜惠庆、范源廉、胡适各捐助五十元，松坡图书馆捐助一百元。[①]

晚八时，北京各学术团体假中央公园来今雨轩设宴欢迎鲍士伟，到者有教育部、天文学会、尚志学会、中华教育文化基金董事会[②]、中华教育改进社、北京图书馆协会等十八个机关团体的代表，熊希龄、陈宝泉、王文豹、周诒春、查良钊、徐森玉、吴汉章、高仁山、周良熙、先生、马家骥、甘圻道、王丕谟、钱稻孙、陈景唐、查修、冯陈祖怡等数十人与席，此外尚有西人六名。九时四十分餐毕，熊希龄致欢迎辞，继由鲍士伟发表演讲，并由周诒春翻译。〔《京报》（北京），1925 年 5 月 29 日，第 7 版〕

六月二日

下午三时，中华图书馆协会假欧美同学会礼堂举行成立仪式，到者约有一百五十余人，先生亦作为重要代表与会。颜惠庆为会议主席，致开场词，教育部次长吕复、鲍士伟、梁启超、韦棣华先后演说，并摄影纪念。随后董事部举行第二次会议，讨论中华教育改进社图书馆教育委员会拟用美国庚子

① 《中华图书馆协会会报》第 1 卷第 2 期，1925 年 8 月 20 日，页 10。

② 该会以下皆简称为“中基会”。

退款三分之一建设图书馆之提议,及鲍士伟的意见书。晚,北京图书馆协会宴请与会各省代表。〔《中华图书馆协会会报》第1卷第1期,页8〕

按:董事会致函中基会,提出动用退款本金或只动用利息两种运作方式。翌年2月26日至28日,中基会讨论该议案,未获通过。《中华图书馆协会会报》原文为"袁同礼(国立广东大学图书馆代表)",笔者认为此处有误,且各代表中并无人注明隶属北京大学图书馆。

六月二十九日

先生致信国会图书馆馆长 Herbert Putnam,邀请其担任中华图书馆协会荣誉会员。

June 29, 1925

Dr. Herbert Putnam

Librarian of Congress

Washington, D. C.

U. S. A

Dear Dr. Putnam:

I have the honor to inform you that at a meeting of the Board Directors of the Library Association of China held on June 2, 1925, you have been unanimously elected as honorary member of the Association.

In recognition of your contribution to library science and your noble service in promoting the library movement, the members of the Board have taken this action, and they believe that your constant advice and encouragement that will come in the future will assist us materially in our endeavors.

Very sincerely yours,

T. L. Yuan

Secretary, Board of Directors

〔中华图书馆协会英文信纸。Librarian of Congress, Putnam Archives, Special File, China: Library Association〕

按:Herbert Putnam(1861-1955),美国图书馆学家,本谱中译作

"蒲特南"[1],1899 年至 1939 年担任国会图书馆第 8 任馆长,并曾 2 次出任美国图书馆协会主席。该信落款署名虽为手写,但似非先生签名。该信于 8 月 28 日送达国会图书馆秘书处。

六月三十日

下午,先生赴清华大学,访吴宓。〔《吴宓日记》第 3 册,页 39〕

七月一日

下午,先生作为第一组组长主持清宫物品点查太极殿工作,该组监视为王庆云,另有军警代表崔文灿、章国华等人。〔《故宫物品点查报告》第 3 编第 1 册,附录页〕

按:点查物件编号为水字 896-918。

七月二日

上午,先生赴清华大学,访吴宓。〔《吴宓日记》第 3 册,页 39〕

七月四日

梁启超覆函先生,商洽中华图书馆协会经费及与国立东南大学、中华职业教育社、江苏省教育会合组暑期学校经费来源问题,拟由先生撰写呈文向临时执政申领。

守和吾兄足下:

奉示敬悉。暑校经费无著,殊可焦灼,零碎募捐,所得无几。且暑校外经费亦不能少,计惟有向政府试打主意,若公谓可行,请即草一呈,(兹事本当开董事会表决乃行,但想董事必无反对者,呈后用信报告何如?)由全体董事署名呈执政,其呈可托许君世英代递,许君似与合肥最密,尚喜谭文化,弟向未干以事,试一托之,或得当。(今草一书致彼。)惟须公一往谒,面托速办。(能拉适之同往尤妙。)否则稍纵即逝矣。委员会名单至妥,请照发表。胡君书即以移校金陵复之,何如?手覆,即请大安,不尽。

〔俞国林老师提供〕

按:许世英(1873—1964),字静仁,号俊人,安徽至德人,晚清民国政治人物,时任国务总理并兼财政总长;"合肥"即段祺瑞。

[1] 该人之译名,参考《中华图书馆协会会报》第 14 卷第 2-3 期合刊,页 22。

七月六日

中华图书馆协会所有董事（一年期、二年期、三年期）联名呈函临时执政府，恳请给予补助金。

> 窃查近今教育趋势，多利赖于图书馆，而民族文化，亦即于是觇之。启超等顾国籍之亟待董理，新学之尚须研寻等，以为非力谋图书馆教育之发展，不可与列邦争数千年文化之威权，所关深钜，孰则逾是；用萃集全国公私立二百余图书馆及国中研究斯学之人，组织中华图书馆协会，业于本年四月成立。拟先从分类、编目、索引及教育四端着手。惟寒儒奋力，终不易于经营，国家右文，宁有吝夫嘉惠：合无仰恳，执政顾念国学，特予殊施，俾所策画，早得观成，士林幸甚，为此敬呈伏候训示施行。谨呈
>
> 临时执政
>
> 中华图书馆协会董事
>
> 梁启超、袁同礼、颜惠庆、蔡元培、范源廉、
>
> 熊希龄、胡适、袁希涛、洪有丰、丁文江、
>
> 王正廷、沈祖荣、钟福庆、陶行知、余日章
>
> 中华民国十四年七月六日

〔《中华图书馆协会会报》第1卷第2期，页10-11〕

按：8月7日临时执政府秘书处回函，筹拨五千元与中华图书馆协会。

七月十一日

先生访顾颉刚。〔《顾颉刚日记》卷1，页640〕

七月十四日

晚，先生在家中设宴，顾颉刚、胡汝麟、汪敬熙、陈翰笙、钱昌照、吴之椿、袁复礼等人与席，十时许方散。〔《顾颉刚日记》卷1，页641〕

> 按：钱昌照（1899—1988），字乙藜，江苏常熟人，1919年赴英国留学，入伦敦政治经济学院，1924年归国，后与沈性元结婚。吴之椿（1894—1971），湖北江陵人，毕业于武昌文华书院，后赴美留学，先后获得伊利诺伊大学学士、哈佛大学硕士学位，1922年夏归国，后任清华大学教务长。

七月十五日

下午，先生作为第一组组长主持清宫物品点查太极殿工作，该组监视为王

庆云,另有军警代表王得功、张书存等人。〔《故宫物品点查报告》第3编第1册,附录页〕

按:点查物件编号为水字1292-1324,其中有书案(笔墨、信纸等件)和玻璃木格(文件、日记等)。本次点查应发现原清室内务府大臣金梁与康有为、徐良、庄士敦等人图谋复辟的呈文,先生当即命人抄录、摄影,并函送相关部门。[1]

七月三十日

下午,先生至清华大学,访吴宓。〔《吴宓日记》第3册,页51〕

七八月间

中华图书馆协会、国立东南大学、中华职业教育社、江苏省教育会合组暑期学校,课程在东南大学校内开展。其中,图书馆学组项下,先生受邀负责主讲分类法、参与图书馆学术集要的讲学,但似并未南下参与实际教学。〔《中华图书馆协会会报》第1卷第1期,页15;《中华图书馆协会会报》第1卷第2期,页10〕

按:暑期学校自7月15日起至8月15日止,实际开课为分类法、儿童图书馆、学校图书馆、图书馆集要四门,共有学生69人。[2] 在最初拟定课程中,先生还参与图书馆学术史、图书馆行政、目录学等课的讲授,但这些科目因报名人数太少并未开设。

是年夏

先生任中华图书馆协会图书馆教育委员会委员、分类委员会书记。〔《中华图书馆协会会报》第1卷第2期,页3-4〕

先生赠西文打字机一台、《南洋大学图书馆目录》(外文类)一册、《内学》(第一期)一册与中华图书馆协会。〔《中华图书馆协会会报》第1卷第2期,页21〕

八月四日

上午,清室善后委员会召开委员、监察员联席会议,汪精卫(易培基代)、顾孟余、黄郛(先生代)、吴敬恒(褚民谊代)、于右任(史之照代)、鹿钟麟(任四瀛代)、张继(王法勤代)、沈兼士、蔡元培(马裕藻代)、俞同奎、李石曾、

---

① 《故宫博物院早期院史(1925-1949年)》,北京:故宫出版社,2016年,页31;袁同礼《重印〈西疆交涉志要〉序》。

② 《中华图书馆协会会报》第2卷第1期,1926年8月30日,页5。

胡若愚、徐谦、陈垣、张璧十五人。会议由委员长报告数月以来会务进行情况:一是点查经过情形,二是筹备图书、博物馆情形,三是接收保管各田园、房屋情形。〔《社会日报》(北京),1925 年 8 月 9 日,第 3 版〕

按:俞同奎(1876—1962),字星枢,祖籍浙江德清,生于福州,清末公派至英国利物浦大学学习化学,1910 年归国,任京师大学堂理科教授、化学研究所主任、交通部技正,后在故宫博物院任总务处长。张璧(1885—1948),字玉衡,河北霸州人,早期同盟会会员,北洋政府时期的军、政两界人物,时应任京师警察总监。

下午,先生作为第一组组长主持清宫物品点查养心殿工作,该组监视为吴经明,另有军警代表蔡文祥、白桂亮等人。〔《故宫物品点查报告》第 3 编第 4 册,附录页〕

按:点查物件编号为吕字 614-648。

八月九日

梁启超致函先生,请往教育部领取暑期学校补贴,并告行程。

守和吾兄足下:

执政府公函一件寄呈,希即赴部领取,数虽太微,亦慰情胜无耳。弟顷寓海滨,半月后当返京,更容面罄。手此,即请大安,不尽。

〔俞国林老师提供〕

八月十四日

顾颉刚致函先生。〔《顾颉刚日记》卷 1,页 653〕

八月二十日　太原

上午七时半,中华教育改进社第四次年会图书馆教育组举行第一次会议。先生以会议临时主席身份与会,另有杨立诚、柯璜(山西公立图书馆)、侯舆炳(山西公立图书馆)、何厚香(山西公立图书馆)、朱家治(国立东南大学)、金闿、陈长伟(金陵大学)、毛德麟、石作玺、施廷镛(国立东南大学)、田九德(山西公立图书馆)、李汉元、张嘉谋等人出席。会议讨论提案四件,分别是:一、规定学校图书馆经费案;二、请教育部通令各省区严禁上级馆厅荐人于图书馆案;三、请公立图书馆及通俗教育图书馆增设儿童图书部案;四、师范学校一律添授图书馆学案。此四项提案,第二条暂保留不做评议,第四案为重复提议,撤销;第一、第三案予以通过,并给出具体建议。〔《中华图书馆协会会报》第 1 卷第 3 期,1925 年 10 月 20 日,页 27-28〕

按:8 月 17 日,中华教育改进社在太原山西大学举办第 4 届年会,会期 7 日。

九月四日　北京

下午,先生作为监视参与清宫物品点查第三组点查重华宫工作,该组组长为魏春泉,另有军警代表吴国栋、佟金德等人。〔《故宫物品点查报告》第 3 编第 3 册,附录页〕

按:点查物件编号为雨字 1593-1605。

九月六日

顾颉刚访先生,不值。〔《顾颉刚日记》卷 1,页 661〕

九月七日

顾颉刚访先生,不值。〔《顾颉刚日记》卷 1,页 661〕

九月九日

顾颉刚致函先生。〔《顾颉刚日记》卷 1,页 661〕

九月十二日

先生路遇顾颉刚。〔《顾颉刚日记》卷 1,页 662〕

Melvil Dewey 致函先生,就受聘为中华图书馆协会名誉会员一事表示感谢,并给予鼓励。

12 Sep. 25

T. L. Yuan
Library Assn. of China
7 Shih Hu Hutung
West City, Peking

Dear Mr. Yuan:

I am honored by my election as an honorary member of the Library Association of China.

At the Victoria Jubilee in London in 1897, as one of the 2 official delegates from U. S. libraries, I saw much of Liang Cheng, secretary of the Chinese delegation and later your minister to America. We crost on the same ship and I chanced to room near him and we had many discussions about the wonderful future before your marvelous country when you escape from the thralldom of picture writing and have a phonetic alphabet.

These discussions increase greatly my former deep interest in China as the coming people and I have followed with profound satisfaction the recent development of your alphabet and the resulting rapid spread of the ability to read among your vast population. In the general education that must come even more from libraries than from schools, your Library Association must take the leading part. Do not be discouraged if your growth at first is slow. Remember that I was laughed at 49 years ago when I insisted on starting the American Library Association. Some of our early meetings had only 30 members. We had no funds. For 15 years I did without salary all the work, furnished my office and paid my own expenses; but the seed has grown steadily and today our members are nearing 10,000 and our potent influence for education, thru the ‘best books for the largest number at the least cost’ is nationwide and its example has spread to numerous other nations. After almost 50 years the great Foundations have come to see that their money will do much more public good if spent thru the American Library Association, and the gifts for our work from the Carnegie and other sources gives us this year more money for expenses each day than we had for the entire year in our beginning.

I am certain that wisely handled our Association will play a very great part in the new life of China, which I often think give great promise of becoming the most powerful among nations at it is now the largest.

Melvil Dewey

Senior ex-president of American Library Association

〔《中华图书馆协会会报》第1卷第3期,1925年10月20日,页19-20〕

按:Liang Cheng 即梁诚(1864—1917),原名梁丕旭,字戴衷,号震东,广东番禺人,1903年至1908年出任清廷驻美利坚合众国公使,积极争取美国庚子赔款退款并用于教育事业。

蒲特南覆函先生,就被推选为中华图书馆协会名誉会员表示荣幸,并祝愿中国图书馆事业顺利发展。

September 12, 1925

Dear Dr. Yuan:

I am deeply sensible of the courtesy of your Association in electing me to honorary membership. I accept it with an appreciation intensified by the courteous expressions in your note communicating it.

It will give a greater intimacy to the interest which I have felt in the development of the library movement in China; and I hope incidentally assure me continuing specific information as to its progress.

With best wishes, believe me.

Faithfully yours,

Librarian

〔Librarian of Congress, Putnam Archives, Special File, China: Library Association 1925-1938〕

按:此件为录副。

九月二十一日

下午,教育部派社会司司长高步瀛、佥事戴克让、徐协真,京师图书馆主任徐森玉等七人前往故宫调查文渊阁《四库》有无残缺。清室善后委员会则派先生、顾问胡鸣盛、裘善元、黄文弼等五人及军警会同监察。先生启封,发现《清查四库全书架槅函卷考》(1917年)一册,由此推断文渊阁《四库全书》共缺三十卷。〔《申报》,1925年9月24日,第7版〕

按:政府前有影印《四库全书》之提议,曾经阁议通过影印京师图书馆所藏之文津阁本,该馆以抄录《四库全书》所收之费为该馆每月收入大宗暗中反对甚力,故教育部又有影印文渊阁本之议。

九月二十六日

先生主笔呈函教育部,为请中华图书馆协会立案事。

窃同礼等前为研究图书馆学术,发展图书馆事业起见,曾集合全国图书馆及斯学专家共同组织中华图书馆协会,业于本年四月二十五日成立,并择定北京石虎胡同七号为本协会总事务所。特援学术团体立案前例,检具本会《组织大纲》《职员名单》及《会报》等附同注册费二十圆,呈请大部准予立案,实为公便,谨呈。

十四年九月二十六日

〔《中华图书馆协会会报》第1卷第3期,页19〕

按:10 月 17 日,教育部复函准予备案。

九月二十九日

上午十时,清室善后委员会在故宫委员室举行会议,胡若愚、蔡元培(蒋梦麟代)、汪精卫(易培基代)、徐谦(徐巽代)、李石曾、沈兼士、陈垣、黄郛、葛文濬、于右任、张璧(先生代)、鹿钟麟十二人到场。决议遵照《办理清室善后委员会组织条例》第四条,并执行中华民国十三年十一月七日政府命令,组织故宫博物院。议决《故宫博物院临时组织大纲》、《故宫博物院临时董事会章程》《故宫博物院临时理事会章程》;推定临时董事为严修、卢永祥、蔡元培、熊希龄、张学良、张璧、庄蕴宽、鹿钟麟、许世英、梁士诒、薛笃弼、黄郛、范源廉、胡若愚、吴敬恒、李祖绅、李仲三、汪大燮、王正廷、于右任、李石曾。理事为李石曾、黄郛、鹿钟麟、易培基、陈垣、张继、马衡、沈兼士、先生。至十二点半,会议始散。〔《益世报》(北京),1925 年 9 月 30 日,第 3 版〕

按:汪大燮(1859—1929),原名尧俞,字伯唐,一字伯棠,浙江钱塘人,晚清至民国时期外交官、政治家,曾任北洋政府国务总理。故宫博物院决定于 10 月 10 日对外开放。

九月

陈垣出任故宫博物院图书馆馆长,先生和沈兼士为副馆长。〔《北平故宫博物院图书馆概况》,1931 年 10 月,页 14〕

按:先生专任图书部,沈兼士专任文献部,至 1927 年 10 月。

先生在北京大学教育系民国十四至十五年度选修课程开设"图书利用法",第一学期为中文参考书,第二学期为西文参考书。〔《北京大学史料》第 2 卷第 2 册,页 1144〕

十月三日

下午二时,袁复礼在报子街聚贤堂举行婚礼。〔《吴宓日记》第 3 册,页 78〕

按:袁复礼夫人廖家珊(1899—1991),字铁枝,生于江苏嘉定,其父廖星石(1869—1931),清末在北京和东北做官,民国时曾任京奉铁路局局长、张家口市政局局长等职。

十月上旬

严文郁应先生之邀由武昌北上,协助整理北京大学图书馆西文书籍并编目。〔《思忆录》,中文部分页 74-75〕

按:时,严文郁从武昌华中大学图书馆学系毕业,抵达北京后与先生同住东皇城根晓教胡同四合院内。平日，先生住北房，严文郁住东房，另有工友一名，周末先生回南横街老宅。严文郁认为先生并无特殊嗜好，每晚饭后各自回房间读书写信，或编辑协会会报稿件，此外常常至隆福寺及东安市场逛书铺。后，又有该校同学许达聪[①]来京服务，住西房。

十月三十一日

下午六时，北京各大学教授五十余人在欧美同学会开会讨论关税自主问题，推定先生、马寅初、陈翰笙等九人为筹备员。〔《晨报》（北京），1925 年 11 月 2 日，第 2 版〕

按：先生似出席本次会议，筹备员职责为联络在京各校教授并以此函约全国各大学教授，组织研究关税自主的学术团体。10 月 26 日，北洋政府与英、美、法、日、意、比、瑞典、葡、荷、丹、挪威、西班牙等国代表举行关税特别会议。

十一月三日

晚七时，关税自主促成会筹备委员马寅初、刘庄、梁龙、雷国能、张歆海、陈翰笙、先生、查良钊等人在欧美同学会开会，讨论筹备办法，决定三项事宜，分别为：一草定宣言、通告各校；二定名为“关税自主促成会”；三所有一切进行事宜，定于本周五（六日）下午开大会讨论。〔《晨报》（北京），1925 年 11 月 4 日，第 6 版〕

十一月六日

下午三时，北京学术、文化界人士假欧美同学会成立“关税自主促成会”，该会由马君武、胡敦复、蒋梦麟、朱我农、张贻惠、曹云祥、雷殷、张歆海、查良钊、雷国能、童庄、马寅初、陈翰笙、严智开、顾淑型、周炳琳、顾孟余、高仁山、梁龙、叶企孙、汪懋祖、袁嗣庄、冯农、钱端升、陶孟和、王桐龄、先生、闻一多、周鲠生、林和民、向哲濬、张杰民、屠孝实、胡仁源、江庸、卫挺生、保君建、张耀翔、马洗凡、陶昌善、董成襄、林语堂、赵迺抟、杨肇燫、杜作梁、谭熙鸿、杨肇熉、瞿国眷、萧纯锦、徐辅德、朱友渔、马名海等五十二人联名发起。〔《晨报》（北京），1925 年 11 月 6 日，第 6 版〕

---

① 1927 年 2 月，许达聪病逝，参见《中华图书馆协会会报》第 4 卷第 2 期，页 3。

十一月二十一日

晚,童锡祥在东华饭店设宴,先生、叶企孙、吴宓等人与席。〔《吴宓日记》第3册,页98〕

按:童锡祥(1893—1985),字季龄,四川南川人,留学美国,获芝加哥大学社会学博士学位,后任国民政府财政部贸易委员会副主任、经济部常务次长等职。

十一月

中基会与北洋政府教育部依照约定成立国立京师图书馆委员会,订立委员会章程,聘梁启超、李四光为正副馆长,先生为图书部主任,租北海公园庆霄楼、悦心殿、敬憩轩、普安殿等处为馆舍,并拨京师图书馆原有职员之一部组织国立京师图书馆筹备处。〔《北京图书馆第一年度报告(十五年三月至十六年六月)》,页2〕

按:严文郁在回忆文章中对此的表述为"民国十五年春天……许君和我催促守和先生明日去该会探究竟。次日他果然去了,带回来给我们好消息说,范源廉(静生)先生(中基会董事兼执行干事)面许加聘他为北海图书馆图书部主任,各组职员由他物色,商承馆长任用。"①此说虽有细节之处,但真实程度待考。翌年1月,北洋政府教育部告知中基会无法履约。

是年冬

先生为中华图书馆协会谋得一新办公场所,其址位于西城府右街十八号。〔《中华图书馆协会会报》第1卷第4期,1925年12月20日,页17〕

按:中华图书馆协会最初办公地为石虎胡同七号松坡图书馆第二馆,但因会务日繁,已不敷用,故寻求新的办公场所。府右街新址为清室官产,有屋十九间,先生因在故宫博物院任职,有此机缘。本年12月15日,中华图书馆协会执行部与清室善后委员会签订租用合同,但因协会经费无多,暂未迁入。1927年3月1日,该协会迁至北京北海图书馆内办公。

十二月十五日

梁启超致先生两函。其一,谈《佛家经录在中国目录学之位置》及《图书馆

---

①《思忆录》,中文部分页75。

学季刊》发刊辞。

守和吾兄：

穷日之力，草《经录》一文，昨夕始脱稿，太草草，不能如意，谨写副急邮。发刊辞正属稿，明日准寄上。彼文不过五六百言，若付印时（可先将此稿付印）空出一叶纸足矣。手此即请大安，不尽。

其二，今后国立京师图书馆馆务有劳李四光、先生。

发刊辞亦已赶成，一并寄呈。时日匆促，言不成章，皇恐皇恐。京馆得公允任图书部长，至幸至幸。仲揆副长弟前未相识，今共事数日，深佩其学识品格。两公交谊素深，当更相得益彰。弟性耽独学，不娴事务，于图书馆学尤属门外汉，以后馆中事什九皆须偏劳两公耳。一切容面究。

〔《梁任公先生年谱长编（初稿）》，页569〕

按：1926年1月，《图书馆学季刊》创刊，《佛家经录在中国目录学之位置》及发刊辞均载于创刊号，前者的题名在《图书馆学季刊》封面和目录页均标为“佛家经录在中国目录学上之位置”。

十二月二十日

梁启超致函先生，谈图书分类法事，建议由图书馆协会开会讨论，并推荐查修、侄梁廷灿到馆服务，另谈日本购书之事。

迁馆事粗定后，即当从事编目，但非编目方针确定，则无从着手。鄙意宜自创中国之分类十进法，不能应用杜威原类，以强驭中国书籍，致陷于削趾适履之弊。守和兄研究有素，对于此问题当早有具体的方案，极盼早日写出，经一番讨论后，即行决定，照此进行。弟前颇欲由图书馆协会分类编目两组开会讨论，惟现在交通梗塞，开会或不易，则合在京少数人作一次谈话会亦得。最好定一日作较长的谈话，从下午两三点钟起直到夜分。弟拟在北海松馆预备晚饭，奉约各人，请守公代定应约之人何如？在谈话以前，最好能预备具体方案，根据以为讨论之资，庶不致漫无归宿耳。方案不妨有数个，但总以具体的为好，请守和兄预备进行何如？此间查士修兄，弟甚盼其能协助本馆事业，曾略与谈及，士修言极愿，不受报酬，得在馆多阅书籍，以自广其学，不审馆中需用之否？若需用，弟当与戴志骞兄交涉，请其许分余日以资相助。又有舍侄廷灿，从弟检点书籍多年，彼于目录学颇有兴味，极欲得图书馆新智识，将来亦欲不受报酬，在馆学习（每星期两日或三日），守和兄若肯收为弟子而栽成之，最所愿望。

购书事日本方面不可忽略，弟意欲将彼国研究中国史及佛教之书，先行搜罗。最要者为几种专门杂志，最好能自第一号搜起，购一全份，例如《史学杂志》、《史林》、《支那学》、《佛教研究》、《宗教研究》、《佛教学杂志》、《东洋学艺》、《外交时报》等。不审两兄有日本熟书坊可委托否？望留意。人总不免私心，弟自己切需此等资料，故极欲假公济私，一笑。右各事拉杂奉商，余俟面谈，此请学安不一。

〔《梁任公先生年谱长编（初稿）》，页 569-570〕

按："查士修"即查修（1902—？），字士修，一字修梅，安徽黟县人，武昌文华大学图书科毕业，1922 年至 1925 年在清华学校图书馆工作[①]，此后并未入职北京图书馆。梁廷灿，字存吾，广东新会人，梁启超族侄，后入国立北平图书馆，著有《历代名人生卒年表》《年谱考略》等。

《中华图书馆协会会报》刊登先生文章，题为《〈永乐大典〉现存卷目》。〔《中华图书馆协会会报》第 1 卷第 4 期，1925 年 12 月 20 日，页 4-10〕

按：由该文可知先生在此前不久赴大连，但未标注撰写日期，因此很难推定大致时间。

十二月二十六日

顾颉刚致函先生。〔《顾颉刚日记》卷 1，页 691〕

是年冬

李璜曾先后组织两次反俄援侨座谈会，第一次是在北京大学第三院召开，第二次是在亮果厂家中，常燕生、闻一多、余家菊、邱椿、林德懿、李朴、余上沅、先生、彭昭贤、谭慕愚等人参加。〔《思忆录》，中文部分页 100-101〕

按：彭昭贤（1896—1979），字君颐，山东牟平人，1917 年底作为孙中山委派的 18 名代表之一携带救济粮赴苏俄救济灾民，后报考莫斯科国立大学，1925 年冬被迫归国，后在燕京大学、华北大学教书。历任国民政府外交部条约委员会委员、中国驻伯力总领事、国民政府内政部统计司司长、中央组织委员会政治组织研究

---

① 《北京图书馆协会会刊》第 1 期，1924 年 8 月，页 44；《清华一览（民国十四年至十五年）》，页 12；《清华年报（1925-26）》，页 29。

会委员、新疆省政府委员兼民政厅厅长、陕西省政府委员兼民政厅厅长、中国国民党中央组织部副部长、中华民国内政部次长及部长等职务。两次座谈会，先生、彭昭贤均参加，后者对先生印象颇佳。邱椿（1897—1966），字大年，江西宁都人，清华学校毕业后赴美留学，先后入华盛顿大学、哥伦比亚大学，师从著名教育家杜威，获博士学位，后前往德国慕尼黑大学进修，1925 年归国，在北京师范大学、清华大学、厦门大学、北京大学执教，抗战期间担任西南联合大学教育系教授兼系主任。

是年

先生任北京图书馆协会会长。〔《中华图书馆协会会报》第 1 卷第 5 期，1926 年 3 月 30 日，页 7〕

按：副会长冯陈祖怡、书记查修，通讯处为清华大学图书馆。

王重民从先生习目录学、图书馆学。〔王重民著《老子考》，1927 年 9 月初版〕

一九二六年　三十二岁

一月二十九日

先生代张奚若致信史密斯森协会,告知中国已成立出版品国际交换局,将寄送政府出版物目录并询问所需套数。

January 29, 1926

Dear Sir:-

In response to the request of the Council of the League of Nations, the Government of the Republic of China has agreed to adhere to the 1886 Conventions relating to international exchange of publications and has organized a Bureau of International Exchange of Publications at Peking charged with the duty of exchanges.

The Bureau is preparing a catalogue of our government publications which will be sent to you as soon as printed. Meanwhile, we shall be glad to hear from you the number of copies of each publication you would like us to furnish.

Our Bureau would be very much pleased to receive from you two copies each of your publications, if possible.

Anticipating cordial relations with your institution.

Yours very truly,

Shirow Y. Chang

Director

per. T. L. Yuan

〔出版品国际交换局英文信纸。Smithsonian Institution Archives, Records, 1868－1988 (Record Unit 509), Box 1, National Library, Peiping〕

按:落款处先生代张奚若签名,并注明代签。该信于 3 月 3 日送达。

一月三十一日

下午一时，先生在南横街二十一号设宴，吴宓、叶企孙、杨宗翰、英国副领事贝纳特（E. S. Bennett）等人受邀与席。〔《吴宓日记》第3册，页144〕

按：Edward S. Bennett（1888－?），英国外交官，1912年3月来华，1916年至1917年担任英国驻梧州代理领事，后赴北京使领馆服务。[①]

二月六日

晚，吴宓在宣南春招宴，先生因事未赴。〔《吴宓日记》第3册，页148〕

顾颉刚致函先生。〔《顾颉刚日记》卷1，页716〕

二月十日

顾颉刚致函先生。〔《顾颉刚日记》卷1，页717〕

二月十三日

顾颉刚致函先生。〔《顾颉刚日记》卷1，页718〕

二月二十八日

中基会第一次常会决定自办图书馆，定名为“北京图书馆”，聘梁启超、李四光为正副馆长，先生为图书部主任，副馆长李四光兼总务部主任，由范源廉、任鸿隽、周诒春、张伯苓、戴志骞组成北京图书馆委员会。〔《北京图书馆第一年度报告（十五年三月至十六年六月）》，页1－2〕

按：3月1日，北京图书馆正式成立。

三月初

先生访张颐，在其客厅遇李璜、彭昭贤。〔李璜《学钝室回忆录》上，台北：传记文学出版社，1973年，页127〕

按：张颐（1887—1969），字真如，四川叙永人，哲学家，时寓所在亮果厂附近，与李璜合租一院。

三月三日

美国图书馆协会秘书 Carl H. Milam 致函先生，邀请各国图书馆人士参加其五十周年庆典事，请广为告知。

March 3, 1926

---

① *The Foreign Office List and Diplomatic and Consular Year Book for 1928*, Harrison and Sons, 1928, p. 167.

Mr. Yuan Tung-Li, Secretary

Chinese Library Association

7 Shih Hu Hutung, West City

Peking, China

To the editors of library bulletins and periodicals:

The American Library Association will celebrate its Fiftieth Anniversary at a conference in Atlantic City and Philadelphia in October, 1926. Librarians and bibliographers from all over the world are invited to attend. The enclosed statement includes an invitation to all your readers. If you can publish it soon, you will be doing the American Library Association an important service.

Very sincerely yours,

Carl H. Milam

〔《中华图书馆协会会报》第1卷第5期,1926年3月30日,页24〕

按:Carl H. Milam(1884-1963),美国图书馆学家,本谱中译作“米来牟”[①],1920年至1948年担任美国图书馆协会秘书,对该协会有极为深远的影响。

三月上旬

李璜在其寓所召集座谈会,彭昭贤、先生、张颐、邱椿、余上沅、常燕生、闻一多、罗隆基等人参加,首由彭昭贤报告旅俄华侨遭遇,后先生、闻一多等人均有发言。〔李璜《学钝室回忆录》上,页127;《思忆录》,中文部分页101、103〕

按:先生“一口纯粹的北平音,吐字清楚,声调沉着而有力”,给彭昭贤、李璜等人留下深刻印象。

先生代表中华图书馆协会致信鲍士伟并赠陶器,该信后被登载,部分如下:

It may be of interest to you to know that in a Chinese literary simile, reference is often made to the learned scholar as possessing five carts of books. This ox-cart, which was made about the end of the Six Dynasties in the sixth century, may serve as a symbol of friendly ties between the two library associations dedicated to book collecting and

① 该人译名参考《中华图书馆协会会报》第2卷第4期,页20。

distributing.

〔*The Border Cities Star*, Apr. 16, 1926, p. 2〕

按:所赠之物为北魏时代瓦质牛车,由鲍士伟带回美国。①

三月

《图书馆学季刊》刊登先生文章,题为《清代私家藏书概略》。〔《图书馆学季刊》第1卷第1期,1926年3月,页31-38〕

按:该刊为刘国钧主编,时由南京书店总发行。

四月十八日

梁启超覆函先生,谈接受耶鲁大学所赠名誉博士学位事。

示敬悉。韦女士聘函写上,乞即发。比连接耶鲁大学两电,言欲以学位见赠,询以能否到美亲领?微闻此举由韦女士发端,厚意可感。惟弟现时实不能远行,况新病初起,尤不愿劳顿。欲径谢绝,恐负韦女士意,颇欲派小女及小婿周国贤(现任加拿大总领事)博士为代表代领,论文一篇及演说稿一篇,令其代读。惟此间校长曹君本出身耶鲁,云熟知该校成例,凡学位皆须亲领,故不敢冒昧派代。今拟复一电,大意云:"承赠学位,至感,顷因病未克赴美,深歉谨谢,详情由韦女士转达。"请公以此意拟一英文电代发,(该校来两电,乃前月二十八及本月十一日所发,由天津先后转来,复电似不能再缓。)另由公致一电与韦告以此情,请韦电询该校,若能破例容派代表,则得复后即派小女夫妇前往;若不能则只有"心领谢"而已。如何之处,请酌行。耶鲁电及致韦电,请饬馆中会计代发,记贱账为盼。手复,即请大安,不尽。

〔《梁任公先生年谱长编(初稿)》,页575〕

按:1926年4月20日,北京图书馆聘韦棣华为名誉顾问。② "小女"即梁思顺(1893—1966),梁启超长女,字令娴,其夫周国贤(1884—1938),字希哲,福建人,清华学校毕业,后赴美国入芝加哥大学学习,1916年起在北洋政府外交部任职。

五月二日

刘半农致函先生,商讨林语堂图书索引方法。

新近看见了<u>语堂</u>,所作关于图书索引的一篇文章。这一篇文章,

---

①《中华图书馆协会会报》第2卷第1期,页4。

②《北京图书馆第一年度报告(十五年三月至十六年六月)》,1927年,页3。

就理论方面说,自然是很有价值的。可惜在事实上,如要使用他那一种索引法,第一便要能说得北京话,第二要懂得旧音韵学上的开合齐撮等等话头,第三要懂得新语音学上的舌前舌后等等话头……这样麻烦起来,恐怕图书馆馆员非挑选音韵专家来做不可!我以为索引这一件事,总是愈简单愈好。我们理想中的索引法,总该简单到不但一切图书馆馆员书记等能于自由使用,便是粗粗识字的小学生,以至于在馆中做事的仆役,也要能自由使用。如果先生以为这话说得不错,我就要大胆将我的一个极笨极笨、说穿了一钱不值的索引法,说给你听听了。

(一)先数书名或人名之字数,作为第一个码子,用汉字记之。例如你的大名袁同礼是三个字,就写一个"三"字。

(二)次数此书名或人名中各字之笔画,依次用阿拉伯数字记之。例如袁字是十笔,同字是六笔,礼是十八笔,并前记"三"字合成三10-6-18,是为袁同礼一名特有之号数。

(三)凡人名地名之多于三个字者,计数笔画,亦只取首三字,其余可以置之不问。列如全上古三代秦汉三国六朝文只取"全上古"三字,得号数为十二6-3-5。康有为的不幸而言中,不听则国亡只取"不幸而"三字,得号数为十4-8-6。

(四)其不满三字者,自然不必强凑。例如我的名字刘复的号数是二15-11。俞平伯的诗集忆的号数是一16(用一个字做书名的中国书,恐怕还没有第二部)。

你瞧,这不是简单到万分,三分钟内可以说得明白,十一二岁的小孩子也可以一学就会的么?如其你觉得这个方法还有点小价值,就请你代为提出于图书馆协会,请大家讨论讨论。如果在提出之前,你个人有什么意见,也务请先行赐教为荷。此请箸安!

弟刘复顿首

五月二日

〔《图书馆学季刊》第1卷第2期,1926年6月,页371-372〕

按:"关于图书索引的一篇文章"即林语堂所作《图书索引之一新法》,刊《图书馆学季刊》第1卷第1期(页155-159)。

五月三日

先生覆信刘半农，就其提出的图书索引法给出两点意见。

语堂的索引法，我也认为有点麻烦。来函所说的方法，固然是很简单，但恐怕实行起来，不免亦有困难。现在先就我所想到的写在下面：

（一）中国书书名之字数，颇不易计算。书名上有“钦定”“御定”“御批”“御纂”“御注”“增修”“重修”“原本”“笺注”“增广笺注”“增广注释”“纂图互注”“精选”的却亦不少！这些字的去留，便成了问题。又如一部书往往有许多“集”，如“前集”“后集”“续集”“别集”“新集”“外集”“遗集”等等，照旧式编目方法，均作为一部书；今要确定这书名的字数，亦颇不易！

（二）书名多于三个字者，仅取首三字，恐怕号数最容易重复。例如陆淳的春秋集传纂例，同他的春秋集传辨疑，前三字完全相同。其号数（六 9-9-12）当然亦相同了。又如苏辙的春秋集传，吕本中的春秋集解，高阅的春秋集注，李明复的春秋集义，张洽的春秋集注，赵方的春秋集传，其号数亦相同。

这两层是我个人的意见。但还请让我们试验试验，再报告何如？此复，顺候教安！

同礼谨上

五月三日

〔《图书馆学季刊》第1卷第2期，1926年6月，页372-373〕

五月四日

国会图书馆覆函先生，将寄出该馆出版品最近目录，请选取并寄回。

May 4, 1926

Dear Sir:

In response to your circular of March 30 (which was somewhat delayed in reaching us), we take pleasure in forwarding to you (under separate cover) a copy of our latest List of Publications, revised to date. If you will indicate the ones that will be of service to the Library and return the List to us, we shall be glad to send as many of the items as now remain available for distribution.

Very truly yours,

Secretary

〔Librarian of Congress, Putnam Archives, Special File, China: Metropolitan Library〕

按:此件为录副。

五月十一日

先生乘车南下,赴武汉、南京调查图书馆事业。〔《晨报》(北京),1926 年 5 月 12 日,第 6 版〕

按:此前,武昌大学图书馆、东南大学图书馆向中基会申请资助,故该会派先生前往调查。

五月中下旬　上海

先生以北京出版品国际交换局主任身份赴沪,与江苏特派交涉公署之中美交换书报处接洽,最终商妥将该处书报二十六箱,托税务司交轮运往北京交换局之附属书报处。〔《申报》,1926 年 6 月 18 日,第 15 版〕

按:1907 年,上海海务局始肩负与美交换书报之责,后因民国肇始,该处改为江苏特派交涉公署,1920 年该署设立中美交换书报处。

六月中上旬

先生移居南长街九号,并在《北京大学日刊》上刊登启事。〔《北京大学日刊》第 1939 号,1926 年 6 月 22 日,第 1 版〕

六月中旬

顾颉刚赠《古史辨》与先生。〔《顾颉刚日记》卷 1,页 800〕

按:1926 年 6 月,《古史辨》由朴社(甘雨胡同 28 号)出版、志成印书馆(景山东街 17 号)印刷。另,该书似于本月 12 日送出。

六月十三日

晨,吴宓打电话谈《学衡》杂志事,先生表示国际出版品交流局可借用作整理场所,石虎胡同松坡图书馆亦可存放。后,先生访顾颉刚。〔《吴宓日记》第 3 册,页 178-79;《顾颉刚日记》卷 1,页 756〕

按:6 月 7 日,中华书局(上海)忽运《学衡》1 至 50 期数十套至北京,吴宓无处存放,故各处询问,除先生表示愿意帮忙外,汤用彤亦愿出借其宅。后吴宓、潘敦、杨宗翰三人在杨宗翰宅(养马营)整理,其中 48 套运至汤宅,剩下 10 余套送景山书社代售。

六月十八日

北京图书馆委员会开会，商购书费事。

梁启超致函李四光、先生，询问购书费商议结果。

> 今日委员会开会，购书费事，结果何如？想无甚异议耶。预算不足之数，请即照弟所拟议，不必迟回，今有一条子交会计科，请交去照办。周君书让价最低限度为五千六百元，其书版本尚精，似尚值得，请守公细审后决定。若决购，能于弟离京前办妥最妙(弟拟二十六日往津)。添聘诸员各聘书，希即寄来。夏德卿先生书目缴上，(若此两单及曲本购成后，今年无复余力再购中文书矣。)所拟价何如，或酌增亦值也。
>
> 〔《梁任公先生年谱长编(初稿)》，页577〕

按："周君"，待考；"夏德卿"即夏曾佑(1863—1924)，字遂卿，又作穗卿，浙江杭州人，近代诗人、历史学家，梁启超的好友。

六月二十三日

顾颉刚致函先生。〔《顾颉刚日记》卷1，页760〕

按：其函内容似为图书馆科出题四则。

七月五日

梁启超致函李四光、先生，请转交致周诒春函并告商议结果，并谈购古籍善本事，另告《公私图书馆小史》一文进展情况。

> 顷有致周寄梅一书，请面晤后如何示复。若两公与寄梅皆谓可行，即请告稻孙，以国立京师图书馆馆长名义致一公事与教育部，(公事中略言与董事会契约为国际体面所关。)请求提出阁议，弟当向各方面设法力促其成也。颇闻日人之东方文化会眈眈于方家旧籍，吾馆似不能不乘此时急起直追，两公谓何如？贱恙迄未轻减，近数日颇有增剧之象，不得已拟试服中药矣。《公私图书馆小史》一文，曾试着笔，因客居资料不足，且体中不适，遂废然中止，奈何奈何。建筑事昨晤静生，知已着手动工，至慰至慰。弟尸此虚名，不能为两公一分劳瘁，益歉然耳。
>
> 〔《梁任公先生年谱长编(初稿)》，页578〕

按："方家旧籍"似指方功惠(1829—1897)碧琳琅馆[1]之余存。

---

① 1904年，方功惠之孙方湘宾将碧琳琅馆大部赠给京师大学堂，此时似有余存，待考。

七月十日

国会图书馆覆函先生，前信请求寄送的《分类法》、《主题词清单和补编》等物除绝版无存外均已交史密斯森协会寄出，并感谢此前北京图书馆寄送四部中文书籍。

July 10, 1926

Dear Sir:

In response to your letter of April 15, which was somewhat delayed in reaching us, the Librarian has had pleasure in directing to be sent to your Library the items checked in blue on the enclosed printed list of publications. As you will see, we are including in the shipment two copies of certain of the classification schedules (see pages 14-15 checked in blue twice), together with a copy of the List of Subject Headings and its supplements, MacNair's "*Guide to the Cataloguing of Periodicals*" and Pierson's "*Guide to the Cataloguing of the Serial Publications of Societies and Institutions*", and a full set of the catalogue rules on cards. We were able to send one copy only of the classification schedules which are checked once in the list, as the editions are nearly exhausted. The other publications requested (checked in red) are not now available, the editions being exhausted.

The publications have gone forward through the Bureau of International Exchanges, of the Smithsonian Institution, and may be delayed in reaching you, due to the time it takes at the Bureau to collect packages.

Let me thank you for the four Chinese works (in 37 volumes) which you have sent us, and for which a formal acknowledgment has gone forward to you. We are glad to have them for our collection,-your kind interest in which we very much appreciate.

Very truly yours,

Secretary

〔Librarian of Congress, Putnam Archives, Special File, China: Metropolitan Library〕

按:MacNair 即 Mary W. MacNair,美国图书馆专家,长期在国会图书馆编目部服务。*Guide to the Cataloguing of Periodicals*,1918 年华盛顿初版,后多次再版。Pierson 即 Harriet W. Pierson,美国图书馆专家,长期在国会图书馆编目部服务。*Guide to the Cataloguing of the Serial Publications of Societies and Institutions*,1919 年华盛顿初版,后多次再版。此件为录副。

七月十二日

中华图书馆协会换届选举结果公布,董事五人:梁启超、颜惠庆、戴志骞、张伯苓、袁希涛,先生为执行部部长,杜定友、刘国钧为副部长。〔《中华图书馆协会会报》第 2 卷第 1 期,页 13〕

按:董事选举中,先生得 82 票,仅次于梁启超(110)位列第二;执行部正部长选举中,只有梁启超和先生二人,前者 47 票,后者 37 票,因不能同时兼任两职,故梁启超为董事,先生为执行部部长,副部长为杜定友、刘国钧。

梁启超覆函先生,告《图书馆小史》尚未开始撰写,欲作罢。

示敬悉。《图书馆小史》尚未动笔,此间无参考书,恐不能完卷,数日内当试凭记忆姑草之,若实不足观,则拟作罢耳。馆中建筑事,进行何如,至念。购书费增五百元,略可敷衍,慰甚。贱俸请仍饬送南长街为盼。

〔《梁任公先生年谱长编(初稿)》,页 578〕

七月十三日

梁启超致函李四光、先生,告周诒春来书,前所议购书事无妥善款项来源。

顷得周寄梅复书,言关余无把握,前书所筹又当作罢矣。今又思向俄款进行,拟有致汤、张一书,若谓不妨一试,即请揆兄面晤两君(静生已返京未?望并与一商),力为要求何如。贱恙数日前服中药,忽大减,今日又似复发,真可厌也。知念附闻。

〔《梁任公先生年谱长编(初稿)》,页 578〕

按:"拟有致汤、张一书"应指汤尔和、张君劢,时补任俄款委员会委员。[①]

---

① 《晨报》,1926 年 7 月 25 日,第 6 版。

是年夏

先生致信胡适,赠《疑年录汇编》并请赐照片。

适之先生:

《疑年录汇编》顷已购到,特奉赠,请哂收。

玉照如有余者,请惠赐一张,作去国纪念,盼甚!序跋文字如已觅得,即请交去人带下为荷!敬候暑祺。

同礼

十五日

〔国立北京大学图书部用笺。耿云志主编《胡适遗稿及秘藏书信》第31册,合肥:黄山书社,1994年,页642〕

按:《疑年录汇编》于乙丑年嘉平月刊印,即1926年1月14日至2月12日之间。胡适于本年7月17日晚出京,由铁路前往欧洲各国。“序跋文字”似指“宋元学案补遗四十二卷本跋”,该书由王梓材、冯云濠辑,凌叔华藏八册精抄本,1925年4月5日,胡适受邀前往查看此书,是日夜写一短跋,后刊《图书馆学季刊》。[1]

七月二十日

梁启超致函李四光、先生,谈北京图书馆年度经费事,希望财、教两部速速拨款四万八千元,按照与中基会之约行事。

守兄复示悉。揆兄日内想由青岛归京耶?顷又为本馆筹款事,致函教、财两当局,请其一次拨给一年度经费(本年七月至明年六月),每月四千元,共四万八千元。但求财部肯发支票,当自向中国银行对付。兹事教部不过承转机关,财部拟亦乐得做空头人情,或可望成。弟函教长,原请其自行发动,但亦虑彼有困难之处,或由馆中呈请,彼乃照达财部亦可,已告彼。若必须馆呈,即面告杨鼎甫转达两公,若鼎甫有传话,到时请即饬办一呈(用国立京师图书馆长名义),措辞大约言本馆原由董事会与财部订约立成,每月经费各任一半,今董事会月交四千,教部因款绌一文未付,以致馆务不能进行。庚款退还,美最大方,一切由董事会自主,毫不干涉,实足根据,以为将来各国模范。今董事会独立经营者,惟此一馆,与政府郑重立约,而约中义务

① 《图书馆学季刊》第1卷第3期,1926年9月,页473-475。

不能履行,致百事停顿,其伤国际信用实大。今当创办伊始,需款尤亟,请部速咨财部先拨一年度经费,俾得放手办去云云。政局变幻无定,若部肯办,则愈速愈妙(鼎甫无消息,自当作罢)。稿不必寄阅,(两公核定后)即誊发可耳。贱恙服中药竟大效,顷已全愈,若半月内不再发,可安心矣。知念并闻。

〔《梁任公先生年谱长编(初稿)》,页 579〕

按:“鼎甫”即杨鼎甫,字维新,广东新会人,1911 年毕业于早稻田大学高等师范部法制科,1918 年底随梁启超、蒋百里、刘子楷、徐新六、丁文江、张君劢等人赴欧考察,1926 年 7 月入职北京图书馆。

七月二十四日

晚七时许,吴宓、叶企孙在北海漪澜堂招宴,先生、张准、赵承嘏、凌其峻、余泽兰、陈宏振、瞿国眷、刘崇鋐、汪泰基与席,约十时散,后同至北京图书馆参观。〔《吴宓日记》第 3 册,页 196〕

七月二十七日

下午,吴宓访先生,不值。〔《吴宓日记》第 3 册,页 198〕

七月三十日

上午,吴宓访先生,不值。〔《吴宓日记》第 3 册,页 198〕

八月三日

故宫博物院保管委员会正副委员长赵尔巽、孙宝琦在清史馆设宴,吴瀛打电话与李宗侗、马衡、先生等人,商讨今日是否赴宴,均表谢绝。〔《故宫周刊》第 58 期,1930 年 11 月 15 日,第 4 版〕

按:赵尔巽(1844—1927),字公镶,号次珊,祖籍奉天铁岭,汉军正蓝旗人。清末历任安徽、山西按察使,甘肃、新疆、山西布政使,湖南巡抚、户部尚书、盛京将军等职。1914 年清史馆成立,被袁世凯聘为馆长,主持编纂《清史稿》。孙宝琦(1867—1931),字慕韩,浙江杭州人,曾任清直隶道员,创设育才堂和开平武备学堂,1907 年任驻德公使,后任山东巡抚,1914 年后连任熊希龄、徐世昌内阁外交总长,一度兼任国务总理,后历任北洋政府审计院院长、财政总长等职。本年 8 月 2 日,赵尔巽、孙宝琦称往故宫博物院参观,实为上任接收。8 月 3 日宴会,只有江瀚、俞同奎、陈垣、吴瀛前往,余者皆保管委员会新干事。

晚,顾颉刚来访,先生为其饯行。陈垣、沈兼士、马衡、朱希祖、李宗侗、袁复礼、俄人吴老德、阿理克等人受邀作陪,约十一时散。〔《顾颉刚日记》卷1,页775〕

按:阿理克(Василий Михайлович Алексеев,1881-1951),苏俄东方学家,早年接受法国汉学家沙畹的指导,与伯希和、马伯乐(Henri Maspero, 1883-1945)、葛兰言(Marcel Granet, 1884-1940)等人相熟,本谱中又作"阿里克"。

八月四日

中午,吴宓访先生,不值。〔《吴宓日记》第3册,页200〕

晚,李宗侗在福全馆设宴为顾颉刚饯行,陈垣、沈兼士、马衡、徐旭生、欧阳道达、胡鸣盛、先生等人受邀作陪,另有草桥中学五人。〔《顾颉刚日记》卷1,页776〕

按:徐旭生(1888—1976),原名炳昶,字旭生,以字行。胡鸣盛(1886—1971),字文玉,湖北应城人,顾颉刚在北京大学学习时的同窗好友,文史学家,后曾任平馆写经组组长。欧阳道达(1893—1976),字邦华,安徽黟县人,后任故宫博物院古物馆第二科科长、驻沪办事处主任。

八月五日

晨八时,吴宓来访,与先生谈约一时许。一为汤用彤所托之事;二为《学衡》销售事,先生嘱吴宓拟一函稿,由全国图书馆协会名义函达国内各图书馆,介绍购买《学衡》1-50期全套。吴宓付邮资一元,由先生代为印发。〔《吴宓日记》第3册,页200-201〕

按:后,《中华图书馆协会会报》第2卷第1期刊登《介绍〈学衡〉杂志》一文,分为宗旨、体裁及办法、编辑、投稿、印刷发行、各期要目摘录等部分。①

八月中旬

故宫博物院保管委员会与清室善后委员会之间就交接事宜发生矛盾,有传闻将对李宗侗、先生有不利之事发生。〔《故宫周刊》第59期,1930年11月22日,第4版〕

---

①《中华图书馆协会会报》第2卷第1期,页14-15。

按:8 月 8 日,故宫博物院保管委员会赵尔巽、孙宝琦通过张宗昌派宪兵司令王琦逮捕陈垣,但在各方营救下,随即释放。

九月六日

先生访颜惠庆,告知自己将调解故宫博物院新旧委员会之间的矛盾。〔《颜惠庆日记》第 2 卷,页 366〕

按:新旧委员会之间的矛盾,可参见《京政府有将武装接受故宫说》。[①]

九月七日

先生致信国会图书馆采访部主任 Martin A. Roberts,请其寄赠《国会图书馆年度报告》、《美国图书馆协会分类规则增补》、《分类法》等书籍、册页。

September 7, 1926

Mr. M. A. Roberts,

Chief, Division of Accessions,

Library of Congress,

Washington, D. C.,

U. S. A.

Dear Sir:

Your letter of May 27 to Mr. T. C. Tai has been referred to me for reply.

In looking over your list of publications, we feel that the following ones will be most helpful to the work of our Association. If you find it possible to send them to us on exchange, they will be most gratefully received.

With best wishes,

Yours faithfully,

T. L. Yuan

Chairman, Executive Board

Report of the Librarian of Congress, 1923-

Catalog rules (on cards) Special rules on cataloging to supplement the A. L. A. rules

---

① 《申报》,1926 年 9 月 9 日,第 9-10 版。

Classification schedules (complete set)

〔中华图书馆协会英文信纸。Librarian of Congress, Putnam Archives, Special File, China: Library Association〕

按:Martin A. Roberts(1875-1940),美国图书馆学家,后曾担任国会图书馆助理馆长;T. C. Tai 即戴志骞(Tai, Tsc-chien)。落款处签名虽为手写,但似非先生亲笔。该信于 10 月 11 日送达国会图书馆采访部,10 月 22 日送达国会图书馆秘书处。

九月十四日

梁启超致函先生,商暹罗教育总长来京应酬事宜。

今日晤陈寅恪,言及有一暹罗贵族来游历,可与酬应,便索彼国所印之巴利文《四阿含》佛藏,且言此事已与守兄谭及云云。弟意暹人来游,我国人士本不容绝对冷视,况更有所求耶? 拟由馆中(在北京饭店)招待一午餐或晚餐,并陪往参观各遗物,请守兄调查其到京期,即发请帖何如。所费即请饬馆中会计先支付,在弟薪水项下扣还为盼。

〔《梁任公先生年谱长编(初稿)》,页 588〕

按:《梁任公先生年谱长编(初稿)》将此函错系于 11 月 14 日,根据《世界日报》《申报》报道,该年 9 月 22 日,暹罗亲王达尼即教育总长访问了北京图书馆,并言巴利文藏经事。对照《陈寅恪先生年谱长编(初稿)》,可知 14 日清华大学国学研究院开会讨论购入藏文藏经,陈寅恪告知将有暹罗教育总长来京,梁启超亦参会讨论。①

九月十八日

庄蕴宽在宅设茶话会,讨论解决故宫博物院新旧委员会之争,李家驹、刘若曾②、颜惠庆、熊希龄出席,但无果而终。先生与马衡晚到,表示百分之九十四的文物已经编目。〔《颜惠庆日记》第 2 卷,页 369〕

按:庄宅应位于大院胡同内。此处所指编目应指文献图书与古物两大部类。李家驹(1871—1938),广州汉军正黄旗人,光绪二十年进士,曾任京师大学堂总监督等职;刘若曾(1860—1929),字仲鲁,直隶盐山人,曾任大理院正卿等职。

---

① 卞僧惠纂《陈寅恪先生年谱长编(初稿)》,北京:中华书局,2010 年,页 96。

② 《颜惠庆日记》编译者将此处两人姓名译成“李嘉初、刘成洛”,应有误,实应为李家驹、刘若曾,可参见《晨报》,1926 年 9 月 23 日,第 6 版。

九月二十二日

梁启超、先生等在北海董事会宴请暹罗达尼亲王，陈寅恪、马衡、胡汝麟、徐志摩、陈源夫妇等十余人受邀作陪。席间讨论巴利文藏经原委，达尼亲王允赠北京图书馆巴利文藏经一部。〔《世界日报》，1926 年 9 月 23 日，第 7 版〕

九月二十三日

晚，颜惠庆招宴，熊希龄、先生、吴瀛、孙宝琦等人受邀与席，谈故宫博物院事，赵尔巽、孙宝琦准备通过适当程序向委员会辞职。〔《颜惠庆日记》第 2 卷，页 370〕

按：9 月 20 日，孙宝琦访颜惠庆商讨故宫博物院交接事宜。

九十月间

傅增湘与先生谈钞本《明史》影印事，商务印书馆意欲商借北京图书馆馆藏刊行，先生赞同。〔《张元济傅增湘论书尺牍》，北京：商务印书馆，1983 年，页 135-136〕

按：此套《明史》一百册，与通行的殿本及王本详略有异，由傅增湘协助北京图书馆购入。10 月 11 日，傅增湘致信张元济，告知后者可以据北京图书馆藏本作《四部丛刊》之底本，而张元济由此似第一次知先生之名。

十月初

庄蕴宽、易培基嘱托先生和吴瀛赴汪大燮处商量故宫维持会事宜，往返数次，费力颇多，筹商极细。〔《故宫周刊》第 61 期，1930 年 12 月 6 日，第 4 版〕

按：此事仍由李石曾主导，意欲集一时名流、学者发起维持会，涵盖政府人员及军警等相关人员，庄蕴宽和易培基深以为然，故嘱托吴瀛、先生二人联络、操办。

十月十一日

先生访颜惠庆，表示必须组织一个委员会来处理故宫博物院事务。〔《颜惠庆日记》第 2 卷，页 375〕

下午二时，北京图书馆协会假北海松坡图书馆（快雪堂）举行年会，到者约六十余人。先生作为会长兼任年会主席，报告馆务，继由柯劭忞演讲文史目录及《新元史》编纂经过；又推选协会下届职员，徐森玉当选为会长，钱稻孙为副会长，蒋复璁为书记；最后，先生告知美国图书馆专家 Walter T. Swingle 拟于下月来京，协会欲请其演讲。四时许，摄合影而散。〔《世界日

报》,1926 年 10 月 13 日,第 7 版〕

按:Walter T. Swingle(1871-1952),美国农林学专家,通译作“施永高”(或“斯永高”),因发现中国地方志有关于土壤和植物的记载,遂向美国政府建议扩大对中国方志的购买。1918 年,作为国会图书馆代表前往中国各省采访地方志,回国后继续为该馆间接采购中文书籍,直至 1928 年止。

十月十三日

下午六时,汪大燮、熊希龄、颜惠庆、庄蕴宽(吴瀛代)四人假欧美同学会设宴款待故宫博物院维持会新旧委员,吴瀛、王士珍、江瀚、孙宝琦、柯劭忞、王宠惠、范源廉、俞同奎、先生、李宗侗(彭济群代)、汤尔和、任可澄、于珍等十七人与会。众人对成立维持会均无异议,遂决定由汪、熊、江、范、颜、庄及王宠惠七人具名致函国务院。会后,先生、俞同奎与吴瀛同到吴宅拟致国务院函稿,深夜方散。〔《故宫周刊》第 61 期,1930 年 12 月 6 日,第 4 版〕

按:14 日十时,吴瀛将拟函送至庄蕴宽宅(大院胡同),恰汪大燮在,请二人修改,后转回故宫院中誊写,15 日呈与国务院。维持会共 37 人,先生位列其中,后陆续又加入 23 人。[①] 彭济群(1986—1992),字志云,辽宁铁岭人,少年时代曾与周恩来为同学和玩伴,后赴法留学,归国后任中央观象台气象科科长、中法大学数学教授等职。

十月二十二日　上海

先生访刘承幹,商洽为北京大学借书事。〔《求恕斋日记》(稿本)〕

十月二十五日

下午,刘承幹答访先生,不值。〔《求恕斋日记》(稿本)〕

十一月一日

国会图书馆覆函先生,前信索取《分类法及规则》、《年度报告》等除绝版无存者外,将交邮寄赠中华图书馆协会。

November 1, 1926

Dear Sir:

Your letter of September 7, addressed to Mr. Roberts, the Chief of

---

① 《故宫周刊》第 62 期,1930 年 12 月 13 日,第 4 版。

the Division of Accessions, has been referred to this Office for reply.

In response we are sending to your Library, under separate cover, copies of the undermentioned publications. We regret that we are unable to supply the remainder of the classification schemes for the following classes, as the editions of these are exhausted: B, E-F, G, L, N, PN-PZ, Q, R, S, V and Z.

We have forwarded, also under separate cover, a full set of the catalogue rules on cards. As these are desired for your National Library Association, we have had pleasure in supplying them without charge.

Very truly yours,

Secretary

Outline Scheme of Classes

Classes: A, C, D, GR-GT, J, H, M, T, and U.

Report of the Librarian 1923

〔Librarian of Congress, Putnam Archives, Special File, China: Library Association 1925-1938〕

按:B, E-F, G, L, N 依次指国会图书馆分类法宗教哲学、历史(美国)、地理学和考古学及人类学、教育、艺术,PN-PZ 则指文学(总类、英国、美国、小说等),Q, R, S, V and Z 依次指自然科学、医学、农林学、海军学、图书馆学及目录学。A, C, D, GR-GT, J, H, M, T, and U 依次指总类、历史学及相关科学、世界史(除美国史)、民俗学-礼仪与惯例、政治科学、社会科学、音乐、技术、军事科学。此件为录副。

十一月二十一日

顾颉刚(厦门)致函先生。〔《顾颉刚日记》卷1,页819〕

十一月二十六日　北京

梁启超覆函先生,商借美款重缮《四库全书》并解国立京师图书馆经费之困难。

示及请柬奉悉。明晚届时准到,弟并欲邀请斯永高一次,不知彼尚有时候否?请为我代约。别有一事欲与兄商者,前法国、日本皆曾有缮写《四库全书》之议(装钉乃至印章悉照原料),现亦在交涉中,不审美国国会图书馆亦欲此否？现重印之议，度必无成，缮一部约美金三十万便得，在美人或乐为此也。数日前曾与志骞谭及，志兄谓最好俟斯永高来时与商。弟所以筹及此事者，因方家胡同馆费极难维持，现在实以一分六厘之重息向银行借垫，得此或稍可弥补耳。此意想公能深会，公晤斯氏，先探其意向何如，余俟面谭。

〔《梁任公先生年谱长编（初稿）》，页588〕

按：1925年12月2日，教育部训令，聘梁启超、李四光为国立京师图书馆正副馆长，其馆本拟由方家胡同旧址迁往北海，但因教育部未能履行《合办国立京师图书馆契约》，导致中基会与教部合办之议暂停，仍在方家胡同。

十一月二十七日

北京图书馆协会假欧美同学会设宴款待斯永高，并请其演讲。〔《梁任公先生年谱长编（初稿）》，页588〕

按：《梁任公先生年谱长编（初稿）》将此事记作27日，但《中华图书馆协会会报》[①]记作28日，此处暂依前者的记载。

十一月三十日

先生访颜惠庆，谈故宫博物院新规章。〔《颜惠庆日记》第2卷，页388〕

十二月二日

晨，吴瀛到北京大学第一院访先生和马衡，后三人一起到大院胡同慰问庄蕴宽。〔《故宫周刊》第64期，1930年12月27日，第4版；吴瀛著《故宫尘梦录》，北京：紫禁城出版社，2005年，页115〕

按：12月1日晚，忽有一队宪兵包围庄宅，扬言要逮捕庄蕴宽。吴瀛等故宫同人各方打听，电话请示张作霖，终得解围。此事源自赵尔巽接收故宫事不成，迁怒于庄氏，赵为张宗昌幕僚，张遂命王琦带兵抓人，故有此闹剧。

十二月六日

北京大学评议会讨论通过各委员会新一届委员长及委员名单，先生以北京大学图书部主任身份，担任图书委员会的当然委员，该会委员长为皮宗石，其他委员有朱希祖、黄节、李宗侗、燕树棠、高仁山；同时，先生还被选为校

① 《中华图书馆协会会报》第2卷第3期，1926年12月30日，页10。

舍委员会委员,该会委员长樊际昌,委员有陈翰笙、沈兼士、马裕藻、苏甲荣、余文灿(当然委员)。〔《北京大学史料》第2卷第1册,页124〕

按:此份名单刊登在翌日的《北京大学日刊》。不久,先生即辞去北京大学图书部主任职务,具体原因和时间尚无确切记录,似与北京图书馆馆务、故宫博物院事务繁忙有关。先生离职前,在该馆主持的成绩有政府出版品目录一册、西文书目三册。① 1929年3月,马衡出任该馆馆长。

晚,吴瀛与先生草拟故宫博物院维持会编制、分股办事细则,直至深夜。〔《故宫周刊》第65期,1931年1月3日,第4版〕

按:翌日,二人以庄蕴宽、范源廉、熊希龄、汪大燮、江瀚、颜惠庆、王宠惠七人名义发出邀函,约相关人士9日下午到欧美同学会共商故宫博物院事。

十二月八日

下午五时,先生、吴瀛二人访汪大燮,商量明日开故宫博物院维持会事,费两时许。〔《故宫周刊》第65期,第4版〕

十二月九日

下午三时,故宫博物院维持会假南河沿欧美同学会召开会议,王士珍、顾维钧、王式通、柯劭忞、夏仁虎、吴瀛、余绍宋、先生、沈兼士、马衡、邢士廉(军警)、俞同奎等三十余人到场,公推江瀚任会长,庄蕴宽和王宠惠任副会长,所拟条款十条,逐一讨论并通过,五时半始散。会后,先生访颜惠庆,告知故宫博物院维持会今日情况。〔《故宫周刊》第65期,第4版;《颜惠庆日记》第2卷,页390〕

按:王式通(1863—1931),原名仪通,字志盦,号书衡,祖籍浙江绍兴,清末民初政治人物、学者。夏仁虎(1874—1963),字蔚如,号啸庵,江苏南京人,清末举人,民国后历任国会议员、政务处长、财政部次长、代理总长和国务院秘书长,后专心著述讲学。

十二月十七日

下午三点,故宫博物院维持会正副会长在故宫就职,庄蕴宽因病未至,由吴瀛代表。正副会长指定常务委员十五名,为王式通、江庸、汤铁樵、沈兼士、

① 《北大图书部月刊》第1卷第1期,1929年10月20日,页4。

先生、陈兴亚、邢士廉、吴瀛、李宗侗、马衡、俞同奎、余绍宋、陈垣、范殿栋、彭济群。〔《故宫周刊》第 69 期,1931 年 1 月 31 日,第 4 版〕

先生致信斯文·赫定(北京),邀请其明日如约前往北京图书馆并表示将会赴六国饭店等候。

Dec. 17, 1926

Dear Dr. Hedin:

I hope you have received the stick which Baron Staël-Holstein took away by mistake.

I wonder if you will find it convenient to pay a visit to the National Library to-morrow afternoon at 3 p. m. as arranged last Saturday. If I do not hear from you to the contrary. I shall be at Hotel Wagons-Lits to wait for you at 2:50. My telephone is East 224.

Sincerely,

T. L. Yuan

〔韩琦教授提供〕

按:Baron Staël-Holstein 即著名汉学家钢和泰(Alexander von Staël-Holstein, 1877-1937),Baron 指其俄国男爵身份。该信为先生亲笔。

十二月

《图书馆学季刊》刊登先生文章,题为《杨惺吾先生(一八三九——一九一五)小传》。〔《图书馆学季刊》第 1 卷第 4 期,1926 年 12 月,页 637-642〕

按:杨惺吾即杨守敬(1839—1915),清末民初历史地理学家、目录版本学家。该文先略述杨守敬生平,后分述他在金石、地理、目录与辑佚、飞青阁刻书及藏书方面的成就。

是年冬

先生嘱王重民将故宫博物院图书馆近得杨守敬观海堂旧藏与伍崇曜《粤雅堂丛书》中的刻本对校。〔《益世报》(北京),1929 年 9 月 9 日,"国学周刊"第 6 期〕

按:王重民就杨氏观海堂旧藏中的《绛云楼书目》撰写跋文,是年 12 月 30 日完成初稿,1929 年 1 月,该文刊登于《国立北平图书馆月刊》第 3 卷第 5 号。

是年

先生在北京师范大学教育系兼课，主讲图书馆学。〔《国立北京师范大学民国十五年毕业同学录》，1926年4月，页58〕

陈长蘅有志将清代户口统计加以系统研究，曾询问北京图书馆相关馆藏情况，先生告知虽藏有各种奏案，但尚难加以利用。〔《现代评论》第7卷第168期，1928年2月25日，页9〕

> 按：陈长蘅（1888—1987），字伯修，号建公，四川荣昌人，人口学家、经济学家，1911年赴美留学，1917年获哈佛大学硕士学位。此时无法善加利用的理由，似与政局有关。①

① 其原文为“惜该馆当时被军阀盘踞，著者竟无法问津”。

一九二七年　三十三岁

一月二十六日

爱国中学假南长街袁宅召开第八次董事会，燕树棠、先生、谢循初、邱椿等七人出席，议决该校现校址过于偏远，拟于寒假期间迁移，以便学生就学。此外，讨论经费、招生问题。〔《晨报》，1927年1月28日，第6版〕

按：爱国中学，原址似在宗帽胡同十四号，[①]拟迁往北新华街小六部口。燕树棠（1891—1984），字召亭，河北定县人，法学家，早年毕业于北洋大学法科，后通过清华学校考试赴美，先后获哥伦比亚大学法学硕士、耶鲁大学法学博士，1921年归国，历任北京大学、武汉大学法学系教授、主任等职。

二月一日

米来牟致函先生，为成立国际图书馆委员会征询中国图书馆界人士意见。

February 1, 1927

Mr. T. L. Yuan, Chairman

Dear Sir:

Fifty-seven delegates, representing twenty-three foreign countries, attended the Fiftieth Anniversary conference of American Library Association in Atlantic City, New York, in October, 1926.

Although this was not an international library congress there was much discussion of international library cooperation at the general sessions, in private conversation and in two informal meetings.

I am enclosing a mimeographed report of the two informal meetings. At the second one, which was held at the end of a two weeks' tour, the following resolution was adopted:

---

① 北京市档案馆，“京师警察厅函询佛化、美术函授学校、爱国中学、育贤法文学校春明公学申请备案及京华美术学校迁校申请备案给京师学务局函以及京师学务局复函”，档号J004-002-00398。

The delegates of thirteen different countries who have taken part in the after-conference excursion of the American Library Association and who are desirous to see continued the spirit and the lines of international cooperation thoroughly experienced and discussed during these fourteen days, unanimously recommend to the A. L. A. the following action:

That the American Library Association may take the initiative in this direction and submit to the different national organizations the proposal to discuss the forming of an International Library Committee with the prospect that such discussion may be so far advanced at the time of the Edinburgh meeting of next year that definite action then may be taken by authorized representatives of the different national organizations.

It was understood that the A. L. A., in transmitting this resolution, should call attention to the fact that those who adopted it were not prepared to say to what extent international library cooperation can be brought about through existing or proposed organizations and bureaus.

They did not express an opinion as to whether a new organization is necessary.

A summary of suggestions for international library cooperation, made during the American Library Conference and post-conference in 1926, will be found at the beginning of the mimeographed document.

In pursuance of the expressed wish of the delegates from abroad we invite you to send to us your constructive suggestions for international library cooperation. We shall welcome your personal opinions and the opinions officially expressed by the Association which your represent.

All suggestions received before the end of April will be presented to the A. L. A. Committee on International Relations which will undertake to prepare a summary for distribution to officers of library associations throughout the world and to others interested.

On behalf of my colleagues in America I send cordial greetings to you and your colleagues in China.

Very sincerely yours

Carl H. Milam

Secretary

〔《中华图书馆协会会报》第2卷第4期,1927年2月28日,页20-21〕

二月十八日

先生致信李俨,谈寄赠《中华图书馆协会会报》、借阅《杨辉算法》校对事。原信如下:

乐知先生大鉴:

一月廿六日手示敬悉。协会会报第一卷各期均已发罄,现自第二卷第一期起寄赠。《杨辉算法》日人钞本如能寄下,与杨守敬藏本校对,殊为省便。四库本各书由敝处派人代钞,亦无不可,惟款式纸张是否须与四库本相同,亦望示及为荷。专此奉覆,顺候时绥。

弟袁同礼谨启

一九二七二月十八日

〔中华图书馆协会用笺。中国科学院自然科学史研究所图书馆藏札〕

按:李俨(1892—1963),字乐知,福建闽侯人,数学史家,时应供职于陇海铁路局。《杨辉算法》是宋代数学家杨辉三种著作的总称,分别为《乘除通变算宝》《田亩比类乘除捷法》《续古摘奇算法》。"日人钞本"即1916年间李俨委托日本学者三上义夫抄录的关孝和本。此信为文书代笔。

二月二十五日

先生致信欧美各图书馆协会,告知中华图书馆协会即将迁至北京图书馆内办公。

Feb. 25, 1927.

After March 1, 1927, the Headquarters of the Library Association of China will be removed to the Metropolitan Library, Pei Hai Park, Peking.

T. L. Yuan

Chairman

Executive Board

〔中华图书馆协会英文信纸。Librarian of Congress, Putnam Archives, Special File, China: Library Association〕

按:该信于4月16日送到国会图书馆秘书处。

二月二十八日

《中华图书馆协会会报》刊登先生与刘国钧合撰文章,题为《〈永乐大典〉现存卷数续目》。〔《中华图书馆协会会报》第2卷第4期,页9-13〕

三月二日

先生致信斯文·赫定,询问是否如前言赠予北京图书馆有关楼兰的著作。

March 2, 1927

Dr. Sven Hedin,

Hotel des Wagons-Lits,

Peking.

My dear Dr. Hedin:

Some-time ago you were good enough to say that you were going to have a copy of your work on Lou-lan presented to the Metropolitan Library.

Should it be convenient to you, we shall be glad to send for it by our messenger. Our telephone is East 224, and you may call us up anytime.

Yours faithfully,

T. L. Yuan

Librarian

〔北京图书馆英文信纸。韩琦教授提供〕

按:your work on Lou-lan 似指*Die Chinesischen Handschriften-und Sonstigen Kleinfunde Sven Hedins in Lou-lan*,1920年斯德哥尔摩出版,通译作《斯文·赫定楼兰所获汉文文书和零星文物》。此件为打字稿,先生略加修改,落款处为先生签名。

三月八日

先生致信斯文·赫定,希望其捐赠更多有关中亚、西域地区考古的专著给北京图书馆。

March 8, 1927

Dear Dr. Hedin:

Many thanks for your kind letter of the second instant.

We have already got in our Library your work on Southern Tibet which was presented to us by the Crown Prince last fall.

We would like very much to get the other work you mentioned: *Eine Routenaufnahme durch Ostpersien*. If you will be good enough to secure a copy for us, it will be most gratefully received.

With renewed thanks for your interest,

Yours sincerely,

T. L. Yuan

Librarian.

〔北京图书馆英文信纸。韩琦教授提供〕

按：Southern Tibet 应指 *Southern Tibet: discoveries in former times compared with my own researches in 1906–1908*，通常译为《1906 年至 1908 年西藏南部科学考察报告》，共 9 卷，1917 至 1922 年间出版。Crown Prince 即古斯塔夫六世·阿道夫（Gustaf VI Adolf，1882–1973），瑞典王储、国王，业余考古学家，对中国艺术持有浓厚兴趣，1926 年曾访问北京、山西、上海等地。*Eine Routenaufnahme durch Ostpersien*，共 3 卷，记述了 1905 年赫定对波斯卡维尔盐漠的探险，1918 年至 1927 年斯德哥尔摩出版。此件为打字稿，落款处为先生签名。

三月十日

先生致信李俨，告知故宫博物院藏《杨辉算法》版本及旧藏源流，并请赐稿与《图书馆学季刊》。

乐知先生：

宋《杨辉算法》五卷二本系朝鲜翻明勤德堂本，现藏清宫，为杨守敬故物，如尊处愿影钞一部或能办到，望便中示知。又北大图书馆前已将算书寄奉，大稿如已告竣，尚希寄交南京金陵大学刘衡如先生，以便在二卷一号季刊发表，至为感祷。专此，敬候著祺。

弟袁同礼顿首

一九二七，三，十

〔中华图书馆协会用笺。中国科学院自然科学史研究所图书馆藏札〕

按："大稿"似指《明清之际西算输入中国年表》，刊《图书馆学季刊》第 2 卷第 1 期（页 21–53）。

三月十七日

先生致信李俨,转告影钞四库本《乾坤体义》价目。

乐知先生大鉴:

日人钞本《杨辉算法》三本,昨已接到,业送故宫与杨氏藏本对校。影钞四库本《乾坤体义》一书,兹得管理人所开价单一纸与四库款式俱同,特以奉上,如合尊意,即祈示知,以便照办为荷。此上,顺候台祺。

弟袁同礼顿首

三月十七日

〔北京图书馆用笺。中国科学院自然科学史研究所图书馆藏札〕

按:《乾坤体义》为利玛窦著,介绍地球和天体构造和几何学原理。此信为文书代笔,落款处为先生签名。

三月十九日

钢和泰签赠《大宝积经迦叶品梵藏汉六种合刊》一册与先生。〔https://www.douban.com/note/837974170〕

是年春

钢和泰致函先生,告知已将《大宝积经迦叶品梵藏汉六种合刊》赠书寄赠学者、机构,并请协助寄送中国、德国、日本等国学者。

Dear Professor Yuan,

I am very much obliged to you for the tickets. I have not used them yet, but I shall do so before long in order to consult what remains of the Tibetan Kanjur owned by the Palace Museum.

I have distributed most of the sixty copies of the commentary which I received from the Commercial Press. Among the persons and institutions which must by now have received these copies of the books are the following: Prof. Thomas (Oxford), Prof. Konow (Oslo), Prof. Karlgren (Göteborg), Prof. Morgenstierne (Göteborg), Prof. Lüders (Berlin), the Royal Asiatic Society (London), Prof. de la Vallée Poussin (Brussels), Prof. Waldschmidt (Berlin), Prof. Tucci (Rome), Prof. Demiéville (Paris), Prof. Vogel (Leiden), Prof. Rahder (Leiden), Prof. Przyluski (Paris), Prof. Bacot (Paris), Prof. Lévi (Paris), Prof. Lessing (Berlin), Prof. Weller (Leipzig), Prof. Haenisch (Berlin), The École Française d'Extrême-Orient

(Hanoi), Prof. Blake (Harvard), Mr. Ware (Harvard), Prof. Chase (Harvard), Prof. Clark (Harvard), Prof. Woods (Harvard), Mr. Hackin (Paris), Prof. Simon (Berlin), Prof. V. Glasenapp (Königsberg), Prof. Porter (Yenching), Mr. Martin Fischer (German Leg. Peking), Prof. Pelliot (Paris), the Société Asiatique (Paris), and Sir Edward Denison Ross (School of Oriental Studies, London).

I shall be very grateful if you will send copies to President Stuart (Yenching), Professor William Hung (Yenching), the American Council of Learned Societies, Mr. Lodge (Freer Gallery Washington, D. C.), Professor Edgerton (Yale), Professor Williams Jackson (Columbia), the Asiatic Museum (Academy of Sciences, Leningrad), Prof. Fu Ssu Nien, the Library of the Deutsche Morgenländische Gesellschaft (Halle, Germany), the President of Santiniketan University (Bengal, India), the President of the Asiatic Society of Bengal (Calcutta), Professor Takakusu (Imp.Univ. Tokyo), Prof. Haneda (Imp. Univ. Kyoto) and Prof. Wogihara (Taisho University, Tokyo).

〔邹新明编《美国哈佛大学哈佛燕京图书馆藏钢和泰未刊往来书信集》下册，桂林：广西师范大学出版社、北京：北京大学出版社，2016 年，页 531-532〕

按：1926 年 9 月 18 日，王云五致信钢和泰，表示商务印书馆将在合同约定外奉赠《大宝积经迦叶品梵藏汉六种合刊》六十本，以表示对其耐心协助的特别感谢。该年 12 月 15 日，王云五再次致信钢和泰，告知此书即将正式出版，并寄赠一本样书。[①] 基于以上信息，笔者认为此信大约在 1927 年春季所写。此件为底稿。

四月二十八日

先生致信李俨，告知北京大学图书馆藏《古今律历考》暂无法借出远寄。

乐知先生大鉴：

本月二十二日曾上一函，谅已达览。《古今律历考》一书，北大以其为明刊善本，颇不欲于此时间远借，如拟摘钞数篇或可代办，校毕之《杨辉算法》仍因邮路不通未能发出，特再奉达，即希鉴察是荷。专

① 王启龙编著《钢和泰学术年谱简编》，北京：中华书局，页 70-72。

此,顺颂时绥。

袁同礼谨启

十六年四月廿八日

〔北京图书馆用笺。中国科学院自然科学史研究所图书馆藏札〕

按:《古今律历考》,明邢云路著,研究古代文献中所记载的历法知识。该信为文书代笔。

五月十四日

先生与袁慧熙女士订婚。〔《范源廉集》,页438〕

按:袁慧熙(1902年4月3日—1991年1月16日),祖父为清末名臣袁昶,外公为沈惟贤①,其父袁道冲本拟邀范源廉持柯。

五月二十一日

下午三时,先生与袁慧熙女士婚礼在南河沿欧美同学会举行,来宾甚多,约五时礼毕。〔《吴宓日记》第3册,页341;《晨报副刊·星期画报》第90号,1927年7月3日〕

按:证婚人颜惠庆,介绍人汪大燮、梁漱溟,主婚人王锡炽,奏乐杨仲子、刘天华。

五月三十日

国际联盟智育合作国际协进社(International Committee on Intellectual Cooperation)科学联合部致函先生,寄上国际联盟图书馆专家委员会决议案并征询意见。

30, May, 1927

Dear Sir

At its session of July 29th 1926, the Committee on Intellectual Cooperation decided to call a meeting of the expert librarians of it Sub-Committee for Bibliography, to discuss the results of the investigation conducted by the International Institute of Intellectual Cooperation on the coordination of libraries and research centers.

The following experts attended this meeting:

Dr. Cowley, Librarian of the Bodleian Library, who presided the meeting.

---

①《传记文学》,第14卷第4期,页33。

Dr. Dawson Johnston, European Representative of the Library of Congress.

M. Godet, Director of the National Swiss Library,

Dr. Krüss, Director general of the Prussian State Library,

M. Roland Marcel, Administrator general of the French National Library.

Mr. Bishop, President of the Committee for Foreign Relations of the American Library Association.

M. Oprescu, Secretary of the International Committee on Intellectual Cooperation.

De Vos van Steenwijk, Head of the Section for Scientific Relations of the International Institute, Secretary.

According to the wish expressed by the experts, I am communicating to you the resolutions that were passed. It should be noted, however, that these resolutions are still to be endorsed by the International Committee on Intellectual Cooperation at its next session in July.

The Congress of Librarians to be held in Edinburgh will, I hope, offer an opportunity to discuss this matter more fully.

Your very truly

J. E. de Vos van Steenwijk

Head of the Scientific Relations Section

Mr. T. L. Yuan

〔《中华图书馆协会会报》第3卷第1期,1927年8月31日,页16〕

六月初

先生东渡日本,调查日本藏《永乐大典》情况,先后得见二十七册,并撰文。

按:先生与夫人同行,亦为蜜月之旅。

六月上旬　东京

先生访问日本内阁文库,先询问《内阁文库第二部汉籍目录》之“第二部”所指,负责人员樋口龙太郎解释“第一部”是指日本书目。随后,先生在其带领下观看了《石钟山记》《后山诗注》《忠义水浒传》等,以及存放洋书的贵重书室、荷兰书安正年刊的辞典,还有西博尔德(Philipp Franz von

Siebold)的旅行记等。其中,先生着重翻阅的古籍有高似孙《史略》(明版)、《子略》(明版)和《三国志详节》(宋版)。〔樋口生《北京图书馆主任袁守和氏と会谈の记》,《图书馆杂志》第93号,1927年8月,页248-249〕

六月中旬　北京

吴瀛和江庸在东兴楼设宴,欲与故宫博物院维持会中的北京大学教授谈薪酬事。先生与陈垣、马衡、李宗侗等人赴宴,席间北京大学教授与吴瀛、江庸多有责难。〔《故宫尘梦录》,页130〕

按:故宫维持会无多资金,只能依赖借款和门票收入维系,本年端午节(6月4日)后并无实质好转,几引发罢工。

六月二十九日

中基会第三次年会在天津召开,批准梁启超、李四光辞去北京图书馆正副馆长的请求,任命范源廉为馆长,先生升任副馆长。〔《中华图书馆协会会报》第2卷第6期,1927年6月30日,页19〕

按:本年12月23日,范源廉病故。

七月一日

先生为王重民《老子考》撰写序言。〔《老子考》,1927年7月初版〕

按:如王重民自序所言"民国十四年,从袁守和先生受目录学,大好之,乃发愤先为《老子考》,因一可藉以抽绎各史志藏书志,一可为研究老子之预备也。"可知此书与先生颇有渊源,也是王重民学术事业的起始点,全书依历史时期(朝代)分为七卷,另有附录六种,以及引用书目、补遗、勘误等。此书为《中华图书馆协会丛书》第一种,分上下两册,梁启超署检。

七月六日

先生代张奚若致信史密斯森协会国际交换业务执行秘书C. G. Abbot,告知希望按月寄出交换品并告知此前收到的箱号,所需书籍今日将寄往国会图书馆。

July 6, 1927

Mr. C. G. Abbot,
Acting Secretary,
Smithsonian Institution,
International Exchange Service,

Washington, D. C.

U. S. A.

Dear Sir: -

Replying to your letter of June 10, we beg to advise that it is our desire to receive your exchange shipments monthly. A cable to this effect has been sent to you today.

While it is true that political disturbance in China has effected the work of all government institutions, yet, we are endeavoring to do as much as we can under such circumstances. We, wish, therefore, that you continue your monthly shipment as usual until you are advised to the contrary.

The last shipment we received from you was the one containing box 1332-1340, 12222 and 12278.

With reference to your request for a copy of F. R. Tegengren's "*Iron Ores and Iron Industry of China*, 2 vols. Atlas, 1 vol," we beg to advise that these are being sent to you today for deposit at the Library of Congress. As you will note, this work is under the series: Memoirs of the Geological Survey of China, Series A. No. 2. We shall be very glad to hear from you upon its arrival.

Yours truly,

Shirow Y. Chang

Director

per. T. L. Y

〔出版品国际交换局英文信纸。Smithsonian Institution Archives, Records, 1868-1988 (Record Unit 509), Box 1, National Library, Peiping〕

按:Charles G. Abbot(1872-1973),美国天文学家,史密斯森协会第五任秘书,本谱中译作"阿博特"。落款处先生代张奚若签名,并注明代签。F. R. Tegengren 即 Felix R. Tegengren(1884-1980),瑞典地质学家,通译为"丁格兰",曾任北洋政府农商部地质调查所技师,其书全称为 *The Iron Ores and Iron Industry of China, including a summary of the iron situation of the circum-Pacific region*,1921 年至 1924 年出版,同时刊行中文译本《中国铁矿志》,由谢家荣翻译。该信于 8 月 4 日送达。

七月十二日

先生致信李俨,告知代钞四库本《乾坤体义》费用,并寄还《杨辉算法》。

乐知先生大鉴:

《杨辉算法》顷已交邮寄山西平陆县南街郭宅转上,谅可先达尊览。兹又奉上照四库本代钞之《乾坤体义》两册,共费洋贰拾贰圆贰角壹分柒厘,单据六纸即以附呈。前曾收到洋贰拾叁圆正,所余洋柒角捌分叁厘现存敝处,收到后并希赐示为荷。此上,顺候时祺。

袁同礼谨启

十六年七月十二日

〔北京图书馆用笺。中国科学院自然科学史研究所图书馆藏札〕

按:本信为文书代笔。

七月二十九日

先生致信康乃尔大学图书馆馆长,寄赠《永乐大典》影本及《老子考》,询问其馆藏《永乐大典》卷数,并恳请赠送北京图书馆一册 *Catalogue of the Dante Collection*。

July 29, 1927

Librarian,

Cornell University Library,

Ithaca, N. Y.

U. S. A.

Dear Sir: -

We take pleasure in presenting to the Cornell University Library a copy of the photographic edition the *Yung Lo Ta Tien* vols. 2610-2611 and a copy of the *Bibliography of Lao Tse*, by Wang Chung-Min, 2 vols., which you will perhaps find useful for your Chinese collection.

As you have several copies of the *Yung Lo Ta Tien*, we would like to know the exact Chüan (volumes) of each copy and the number of pages in each volume, etc. May it be possible for you to find out this for us, as we are making a check-list of all existing volumes of this great

Encyclopedia.

The Metropolitan Library would like to have a copy of the *Catalogue of the Dante Collection*, presented by Willard Fiske to Cornell University. If it is still available for distribution, may we hope that you may have an extra copy to spare for our use? If, however, there is any charge, we shall be glad to hear from you.

Yours truly,

T. L. Yuan

Associate Director

〔北京图书馆英文信纸。Cornell University Library, Wason Collection Records, 1918-1988, Box 1, Folder Koo, T. K. Letters〕

按:《永乐大典》影本及王重民所著《老子考》并非随信寄送,而是以挂号印刷品形式寄出。此件为打字稿,先生有轻微修改,落款处为先生签名。

七月

北京图书馆委员会改组,当选委员有周诒春(委员长)、任鸿隽(书记)、李四光(会计)、张伯苓、戴志骞、先生。〔李致忠主编《中国国家图书馆百年纪事》,北京:国家图书馆出版社,2009 年,页 13〕

七、八月间

先生赠《老子考》与文字同盟社。〔《文字同盟》第 5 号,页 25〕

按:本年 4 月《文字同盟》由文字同盟社(北京西长安街 21 号)创刊,张蔚瑜、桥川时雄先后负责编辑,第 6 号介绍《老子考》,后又在第 10、11 号连载了王重民的《杨惺吾著述考》,第 15、16 号连载了《北京图书馆略史》。

八月十八日

下午,先生访江瀚(小方家胡同 3 号),后吴瀛来,商讨抵制内务部拟将大高殿档案迁移的办法,决定一面函呈国务院,一面请人从旁疏通。〔《故宫周刊》第 76 期,1931 年 3 月 21 日,第 4 版〕

按:内务部礼俗司新任司长李升培意欲有所政绩,故主张收回太庙、大高殿两所。故宫博物院同人似欲舍太庙,保大高殿,盖后者为清军机处档案暂放地。

先生致信李俨，告满文本《几何原本》须等陈寅恪回京后代为商洽，并请其寄梅文鼎小像以利叶恭绰编纂《清代名人画传》。

乐知先生大鉴：

顷奉七月廿八日大函，敬悉《乾坤体义》一书已达尊览。《杨辉算法》三册前已于七月九日寄至山西平陆南街陇海郭宅转送，如未收到，请一询为盼。满文译本《几何》须俟陈寅恪君返京，再谋报命。清梅文鼎小像，现叶玉虎先生正在搜集，能惠寄一用否？顷得美国寄来 *Probabilities* 图两张，特附函奉赠，即希察入为荷。专此，顺候时绥。

袁同礼谨启

十六年八月十八日

附图两张。

〔北京图书馆用笺。中国科学院自然科学史研究所图书馆藏札〕

按：本年夏，叶恭绰在《中华图书馆协会会报》刊登启事——征求清代学者像传，梅文鼎、李善兰等人即其中之"待访各象"。①*Probabilities* 应指概率（论）。本信为文书代笔。

八月十九日

下午，吴宓赴北京图书馆访先生，不值。〔《吴宓日记》第3册，页392〕

八月二十五日

吴瀛访先生，意欲作书告知颜惠庆，恳其致函沈瑞麟。晚，先生回访吴瀛，告知叶恭绰自天津致信沈瑞麟劝其不可夺大高殿，然沈之回信言此事必行。〔《故宫周刊》第76期，1931年3月21日，第4版〕

按：沈瑞麟（1874—1945），字砚裔，浙江湖州人，清末民初政治家、外交官，时任内务总长。

八月二十六日

晚，吴瀛打电话，商量延请之前来大高殿参观的国务院人员，先生觉此办法甚好，遂赞同。

按：本日吴瀛偶会许宝蘅，后者将国务院"无理要求"的缘由告知。盖前次参观大高殿被北大派同人生硬拒绝，遂生此念，不妨诚邀其参观一次，或可自然冰释。〔《故宫周刊》第79期，1931年4月

① 《中华图书馆协会会报》第3卷第1期，页23-25。

11 日，第 4 版〕

八月三十日

康乃尔大学图书馆华生特藏部主任致函先生，告知所藏《永乐大典》各册卷号并赠北京图书馆*Catalogue of the Dante Collection* 一册。

30 August 1927

Mr. T. L. Yuan, Associate Director

Metropolitan Library

Peking, China.

Dear Sir:

We thank you very much for the photographic reproduction of the volume of the Yung Lo Ta Tien which contains sections 2610-2611, and for the *Bibliography of Lao Tse* by Wang Chung-min, which came today.

The reproduction of the volume of the *Yung Lo Ta Tien* is exceedingly interesting. We congratulate you on it and assure you of our best wishes for the success of your plan for making a check list of all existing volumes of this great work and of reproducing them as it is possible. We have in the Wason Collection five volumes containing ten sections:

One volume of 32 leaves containing section 13,453

One volume of 45 leaves containing sections 13,879-13880

One volume of 54 leaves containing sections 15,868-15,870

One volume of 54 leaves containing sections 19,781-19,782

One volume of 42 leaves containing sections 19,783-19,784.

We are sending you, with our compliments and thanks, a copy of the *Catalogue of the Dante Collection*.

Sincerely yours,

Curator of the Wason Collection on China and the Chinese.

〔Cornell University Library, Wason Collection Records, 1918-1988, Box 1, Folder Koo, T. K. Letters〕

按：此件为底稿。

八月三十一日

《中华图书馆协会会报》刊登先生文章，题为《〈永乐大典〉现存卷数续目》。

〔《中华图书馆协会会报》第3卷第1期,1927年8月31日,页9-11〕

按:此文所辑为本年6月在日本所见之27册和最近在北京所知者,署名为“同”。

九月一日

北京图书馆委员会议决设立建筑委员会,推范源廉、李四光、周诒春、先生、Conrad W. Anner五人担任委员。〔《北京图书馆第二年度报告(十六年七月至十七年六月)》,页3〕

按:本年3月,北京图书馆将新馆建筑竞赛图案寄送美国建筑学会,该会指定顾理治(Charles A. Coolidge)、亚特理(W. T. Aldrich)等人合组审查。8月24日,顾理治电告首奖为第八号,其余二、三、四等奖分别为第十五号、第一号、第五号。Conrad W. Anner(1889—1960),德裔美国建筑师,本谱通译作“安那”,出生于柏林,1909年移民美国,1919年受聘于洛克菲勒基金会,以北京协和医学院建筑的主要绘图师身份主持征募设计图案,并参与投标,获得第四奖,后充监督工程师。

九月三日

下午,沈瑞麟和刘尚清各带随员四名,到故宫博物院调查,先生、吴瀛、俞同奎、汤铁樵等人招待接洽。〔《故宫周刊》第80期,1931年4月18日,第4版〕

按:刘尚清(1868—1947),字海泉,辽宁铁岭人,晚清民国政治人物,时任农工总长。

九月十五日

先生致信李俨,请其寄李善兰像。

乐知先生大鉴:

顷奉九月一日手札,诵悉一是。满文译本《几何原本》一俟陈寅恪君返京,当即代为接洽。李善兰小像,亦在叶先生搜求之内,倘荷影摹或径以原本见示,至深纫感。附来征求算书启事,亦已代为分送矣。专此布覆,顺候时祺。

弟袁同礼谨启

九月十五日

〔北京图书馆用笺。中国科学院自然科学史研究所图书馆藏札〕

按:李善兰(1811—1882),字竟芳,号秋纫,别号壬叔,浙江海宁人，近代数学家、天文学家。该信为文书代笔。

九月二十三日

先生致信王重民，请其带信转交严侗并告知北京图书馆藏《老子通》版本情况，可就直隶省立第一图书馆馆藏版本补钞。

重民吾兄：

兹奉上致严馆长信一件，赴津时可携交之。《老子通》购到者系明本（共四本缺第一本），半叶十行，行二十字，北京图书馆所缺者系第二十五叶以前者。如能照样影钞，其钞写费当由北京图书馆奉上也。此颂时安。

袁同礼顿首

九，二十三

〔顾晓光《袁同礼致王重民四通书信浅疏》，《图书馆论坛》，2019年，第39卷第4期，页125-129〕①

按："严馆长"应指严侗，字台荪，严修五弟，时任直隶省立第一图书馆馆长。

十月六日

日人松崎鹤雄在西长安街宣南春设宴，答谢在京的中日两国学人。与席的中方学人有沈兼士、阚铎、陈垣、胡玉缙、黄节、杨树达、先生、程清、曹经沅、孙人和、黄复生、马衡、马廉、杨虓、钱稻孙，日方学人有石本宪治、小平绥方、桥川时雄、杉村勇造，席间合影留念。〔《文字同盟》第8号，页18〕

按：松崎鹤雄（1868－1949），号柔甫，曾随叶德辉学习版本目录学，时在满铁图书馆任职，为该馆馆务来北京盘桓二十余日。胡玉缙（1859—1940），字绥之，号绥庵，江苏吴县人，清末学部员外郎，民元后曾任国立历史博物馆筹备处主任。孙人和（1894—1966），字蜀丞，江苏盐城人，文献学家。

十月十五日

先生致信史密斯森协会，请寄赠北京图书馆三种美国政府出版物。

October 15, 1927

① 该文排印错误甚多，笔者自行订正，以下各处皆同。

Dear Sirs: -

Will you please be good enough to take steps to have the Metropolitan Library supplied with the publications noted below, as a part of the U. S. official documents transmitted to the Chinese Government through the Bureau of International Exchange of Publications, Peking?

Thanking you for your courtesy,

Yours truly,

T. L. Yuan

Associate Director

1. *Report of the Investigations of U. S. Patent Office House Doc*. 1110-63rd Cong. 3rd Session.

2. *Manual of Classification of Subjects of Invention*, etc. (Patent Office)

3. *U. S. National Museum, Proceedings*, vols. 1, 3, 4, 6-11 inclusive, 13-15 inclusive, 17-20 inclusive, 22-35 inclusive, 38-46 inclusive, 48-51 inclusive, 54, 66 and continuation.

〔北京图书馆英文信纸。Smithsonian Institution Archives, Records, 1868-1988 (Record Unit 509), Box 1, National Library, Peiping〕

按:先生对打字件有修改,落款处为先生签名。该信于 11 月 12 日送达。

十月二十日

西北科学考查团理事会假国学研究馆召开会议,周肇祥、刘半农、先生、徐森玉、徐协贞、常福元、庄尚严等人出席。周肇祥为会议主席,报告、议决各案如下:

(一)教育部转新疆省长兼督办军务善后事宜杨增新电阻考察团入境事。议决,(1)备文致内务、外交、教育、实业四部声述考察团筹组经过情形并请四部合电杨增新解释一切,允许该团入境考察。(2)公推周肇祥、徐森玉、先生分往内务、外交、教育、实业四部面见总长详细疏解。(3)公推刘半农到瑞典使馆报告此事,并声明现正在补救。(4)请叶恭绰、周肇祥以私人身份向政府疏通。

(二)聘请庄尚严为本会秘书。

(三)函国学研究馆暂调该馆书记李德启兼任本会办事员,每月由理事会支洋二十元。〔国家图书馆档案，档案编号 1927-※042-外事 1-001023 和 1927-※042-外事 1-001024〕

按：周肇祥（1880—1954），字养庵，浙江绍兴人，清末举人，肄业于京师大学堂，后任北京古物陈列所所长，团城国学书院副院长；徐协贞（1870—?），字吉轩，湖北钟祥人，甲骨文专家，早年留学日本，曾任北洋政府教育部佥事、历史博物馆筹备处主任、历史博物馆主任等职；常福元（1874—1939），字伯琦，江苏南京人，早岁就读于北洋水师学堂，毕业后转投身图书编译及教育工作，历任北京大学、北平师范大学、辅仁大学等教授，曾筹办中央观象台。杨增新（1864—1928），字鼎臣，云南蒙自人，清末民初政治人物，长期担任新疆省长。是年 10 月 16 日，新疆“省政府就阻止汉奈斯·司科勒德等三人入新加入考察团事给交涉署的训令”①，一反此前支持态度。

十月二十四日

故宫博物院管理委员会公布大批干事名单，先生位列其中，并接受图书馆副馆长的任命。〔吴瀛《故宫尘梦录》，页 143〕

按：此次干事任命约有 24 名，图书馆馆长本为江瀚，但其请辞，后由傅增湘担任。先生专任图籍部，另一副馆长为许宝蘅，后者专任掌故部。

十一月一日

先生致信李俨，请其寄华蘅芳像。

乐知先生大鉴：

前蒙惠寄李壬叔小像，昨已用毕，另封挂号奉还，尚希察入。华蘅芳小像，叶先生亦甚愿搜集，倘承再为检出寄下，尤深感荷。原图用毕，仍当由敝处奉还无误。此上，顺候时祉。

弟袁同礼启

十六年十一月一日

〔北京图书馆用笺。中国科学院自然科学史研究所图书馆藏札〕

按：华蘅芳（1833—1902），字若汀，江苏无锡人，数学家。该信为

① 中国新疆维吾尔自治区档案馆、日本佛教大学尼雅遗址学术研究机构编，《中瑞西北科学考察档案史料》，乌鲁木齐：新疆美术摄影出版社，2006 年，页 8。

文书代笔。

十一月十三日

陈寅恪致函先生，告所询写经大概内容及其中语言文字，并谓该卷装裱错乱。

手卷中文系《贤愚经》第一卷之一段。此经为六朝时河西沙门八人在于阗听讲时所撰集，并非翻译成书，故可宝贵。详见僧佑《出三藏记集》第九卷《贤愚经序》。手卷回文（书法不甚古，书用毛笔，骤视以为蒙古文）中有菩提萨等字，当是佛经。但手卷既已割裂，装裱时又有错乱颠倒，殊未易知其为何经也。

昨夜匆匆翻阅一过，既无参考书籍，又值学校闹风潮，未能详考，尚乞谅之。匆上，即叩

守和吾兄先生撰安

弟寅恪顿首

十三日

元代国书，系本藏文，非本畏兀吾文，王晋老跋语有误。

〔《陈寅恪集·书信集》，北京：生活·读书·新知三联书店，2015年，页5〕

按："王晋老"即王树枏，字晋卿，直隶人，曾任新疆布政使。

十一月二十九日

瑞典皇家图书馆馆长 Isak Collijn 致函先生，告国际图书馆及目录委员选举结果及章程，请中华图书馆协会签署并推选代表。

Stockholm, November 29, 1927

Dear Sir,

Having been elected Chairman of the International Library & Bibliographical Committee, I have the honour to submit the Resolution voted at Edinburgh on September 30th 1927 at the Fifty Years' Jubilee-meeting of the British Library Association, and signed by the authorized delegates of fifteen national Associations of Librarians. This resolution contains the statutes of the Committee and the appointment of the first Executive Committee.

According to the opening paragraph, this statute of inauguration must be ratified by those national associations which desire to adhere to the Committee and even by those whose delegates have already appended their signature.

Accordingly I would request you to bring about as soon as possible a resolution of your Association ratifying the Statute and at the same time naming the delegate who is to represent and vote for your Association on that Committee.

It would be desirable if an alternative delegate were nominated immediately for the voting delegate, who in case of the inability of the delegate to attend, would be empowered to take his place.

As soon as the delegates, who according to paragraph 6 are to form the first Executive Committee, are nominated, I will constitute that Executive Committee and let it proceed to the election of the first and second Vice-Presidents and of the Secretary, according to paragraph 6, Clause 2.

The delegates assembled at Edinburgh have unanimously welcomed the result of their deliberations, as incorporated in this resolution, as a basis of fruitful scientific co-operation among the Library Associations of their various countries.

I have had great pleasure in accepting office as the first Chairman of this Committee in the hope that this foundation will receive the adhesion and collaboration of all the leading Associations and that our interests in the field of librarianship and bibliography, which we all have at heart, will be successfully furthered through international cooperation, so often desired and now at last brought into being.

Yours very sincerely

Dr. Isak Collijn,

Chief Librarian of the Royal Library, Stockholm.

Mr. Tung-Li, Yuan

Chairman of the Executive Board of The Library Association of China,

The Metropolitan Library, Peking.

〔National Library of Sweden, Isak Gustaf Alfred Collijn papers〕

按:Isak Gustaf Alfred Collijn(1875-1949),瑞典图书馆学、目录学家,本谱中译作"柯林",1927 年至 1931 年担任国际图书馆协会和机构联合会(International Federation of Library Associations and Institutions)主席。该件为录副,但落款处为其签名。此函亦收录在《中华图书馆协会会报》中。①

十二月三日

下午,先生、许宝蘅、张允亮(建设课主任)、徐森玉(流传课主任)、陈宝泉(编录课主任)、凌念京(事务课主任)到故宫博物院图书馆谈事,五时左右散。〔许恪儒整理《许宝蘅日记》,北京:中华书局,2010 年,页 1215〕

按:张允亮(1889—1952),字庾楼,河北丰润人,近现代藏书家、目录学家,清末两江总督张人骏五子,其妻为袁世凯长女袁若桓。凌念京(1879—1958),四川宜宾人,1903 年留学日本,1907 年归国,曾任北洋政府教育部秘书,傅增湘与之为郎舅关系。② 故宫博物院图书馆办公场所为寿安宫。

十二月六日

下午二时,故宫博物院图书馆召开会议,议定各课先通力合作办理提书、编目等事,并安排各处人事及南三所、大高殿两处工作人员。〔《许宝蘅日记》,页 1216〕

阿博特覆函先生,已根据来信获取《美国专利局 1912 年调查报告》、《专利分类指南》,并将于下次寄出。

December 6, 1927

Dear Sir:

In compliance with the request contained in your letter of October 15 the Smithsonian Institution has taken pleasure in procuring for the Metropolitan Library a copy of the *Report of the Investigations of the United States Patent Office* made by the President's Commission on Economy and Efficiency in December 1912 and also a copy of the *Manual of Classification of Patents*. These documents will be included in the next consignment of exchanges sent to China.

---

① 《中华图书馆协会会报》第 3 卷第 4 期,1928 年 2 月 29 日,页 19、17。

② 中央文史研究馆编《中央文史研究馆馆员传略》,北京:中华书局,2014 年,页 175;王菡著《魏榆隽永集》,北京:中华书局,2018 年,页 400。

A reply to that portion of your request for certain volumes of the *Proceedings of the United States National Museum* has been addressed directly to your Library by that museum.

Very respectfully yours,

C. G. Abbot

Acting Secretary

〔Smithsonian Institution Archives, Records, 1868-1988 (Record Unit 509), Box 1, National Library, Peiping〕

按:该件为录副。

十二月三十日

下午三时半,先生乘京奉车由天津返回北京,车中与许宝蘅、周肇祥谈事。〔《许宝蘅日记》,页 1220〕

按:本月 23 日,范源廉在天津病逝。先生此次赴津,极有可能是协助处理范源廉丧事。

十二月三十一日

《中华图书馆协会会报》刊登先生文章,题为《中国加入国际交换出版品协约之经过》。〔《中华图书馆协会会报》第 3 卷第 3 期,1927 年 12 月 31 日,页 3-4〕

按:后附公牍协议原文及译文。

十二月

《图书馆学季刊》刊登先生文章,题为《明代私家藏书概略》。〔《图书馆学季刊》第 2 卷第 1 期,1927 年 12 月①,页 1-8〕

本年底

先生致信 Thomas F. Currier,表示北京图书馆愿意帮助哈佛大学图书馆在北京购买图书。〔程焕文编《裘开明年谱》,桂林:广西师范大学出版社,2008 年,页 27〕

按:Thomas F. Currier(1873-1946),1894 年获得哈佛大学学士学位,1902 年起负责该校图书馆编目部,1913 年起担任助理馆长。1928 年初,哈佛大学与燕京大学签订代购图书协议,故先生的提议暂未被采纳。

---

① 本期目录页及英文封面被排字工误印为"九月",实为十二月,特此说明。

一九二八年　三十四岁

一月一日

晚六时，傅增湘招饮，许宝蘅、袁金铠、王式通、恽宝惠、先生、陈宝泉、徐森玉、伦明、凌念京等人与席，八时左右散。〔《许宝蘅日记》，页1220〕

按：恽宝惠（1885—1979），字公孚，江苏武进人，清末常州进士、国史馆总纂恽毓鼎长子，时应任蒙藏院副总裁等职。

一月六日

先生致信柯林，告知收悉来函，中华图书馆协会签署国际图书馆和书目委员会章程，并推选戴志骞、先生、沈祖荣为中国代表。

January 6, 1928

Dr. Isak Collijn,

Dear Sir: -

I beg to acknowledge the receipt of your letter of 29 November, 1927, enclosing a Resolution passed at Edinburgh containing the statute for an International Library and Bibliographical Committee.

In reply, I take pleasure in saying that the Board of Directors of the Library Association of China has unanimously ratified the above statute and has appointed the following three gentlemen to serve as its delegates:

Dr. T. C. Tai, (Chief Delegate) Librarian, Tsing Hua College, Peking.

Mr. T. L. Yuan, Associate Director, Metropolitan Library, Peking.

Mr. Samuel T. Y. Seng, Librarian, Boone Library, Wuchang.

We wish to congratulate you for your effort in bringing about an international organization destined to play an important part in the intellectual life of the world. If there is anything we can do here in China to further the movement, we shall be more than glad to be of service.

Yours very sincerely,

T. L. Yuan

Chairman, Executive Board

〔中华图书馆协会英文信纸。National Library of Sweden, Isak Gustaf Alfred Collijn papers〕

按:该信为打字稿,落款处为先生签名。

一月十日

《音乐杂志》创刊号刊登先生两篇文章,一为《中国音乐书举要》,介绍中国历代乐书 121 种,其中罕见书籍均标注收藏机构信息;二为《新书介绍》,介绍 H. C. Colles, *Grove's Dictionary of Music and Musicians*, third edition。〔《音乐杂志》创刊号,1928 年 1 月 10 日〕

按:其中,《中国音乐书举要》未完待续。《音乐杂志》由国乐改进社编辑出版,该社向先生寄赠样刊,后归于国立北平图书馆。

二月九日

上午,先生访 Selden Chapin。

按:Selden Chapin(1899-1963),美国外交官,时任美国驻华使馆三等秘书。

先生致信 Selden Chapin,附呈美国政府出版物寄送中国情况概要并请转达对史密斯森协会的致意。

Feb. 9, 1928

Mr. Selden Chapin,

American Legation,

Peking.

Dear Mr. Chapin:

As noted in our conversation this morning, I beg to enclose herewith a memorandum concerning the present status of the U. S. official publications sent to China. An abstract from our first annual report is also enclosed for your information.

In writing to the Department of State, will you be good enough to convey our high appreciation of the efficient service which the Smithsonian Institution has been rendering to the Metropolitan Library?

With renewed thanks,

Your very sincerely

T. L. Yuan

Associate Director

〔Smithsonian Institution Archives, Records, 1868－1988 (Record Unit 509), Box 1, National Library, Peiping〕

按:该件为抄件,附 Foreign Official Documents 备忘录一页。

先生致信史密斯森协会,告北京图书馆收到三箱美国官方出版品,并附致美国使馆的备忘录。

Feb. 9, 1928

Dear Sirs:

We beg to enclose our acknowledgement for two boxes (nos. 12565, 12623) of U. S. official documents and one box (no. 12681) containing similar material which were announced in your letter of October 24 and November 11 last respectively.

We recently learned from the American Legation here that the Department of State at Washington had written to say that the Department was not informed concerning the fact that the Metropolitan Library has been the Depository Library for the U. S. official documents forwarded to China by the Smithsonian Institution. Enclosed herewith please find a memorandum we submitted to the American Legation in Peking.

Yours truly,

T. L. Yuan

Associate Director

〔北京图书馆英文信纸。Smithsonian Institution Archives, Records, 1868－1988 (Record Unit 509), Box 1, National Library, Peiping〕

按:此件为打字稿,落款处为先生签名,于 3 月 3 日送达。

二月十日

《音乐杂志》继续刊登先生的文章《中国音乐书举要》。〔《音乐杂志》第 1 卷第 2 号,1928 年 2 月 10 日,页 13－23〕

按:本期介绍中国历代琴书 114 种、其他乐器 17 种、杂书 27 种,其中罕见书籍均标注收藏机构信息。

二月十二日

北京图书馆及各学术团体在中央公园公祭范源廉。〔《北京图书馆第二年度报告(十六年七月至十七年六月)》,页1〕

二月十六日

朱希祖致函先生,内容应为图书馆管理办法和购书方式建议。〔《朱希祖日记》,北京:中华书局,2012年,页1445、1447〕

按:先生收到此函后即覆,并赠《图书季刊》一册。

二月二十二日

朱希祖覆函先生。〔《朱希祖日记》,页1447〕

二月二十三日

周作人致函先生,欲将一种日文书转售北京图书馆。

守和先生:

久疏问询,想必公私顺适。兹有一事奉烦,不知北京图书馆亦收美术书否?弟有一本《笔耕园》帖,系日本审美书院复制宋元明画六十帧,不知贵馆能赐购入否?此书系"特别最上制",在东京地震前所买,原价金六十圆。如可购入,当再将原书店目录及画帖送呈。如何,乞费神示覆为荷。专此奉托,敬颂近安。

二月二十三日

弟周作人上

新街口八道湾十一号

〔国家图书馆档案,档案编号1945-※057-综合5-007001〕

按:收到此函后,先生即覆信周作人,愿意购入。

二月二十五日

先生致信史密斯森协会,告北京图书馆收到美国专利局的出版品,并请其考虑补寄国会图书馆曲谱类出版品。

February 25, 1928

Dear Sir:

We thank you for your letter of December 6, in regard to the *Report of the Investigations of the U. S. Patent Office and the Manual of Classification of Patents*. We feel sure that these documents would prove to be valuable additions to our collections.

As we are in need of the publication noted below, will you please be good enough to take steps to have the Metropolitan Library supplied with it as a part of the U. S. Official Documents transmitted to the Chinese Government through the Bureau of International Exchange of Publications, Peking?

Thanking you for your courtesies,

Yours faithfully,

T. L. Yuan

Associate Director

Library of Congress: *Dramatic Compositions*, vol. 2 and also any edition of dramatic compositions issued from 1917 to date.

〔北京图书馆英文信纸。Smithsonian Institution Archives, Records, 1868–1988 (Record Unit 509), Box 1, National Library, Peiping〕

按:此件为打字稿,落款处为先生签名,于3月28日送达,3月30日阿博特致信国会图书馆询问有无可能答应此请。4月20日,国会图书馆覆函阿博特,同意寄送 *Dramatic Compositions* 1870–1916 两卷本, *Catalogue of Copyright Entries Part 1, Group 2* (containing the dramatic compositions registered, Volume 14, 1917–Volume 24, 1927)。

周作人覆函先生,请派人来取《笔耕园》。

守和先生:

覆书敬悉。《笔耕园》帖因篇幅稍大,如能由尊处饬人来取最佳,请于星期二三差人来舍,弟当将书放在门房,随时可以取去也。匆匆,敬颂近安。

弟作人启

二月廿五日

〔国家图书馆档案,档案编号1945-※057-综合5-007002〕

按:原信上用铅笔标注"星期二去取",该日为2月28日。

本年春

先生致信施廷镛,欲聘其来北海图书馆主持中文编目。〔施锐编著《奋斗一生:纪念施廷镛先生》,南京:南京大学出版社,2008年,页47〕

按:施廷镛与先生相识于1925年左右,时任职于南京图书馆,本欲接受邀请北上,但忽接好友洪有丰邀请,由后者致信先生说明情况,恳请借至安徽省教育厅做事。

先生致信日本《圕研究》编辑部,代表中华图书馆协会感谢其寄赠刊物。

Dear Sir:

Many thanks for a copy of the *Toshokan Kenkyû*, and please accept our congratulation for your valuable contribution to the library world.

We are very interested in this new publication on library science and I shall be very glad to write articles for it if my official duties permit me. It is also our great pleasure to know that you are willing to use your organ for the creation of friendship relations between your country and ours, and we beg to thank you for your good will.

With good wishes and cordial regards,

Your faithfully,
T. L. Yuan
Associate Director

〔《圕研究》第1卷第2期,1928年4月,页235〕

按:*Toshokan Kenkyû* 即《圕研究》(季刊),日本青年图书馆员联盟机关出版品,其主要撰稿人有间宫不二雄,1928年1月在大阪创刊。除先生信外,第1卷第2期还刊登了戴志骞的来信;第1卷4期则刊登了桂质柏、刘国钧、裘开明的祝贺信。

二月二十九日

《中华图书馆协会会报》刊发先生的两篇文章,一为《与毛坤书》,二为《中国音乐书举要》。前者失收于《袁同礼文集》,原无标题,笔者冠以"与毛坤书"。

毛君此文,颇可供编纂者之参考。关于名称问题,"大辞典"既不甚妥,而"图书目录"亦不能将此项工作性质标出。毛君所引之合众国图书目录,其性质仅著录当代之出版物,并无考订之工作,即英文中所谓之通行目录(Current bibliography)者是也。至北京图书馆编纂中之大辞典,系对于已往之典籍,加以整理,实兼有著录及考订两项工作,即英文中所谓之 Retrospective bibliography 者是也。敝意厦门大学国学院前有“中国图书志”之计画，与此吻然相合，似可采取其名。至英文名称，则可译为“*Bibliotheca Bibliographica Sinica*”，不识适宜否？至毛君所述之标题及排列问题，敝意中国典籍，内容复杂，制定标题，必须互相联贯（Cross reference）而后可。惟工作极大，恐非二年内所能告成也。但如每类之中，多分子目，亦非绝对不能救济。以中国书之性质及索引方法之困难而言，如有一详细分类目录，末附著者及书名索引，当较字典式之目录为便。（《图书馆学季刊》第一卷之字典式索引，亦未能尽合吾人之所期）。此则愿与诸同志共商榷者也。

袁同礼识

〔《中华图书馆协会会报》第3卷第4期，页5-6〕

按：本期先刊登了毛坤[1]《关于〈中国图书大辞典〉之意见》编纂计划的想法，后附先生所写回应短文。另，《中国音乐书举要》较《音乐杂志》已刊行版本多《西人关于国乐之著作》一节，[2]收录英文37种，法文9种，德文7种，皆以出版时间为序排列，其中13种由赵元任增列。

三月三日

下午，许宝蘅、朱启钤、叶恭绰赴庆霄楼参观北京图书馆，先生导引观看藏书、编目各室，并赠中华图书馆协会所编《图书馆学季刊》，约五时三位访者离去。〔《许宝蘅日记》，页1232、1233〕

三月七日

下午三时，故宫博物院图书馆开会，傅增湘、许宝蘅、先生、陈宝泉、张允亮、徐森玉、凌念京均出席，约六时散。〔《许宝蘅日记》，页1233〕

三月十三日

先生致信康乃尔大学（图书馆），寄赠《中基会1927财年报告》。

March 13, 1928

Dear Sirs:

We take pleasure in sending you, under separate cover, the second report of the China Foundation for the Advancement of Education and

---

① 毛坤，生于四川宜宾，早年曾经求学于北京大学、武昌文华图书馆学专科学校，先后担任过武昌文华图书馆学专科学校教授兼教务长、四川大学教授兼图书馆馆长。

② 《音乐杂志》第1卷第3号，1928年3月，亦刊登《西人关于国乐之著作》一节。

Culture, Peking.

You will please note that on pages 36-37 there is a short description about the Metropolitan Library.

We have placed your institution on our mailing list to receive our annual report as soon as it is published.

Yours truly,

T. L. Yuan

Associate Director

〔北京图书馆英文信纸。Cornell University Library, Wason Collection Records, 1918-1988, Box 1, Folder Koo, T. K. Letters〕

按:该信应为一组,致各国图书馆。此件为打字稿,落款处为先生签名,于4月18日送达。

三月二十四日

杨树达赴北海图书馆看新近采访的李慈铭手校各书,先生又出示陈澧《学思录》稿本,即《东塾读书记》的底稿。〔杨树达著《积微翁回忆录》,北京:北京大学出版社,2007年,页25〕

三月三十日

先生致信柯林,询问国际图书馆和书目委员会执委会举行情况和结果。〔National Library of Sweden, Isak Gustaf Alfred Collijn papers〕

按:该信属具文性质,并无太多实际内容,笔者未录。

三月

《图书馆学季刊》刊登先生文章,题为《宋代私家藏书概略》。〔《图书馆学季刊》第2卷第2期,1928年3月,页179-187〕

四月二日

国会图书馆覆函先生,前信索取的《分类法之总类》和《宗教哲学》两部均将寄送北京图书馆,其他部分则已绝版无存或正待印刷。

April 2, 1928

Dear Sir:

Your letter of February 23 (addressed to Mr. Martel, the Chief of the Catalogue Division, now in Europe), has been referred to this Office for attention.

In response, we have had pleasure in sending to your Library (under separate cover and free of charge) copies of Class A (General works) and Class B, part 2 (Religion). We regret that we are unable at this time to furnish copies of the undermentioned classification schemes, -the editions of which are now exhausted. P-PA is now in press, and our Publication Section will see that a copy is sent to your Library as soon as it is available.

We do not expect to reprint C (History) and L (Education) at present.

We have been unable to locate in our files your letter of July 2, 1927, to Mr. Martel, to which you refer.

Very truly yours,

Secretary

〔Librarian of Congress, Putnam Archives, Special File, China: Metropolitan Library〕

按：Mr. Martel 即 Charles Martel（1860－1945），美国图书馆学家，一般译作"马特尔"①，负责编制国会图书馆分类法，1929 年 9 月 15 日不再担任国会图书馆编目部主任，对美国图书馆发展产生了深远影响。P-PA 指语言文学总类、希腊语言与文学、拉丁语言与文学学。C、L 所指历史和教育两大部，分别于 1915 年和 1911 年刊印。此件为录副。

四月四日

国会图书馆致函先生，将通过外交邮袋补寄《国会图书馆 1927 财年报告》一册，并感谢北京图书馆寄赠《中基会 1927 财年报告》。

April 4, 1928

Dear Sir:

We regret to learn from your letter of March 5, which reached us only recently, that the copy of the *Librarian's Report for 1927* (which we sent you under date of December 19, 1927) failed to reach you. Our Publication Section is sending a duplicate by the diplomatic pouch.

① 严文郁《美国国会图书馆及其分类法》，《图书馆学季刊》第 3 卷第 4 期，1929 年 12 月，页 519。

Pray accept our thanks for the copy of the *Annual Report of the China Foundation for 1927*. We have been interested to see it and to read the description of your Library contained therein.

Very truly yours,

Secretary

〔Librarian of Congress, Putnam Archives, Special File, China: Metropolitan Library〕

按:此件为录副。

四月二十日

朱希祖致函先生。〔《朱希祖日记》,页 1470〕

四月二十七日

阿博特致函先生,告知前代北海图书馆向国会图书馆索取两种书刊的结果,并会将其放入下次寄出的出版品箱件中。

April 27, 1928

Dear Sir:

On receipt of your letter of February 25, the Institution brought to the attention of the Library of Congress your request for copies of the volumes of Dramatic Compositions. That library now replies as follows:

> In response to your request of March 30, the Librarian has directed that the bound volumes of *Dramatic Compositions 1870–1916*, volumes 1 and 2, and the complete yearly volumes of the *Catalogue of Copyright Entries Part 1, Group 2*, containing the dramatic compositions registered, Volume 14, 1917, Volume 24, 1927, shall be sent to your Institution for transmission to the Metropolitan Library, Peking, China.
>
> I trust that these publications (which are usually sold by the Superintendent of Documents) will prove of service to that Library.

The volumes which the Library of Congress has supplied will be included in the next consignment of exchanges sent to the Chinese Bureau of International Exchanges.

Very respectfully yours,

C. G. Abbot

Secretary.

〔Smithsonian Institution Archives, Records, 1868－1988 (Record Unit 509), Box 1, National Library, Peiping〕

按:此件为副本。

四月二十八日

先生赴清华大学,下午二时至三时与吴宓晤谈,其间吴宓向先生建议提高赵万里月薪。〔《吴宓日记》第 4 册,页 53〕

按:本日为清华大学(学校)成立 17 周年纪念。后,吴宓之请获允,赵万里月薪增至 120 元。①

四月三十日

《中华图书馆协会会报》刊登先生撰写的两篇书评,分别针对李小缘的《中国图书馆计画书》、范志熙的《四库全书总目韵编》。〔《中华图书馆协会会报》第 3 卷第 5 期,页 23－24〕

按:此二书实际均未排印出版,前者为 1927 年 5 月油印本,后者则为清末缪荃孙藕香簃旧钞本。先生署名皆为"和"。

五月三日

恒慕义致函先生,告知其已开始负责国会图书馆中文馆藏建设,请先生推荐中文文献以利增加馆藏,并建议代购前联系施永高。

May 3, 1928

Dear Mr. Yuan:

You may remember me as having been connected for the past few years with the Peking Language Schools for foreigners. Now for the past three months, and for the next year, at least, I am in charge of the Chinese Collection of the Library of Congress. I recall with pleasure the fine dinner Mr. March, Capt. Gillis, and Mr. Pettus and I had at your home almost a year and a half ago.

Until recently we have had but very little money to spend on Chinese books, as you are aware. But I am glad to report that we have a small

① 《吴宓日记》第 4 册,页 57。

allotment now which we can use in the purchase of Chinese materials. So, if you know of any rare items which you think we ought to have, please let us know, and we will telegraph you whether or not we can purchase them. Or you can write to Mr. Swingle as you have done before. He is, of course, still interested in the Chinese Collection and is still recommending books to us, as he always has done. He sends the recommendations on to us. It may be best for you to keep on with the old procedure of first notifying him.

I hope all is well with you. We still see your beautiful hand-writing on many of our books, so we are reminded that you were once here.

Sincerely yours,

Arthur W. Hummel

〔Library of Congress Archives, Arthur W. Hummel Sr. correspondence series, MSS86324〕

按:Mr. March 待考,Capt. Gillis 即 Irvin Van Gillis(1875-1948),中文名义理寿,美国驻华公使馆海军武官,后成为美国工程师 Guion M. Gest(1864-1948)在华购买中国书籍的代理人,在他的不懈努力下葛斯德华文藏书库得以确立并逐渐扩大,并与白炳骐合编《葛思德东方藏书库书目》。Pettus 即 William B. Pettus (1880-1959),通译作"裴德士",基督教青年会干事,华北协和华语学校校长。该件为录副。

五月七日

先生致信史密斯森协会,寄赠《中国加入国际交换出版品协议之经过》。

May 7, 1928

Dear Sirs:

I am sending you a copy of the *Bulletin of the Library Association of China*, vol. 3, no. 3, in which you will find my article on the organization of the Bureau of the International Exchange of Publications at Peking. I hope you will find it of interest.

Yours faithfully,

T. L. Yuan

Associate Director

〔北京图书馆英文信纸。Smithsonian Institution Archives, Records, 1868–1988 (Record Unit 509), Box 1, National Library, Peiping〕

按:此件为打字稿,落款处为先生签名,于6月4日送达。

先生致信史密斯森协会,请寄赠美国农业部年鉴和生物调查局全套报告。

May 7, 1928

Dear Sirs:

The Metropolitan Library is in need of a complete set of the *Yearbook of the U. S. Department of Agriculture*, and we are writing to you in the hope that you will be good enough to take steps to have our Library duly supplied. We have on files the *Yearbooks* for 1922, 1925, and 1926. Any issue other than these will be a valuable addition to our collections.

We doubt you have forwarded the earlier volumes to thc Bureau of Foreign Affairs at Shanghai as a part of the full set of U. S. documents sent to that Bureau. But if you have extra copies which you can spare for our use, they will be gratefully received.

If a complete set is not available, we shall hope to acquire a complete set of the *Bureau of Biological Survey Report* separately printed by the said Bureau.

Thanking you in advance, we remain,

Yours faithfully,

T. L. Yuan

Associate Director

〔北京图书馆英文信纸。Smithsonian Institution Archives, Records, 1868–1988 (Record Unit 509), Box 1, National Library, Peiping〕

按:此件为打字稿,落款处为先生签名,于6月4日送达。

五月九日

恒慕义致函先生,此前寄来的丛书单,国会图书馆缺藏八种,请先生将其价格告知施永高。

May 9, 1928

Dear Mr. Yuan:

Some time ago you sent to Dr. Swingle a list of thirteen t'sung shu, which he sent on to me. The Library of Congress does not have eight of these items, which I list below. When you sent the list you did not give the cost of the items. May we request you please to send to Dr. Swingle the cost of the eight items? He will send them on to me, and we will telegraph you whether or not we can purchase them.

Very sincerely yours,

Arthur W. Hummel

Chief of Chinese Collection

〔Library of Congress Archives, Arthur W. Hummel Sr. correspondence series, MSS86324〕

按:函中所指八种丛书应为《隅楼丛书》《天马山房丛书》《潜园二十四种》《烟画东堂小品》《仿知不足斋丛书》《碧声吟馆丛书》《宝彝室集刊》。该件为录副。

五月十八日

先生致信国会图书馆,请求赠予北京图书馆所需的西文书及编目指南。

May 18, 1928

Dear Madam:

We beg to thank you for your good letters dated April 2 & 4 and are looking forward with gratitude the receipt of your publications noted in your letter.

The Metropolitan Library desires to secure the publications noted in the enclosed list, and shall be very much obliged if it would be possible for you to have extra copies to spare for our use.

You will recall that you kindly sent us a complete set of your *Classification Schedules* last year. Since it is necessary for us to have duplicate copies of those classes mentioned in the attached list, we beg to appeal again to your generosity.

With best thanks, we remain,

Respectfully yours,

T. L. Yuan

Associate Director

〔北京图书馆英文信纸。Librarian of Congress, Putnam Archives, Special File, China: Library Association〕

按:随信附一页目录,共计图书八种,多为编目、分类书籍。落款处为先生签名,该信于6月16日送达国会图书馆秘书办公室。

五月二十一日

国会图书馆致函先生,告知前请寄赠北京图书馆额外两种编目指南已获批准。

May 21, 1928

Dear Sir:

In response to your request of April 18, the Librarian has had pleasure in directing to be sent to your Library (under separate cover and free of charge) one additional copy of each of the publications noted below. He is glad that you have found these publications of service in your work.

Very truly yours,

Secretary

Guide to the Cataloging of Periodicals.

Guide to the Cataloging of the Serial Publications of Societies and Institutions.

〔Librarian of Congress, Putnam Archives, Special File, China: Metropolitan Library〕

按:此件为录副。

五月二十二日

下午五时半,协和医院中国音乐研究会假协和礼堂请赵元任演讲,讲题为"中国音乐之研究",先生出席并致介绍词。〔《益世报》(北京),1928年5月22日,第7版〕

按:该会由协和医院中美人士组建。

柯林(罗马)致函先生,寄上三月三十一日国际图书馆和书目委员会罗马会议记录,并告知将于一九二九年举行国际图书馆大会。

Rome, May 22nd, 1928

Mr. Tung-li Yuan

Chairman, The Library Association of China

Peking.

Dear Sir,

In reply to your very kind letter of March 30th I have the honor to tell you that the International Library and Bibliographical Committee has held its first plenary session the on 31st of March here in Rome, under the auspices of the Minister of Education of Italy.

I am sending you at the same time a copy of the proceedings of our session. I am very sorry that we could not advise your Association in time so that you could have sent a delegate, but we rely upon your interest and an active help from your part, especially at the next international Congress to be held in Rome, June 1929. Invitations for this "World Bibliographical Congress" will be directly sent to you from M. Fago, Italian delegate and Vice President of the Committee.

With best regards, I am, dear Sir,

Yours very sincerely

Isak Collijn

President

〔International Library and Bibliographical Committee 信纸。National Library of Sweden, Isak Gustaf Alfred Collijn papers〕

按:该件为录副,落款处为其签名。

五月二十五日

先生致信义理寿,略述王文山的履历并表示其能力完全能够胜任葛斯德华文藏书库中文编目工作。

May 25, 1928

Mr. I. V. Gillis,

Peking.

Dear Mr. Gillis:

I am very glad to know that Mr. Wen-San Wang has been recommended to the Gest Library as an assistant, and feel perfectly confident that the Library will find in him an able, industrious, and trustworthy young man with good knowledge of both Chinese and English languages as well as of

Library Science.

He was brought up from a literary family and graduated from Boone University, Wuchang, with B. A. degree in 1922. He received his Diploma of Library Science from the Boone Library School in the same year. When he was a librarian of the Nankai University, he accomplished a great deal and made the University Library one of the greatest school libraries in China.

I know his Chinese is very good and can do any cataloguing and bibliographical work. If the Gest Library can get such a young man as Mr. Wang working in its Chinese department, I am sure that he will be of great service to its valuable Chinese collection which you have so ably built up.

With good wishes,

Your faithfully,

T. L. Yuan

Associate Director

〔北京图书馆英文信纸。Princeton University, Mudd Manuscript Library, AC123, Box 410, Folder National Library of Peiping〕

按:Wen-San Wang 即王文山(1901—?),湖北汉川人,1923 年武昌文华图书科第二届毕业生,旋即出任私立南开大学图书馆主任,1926 年冬赴美留学,先在哥伦比亚大学攻读图书馆学硕士研究生,时应在国会图书馆协助恒慕义对中文馆藏予以编目。此件为打字稿,落款处为先生签名。

五月二十七日

中午,先生与周诒春在清华同学会设宴,吴宓、瞿世英、刘半农、温源宁等人受邀与席。〔《吴宓日记》第 4 册,页 66〕

按:清华同学会在骑河楼 39 号。

五月下旬

先生致信梁启超,商北京图书馆购书费。

日前王重民君返京,借悉尊体安康,闻之欣慰。馆中购书经费,前定三十万元,中西文书为二与八之比,近以购入越缦堂书,又改为三与七。然购入者西文二万余册,中文书七万册,已用尽十余万元,如购书费不能增加,则新馆告成时,恐馆藏仍不能完备。前先生曾有集中(美款)用途之意见,不识仍拟提出否,为念。

董事会将于下月二十左右举行年会,《图书大辞典》之总报告如能于下月十日左右送下,尤所企盼。馆地为汽车队占用,叠经交涉,迄未移出,故尚未能动工。惟数月以来,画绘工作图样颇有进步耳。三月十七日曾寄思成兄英镑五十镑,由伦敦使馆转交,未接复信,不识曾收到否?便中尚祈一询为祷。

〔《梁任公先生年谱长编(初稿)》,页626〕

按:《梁任公先生年谱长编(初稿)》将此信系于3月17日,实无可能。6月10日,梁启超致信梁思成,谈到北京图书馆寄去买书费五十镑,[①]而5月写给梁思成、林徽因的信中均未提及此事;"董事会将于下月二十左右举行年会"即中基会第4次年会,6月28日至30日在天津举行。[②]

五月

《北京图书馆月刊》创刊,首篇文章《本馆略史》为先生撰写。〔《北京图书馆月刊》第1卷第1号,1928年5月,页1-6〕

按:该刊中文目录和内容页均未标注作者,但据英文封底可知该文由先生撰写。

五六月间

故宫博物院古物馆馆长江瀚、副馆长马衡和图书馆馆长傅增湘、先生共同商定,聘请钢和泰为故宫博物院(宗教部)审查员。〔郑欣淼《钢和泰与故宫博物院》,《中国文化》2015年第1期,页232〕

按:6月16日故宫博物院致函钢和泰,并寄予聘书。

六月一日

恒慕义致函先生,请代为向北京书商询问所列书籍价格,并请推荐甲骨、铜器铭文和考古方面的书籍,另告知江亢虎现在国会图书馆服务。

June 1, 1928

Dear Mr. Yuan:

May we trouble you to get some Peking Dealer to give us an

① 《梁启超全集》第20集,北京:中国人民大学出版社,2018年,页317。

② 《大公报》(天津),1928年7月14日,第3版。

estimate of the cost of the items listed below? We are especially anxious to stock up on all the published works of Lo Chen-yu and of Wang Kuo-wei, of whose writings, we strangely enough have nothing. If you know of any other fundamental works on the bone inscriptions, or late works on bronze inscriptions and archeology, which you think we ought to have, please include these in the estimate. But kindly send us an estimate of cost before sending the books.

Dr. Kiang K'ang-hu is working here for a year now on a history of Chinese civilization. Dr. Li Chi has arrived and plans to be here for several months. With best wishes,

Sincerely yours,

Arthur W. Hummel

Curator of Chinese Collection

〔Library of Congress Archives, Arthur W. Hummel Sr. correspondence series, MSS86324〕

按：Lo Chen-yu 和 Wang Kuo-wei 即罗振玉、王国维，Dr. Kiang K'ang-hu 和 Dr. Li Chi 分别为江亢虎、李济。信后列书目 27 种，应为恒慕义以中文书写，有《观堂集林》《殷虚书契考释》《清史稿》《自己的园地》等。该件为录副。

六月九日

梁廷灿致函先生，呈《中国图书大辞典》报告书用以向中基会汇报。

守和先生大鉴：

接奉贵馆六月七号公函，敬悉一切。《图书大辞典》应报之成绩，亦已预备，近因交通不便，邮寄恐有遗失。今将报告书先行寄呈，俾贵馆得以编制报告董事会，至该成绩等件，一俟车通当即寄上。专此，敬请大安。

梁廷灿谨上

六月九日

附报告书一分。

〔国家图书馆档案，档号 1927-※053-综合-001026 和 1927-※053-综合-001027〕

按:该信于13日送达,后附15页报告书。

六月十日

上午九时,北京大学教务长陈大齐在二院大学会议室召集评议员及各系、科、部、研究所主任、主席开会,讨论接收事宜。先生以图书部负责人身份与会,其他参会人员有白雄远(体育部)、胡壮猷(二院)、朱锡龄(三院)、沈兼士(研究所)、朱希祖(一院)、王昭瀛(二院)、马裕藻(一院)、陈大齐(一院)、杨丙辰(一院)、刘半农。会议讨论结果,仍以维持现状为妥,直至中央政府有明令发表正式办法时为止。接收具体事宜,明日上午由各系、科、部、研究所负责人会同学生代表一起办理。〔《北京大学史料》第2卷第1册,页18〕

按:此次讨论主旨为抵制南京中央政府对北京大学所施加的诸多变动措施,如大学区归并、校长任命等。

六月十一日

上午九时,先生至北京大学图书馆办理接收事宜。〔《北京大学史料》第2卷第1册,页18、38〕

按:有传闻北京大学史鼐(点书课)携去诸多馆藏书籍,先生负责详查。

六月十三日

国会图书馆助理馆长致函先生,收到前信及《苑洛集》凭单,将尽快付款,另外感谢先生为该馆获取张宗昌藏书(目录)所作出的努力。

June 13, 1928

Dear Mr. Yuan:

I beg to acknowledge, for the Librarian, the receipt of your letter of May 11, and the voucher for the *Yuan Lo Chi* edition of 1552.

The work itself is here in hand and you may expect early payment. We are indebted to you for your interest in putting us in the way of getting it.

We are also under obligation to you for your continued interest manifested so practically in your efforts to secure for us a copy of Marshal Chang Tsung-chang's book.

With pleasant memories and best regards to you personally,

Very truly yours,

Chief Assistant Librarian

〔Librarian of Congress, Putnam Archives, Special File, China: Metropolitan Library〕

按:《苑洛集》为明代学者韩邦奇(1479—1555)的代表作,该书应于嘉靖三十一年(1552)刊印。a copy of Marshal Chang Tsung-chang's book 应指张宗昌(1881—1932)藏书目录,待考。此件为录副。

六月十四日

下午五时,先生至北海蟠青书室,与傅增湘、许宝蘅等人商谈故宫博物院图书馆事,约六时散。〔《许宝蘅日记》,页 1251〕

六月十五日

先生致信史密斯森协会,告知已寄赠中国政府出版品目录。

June 15, 1928

Dear Sirs:

We take pleasure in sending you, under separate cover, a copy of the *Catalogue of Chinese Government Publications in the Metropolitan Library*. Please accept it with our compliments.

We have forwarded two copies of the Catalogue direct to the Library of Congress.

Yours faithfully,

T. L. Yuan

Associate Director

〔北京图书馆英文信纸。Smithsonian Institution Archives, Records, 1868-1988 (Record Unit 509), Box 1, National Library, Peiping〕

按:此件为打字稿,落款处为先生签名,于 7 月 16 日送达。

六月十六日

先生长女袁静出生。

按:袁静(1928 年 6 月 16 日—2005 年 12 月 29 日)。

恒慕义致函先生,表示国会图书馆愿意购入《百川学海》影宋本,但需获知价格,另外此前寄送的《太平御览》须补交关税才能放行。

June 16, 1928

Dear Mr. Yuan:

Dr. Swingle tells me that you have recommended to him the purchase of a new edition of the *Po Ch'uan Hsueh Hai* in imitation of Sung blocks. He did not in his letter state the price of this collection. Can you tell us what the price will be? I think we ought to get this, and I am anxious to recommend purchase of the same. But before I can make recommendation of the purchase of any item, I must state what the cost of the work is.

I hope that in the future you can in connection with any work you recommend state at once what the cost is. Then we can either write or telegraph, and so save a great deal of time.

I am sorry that you had such difficulty in shipping the movable type edition of the *T'ai Ping Yu Lan*. No doubt you will hear very shortly what the Library wants done about it. I fancy they will have to pay the 80 taels of customs duties in order to get it shipped.

With kind regards,

Sincerely yours,

Arthur W. Hummel

P. S. Two days ago we sent back to you the original catalog of the Wang Family Library of Tientsin, and also the one volume of the great collection of seals.

〔Library of Congress Archives, Arthur W. Hummel Sr. correspondence series, MSS86324〕

按:*Po Ch'uan Hsueh Hai* in imitation of Sung blocks 即 1927 年武进陶氏涉园刊本,据传世宋本景刊。movable type edition of the *T'ai Ping Yu Lan* 似指巾箱本《太平御览》,但具体是哪一版本,待考。Wang Family Library of Tientsin 即王树枏手稿及藏书,1928 年夏末国会图书馆以一万美金购入王氏藏书①。该件为录副。

六月十八日

梁启超致函先生,告编纂《中国图书大辞典》进展。

① *Report of the Librarian of Congress, for the fiscal year ending June 30*, Washington, 1928, pp. 12-13.

守和足下：

《图书辞典》报告书前星期寄上，想已达，今由舍侄廷灿亲带去成绩若干册，乞察收（内书画录一册，赶抄不及，或开会稍迟则补寄）。此书编纂颇费苦心，其义例及方法皆迥然不袭前人，意欲为簿录界开一新纪元，衍刘《略》阮《录》之正绪而适应于现代图书之用，公试一观其略定之稿（所须改者尚极多），谓可达此目的否耶。致叔永、适之两书，阅后请交去。希望原约不至中止，若不能，则亦付之一叹而已。手此，即请大安，不一一。

〔《梁任公先生年谱长编（初稿）》，页631〕

六月二十一日

南京国民政府派员前往接收故宫博物院，其中吴瀛、沈兼士负责接收图书馆，但在馆长室内发现宋本《郡斋读书志》及许多碑帖未按手续提放，与前任馆长傅增湘发生争执，遂将馆长室封存，并电南京国民政府等待处理。〔吴瀛《故宫尘梦录》，页146、160〕

按：此前，傅增湘与商务印书馆（张元济）商定影印故宫博物院图书馆所藏善本，以宋版《郡斋读书志》为最为优先者[①]，先生作为该馆副馆长，在商务印书馆影印该书过程中为实际操作者之一，极有可能以变通手段协助加快影印速度，未能遵守馆内规章制度。本年秋冬，南京国民政府补选故宫博物院理事，先生因该案未能入选。

六月二十三日

北京图书馆设欢迎会，邀请韦棣华女士讲述客岁赴英参加该国图书馆学会成立五十周年纪念活动之经过。〔《北京图书馆月刊》第1卷第3号，页183〕

七月三日

先生致信史密斯森协会，告知南京国民政府责成北京图书馆仍然代行出版品交换，三月和五月寄出的箱件尚未收到，但已经联系海关总税务司署，请求天津海关收到后转送北京图书馆，六月份寄送的交换品提单尚未收到，如有可能请补寄副本，此外北京图书馆愿意承担交换品在华北地区分发职责和费用。

July 3, 1928

① 《张元济傅增湘论书尺牍》，页165-166、168。

Dear Sirs:

Owing to the reorganization of the Government, the work of the Bureau of International Exchange of Publications at Peking is being suspended. Pending the decision of the Nationalist Government concerning the future status of the Bureau, the Metropolitan Library has agreed to take up temporarily the work of exchanges on behalf of the Chinese Government.

The three cases 1474, 1475 and 12923 which you sent in March and the seven cases, 1719-1724, and 12970 which you sent in May have not yet been received. At our request, the Inspector General of Customs has notified the Collector of Customs in Tientsin about this change and has instructed him to forward to us these cases on arrival. We shall, therefore, reforward the packages contained therein.

The Bill of Lading for your consignment made in June has not been transferred to the Metropolitan Library from the Bureau. If it is possible for you to send us a duplicate copy and to certify that, should the original be lost, this duplicate be made valid, we believe there will be no difficulty in getting the cases delivered here. We hope you will in the future send the Bill of Lading direct to this Library until you are advised of some other arrangement which the Nationalist Government may make in the future.

Although we shall always be pleased to serve as an agent of your Institution for the distribution of packages for correspondents in China, we greatly regret that our financial appropriation this year would not permit us to do so. Under the circumstances, it would seem to be a wise plan for you to send to the Metropolitan Library only those packages intended for correspondents in North China which we can easily distribute without too much expenditure, but to withhold shipment temporarily for those intended for Central and South China. The period would not be in any way very long, as the undersigned will do his best to urge the authorities for early decision about this matter.

Yours very truly,

T. L. Yuan

Associate Director

〔北京图书馆英文信纸。Smithsonian Institution Archives, Records, 1868-1988 (Record Unit 509), Box 1, National Library, Peiping〕

按:此件为打字稿,落款处为先生签名,于 7 月 28 日送达。

七月七日

先生致信中华图书馆协会,坚辞执行部部长事。

中华图书馆协会会员诸同志钧鉴:

敬启者,辱承推举,继任执行部部长,感愧交深!惟同礼连任部长,业已两年,勉竭棉薄,成绩至微;方今改革伊始,图书馆事业亟待发展,而执行部部长一席,关系全国事业尤钜,决非同礼所能胜任。敬祈俯允准予辞职,至深感谢!又政府奠都南京,本会总事务所似应迁宁。至于会务诸端,均有积极进行之必要。已向各董事提议,拟于九月间在南京举行年会,以便共同商洽。专此,即候公安!

袁同礼敬启

十七年七月七日

〔《中华图书馆协会会报》第 4 卷第 1 期,1928 年 8 月 31 日,页 13-14〕

按:时,中华图书馆协会改选,先生被选为执行部正部长,李小缘、刘国钧为副部长。

七月十五日

傅斯年致函先生,希借北京图书馆藏书目录。

守和学长吾兄:

敝所草创伊始,诸待进行,图书设备尤觉缺陷,希将贵馆藏书目录赐寄一部,以便设法抄录,无任铭感。耑此,敬颂著安。

中华民国十七年七月十五日

〔王汎森、潘光哲、吴政上主编《傅斯年遗札》,台北:"中央研究院"历史语言研究所,2011 年,页 141〕

按:是年初,中央研究院筹备委员傅斯年向大学院院长蔡元培建议设置历史语言研究所;3 月于广州中山大学筹设历史语言研究所,聘傅斯年、顾颉刚、杨振声三人为常务筹备员;7 月正式成立,由傅斯年代行所长职务。笔者疑心该函写于本年 12 月 15 日,

《傅斯年遗札》或有误,待考。

七月十七日

北京图书馆协会在北京图书馆举行常会,并欢迎韦棣华女士,副会长钱稻孙为会议主席。先生在会上提议采用委员制,经表决后,推定修改会章起草委员五人,先行起草,另日再召集大会讨论。〔《中华图书馆协会会报》第4卷第1期,页15〕

按:因之前奉系执政缘故,北京图书馆协会诸多工作陷于停顿,无多进展。韦棣华女士于6月22日抵平,7月18日返鄂。

七月十九日

下午,蒋介石、宋美龄夫妇来北京图书馆考察,对馆中各类事业均极表兴趣。〔《北京图书馆月刊》第1卷第3号,页251〕

按:7月3日,蒋介石抵北平,17、18两日赴北京大学对北京教育界、文化界人士发表演讲。本日上午在八大处寓所会客,下午先赴景山,后游北海。[①]

七月二十日

国会图书馆覆函先生,前信索取的书册除绝版无存、尚未印行者外均已寄送北京图书馆。

July 20, 1928

Dear Sir:

Referring to your letter of May 18, the response to which, we regret to find has been delayed, owing to stress of official business:

According to a report from our Publication Section, the following publications have gone forward to your Library:

Classes E & F, N, Q, S and Z

Information for Readers in the Main Reading Room, 1927

Rules and Practice Governing the Use and Issue of Books, 1927

Joseph Pennell, *An Account by his wife, Elizabeth R. Pennell*, issued on the occasion of a memorial exhibition of his works, 1927

---

① 《蒋中正总统档案:事略稿本》第3册,台北:"国史馆",2007年,页666。

An Account of Government Document Bibliography in the United States and Elsewhere.

We trust that they will reach you safely and prove of service in your work.

We regret that we are unable at the present time to supply copies of Class V and P-PA. The edition of the former is exhausted; the latter is in press.

The second edition of our List of Subject Headings is out of print. The third edition is now ready. Information concerning it and the supplementary publications and the Lists of additions and changes is given in the enclosed circular letter. It seems best to await further word from you before sending the main List.

A copy of our Card Division *Bulletin* 25, relating to publications of the League of Nations is sent herewith.

Very truly yours,

Secretary

〔Librarian of Congress, Putnam Archives, Special File, China: Metropolitan Library〕

按:Classes E & F, N, Q, S and Z 依次指国会图书馆分类法中的美国历史、艺术、自然科学、图书馆学。此件为录副。

七月二十四日

史密斯森协会覆函先生,此前两次寄给出版品国际交换局(北平)有关七箱交换品的信函和提单均被退回,现重新寄送给北平北海图书馆,请据此办理交换品的入境和分发,并告知刚寄出一批交换品,请通知有关部门妥善收转。

July 24, 1928

Dear Sir:

Under date of May 18 the Smithsonian Institution addressed a letter to the Bureau of International Exchange of Publications, Ministry of Education, Peking, announcing the forwarding of six boxes of exchanges numbers 2007 – 11 and 13052, one of which contained United States governmental documents for deposit in your Library. On May 23, when the shipment left New York, the Coordinator of the Second Area, addressed a letter to the Chinese Bureau of Exchanges enclosing a copy of the steamship bill of lading. The Smithsonian Institution also sent the bureau a bill of lading. These two letters have just been returned with a note thereon stating that there is no one at the address given to receive mail. I therefore am authorized to send you these letters herewith with the request that you will be good enough to look into the matter and arrange for the entry and distribution of the packages contained in the consignment.

In this connection I beg to say that another shipment has just been made to the Chinese Bureau of Exchanges and I am enclosing herewith the letter of announcement with the request that you will kindly turn it over to the proper authorities.

Very respectfully yours,

J. G. Traylor

Acting Chief Clerk

Smithsonian Institution

〔Smithsonian Institution Archives, Records, 1868-1988 (Record Unit 509), Box 1, National Library, Peiping〕

按:此件为副本。

七月二十六日

先生致信柯林,告知尚未收到罗马会议纪要,请其补寄两份。

July 26, 1928

Dear Sir:

Many thanks for your letter of 22nd May, but the copy of the proceedings of the first plenary session of the International Library & Bibliographical Committee which you stated as having being sent has not as yet been received. Since it has been so long, it may have been lost in transit. We should therefore be much obliged, it you could send us another two copies for our use.

If you publish the proceedings of future sessions, we shall be glad to have them.

Yours very sincerely,

T. L. Yuan

Chairman, Executive Board.

〔中华图书馆协会英文信纸。National Library of Sweden, Isak Gustaf Alfred Collijn papers〕

按：此件为打字稿，落款处为先生签名。

史密斯森协会覆函先生，此前申请寄赠美国农业部年鉴的信函已经转交该部图书馆，该馆正在准备尽可能多的年鉴复本。

July 26, 1928

Dear Sir:

Your letter of May 7 asking for copies of certain issues of the *Yearbooks of the Department of Agriculture* was duly received and referred to the Librarian of that department. The Librarian has now supplied copies of as many of the *Yearbooks* as are available for distribution. They will be included in the next consignment of exchanges sent to China.

Very respectfully yours,

J. G. Traylor

Acting Chief Clerk

Smithsonian Institution

〔Smithsonian Institution Archives, Records, 1868-1988 (Record Unit 509), Box 1, National Library, Peiping〕

按：此件为录副。

七月

张群、罗家伦、陈布雷、陈绍宽等人游览故宫博物院，先生负责引导，后合影留念。〔《传记文学》第4卷第5期，1964年5月，页45〕

按：张群（1889—1990），字岳军，四川华阳人，国民党元老。陈绍宽（1889—1968），字厚甫，福建福州人，近代海军将领。

七八月间

先生离平南下，曾至南京，参观中央大学国学图书馆。〔《国学图书馆第二年刊》，1929年，"案牍"页31〕

按：时柳诒徵外出，未能面晤。

八月二日

先生(李芳馥代)致信史密斯森协会,北京图书馆[1]需要美国渔业报告,请其寄赠。

August 2, 1928

Dear Sirs:

The Metropolitan Library is in need of a complete set of the *Report of the U. S. Commissioner of Fisheries, Bureau of Fisheries*, and we shall be very much obliged if you will be good enough to take steps to have us duly supplied. Any copies you could arrange to send over will be gratefully received.

With best thanks in advance,

Yours faithfully,

T. L. Yuan

Associate Director

Per F. F. Li

A. Secretary

〔北京图书馆英文信纸。Smithsonian Institution Archives, Records, 1868-1988 (Record Unit 509), Box 1, National Library, Peiping〕

按:落款处虽有先生具名,但实际为李芳馥代签。李芳馥(1902—1997),字馨吾,湖北黄陂人,1927 年毕业于武昌文华图书科毕业,后入平馆,负责文牍事务,曾任西文采访组组长,1934 年赴美学习。该信于 9 月 1 日送达。

八月十日

蒲特南覆函先生,就国会图书馆此前寄送的《分类法总类》和《宗教神学》两部在邮递过程中遗失表示遗憾,并感谢寄赠北京图书馆出版物。

August 10, 1928

Dear Sir:

Referring to your letter of June 30, the response to which, we regret

---

① 《中国国家图书馆百年纪事》记北京图书馆改称"北平图书馆"为 1928 年 7 月,此说似不准确,因《北京图书馆月刊》第 1 卷第 4 号(1928 年 8 月)中仍称"北京图书馆",而实际改称"北平北海图书馆"之时间不晚于 1928 年 8 月 24 日,亦非《中国国家图书馆百年纪事》(页 14)所记之 10 月。

to find, has been delayed by stress of Library business.

We have sent to your Library (under separate cover) duplicates of Class A (General Works. Polygraphy) and B part 2 (BL-BX: Religion, Theology). We regret that the copies of these publications referred to in our letter of April 2, were lost in the mails.

Mr. Childs, the Chief of our Division of Documents, is writing you concerning the documents which you have been so kind as to send (under the international exchange arrangement) for the Library's collection.

With appreciation of your interest in the matter,

Very truly yours,

Herbert Putnam

〔Librarian of Congress, Putnam Archives, Special File, China: Metropolitan Library〕

按:Mr. Childs 即 James B. Childs (1896-1977),时应任国会图书馆文书部主任。此件为录副。

八月二十日

先生致信史密斯森协会,告知南京国民政府正在考虑仍由北海图书馆代表中国开展出版品国际交换服务,如有确实消息将告知,此前写给北京出版品国际交换局的三封函件均已收到,提单已经发给天津海关。

August 20, 1928

Dear Sirs:

With further reference to our letters of July 3 and 28, we beg to inform you that the Nationalist Government at Nanking is considering favorably the proposal to ask the Metropolitan Library to continue the work of international exchanges on behalf of the Chinese Government. As soon as it is officially promulgated, we shall advise you immediately. Meanwhile, you may forward all of your consignments for China to the Metropolitan Library care of the Collector of Customs, Tientsin.

Your letter of July 24 together with two letters dated May 18 and May 23 addressed to the Bureau of International Exchange of Publications, Peking, have been duly received. The original bill of lading for six boxes 2007-11 and 13052 contained therein are now being sent to the Collector of Customs, Tientsin, to complete the necessary procedure, although these boxes were turned over to us sometime ago as advised in our letter of July 28.

We believe that we shall soon receive your consignment of July as announced in your letter of July 19.

Yours truly,

T. L. Yuan

Associate Director

〔北京图书馆英文信纸。Smithsonian Institution Archives, Records, 1868-1988 (Record Unit 509), Box 1, National Library, Peiping〕

按:此件为打字稿,落款处为先生签名,于9月17日送达。

八月二十三日

多尔西致函先生函,告知寄出五箱交换品及收件人、机构的情况,并依照前请附上六月份提单,华中和华南地区的交换品暂停寄送。

August 23, 1928

Dear Sir:

I am authorized to announce the shipment in your care of five boxes numbered 350-353 and 13235, containing international exchanges for distribution according to the enclosed list of contents.

In this connection I beg to advise you that box number 13235 contains the regular serial set of United States governmental documents for deposit in the Metropolitan Library.

Boxes numbered 350-351 are for Dr. C. Li, 21 Fang Chuan Ch'ang, North City, Peking. Please notify Dr. Li, upon receipt of the boxes, and he will then make arrangements with you for their delivery.

Boxes numbered 352-353 contain packages for correspondents in North China, mostly in the province of Chihli.

In compliance with the suggestions contained in your letter of July 3, I am enclosing a copy of the steamship bill of lading for the June shipment referred to, and I beg also to say that the accumulated packages on hand for Central and South China will be temporarily withheld pending the decision of the Nationalist Government concerning the status of the Bureau of International Exchange of Publications at Peking.

I desire to express the Institution's appreciation of your good offices in consenting to temporarily take up the work of exchanges on behalf of the Chinese Government.

I may also add that the Institution will be glad to reimburse you for the amount of the inland freight charges from Tientsin to Peking.

Very respectfully yours,

H. W. Dorsey

Chief Clerk,

Smithsonian Institution

P. S.-Dr. C. Li is a member of the Institution's staff and anything you can do to facilitate the delivery of this shipment to him will be appreciated.

〔Smithsonian Institution Archives, Records, 1868 - 1988 (Record Unit 509), Box 1, National Library, Peiping〕

按:21 Fang Chuan Ch'ang 即李济在北京城内住所——方砖厂胡同21号。此件为录副。

八月二十四日

梁启超致函先生,告决意辞却《图书大辞典》编纂津贴。

守和兄惠鉴:

鼎父来津,知公已返京,并略悉馆事及董事会情形。此种浑沌形势下,本馆前途如何,尚难预料,颇闷闷也。顷弟决意辞《图书大辞典》编纂津贴费,其主要原因具如公函中所说,绝非借词推托。其副原因亦缘董事会分子变更已多,恐明年六月交成绩时,或遭挑眼,不如早自洁也。至于编纂工作,则并不停止,因兹事为弟多年志愿,且一年以来,结果良好,兴味正浓,断不肯抛弃也。但编纂员不能不减少(本来报酬太薄,在学校时如此办理固善,顷诸君多已毕业,各处招罗,薪俸较优,亦宜劝其他就),工作益迟缓耳。今后计划,不求各部门同时并进,先将甲部门做到满意,泐为定稿,再及乙部门。一年能成三五部门,陆续在月刊中或用单行本发表,亦于图书馆学有大益也。归还去年五千元津贴事,以弟现在私人经济状况论,颇感困难,但既求自洁,即不得不如此。实则所拟寄赠本馆之成绩稿,大率皆可登月刊,内中有四五种颇属精心结撰,以入月刊中,不失为本馆一种名誉纪念。即数万之卡片私人藏之,虽同废纸,馆中则并非无用(相对的有用耳)。馆中受此寄赠后,酌给酬报,亦属情理所宜,但弟殊不愿自启齿,请兄斟酌情形,若认为可行,则由馆中提议,豁免归还旧款,弟得减轻负担,实所深感。若观察情形(最好一与寄梅、叔永两兄商谈),恐新董事会有违言,则不必提议。弟为爱惜羽毛计,宁可在物质上小忍苦痛而已。如何之处,请裁度见复,至盼。思成已抵家。渠此次欧游时间太忙迫,且最后乃经过英国,是以接支票较迟。书已买得,由邮寄馆,想不日亦当到也。手此,即请大安。

〔《梁任公先生年谱长编(初稿)》,页 636〕

按:"鼎父"即杨鼎甫。

南京政府大学院第 803 号指令,命北平北海图书馆继续负责国际出版品交换事务。

代理北平北海图书馆馆长袁同礼呈请国际出版品交换事宜划归该馆主管由

呈悉。查出版品之国际交换,为沟通文化而起,前北京政府所设办理该项事务之专局停办后,该馆能继续执行其职务,交换事业赖以不断,深堪嘉慰。至交换事业,本与图书馆事业相关,在中央图书馆未成立以前,上项事务由该图书馆继续办理,尚属可行。又,在中央尚无庋藏大批官文书之建筑以前,所有应送存中央之官文书,由该馆暂为分别保藏,按期编目亦属可行。惟执行是项事务之详细办法,以及所需经费,仰俟馆长即行详细具呈列报,再行饬遵。此令。

中华民国十七年八月廿四日

院长蔡元培

副院长杨铨代拆代行

〔国家图书馆档案,档案编号 1928-※042-外事 1-001005 和 1928-※042-外事 1-001006〕

按:9 月 4 日,大学院即下达训令将该项业务移交中央研究院图书馆,10 月中央研究院设出版品国际交换处于上海亚尔培路 205 号,专理国内外出版品交换事宜, 11 月中旬该项业务移交完毕。

八月三十一日

《中华图书馆协会会报》刊登先生文章，题为《荷兰图书馆参观记》《国际目录学院之年会》。〔《中华图书馆协会会报》第4卷第1期，页3-6〕

按：两篇皆署名“和”。前者由篇前按语可知此稿为协会邀稿，先生从旧日杂记中理出一部，供人参考。该文分述荷兰七座城市的图书馆概况，依次为多德雷赫特、鹿特丹、海牙、代尔夫特、莱顿、哈勒姆、阿姆斯特丹，末附杂记一节；后者为“图书馆界”（国外）栏目之短讯。

九月十八日

先生致信史密斯森协会，告知南京国民政府将在上海设立出版品交换机构，北海图书馆仍希能够获赠一份美国政府出版物，此外已经要求与本馆建立交换机制的美国各科学机构将出版品寄送天津海关而非上海。

September 18, 1928

Dear Sir:

Under date of August 20, we advised that the Nationalist Government was considering favorably to ask the Metropolitan Library to conduct the International Exchange Service on behalf of the Chinese Government. This was officially promulgated on August 24th by the Ministry of Education at Nanking. On September 4, this official order was suddenly withdrawn, soon after the resignation of the Minister of Education. No doubt you will later on be notified officially about this change when the new International Exchange Service is organized. As we understand, this Service is to be situated in Shanghai, but there will probably be some delay before the Service is able to assume its responsibilities.

Since April 1926, the Metropolitan Library has been designated by the Government as the Depository Library for foreign official documents, and has accordingly been receiving a full set of U. S. governmental documents which the Smithsonian Institution has forwarded to the Bureau of International Exchange of Publications, Ministry of Education, Peking. Now, as the depository is to be transferred to Shanghai, it would affect greatly our collection of official documents. In view of the valuable service which the Metropolitan Library has been rendering to the Government and to the scientific institutions of the country, and in view of the necessity of having a complete file of U. S. official documents available in Peking, the Board of Management of the Metropolitan Library has authorized me to make an official application for an extra (full) set of these documents which if the application is granted, are to be permanently deposited at the Metropolitan Library. Should the Smithsonian Institution favor such an arrangement as it has done for Australia, Canada, Germany and Great Britain, it would be of the greatest service to present to future generations of scientific workers in this country. Will you kindly let us know your decision by cable at our expense?

Although the Chinese Exchange Service will not be conducted under the direction of the Metropolitan Library, we shall always be only too glad to do anything for the Smithsonian Institution. During the past two years our Library has been obtaining copies of publications desired by the Library of Congress and will endeavor to meet these requests as far as it is practicable. With a trained and competent staff, we believe we can carry on the work efficiently.

The Metropolitan Library is now entering exchange relations with many scientific institutions in the United States which in return will send to us their publications through the International Exchange Service of the Smithsonian Institution. In order to avoid unnecessary delay, we would like to request the Institution to forward, at our expense, all exchange packages for the Metropolitan Library direct to Tientsin care of the Collector of Customs, instead of sending them to Shanghai and from there reforwarded to Peking.

Many scientific institutions in North China, particularly in Peking, in view of the services we have rendered in the past, have expressed the desire to have the Metropolitan Library continue to undertake the distribution of exchange packages for their respective institutions. The

Metropolitan Library which has always tried to render service to the cause of science and learning, would be glad to undertake the work if you think this arrangement satisfactory.

We have sent you our first annual report, on pages 17-18 of which you will find a short account of the foreign official documents filed at the Metropolitan Library. Our second annual report is now in press and will be mailed to your Institution when published. We enclose herewith an extract therefrom for your information.

Yours truly,

T. L. Yuan

Associate Director

〔北京图书馆英文信纸。Smithsonian Institution Archives, Records, 1868-1988 (Record Unit 509), Box 1, National Library, Peiping〕

按:此件为打字稿,落款处为先生签名,于10月20日送达。

九月二十三日

大学院古物保管委员会北平分会成立,代替此前的北京文物临时维护会。主任委员马衡,委员沈兼士、陈垣、俞同奎、先生、叶瀚、罗庸、黄文弼、李宗侗。〔《北平特别市公安局政治训练部旬刊》第2期,1928年9月30日,页2;《古物保管委员会工作汇报》,1935年5月,页183〕

按:叶瀚(1861—1936),字浩吾,浙江杭州人,清季赴日留学,时任北京大学历史系教授兼研究所国学门导师。罗庸(1900—1950),字膺中,原籍江苏,生于北京,蒙古族,时应在广州中山大学任教,但确实位列该委员会之中。[1]

九月二十六日

阿博特覆函先生,告知一批交换品因邮轮失火,尚未离开美国。

September 26, 1928

Dear Sir:

Referring to your letter of July 3, I beg to say that the delivery of boxes 1719-24 and 12970 has been delayed owing to a fire on the SS

---

① 《大公报》(天津),1928年9月21日,第2版。

"President Polk" on board of which the consignment was being forwarded to China. Information regarding the fire has just been communicated to the Institution by its agent in New York. No mention is made as to whether any part of the above-mentioned consignment was damaged but it was stated that the shipment could not be released until the average agreement was executed. This has been done and I trust that the box will shortly come into your possession.

In this connection I beg to ask whether you have received cases 1474, 1475 and 12923 sent to the Chinese Exchange Bureau in March last. In your letter of July 3, you stated that those boxes had not arrived at that time.

Very respectfully yours,

C. G. Abbot

Secretary

〔Smithsonian Institution Archives, Records, 1868-1988 (Record Unit 509), Box 1, National Library, Peiping〕

按:此件为副本。

九月

先生和夫人在家设宴,祝贺袁勤礼和彭昭贤订婚。〔《思忆录》,中文部分页 102〕

按:袁慧熙与袁勤礼皆毕业于北平女子师范大学,彼此颇为熟悉。

《图书馆学季刊》刊登先生文章,题为《皇史宬记》。〔《图书馆学季刊》第 2 卷第 3 期,1928 年 9 月,页 443-444〕

按:文后附四张照片,分别为正殿、漆柜、碑亭、东殿。该文后被恒慕义译成英文,并发表。①

十月一日

先生致信史密斯森协会,告知已寄赠中国国际交换局报告。

October 1, 1928

Dear Sirs:

We take pleasure in sending you, under separate cover, two copies of

① Arthur W. Hummel, Ancient Archival Depository in Peking, *The American Archivist*, Vol. 17, No. 4 (Oct., 1954), pp. 317-318.

the account of the Chinese International Exchange Service recently published by the Metropolitan Library. We are also sending the same to the Library of Congress.

Yours faithfully,

T. L. Yuan

Associate Director

〔北京图书馆英文信纸。Smithsonian Institution Archives, Records, 1868-1988 (Record Unit 509), Box 1, Exchange Bureau, Peking〕

按：此件为打字稿，落款处为先生签名。

十月二日

先生致信国会图书馆秘书处 J. L. Farnum，告北海图书馆已收到国会图书馆分类法细目，并寄赠中国国际交换局报告、《北京图书馆月刊》。

October 2, 1928

Miss J. L. Farnum, Secretary,

Library of Congress,

Washington, D. C.,

U. S. A.

Dear Miss Farnum:

We have your good letter of August 20. The Classification Schedules Class A and Class B pt. 2 were duly received. As they prove to be of great service to us, we beg to extend to you our very cordial thanks.

Under separate cover, we are sending to your Division of Documents 2 copies of the account of the Chinese International Exchange Service recently published by the Metropolitan Library and our *Bulletin* for June & July with our compliments.

Yours faithfully,

T. L. Yuan

Associate Director

〔Librarian of Congress, Putnam Archives, Special File, China: Library Association〕

按：Class A 即 General Works，Class B pt. 2 应指 BL-BX（Religion），

后者1927年初版。[1] our Bulletin for June & July 即《北京图书馆月刊》第1卷第2期、第3期,每期后部均为英文。

阿博特覆函先生,在南京国民政府通知设立新的交换局之前,所有寄送中国的出版品仍由北海图书馆收讫并分发,此前请求一全套美国政府文件,国会图书馆覆信告知寄送整套官方出版物必须有明确规定才有可能。

October 2, 1928

Dear Sir:

I have your letter of the 18th instant and in reply beg to say that all packages of exchanges received here for addresses in China will continue to be forwarded to your Library for distribution until definite information concerning the establishment of a Chinese Exchange Bureau is received through official channels from the Nationalist Government. At that time consideration will be given to your request that packages for the Metropolitan Library be forwarded direct to your Library and not through the new exchange agency.

Concerning your request that the Metropolitan Library be supplied with a full set of United States government documents, to take the place of the one now sent to you and which is to be transferred to the new depository to be established by the Nationalist Government, I beg to say that the selection of foreign depositories of official United States documents rests with the Library of Congress and your request therefore was referred to that library. The latter replies as follows:

> "With reference to the letter of September 18, 1928, from the Metropolitan Library, Peking, to the Smithsonian Institution, asking that an extra full set of United States official publications be assigned to the Metropolitan Library, Mr. Yuan might be advised by letter that under the Brussels International Exchange Convention we shall be obliged to deal with the duly constituted authorities in China, and

① 严文郁《美国国会图书馆及其分类法》,页520。

that full sets are available for distribution abroad only under definite formal provision for the exchange of official publications."

Since the Metropolitan Library has been conducting the distribution of exchange packages to correspondents in China, the work has been carried on in a very efficient manner, and I beg to assure you that the Smithsonian Institution greatly appreciates the service you have rendered in this connection.

Very respectfully yours,

Secretary

〔Smithsonian Institution Archives, Records, 1868－1988 (Record Unit 509), Box 1, Exchange Bureau, Peking〕

按:该件为录副。

十月七日

柳诒徵致函先生,希望此前南京国学图书馆与京师图书馆钞《永乐大典》的约定继续有效,请代为询问。

守和先生大鉴:

遥睽鹭堠,每切心仪。夏初台旆来宁,承莅敝馆参观,适先以事他出,未获把晤,至今尤以为歉。阅报章欣悉贵馆大事建筑,想见轮奂生辉、益卜典藏富丽,甚盛甚盛。敬有启者,敝馆曾向京师图书馆传钞《永乐大典》,早有成约。本年七月,据寄抄本前来函称尚有余款,以改组期间抄书停顿,然迄今未据续行寄书,不知其馆新章对于以前接洽是否继续办理。现拟按约汇款催抄前书,未稔何人负责,至乞先生就近探明赐示为感。燕云在望,无任神驰,敬请道安。

柳诒徵

一七,一〇,七

〔《国学图书馆第二年刊》,1929年,"案牍"页31〕

按:1928年4月11日,国学图书馆致函京师图书馆定约传钞《永乐大典》。①

① 《中央大学国学图书馆第一年刊》,1928年,"表格"页36。

十月十日

阿博特覆函先生,已按前请准备尽可能多的渔业报告,并将随下一批寄送品运往中国。

October 10, 1928

Dear Sir:

On receipt of your letter of August 2 the Institution brought to the attention of the Bureau of Fisheries your request for a set of the *Reports of the Commissioner of Fisheries*. That Commissioner has now supplied as many of the reports as are available for distribution. The documents will be included in the next consignment of exchanges for China.

Very respectfully yours,

C. G. Abbot

Secretary

〔Smithsonian Institution Archives, Records, 1868 - 1988 (Record Unit 509), Box 1, Exchange Bureau, Peking〕

按:该件为录副。

十月十七日

下午四时,私立南开大学木斋图书馆落成,天津特别市市长崔廷献,该校董事严修、颜惠庆,捐资人卢靖,先生、各国领事及中外来宾四百余人参加开幕仪式。该校教务主任黄钰生为主席并致开幕词,次由卢靖演说,继由颜惠庆代表董事会答谢,崔廷献、先生亦发表演说,后全体嘉宾至图书馆前摄影留念,五时半礼毕。〔《大公报》,1928 年 10 月 18 日,第 5 版〕

按:卢靖(1856—1948),字勉之,号木斋,湖北沔阳人,实业家、教育家,私立南开大学早期建校的资助人之一。

十月十九日

先生致信史密斯森协会,告知北平学术机构呼吁由北海图书馆继续担任分发本地国际交换品业务。

October 19, 1928

Dear Sirs:

At the request of scientific institutions in Peking, the Metropolitan Library has agreed to undertake the distribution of packages forwarded to them through the International Exchange Service of the Smithsonian Institution. We enclose herewith a joint letter addressed to you by various institutions in Peking, and hope that the matter will have your favorable consideration.

Yours very faithfully,

T. L. Yuan

Associate Director

〔北京图书馆英文信纸。Smithsonian Institution Archives, Records, 1868-1988 (Record Unit 509), Box 1, National Library, Peiping〕

按:此件为打字稿,落款处为先生签名,附有北京地区各主要图书馆[1]联名信一页,希望北平北海图书馆继续承担各图书馆交换品分发业务。该信于 11 月 19 日送达。

十月二十八日

先生招宴,蒋廷黻、王亮、钱稻孙等人与席,讨论出版王彦威所抄《清季外交史料事宜》。[2]

按:王亮,字希隐,清末大臣王彦威(1842—1904)之子。

十一月一日

蒋廷黻(天津)致函先生,商讨王彦威、王亮父子所藏《清季外交史料》出版计划。

守和学兄左右:

前在平承兄招饮并劳各方介绍,情意殷勤,莫名心感。星期日席后疏忽,未及面谢钱君,尚乞代为致意。归校后即细心研究王君之稿,疑问连出,亟思与兄函商,惟以问题太多且弟拟于二星期内再来平一次,不如俟彼时邀请王君及其他同志面商一切为便。至贵馆与此事之关系究应如何定夺,亦待商议。私意此书出版之事重大,将来赖兄及贵同事之合作者正属不少,或者此书应由贵馆、哥仑比亚及南开三处合刊,费用则由哥仑比亚出其半数,贵馆与敝校各出四分之一,编辑之责则由贵馆与敝校均担,此不过弟此刻一人之私见,当然不能认为定局。见面时应详加讨论。专此,即颂公安。

---

① 包括协和医学院、地质调查所、中国政治学会、燕京大学、清华学校等机构的图书馆。

② 蒋廷黻《筹办夷务始末补遗序》,《筹办夷务始末补遗》第 2 册,北京大学出版社,1989 年,页 1。

弟廷黻

十一月一号

〔天津南开大学师生用笺。国家图书馆档案,档案编号 1945-※057-综合 5-005012 和 1945-※057-综合 5-005013〕

按:"钱君"应指钱稻孙,时与先生同在北海图书馆任职。本年 5 月先生曾派馆员两人前往协助整理、编纂王亮家藏《光绪朝外交始末记》, 1929 年 5 月此项工作完成。[1] "疑问连连"似与蒋廷黻后来提观点——"原辑者王彦威先生及新编者王希隐先生皆系私人,并不代表任何学术或政府机关。那末,私人何能得到若干外交文件? 编撰者于已出版的六十册中,一字不提。若说录自衙门档案,政府信用何在? 私人道德又何在? 以后外国尚敢与我国交换文件吗?"[2]相近似。

十一月二日

陶孟和致函先生,请北海图书馆开示馆藏社会学类杂志清单及发行处等信息。

守和先生:

美国社会科学撮要社拟托我们代为编辑中国杂志撮要。撮要种类限于人类学、经济学、历史、人文地理、政治学、社会学及统计学。贵馆所藏中国杂志中英文俱在内仍在刊行者属于此七类者,如能代为开一清单并发行处所,至为感荷。除贵馆所藏者外,如知有何种杂志亦祈示知为盼。专此奉恳,即颂公绥。

弟孟和顿首

十一,二

〔中华教育文化基金董事会社会调查部信纸。国家图书馆档案,档案编号 1933-※042-外事 1-001004〕

按:该件右上方标注 11 月 8 日收讫,后附杂志清单五页,依次为经济、政治、社会、历史、含有各类者。

十一月初

先生致信许宝蘅(东北)。〔《许宝蘅日记》,页 1275〕

---

① 《北平北海图书馆月刊》第 2 卷第 5 号,页 441。

② 蒋廷黻《外交史及外交史料》,《大公报·文学副刊》第 249 期,1932 年 10 月 10 日,第 8 版。

按：该信于 11 月 10 日送达。

十一月三日

先生致信史密斯森协会，此前来函告知寄送中国国际交换品局的十九箱出版物已经收到并分发北平和天津各机构，余下者已转寄国立中央研究院（上海）。

November 3, 1928

Gentlemen:

With reference to your consignment to the Chinese Bureau of International Exchange as announced by your letter of July 19, 1928, we beg to inform you that the 19 boxes have been received. We have distributed the material intended for institutions in Peking and Tientsin. The rest we have forwarded to the National Research Institute, Shanghai, for distribution. The Council, as you have probably been informed, has been designated by our government to take care of international exchange.

Yours truly,

T. L. Yuan

Associate Director

〔北京图书馆英文信纸。Smithsonian Institution Archives, Records, 1868-1988 (Record Unit 509), Box 1, National Library, Peiping〕

按：此件为打字稿，落款处为先生签名，于 11 月 30 日送达。

十一月四日

下午二时，古物保管委员会北平分会欢迎该会主席张继，马衡、沈兼士、陈垣、俞同奎、先生等十余人到场。首由马衡致欢迎词，次由张继致答词，后摄影留念。〔《民国日报》（河北），1928 年 11 月 5 日，第 3 版；《新晨报副刊·日曜画报》，1928 年 12 月 9 日，第 2 版〕

按：本年 9 月 22 日，古物保管委员会北平分会正式成立。11 月 2 日夜，张继抵达北平，后在此盘桓甚久，处理政、学各界事务。

十一月十日

先生致信多尔西，北海图书馆收到五箱交换品，其中寄给李济的两箱将在其从欧洲回国后送交，并告该馆乐于承担国际交换品由天津到北京的运费。

November 10, 1928

Mr. H. W. Dorsey

Chief Clerk,

Smithsonian Institution,

Washington, D. C.

U. S. A.

Dear Sir:

With reference to your letter of August 23, we beg to acknowledge receipt of the five boxes numbered 350-353 and 13235.

The two boxes addressed to Dr. C. Li will be duly forwarded as soon as he returns from Europe.

Regarding the inland freight charges from Tientsin to Peking, we may state that we are glad to pay such charges on behalf of our Government. I wish to thank you sincerely for your courtesy.

Yours very truly,

T. L. Yuan

Associate Director

〔北平北海图书馆英文信纸。Smithsonian Institution Archives, Records, 1868-1988 (Record Unit 509), Box 1, National Library, Peiping〕

按:此件为打字稿,落款处为先生签名,于12月12日送达。

十一月十七日

阿博特致函先生,寄来四箱交换品清单,其中一件为史密斯森协会会员李济所收之金属箱,请转交并垫付费用。

November 17, 1928

Dear Sir:

I am enclosing herewith a list of contents and steamship bill of lading covering the shipment of boxes 750-753. Boxes 751, 752 and 753 contained packages of exchanges for your Library and other correspondents in China. Box 750 contains a metal file case for Dr. C. Li, 21 Fang Chuan Ch'ang, North City, Peking. I trust that you will be good enough to forward the case to Dr. Li at your early convenience. Dr. Li is on the staff of the Smithsonian Institution and needs the file case in connection with his work. Any expense connected with the transmission of the case to Dr. Li will be refunded to you by the Institution on receipt from you a statement of the charges.

Very respectfully yours,

C. G. Abbot

Secretary

Mr. T. L. Yuan

P. S.-Since writing the above the enclosed letter has been received from the forwarding agents in New York stating that the box containing the file case was short shipped and that it would be forwarded on a subsequent steamer.

〔Smithsonian Institution Archives, Records, 1868 - 1988 (Record Unit 509), Box 1, Exchange Bureau, Peking〕

按:该件为录副。

十一月二十四日

上午十时,吴宓赴北海图书馆访先生,交毛彦文履历,望帮忙谋职。先生允诺向北平大学人员推荐,并言女子师范学院教职最适合毛彦文。〔《吴宓日记》第4册,页166〕

十一月

故宫博物院委员会组织清史审查会,聘钱玄同、李宗侗、吴承仕、朱希祖、周作人、张继、陈垣、刘半农、马裕藻、先生等为委员,朱希祖为主任,限三月审查完竣。〔《时事新报》,1928年11月27日,第6版〕

十二月七日

蒋廷黻致函先生,请委托专人代抄王亮家藏《夷务始末记》中的相关文献。

守和吾兄:

弟为教学之用,须文稿二件,一系同治六年十一(或十二)月之际曾文正公覆议修约折,一系李文忠同时覆议修约折,此二件均不见于全集。烦兄托贵同事代查王君希尹之《夷务始末记》,如有此二稿,请代觅人抄录赐下,录费由弟交付。现政府既拟刊印此书,想王君亦能许弟抄录二稿也。

弟今年在校编录《中国外交史资料选录》一部,专为教学之用,文件概来自已出版之书籍,无甚价值,年底当奉赠贵馆一部,以就指正。

录稿能于一星期内赐下更好。

明知兄忙于要务而以琐事相烦,乞谅。此颂公安。

弟蒋廷黻

十二月七号

再者,同治七、八年为中外修约之期,总理衙门奏请各省督抚集议,故曾、李有此折。

〔国家图书馆档案,档案编号 1945-※057-综合 5-005014〕

按:《夷务始末记》即此后出版之《清季外交史料》。该函右上标注 12 月 12 日收讫。

十二月十日

阿博特致函先生,询问除北京外有无其他中国北方城市的机构愿意承担该地区的交换品分发工作,并告知史密斯森协会尚未收到国民政府的正式通知。

December 10, 1928

Dear Sir:

The Smithsonian Institution has received your letters of October 19 and November 13. In compliance with the request contained in the former, packages for correspondents in Peking will be sent to the Metropolitan Library for distribution. In this connection I beg to ask whether there are any organizations in any other cities in Northern China for which the Metropolitan Library would care to act as distributing agency.

Referring to the statement made in your letter of November 13 to the effect that the National Research Institute in Shanghai had been designated by the Nationalist Government to take over the international exchange work for China, I would say that the Institution has not yet received any notification from the Chinese Government of that change. Exchanges for places outside of Peking, therefore will be withheld pending the receipt of information to that effect.

Very respectfully yours,

C. G. Abbot

Secretary

〔Smithsonian Institution Archives, Records, 1868－1988 (Record Unit 509), Box 1, National Library, Peiping〕

按：此件为录副。

十二月十一日

许宝蘅（东北）致函先生。〔《许宝蘅日记》，页1280〕

十二月十五日

先生致信阿博特，强调北平作为文化中心的重要性及北海图书馆作为中基会支持的中美文化交流的纽带，希望史密斯森协会在南京国民政府指定的交换机构外额外寄赠一整套美国政府出版物。

December 15, 1928

Dr. C. G. Abbot,

Dear Sir:

I beg to acknowledge the receipt of your letter of October (November) 2, informing me that exchange packages will continue to be forwarded to the Metropolitan Library until you are officially notified about the establishment of a new exchange agency. This is an ideal arrangement, as our National Government has the whole matter under consideration.

With regard to the extra full set of U. S. government documents that we asked for, may we request you to kindly ascertain from the Librarian of Congress whether the Hopei (Chihli) Provincial Government can be regarded as duly constituted authority to communicate with him about the matter? I understand that six state governments in Germany have been designated as depositories to which full sets of U. S. government publications have been forwarded. In view of the importance of Peking as an educational center and in view of the necessity of having at least one complete file of U. S. official documents made available at the great metropolis, the Hopei Provincial Government signifies its readiness to appoint the Metropolitan Library to be its depository for foreign government documents, provided such an arrangement can be granted by the Librarian of Congress. An official communication will be sent to the Librarian of Congress when we get from you a favorable reply.

The Metropolitan Library is the only institution of its kind in North China. Organized on modern American methods, it is devoted to serving the scholarly needs of modern China. It is to be able to meet the growing requirements of the new situation that we are particularly anxious to have a full set of U. S. government publications.

Being supported by the China Foundation with funds from the Boxer Indemnity remitted by the United States, the Metropolitan Library is expected to serve as cultural link between your country and ours. Without a set of U. S. government documents, we can hardly hope to fulfill the function expected of us.

I feel greatly flattered by what you said about our part in the work of international exchanges. We feel it to be a great honor and obligation to be of service in a work of this kind. It is perhaps not known that the Metropolitan Library has undertaken the distribution of packages entirely at its own expense. We shall continue to do so until you are notified to the contrary by the National Government, after which we shall still be glad to act as the distributing center for the Peking area.

Until the Library of Congress receives Chinese government publications from the contemplated Chinese Bureau of International Exchanges, we will continue to forward such publications, and also those of the provincial government that we may be able to secure. We may add that two weeks ago we sent to the Library of Congress a number of Chinese official publications, among which is a complete file of the Official Gazette of the Nationalist Government, and also some publications of learned societies that we succeeded in securing as gifts to the Library of Congress.

Assuring you of our appreciation of the trouble you take on our behalf, I beg to remain

Yours very faithfully,

T. L. Yuan

Associate Director

〔北京图书馆英文信纸。Smithsonian Institution Archives, Records, 1868–1988 (Record Unit 509), Box 1, National Library, Peiping〕

按:此件为打字稿,落款处为先生签名,于翌年1月14日送达。

十二月十八日

先生致信 Selden Chapin,请美国驻华使领馆致信史密斯森协会,为北海图书馆额外谋取一套美国政府出版物。

December 18, 1928

Mr. Selden Chapin,

Dear Sir:

I beg leave to enclose herewith copies of three communications exchanged between the Metropolitan Library and the Smithsonian Institution regarding an extra set of U. S. official publications for the Metropolitan Library.

If it would be possible for the Legation to write the Smithsonian supporting our application, we shall be most grateful. A word from you would carry greater weight, I am sure.

I am sending you copies of our two reports which please accept with our compliments.

Thanking you for your interest and assistance,

Yours very faithfully,

T. L. Yuan

Associate Director

〔Smithsonian Institution Archives, Records, 1868–1988 (Record Unit 509), Box 1, Exchange Bureau, Peking〕

按:此为抄件。

十二月十九日

蒋廷黻致函先生,感谢北海图书馆抄录曾国藩、李鸿章附议折,并告知将会协助校阅《清史稿·邦交志》。

守和学长:

今晨接奉贵馆公函,云李、曾二折已钞就付邮,谢谢。藩司丁日昌之条款能于数日内钞毕赐下更好,钞费同时奉还。《清史稿·邦交志》到后即着手审查,为书既不多,月内想能完事。专此,即颂公安。

弟蒋廷黻

十二月十九日

附公函以备进行。

〔天津南开大学用笺。国家图书馆档案,档案编号 1945-※057-综合 5-005015〕

按:该函右上标注 12 月 20 日收讫。

先生致信 George B. Cressey,告知国际出版品交换业务已由上海方面相关机构负责,请径直联系,以寻找所需包裹。

December 19, 1928

Prof. George B. Cressey,

Shanghai College,

Shanghai.

Dear Sir:

In reply to your letter of the 12th instant, I beg to advise that prior to June 1928 the international exchange service was conducted by the Bureau of International Exchange of Publications, Ministry of Education, Peking, and all packages received from the Smithsonian Institution were kept at the Bureau pending financial assistance from the Government.

Owing to the re-organization of the Government at Peking in June, the work of the Bureau of International Exchange of Publications was suspended. For a time, it was temporarily conducted by the Metropolitan Library. In September, the National Research Institute, Shanghai, was formally appointed by the Nationalist Government to conduct the international exchange service. Therefore, we forwarded to them all the packages we received since June. We also heard that the packages received by the Exchange Bureau at Peking had also been forwarded to that Institute. You may claim your packages direct from the National Research Institute, 205 Rue Roi d'Albert, Shanghai.

Yours truly,

T. L. Yuan

Associate Director

〔北平北海图书馆英文信纸。Smithsonian Institution Archives, Records, 1868–1988 (Record Unit 509), Box 1, National Library, Peiping〕

按:George B. Cressey(1896–1963),美国地理学家,中文名葛德石,时在沪江大学(Shanghai College)任教,翌年返回美国,后著有 *China's Geographic Foundations: a survey of the land and its people*。此件为打字稿,落款处为先生签名。

十二月二十一日

晨,先生给吴宓打电话,商谈毛彦文职位事。〔《吴宓日记》第4册,页180〕

按:吴宓告温源宁计划及毛彦文不能赴职的情况,并婉谢先生帮助。

十二月二十三日

北平图书馆协会假燕京大学举行民国十八年度第一次常会,先生为会议主席,讨论并通过《北平图书馆协会简章》。随后,先生又报告中华图书馆协会筹备在南京举行年会的情形,欢迎同仁参会,请本地协会会员提请议案以备届时由北平图书馆协会名义提出,并望参会人员预备论文以便宣读。最后,改选职员,先生为执行委员之一。〔《中华图书馆协会会报》,第4卷第3期,页25–26;《北平图书馆协会会刊》第3期,附录《北平图书馆协会十八年度集会纪要》〕

按:执行委员共七位,其他为洪有丰、钱稻孙、田洪都、蒋复璁、罗静轩、严文郁。

十二月二十七日

先生致信傅斯年,告知北海图书馆中西文馆藏尚未出版书本式目录。

孟真我兄大鉴:

顷奉十五日惠书,敬悉一是。敝馆藏书目录,现尚未有印行专本。中文分类目录在敝馆月刊中陆续发表,西文书只有卡片目录。惟最近刊有英文季刊一种,亦有关于目录之发表。兹特各检一部奉上,以后即按期径寄贵所用备参考,并祈赐教为荷。专此肃覆,顺候撰绥。

弟袁同礼拜上

十二月廿七

〔北平北海图书馆用笺。台北"中央研究院"历史语言研究所傅斯年图书馆,"史语所档案",元389-2〕

按:"月刊"即《北京图书馆月刊》,1928年5月创刊;"英文季刊"即*The Metropolitan Library Record*,1928年10月创刊,1929年7月停刊,共出版4期,内容分为馆讯、西文书分类目录两部分。此信为文书代笔,落款处为先生签名。

十二月三十一日

国民政府教育部训令(第一五二号),批准平馆前请拨北平养蜂夹道迤西前公府操场空地作为将来扩充馆址。

令代理北平北海图书馆馆长袁同礼

案准财政部咨开为咨行事,前准中华民国大学院来函,以北平北海图书馆请拨北平养蜂夹道迤西前公府操场空地作为将来扩充馆址之用,转请核办见复到部。当经令,据河北兼热河官产总处查明,该地并无纠葛,准予拨归北海图书馆使用,于十一月十日函复查照饬遵,并指令在案。兹据河北兼热河官产总处呈称,国家财政应统一于国库,而国有之土地房屋为国家财产之一种,亦应整齐统一于钧部。查从前各机关请拨官房地基,一经部令特许,往往视同固有,随意处置,甚至已舍弃原定之事业而所拨借之房地仍不交还,即乖拨充基址之初心,亦非慎重官产之办法。此次中华民国大学院请将养蜂夹道前公府操场拨充馆址,征诸往事,似应慎重说明,倘该馆将来因时势之推移或进行计划之变更不使用该项房地时,仍当然照旧交还,以重官产,请鉴核等情前来。除指令外,相应咨请贵部查照饬遵等因。准此合行,转令遵照。此令。

中华民国十七年十二月卅一日

部长蒋梦麟

〔《北平北海图书馆月刊》第2卷第2期,页187-188〕

十二月

中华图书馆协会为第一次年会设立筹备委员,函聘李小缘、杨铨、钱端升、陈剑脩、柳诒徵、崔萍村、王云五、何日章、沈祖荣、胡庆生、杜定友、徐森玉、洪有丰、万国鼎、章桐、陶行知、钟福庆、俞庆棠、刘季洪、戴志骞、刘国钧为委员,先生为当然委员,设筹备处于南京金陵大学,负责接洽各方。此外,先生还参与议案组(审查各处提案)、论文组(管理征求论文及演讲)具体工作,在分组讨论会之图书馆行政组任职。〔《中华图书馆协会会报》第4卷第3期,1928年12月31日,页22-23〕

按:陈剑翛(1896—1953),原名陈宝锷,以字行,江西遂川人,少年中国学会早期会员,曾赴英留学,时应任国民政府教育部社会教育司司长。崔苹村,安徽太平人,时任中央大学图书馆代理主任兼该校英文讲师。俞庆棠,女,时任中央大学行政院扩充教育处处长。①

是年

美国图书馆协会编辑外国政府定期出版品目录(List of Serial Publication of Foreign Governments),负责此事的普林斯顿大学图书馆主任吉罗德(James T. Gerould)曾拟请先生、李小缘整理中国政府出版品。〔《中华图书馆协会会报》,第4卷第3期,页32〕

① 《国立中央大学教职员录》,1928年12月,页71、4。

一九二九年　三十五岁

一月四日

上午九时半，中基会第三次常会在杭州新新旅馆举行，蔡元培、蒋梦麟、胡适、翁文灏、颜惠庆、周诒春、顾临（Roger S. Greene）、贝诺德（C. R. Bennett）、司徒雷登（John L. Stuart）、孟禄（Paul Monroe）等人出席，议决要案十九条。其中，第十四条为"北海图书馆只设馆长一人，并取消副馆长"；第十六条为"通过聘袁同礼为北海图书馆馆长"。〔《胡适日记全集》第6册，页48-50〕

按：翌日晚十时，中基会第十四次执委会在新新旅馆举行，蔡元培、顾临、翁文灏、任鸿隽等董事出席，议决要案两条。其中，第一条为"添聘丁文江、周诒春为北海图书馆委员会委员"。顾临（1881-1947），美国外交官、社会活动家，毕业于哈佛大学，时为洛克菲勒基金会驻华代表、协和医院代理院长。孟禄（1869-1947），美国教育家，芝加哥大学博士，1899年任哥伦比亚大学教授，郭秉文、陶行知、蒋梦麟、张伯苓等在该校师范学院学习时深受其影响。

一月七日

先生致信阿博特，告知北海图书馆愿意承担北平、天津和河北省的国际交换品分发工作。

January 7, 1929

Dear Sir:

Replying to your letter of the 10 ultimo, we beg to advise that the Metropolitan Library will be glad to undertake the distribution of exchange packages for respective institutions at Peking, Tientsin, and other places in the Ho-Pei Province (Chihli) forwarded to them through the International Exchange Service of the Smithsonian Institution.

Yours faithfully,

T. L. Yuan

Acting Director

〔北平北海图书馆英文信纸。Smithsonian Institution Archives, Records, 1868－1988 (Record Unit 509), Box 1, National Library, Peiping〕

按:此件为打字稿,落款处为先生签名,于2月1日送达。

一月十三日

中午,北平图书馆协会假清华同学会聚餐,后举行第二次常会,到者五十余人。先生为会议主席,以改进图书馆事业为目的,共议决提案十三件,拟由先生在中华图书馆协会第一届年会中提交并讨论。另,成立设计委员会,推举先生、洪有丰、田洪都、徐家麟、严文郁五人为委员。〔《华北日报》,1929年1月14日,第5版;《北平图书馆协会会刊》第3期,附录《北平图书馆协会十八年度集会纪要》〕

下午,中国史学会假北平师范大学开成立大会,先生被推为候补委员。〔《朱希祖日记》,页122〕

按:到会人员有北京大学、清华大学、北京师范大学、燕京大学、辅仁大学、女子师范大学六校教授、学生共九十四人,其中七十六人有投票权。朱希祖、陈垣、罗家伦、钱玄同、王桐龄、张星烺、沈兼士、陈衡哲、马衡为委员,陶孟和、先生、萧一山、刘崇鋐、翁文灏为候补委员。

一月十四日

先生致信斯文·赫定,邀请其十八日晚赴清华校友俱乐部参加晚宴。

Metropolitan Library

Peking

Dear Dr. Hedin:

May I have the pleasure of your company to dinner Friday evening, January the eighteenth, at eight o'clock at the Tsing Hua Alumni Club, 39 Chi He Lou, Pei Chih Tze?

I hope you can come.

Cordially yours,

T. L. Yuan

January the fourteenth.

〔韩琦教授提供〕

按:该信为先生亲笔。

一月十六日

上午十时,吴宓至北海图书馆访先生,为毛彦文申请 Macy Grant 奖学金事,先生允诺本日内询问孟禄。但查哥伦比亚大学师范学院章程,似无此奖学金,先生打电话询问,协和医学院 Ida Poult 女士告知,该项奖学金须每年秋季报名,商定后,次年秋季方可留学。〔《吴宓日记》第 4 册,页 196-197〕

一月十七日

先生就职北海图书馆馆长。〔《北平北海图书馆月刊》第 2 卷 2 期,1929 年 2 月,页 185〕

先生致信叶恭绰,告知北平书贾已知海源阁藏书散出消息,请其设法购入以免流失国外。

玉甫先生尊鉴:

昨日藻玉堂来馆,知海源阁经、史两部之书已陆续运至天津,惟须先将子、集书商妥,方肯示以目录。去年子、集书十五种曾索价七万,现已让至四万五,如华人不购,不得不售诸外国云云。窃以此书既已散出,急应速谋补救之法。敝馆限于经费,实无力购置,再四思维,苦无办法,用敢函达我公,不识尊处能格外设法否?至盼至盼。中华图书馆协会将于本月廿八日在宁召集年会,倘承我公莅会讲演,无任荣幸。同礼拟廿一日南下逗留数日,即须北返,恐无暇来沪也。专此,顺候道祺。

后学袁同礼谨启

一月十七日

〔上海图书馆历史文献研究所编《历史文献》第 5 辑,2001 年,页 227〕

一月二十一日

晨七时,先生乘平浦路列车离平赴京,出席中华图书馆协会年会。〔《京报》,1929 年 1 月 21 日,第 3 版〕

按:同行者有李宗侗,但其以私事南下,非出席年会。

晚,中国政治学会(Chinese Social and Political Science Association)举行年

会,马克谟(John Van Antwerp MacMurray)为主席,推选会长颜惠庆,副会长马克谟、张煜全,会计贺波特,干事周诒春、先生等。〔《申报》,1929 年 1 月 23 日,第 3 版〕

按:John Van Antwerp MacMurray(1881-1960),美国外交官,又译作"马慕瑞",1913 年至 1917 年任驻华公使头等参赞,1917 年至 1919 年任美国驻东京领事馆参赞,1925 年 1 月至 5 月任助理国务卿,1925 年 5 月任美国驻华全权公使,1929 年 11 月离任,曾著 *Treaties and Agreements With and Concerning China 1894-1919*。

一月二十八日 南京

中华图书馆协会第一次年会在金陵大学召开。上午九时,会员到场注册,至下午一时半始毕。

下午二时,在该校大礼堂举行开幕典礼,国民政府特派与会嘉宾有内政部杜曜箕、工商部杨铨、外交部黄仲苏、卫生部余梦庄、教育部朱经农和陈剑翛、中央大学俞庆棠和巢桢、江苏省政府章桐,外国嘉宾有德国图书馆协会代表莱斯米博士(Georg Reismüller)。主席蔡元培因事赴上海未出席,杨铨代为致辞,戴志骞为副主席报告开会。陈剑翛、章桐、俞庆棠(中央大学校长张乃燕代表)、陶行知(中华教育改进社)、陈裕光(金陵大学校长)相继发言,最后由先生致答谢辞,大意如下:

今日中华图书馆协会开第一次年会于首都,承诸先生恳切致词指教,敝会谨以十二分诚意表示感谢!本会年会早应举行,但每为交通关系,不能实现。此次蔡、杨、蒋诸先生,极力赞助,始克观成,嘉惠尤多。近三年来,图书馆略极有进步。民众图书馆、学校图书馆、城市图书馆,增加最多。而捐款修建图书馆者亦不少,如南开、浙江、江西、暨南、沪江、奉天等处,均费钜资建筑图书馆,足征一般重视之意。

从前学校对于学生思想之解放虽极注意,但每忽视物质之建设,危险甚大,故以后教育方针须注意于建设。日前往谒蒋部长,蒋部长曾谓私立大学须有五十万基金,三十万经常费,并须有图书馆之建设,始准立案此举甚是。

以中国出版书籍而论,每年有数千部之多,而言之有物者实不可多覯。此种图书是否均可保存于图书馆,实未可必。如此,对于人工、印刷、时间,亦有求其经济之必要。

现在之图书馆较前已大不同。第一从前为经史子集之保存，现在之搜采则门类繁复。第二性质不同，范围较前为大。从前为藏书楼，现在已为图书馆。第三现在图书馆为用书而藏书，非比从前之为藏书而藏书。此次年会对于建筑、组织、行政、分类、编目各问题，皆有特别会议，详加讨论，以求其利用与经济之方法，而实现吾人所同希望之改进事业。惟诸先生有以教之！

晚六日，南京图书馆协会假金陵大学东楼，设宴款待全体会员，刘国钧代表南京图书馆协会致辞，历述南京在图书馆事业发展上的成就，杜定友致答谢辞。晚七时半，在科学馆开检字法演讲会，听众逾一百二十人。〔《中华图书馆协会第一次年会报告》，1929，页13-14；《中华图书馆协会会报》第4卷第4期，1929年2月28日，页5-6；《申报》，1929年1月30日，第12版〕

按：先生在年会中颇幽默，尝言北平图书馆协会无资金以自立，只得实行揩油主义，专倚北海图书馆。①巢桢，字兆觉，江苏武进人，时应任中央大学行政院高等教育处科员②，《中华图书馆协会会报》及相关报纸中均错记为"巢仲觉"。Georg Reismüller（1882-1936），德国图书馆学家，时应任德国巴伐利亚州州立图书馆馆长，在华访问期间曾大量购买中文古籍，对该馆东方馆藏的扩充起到了决定性作用。

一月二十九日

上午八时四十分，图书馆年会在金陵大学北大楼分组会议，本拟行政、建筑、索引检字、编纂、分类编目五组讨论，但多数人赴行政、索引两组，建筑组本日并未开会。

八时四十五分，图书馆行政组举行第一次会议，先生为主席，施廷镛为书记，到者七十一人，共讨论十五项提案。其中先生参与提交议案三则，分别为：

四、调查及登记全国公私板片编制目录案（与刘纯提交）。

五、请协会通告全国各大图书馆搜集有清一代官书及满蒙回藏文字书籍案（与叶恭绰提交）。

六、请各大图书馆搜集金石拓片遇必要时得设立金石部以资保存案

① 《申报》，1929年2月4日，第19版。

② 《国立中央大学教职员录》，1928年12月，页2。

（单独提交）。

十时，图书馆行政组举行第二次会议，先生为主席，施廷镛为书记，到者三十五人，共讨论三十项提案。

下午二时，协会年会第一次会务会议假金陵大学科学馆举行，到场者九十八人，杜定友为会议主席，陈重寅记录。沈祖荣作董事报告，继由先生作执行部报告，内容涉及会员人数、职员改选、政府立案、调查事业、出版事业、专门教育事业、分类及编目、索引及检字、对于图书馆之协助、国际联络事业、会所及职员、会计十二部分。此后，刘国钧作出版委员会报告、李小缘作编目委员会报告、戴志骞作年会筹备主任报告。最后，讨论两项议案，其中先生所提者为“请协会速将总事务所迁移首都并于此次年会修改章程另举职员案”，经讨论后一致决定“事务所仍在北平，不再添设分事务所”。

晚七时，公开演讲，戴志骞为主席，介绍各位嘉宾，莱斯米博士演说“德国图书馆发展史”，先生负责传译。后由胡庆生、沈祖荣、何日章、宋青萍等人相继演讲。〔《中华图书馆协会第一次年会报告》，1929，页15-24、37-38；《中华图书馆协会会报》第4卷第4期，页6-9〕

柯林致函先生，邀请中华图书馆协会派代表参加本年六月份在罗马举行的国际图书馆会议及图书展览会。

Stockholm den 29, 1, 1929

Dear Sir,

I presume that you have already received from the General Secretary of the local committee the program and papers concerning the International Library Congress to be held in Rome and have gathered from those contents what is about to take place there.

I should be obliged if you would forward me as soon as possible, a list of the lectures, which the participants of the Congress from your Association propose to hold, so that I am enabled to make up the General program of the lectures and divide them between the Sub-Commissions.

As the lecturers of the different countries are not in touch with each other, it is very probable that there may be part or even entire repetitions of the themes, therefore an extensive correspondence appears to be necessary. I should therefore be very pleased if I could dispose of the list by March 15th at the latest.

An exhibition of library work is also on the program and I hope that your society will decide to take part in it. According to what Dr. Fago has given us to understand here in Stockholm the exhibition will be organized by nation, each country having, if possible, a hall of its own to arrange, according to its possibilities, thereby giving a characteristic impression of its own library work.

In conclusion may I also point out that it is the wish of the Italian Government that the entire organization of the Congress be in the hands of the Rome local committee, and especially in those of Professor Fago.

Any further information regarding the Congress, is to be obtained at Rome, but the arrangement of the program of lectures is naturally in my hands in agreement with the Italian local committee.

I am dear Sir,

Yours very sincerely,

Isak Collijn

Mr. Tung-Li Yuan

Chairman of the Library Association of China, West City, Peking.

〔《中华图书馆协会会报》第 4 卷第 5 期,1929 年 4 月 30,页 8-9〕

按:3 月 7 日,柯林又寄出一函,但该函英文原件收件方并未注明先生。很有可能是先生收到 1 月 29 日函后覆信,告知自己虽然为中华图书馆协会的主事人员之一,但并非主席。

一月三十日

上午八时四十五分,图书馆行政组举行第三次会议,先生为主席,施廷镛为书记,到者四十人,共讨论三项提案。

十时,图书馆行政组举行第四次会议,先生为主席,俞家齐为书记,到者四十人,共讨论十项提案。

下午二时,在科学馆宣读会议论文,先生为会议主席。本次年会共收到论文二十四篇,现场只分组宣读了五篇,先生宣读提交之论文,题为《国际目录事业之组织》,至五时许散会。〔《中华图书馆协会第一次年会报告》,1929,页 44-46;《中华图书馆协会会报》第 4 卷第 4 期,页 10-11〕

按:平馆提交论文者有顾子刚[①]、王重民、谢国桢等人。俞家齐,时在中央大学区通俗教育馆任职。

一月三十一日

上午九时,图书馆行政组举行第五次会议,先生为主席,聂光甫为书记,到者三十五人,共讨论十项提案。其中先生所提者为"请协会通告全国图书馆注重自然科学案",原案通过。

中午十二时,中央大学在体育馆开欢迎会,先由该校秘书长刘海萍代校长致欢迎词,杜定友致答谢词。继由年会主席蔡元培演说,后德人莱斯米受托讲德国出版物交换事。二时许,与会者在孟芳图书馆前合影留念。

下午,与会人员至中央大学图书馆、中国科学社图书馆、通俗图书馆、国学图书馆等处参观。

晚六时,图书馆协会会员假金陵中学举行公宴,席间江苏省政府代表章桐表示欢迎。

晚七时,协会年会第二次会务会议假金陵大学科学馆举行,到场者八十五人,杜定友为会议主席,陈重寅记录。讨论并修改会章,共计二十四条。〔《中华图书馆协会第一次年会报告》,1929,页26-30、46-48;《中华图书馆协会会报》第4卷第4期,页11-13〕

按:聂光甫,山西公立图书馆代表。

二月一日

上午九时,协会年会第三次会务会议假金陵大学科学馆举行,到场者八十七人,杜定友为会议主席,陈重寅记录。选举执行和监察委员,其中戴志骞、先生、李小缘、刘国钧、杜定友、沈祖荣、何日章、胡庆生、洪有丰、王云五、冯陈祖怡、朱家治、万国鼎、陶行知、孙心磐当选执行委员。临时动议推选蔡元培、戴季陶、蒋梦麟、杨铨、叶楚伧为名誉会员。另选监察委员九人。

中午十二时,执行委员在金陵大学召开第一次会议,杜定友为主席,刘国钧记录。推定洪有丰、先生、刘国钧、杜定友、冯陈祖怡五人为常务委员,先生为委员长。戴志骞、朱家治、王云五、何日章、冯陈祖怡任期为一年,先生、李小缘、胡庆生、沈祖荣、杜定友任期两年,刘国钧、洪有丰、陶行知、万国鼎、孙心磐任期三年。

---

① 顾子刚(T. K. Koo,1899—1984),生于上海,1919年毕业于圣约翰大学,后入南开学校任英文教员,1924年入清华大学图书馆负责参考事务,1928年秋与曾宪三、梁廷灿等人入北海图书馆。

午后，与会人员赴金陵女子大学、清凉山、北极阁（中研院气象研究所及其观象台）等处游览。四时半，赴中国国民党中央执行委员会之欢迎会，戴季陶、胡汉民先后致辞，戴志骞致答词，冯陈祖怡亦作答谢辞，并提议在各政府机关设党义图书馆，另设立中央图书馆。

晚，教育部在安乐酒店设宴，蒋梦麟部长致辞，蔡元培代表全体会员答谢，李石曾亦在宴上立论，继由马叙伦演说协会年会召开之感想，最后由先生致谢辞，已逾十时。至此，中华图书馆协会第一次年会结束。〔《中华图书馆协会第一次年会报告》，1929，页 32-33；《中华图书馆协会会报》第 4 卷第 4 期，页 13-14〕

按：此次年会，中央党部由戴季陶、叶楚伧二人提议临时拨款补助两千元，此后每月补助协会一百元。①

二月五日

阿博特致函先生，告知已收到国立中央研究院的来函，会建议该院请北海图书馆协助办理交换业务。

February 5, 1929

Dear Sir:

The Institution has just received a letter from the National Research Institute, 205 Avenue du Roi Albert, Shanghai, stating that the Bureau of International Exchange in Peking has been transferred to Shanghai and made a part of the National Research Institute, an establishment recently created by the Nationalist Government. All future exchange consignments for China therefore will be sent to the National Research Institute. That institute, however, will be advised that the Metropolitan Library has signified its willingness to distribute those packages for the places named by you if the Research Institute cares to have your assistance in the matter.

Very respectfully yours,

C. G. Abbot

〔Smithsonian Institution Archives, Records, 1868-1988 (Record Unit 509), Box 1, National Library, Peiping〕

按：Roi Albert 即亚尔培路，今陕西南路。此件为录副。

---

①《申报》，1929 年 2 月 3 日，第 19 版。

二月十七日　北平

北平各界人士六百余人在广惠寺公祭梁启超，除尚志学会、清华大学研究院、香山慈幼院、松坡图书馆、司法储才馆、广东旅平同乡会等社会团体外，另有熊希龄、丁文江、胡适、钱玄同、朱希祖、瞿世英、杨树达、熊佛西、余上沅、任鸿隽、陈衡哲、江瀚、钱稻孙、先生等个人前往吊唁。〔《新晨报》（北平），1929年2月18日，第6版〕

按：是年1月19日，梁启超在北京协和医院病逝。

二月十九日

下午二时，北平北海图书馆委员会在南长街中基会事务所召集会议，除报告馆务及建筑工程进展外，推定各委员任期年限，其中周诒春、张伯苓为三年，丁文江、戴志骞、陈垣为两年，胡先骕和叶企孙为一年，董事会干事长及先生为当然委员，并无年限限制。〔《北平北海图书馆月刊》第2卷2期，1929年2月，页185〕

按：此前，委员李四光辞职，中基会增聘陈垣、叶企孙为图书馆委员会委员。

二月二十三日

古物保管委员会邀请刘半农、先生在团城开谈话会，共商美探险家安得思赴蒙古地区考查办法，拟定《中亚考查团组织办法》如下：

第一条：中亚考查团受古物保管委员会之委托前往蒙古调查。

第二条：团员人数以中西各半为原则，就中各任一人为团长。

第三条：采集所得学术材料除有脊椎动物化石，如第四条所规定外；其余统应留在中国。

第四条：（甲）采集所得有脊椎动物化石重复标本，或与以前所采相同者，统留在中国。（乙）其与以前所采不同，而事实上必须运往美国研究者，可酌量运往美国。其条件如下：

1、中国应派专门学者前往共同工作，其往返川资及在研究期内之一切用费，统由自然历史博物馆担任。

2、美国自然历史博物馆对于此项学者应予以独立研究之便利。

3、研究完毕后，须将原物运回中国，其必须暂留美国作参考者，陈列时应标明中国某机关寄存字样，并照样制模型二份送至中国。

〔《古物保管委员会工作汇报》，页24、25〕

按：安得思即 Roy C. Andrews（1884－1960），美国探险家、博物学家，曾任美国自然历史博物馆（American Museum of Natural History）馆长，20 世纪初曾多次前往中国进行科学探险，首次发现了恐龙蛋化石。2 月 5 日，安得思代表谷兰阶（Walter W. Granger，1872－1941）致信古物保管委员会北平分会，请求派人参加此次科考，该函由翁文灏转递。

先生致信叶恭绰，商讨购入海源阁藏书之办法。

玉甫先生尊鉴：

前在宁时曾奉赐书，返平以来，以琐事相缠，致稽裁答为罪。海源阁藏书事曾商孑民先生，渠以尊处所拟办法虽能保全一时，迟早难免散佚，颇愿敝馆设法收留。连日会商，结果颇有希望。惟感我公对于斯事素所关怀，尚希指示，无任感祷。又杨氏经、史二部之书尚无求售消息，而子、集中之《庄子》，唐四家王摩诘、韦苏州及二孟均先后散出，亦可慨也。专此，顺候著祺。

后学袁同礼顿首

二月廿三日

《清代名人画传》已出版否？为念。

〔《历史文献》第 5 辑，2001 年 8 月，页 226〕

二月二十四日

下午二时，北平图书馆协会假中海居仁堂召集第三次常会，先生、田洪都、洪有丰、钱稻孙、严文郁、于震寰、李益华、王重民、施廷镛、谭新嘉等四十余人到场，先参观国立北平图书馆，后由先生报告会务四项，分别为（1）编制会员录，将于本次会后发出调查表并请多介绍个人入会；（2）编制北平图书馆指南；（3）恢复会刊，请同人多惠文稿以充篇幅；（4）丛书联合目录及期刊联合目录两委员会已有委员草订编辑范围。此外，先生就中华图书馆协会年会在南京举行情况略作汇报。继由戴志骞、李小缘等人演说。五时散会。〔国家图书馆档案，档案编号 1928－※049－协会 3－001030 至 1928－※049－协会 3－001035〕

二月二十六日

下午五时半，万国妇女中国学术研究班假协和礼堂举行例会，先生受邀前往，并以"中国图书馆发达史"（Development of the Libraries in China）为题

发表演讲。〔《华北日报》,1929年2月21日,第5版〕

二月下旬

先生受东北大学邀请前往奉天,为其筹划新建图书馆。先生到奉天后,与该校协商后提出如下建议:建筑取西洋式,可与环境调和;阅览室须同时容纳六百人,书库以五十万册为基础容量,每年购书费暂定五万元,以后每年递增,预计十年之内可购八十万册之书籍;书库取书方法,用电力不需人工。〔《申报》,1929年2月28日,第8版;《华北日报》,1929年3月4日,第5版〕

按:东北大学校长张学良为振兴东北地区文化事业,决定在该校新建大规模图书馆,拟投入建筑费用三十万。校方根据以上各条,交建筑师绘就建筑草图,随后开始招标。

二月二十八日　沈阳

先生偕李小缘(金陵图书馆馆长)访许宝蘅。〔《许宝蘅日记》,页1294〕

按:所谈之事应为介绍李小缘转任东北大学图书馆馆长。

二月

北海图书馆委员会组织购书委员会,推定丁文江、任鸿隽、陈垣、叶企孙、胡先骕五人为委员,先生作为馆长为当然委员。〔《北平北海图书馆月刊》第2卷2期,1929年2月,页185〕

按:该会职责为"协助馆长采购书籍"。

先生撰写《〈永乐大典〉现存卷目表》。〔《北平北海图书馆月刊》第2卷第3-4号(《永乐大典》专号),1929年4月,页215-251〕

按:该文辑录286册《永乐大典》信息。

三月一日

南京国民政府举行第二十二次国务会议,议决故宫博物院人事:易培基兼北平故宫博物院古物馆长、张继兼文献馆长、庄蕴宽兼图书馆长、马衡任古物馆副馆长、沈兼士任文献馆副馆长、先生任图书馆副馆长。〔《申报》,1929年3月2日,第4版〕

按:3月5日,南京国民政府行政院令,批准以上人事安排。

三月六日

先生致信傅斯年,告知北海图书馆发行刊物均曾寄赠史语所。

孟真我兄大鉴:

顷诵手毕,拜悉一是。查敝馆月刊自创刊之初,即按期寄至中山大学，呈请指正。贵所亦曾行奉赠全份。以后随有出版，仍当继续寄上，所有往来各函，尚祈查照为荷。专复，顺候春绥。

弟袁同礼顿首

三月六日

〔北平北海图书馆用笺。台北"中央研究院"历史语言研究所傅斯年图书馆，"史语所档案"，元 389-3〕

按：该信为文书代笔，落款处为先生签名。

三月七日

北平北海图书馆建筑委员会举行会议，除讨论建筑问题外，推定周诒春为该会主席，先生为副主席。此外，新馆舍内部的电器工程合同，委托天津美丰机器厂承办。〔《北平北海图书馆月刊》第 2 卷第 3-4 号，页 361〕

按：此前，该建筑委员会内李四光、安那先后辞职，又增聘丁文江、任鸿隽继任，其他委员有周诒春、先生、戴志骞。

三月八日

中华图书馆协会组织参加国际图书馆会议委员会，推举杨铨、戴志骞、刘国钧、柳诒徵、傅增湘、徐森玉、洪有丰、先生、赵万里、张元济、王云五、杨立诚（浙江省图书馆）、刘承幹、沈祖荣、杜定友（国立中山大学图书馆）、金梁（辽宁故宫《四库全书》校印处）等人担任委员。〔《中华图书馆协会会报》第 4 卷第 5 期，页 12〕

按：3 月 12 日，该会在平委员举行会议，讨论具体事宜，如参会论文、展品选取等事项。先生和傅增湘二人负责征集筹备刻本书及钞本书。此外，先生应以私人名义致信中华民国驻意大利公使郭泰祺、使馆秘书朱英君，恳请使馆人员协助展览事宜；先生联系意大利使馆参赞 Giuseppe Ros，本拟由意国轮船将展品免费寄往罗马，但本年 4、5 月间无合适轮船，故将其中较轻便者由陆路寄送；先生致信德国中国学院 Richard Wilhelm，请求协助一切。Giuseppe Ros（1883-1948），意大利外交官，以其藏书而闻名，通译作"罗斯"。Richard Wilhelm（1873-1930），德国汉学家，中文名卫希圣，字礼贤，亦作尉礼贤。〔《中华图书馆协会会报》第 4 卷第 5 期，页 12、14-15、25〕

三月十日

朱希祖致函先生，告自琉璃厂旧书店购得《两朝从信录》。〔《朱希祖日记》，

页 139〕

三月十二日

中华图书馆协会参加国际图书馆会议委员会在平委员举行的会议,讨论具体事宜,如参会论文、展品选取等事项。〔《中华图书馆协会会报》第 4 卷第 5 期,页 14-15、25〕

按:其中,先生和傅增湘负责征集刻本书和钞本书。后,先生以个人名义致信中华民国驻意大利公使部泰祺等人,请使馆人员协助展览事宜。此外先生联系意大利驻华使馆参赞 Giuseppe Ros,拟由意国轮船将展品免费运往罗马,但本年 4、5 月份无合适轮船,只得将其中轻便者以陆路寄送。先生又致信德国中国学院 Richard Wilhelm,请求协助一切。①

三月十三日

阿博特致函先生,告知将把此前暂停发送的美国政府出版物寄送北海图书馆,此外《国会议事录》也将直接邮寄。

March 13, 1929

Dear Sir:

Referring to previous correspondence concerning the forwarding to the Metropolitan Library of a full series of United States governmental documents, I beg to say that the Library of Congress has authorized the Institution to transmit to your Library the official publications that have accumulated since shipments were suspended, and also, until further notice to send the continuation of that set to your Library. Accordingly, there is being forwarded directly to you five boxes of government documents, Nos. 13357, 13418, 13479, 13541, and 13603.

Copies of the daily issue of the Congressional Record that have accumulated since January 1 are being sent to you direct by mail.

Very respectfully yours,

C. G. Abbot

Secretary

① Giuseppe Ros (1883-1948),意大利外交官,以其藏书而闻名,通译为"罗斯"。Richard Wilhelm (1873-1930),德国汉学家,中文名卫希圣,字礼贤,亦作尉礼贤。

Mr. T. L. Yuan

〔Smithsonian Institution Archives, Records, 1868–1988 (Record Unit 509), Box 1, Exchange Bureau, Peking〕

三月十五日

《申报》刊登《私立浙江流通图书馆募款启事》，先生被列为募捐发起人之一。〔《申报》，1929 年 3 月 15 日，第 8 版〕

按：该馆创办人陈独醒，字从善，浙江上虞人。此募捐启事在《申报》连续登载数日，以二十万元为目标。

三月十六日

故宫博物院总务处致函先生，询问文渊阁照片底版现存何处。

径启者，准中华图书馆协会来函，拟征集本院文渊阁内外构造之照片，以备携往罗马国际图书馆会议陈列之用。事关宣传文化，本院自当照办。惟查文渊阁从前曾摄有照片三种，此项照片底版据主管课声称当时系由先生经手收存，未知现存何处，敬希示知为盼。此致

袁守和先生

故宫博物院总务处启

三月　日

〔故宫博物院档案〕

按：此件为底稿，前注 3 月 16 日发，故系于此。

三月十七日①

下午，张继、马衡、沈兼士、先生前往故宫博物院就职，先生任图书馆副馆长。〔《申报》，1929 年 3 月 19 日，第 8 版〕

按：此前，张继长住西山，而图书馆馆长庄蕴宽任《江苏通志》编委会总纂不能北来，遂电请先生主持馆务。17 日，张继返回北平城内，特偕马衡、沈兼士、先生到院就职。此时，图书馆馆址仍为外西路之寿安宫，外院东庑为善本书库，西庑为办公室。先生出任副馆长后，主持函聘张允亮、陶湘、朱希祖、卢弼、余嘉锡、洪有丰、赵万里、刘国钧为专门委员，负责该馆学术事务。

① “民国十八年故宫博物院要事表”将此次就职时间记录为 4 月 17 日，有误。参见《故宫博物院档案汇编》第 1 册，页 25。

三月二十一日

蒋廷黻致函先生，告知已草就《〈清史稿·邦交志〉勘误记》之一部，但因事无法继续，请派人来取此文稿。

守和学长：

《〈邦交志〉勘误记》已脱稿五千余字，可供杂志一期之刊布。现因忙于他事，不能继续是稿，看来须月来后始能竟业，故先呈上前半，请饬仆于本星期日夜二十四号或星期一上午至骑河楼清华同学会办公处领取。此祝公安。

弟蒋廷黻

星期四下午

〔天津南开大学师生用笺。国家图书馆档案，档案编号 1945-※057-综合 5-005016〕

按：《〈邦交志〉勘误记》刊于《北平北海图书馆月刊》第 2 卷第 6 号、第 3 卷第 1 号书评一栏，题为《评〈清史稿·邦交志〉》。该函上方标明 3 月 23 日收讫，左下角有“已取来交袁先生”字样。

三月二十四日

上午，先生与朱希祖通电话，谈《两朝从信录》事。〔《朱希祖日记》，页 144〕

三月二十五日

先生致信柯林，告中华图书馆协会已开始为参加国际图书馆大会遴选论文，并寄上初选名单。

March 25, 1929

Dear Sir:

Your letter of January 29 regarding the International Library Congress was received early this month. As soon as I received it, I communicated with my colleagues in China and asked them to prepare a number of papers for the Congress. I am now enclosing a tentative list of papers that the Library Association of China proposes to send to the Congress.

Owing to the distance from you, and the fact that my colleagues are far away in different parts of the country, it is very difficult to arrive at a definite arrangement for the papers. I hope, however, that we shall be able to send our papers printed, sometime in May, and then you can assign them to the different sections.

With best wishes,

Yours very faithfully,

T. L. Yuan

Chairman, Executive Committee

〔中华图书馆协会英文信纸。National Library of Sweden, Isak Gustaf Alfred Collijn papers〕

按:此件为打字稿,落款处为先生签名。另附一页清单,题为 Suggested papers to be submitted to the International Library Congress in Rome, June 15–30, 1929,依次为先生、顾子刚、戴志骞、李小缘、刘国钧、沈祖荣、洪有丰、胡庆生,其中先生所拟撰写的论文题目为 A Brief History of Libraries in China。

三月三十一日

下午二时,北平图书馆协会假中国政治学会图书馆(南池子门神库)举行第四次常会,马衡、蒋复璁、于震寰、钱稻孙、王重民、陈宗登、田洪都等数十人到场。先生以主席身份报告会务进展情况,继由蒋复璁代表丛书、期刊两联合目录委员会分述编辑与调查情形,并请德国莱斯米博士演讲"德国研究中华文化之概况"。最后由陈宗登报告政治学会图书馆沿革。〔《中华图书馆协会会报》第4卷第5期,页27;国家图书馆档案,档案编号 1928-※049-协会 3-001036 至 1928-※049-协会 3-001040〕

按:陈宗登,字尺楼,江苏江都人,1922年1月毕业于武昌文华图书专科学校,与裘开明为同窗,后长期担任中国政治学会图书馆主任。[①] 本次演讲,先生邀请郑寿麟充当译者。[②]

三月

先生致信许宝蘅。〔《许宝蘅日记》,页1299〕

按:此信应寄送沈阳,但此时许宝蘅回京处理继室夫人俞玟的丧事,故该信由人转寄北京,4月1日送达许宝蘅处。

四月十一日

先生致信 Carl W. Bishop,寄赠《宝蕴楼彝器图录》,并询问 *Artibus Asiae* 刊

① 《华中大学一览(二十二年度)》,1933年,页110。

② 《思忆录》,中文部分页57。

物信息,恳请弗瑞尔美术馆寄赠馆刊。

April 11, 1929

Mr. Carl W. Bishop,

Freer Gallery of Art,

Washington, D. C.,

U. S. A.

Dear Mr. Bishop:

I am sending to your institution a complimentary copy of the recent Chinese publication on ancient bronzes, entitled *宝蕴楼彝器图录*, about which I wrote to the Freer Art Gallery in December last. I hope the book will be found to be of interest.

From the *EASTERN ART*, I learned that you recently contributed an article on the tomb of Ho Ch'u-Ping to a periodical called *ARTIBUS ASIAE*. Would you kindly let me know the publisher of this new journal, as we want to take it for our Library?

The Metropolitan Library is very much interested in occidental journals on oriental art and archeology. Besides the usual ones published in the trade, we receive many museum bulletins. I shall be most indebted to you if you could arrange to send us the bulletin of the Freer Gallery.

With cordial regards and best wishes for your success,

Yours very truly,

T. L. Yuan

Director

〔北平北海图书馆英文信纸。Smithsonian Institution Archives. Field Expedition Records, Box 11 Folder 18, Yuan, T. L., 1929-1940〕

按:Carl W. Bishop(1881-1942),美国考古学家、人类学家,中文名毕安祺,以东亚研究见长,1922 年起出任佛利尔艺术馆副馆长,后著有 *Origin of the Far Eastern Civilizations: a brief handbook*。1929 年,燕京大学教授兼古物陈列所鉴定委员容庚遴选清盛京行宫旧藏青铜器并编印成《宝蕴楼彝器图录》,该书采用石印铭文及注释、珂罗版印彝器照片两种方式,逼真地展现出青铜器的器形、纹饰及文字之美，仅印三百部。*Artibus Asiae* 通译为《亚洲艺术》，1925 年创刊，先生在此处有误解，*Tomb of Ho Ch'ü-ping* 为福开森所作，非毕安祺撰，刊于《亚洲艺术》第 3 卷第 4 期。此件为打字稿，落款处为先生签名。

柯林覆函先生，请将中华图书馆协会提交的与会论文打印成册以便在大会上分发，另询问是否选派代表赴罗马参会。

11. 4. 1929

Dear Sir:

I thank you very much for your letter of March 25. I hope that you will be able to arrange for all the papers, which you have mentioned in your list. If you can send them printed for distribution to the Congress, you will give the members a very precious survey of modern library work in your great country. It seems to me most convenient to gather all the Chinese papers in one separate volume. Do you send delegates to the Congress?

Yours very sincerely

Isak Collijn

〔National Library of Sweden, Isak Gustaf Alfred Collijn papers〕

按：该件应为录副，落款处为其签名。

四月十五日

先生致信义理寿，表示“圕”字虽被图书馆协会推广使用，但并非强制性的替代，而且该字的使用对外国学者而言可能并无意义。

April 15, 1929

Capt. I. V. Gillis,

Peiping.

Dear Capt. Gillis:

Concerning the new character 圕, I may say that although it has been adopted by the Library Association of China for general use, the Association has not, however, made it obligatory, not even for itself.

Personally, it seems to me to be a labor saving device, but I doubt if it will be found convenient by foreign scholars. It undoubtedly saves much trouble when one has to use the term frequently, but such a shorthand expression need not necessarily be used in print. I see from the *Library Weekly* of the Sun Yat-Sen University at Canton, where Mr. Doo is working, that it uses "T'u-Shu-Kuan" and not 圕.

Yours sincerely

T. L. Yuan

〔北平北海图书馆英文信纸。Princeton University, Mudd Manuscript Library, AC123, Box 410, Folder National Library of Peiping〕

按:*Library Weekly* 即《国立中山大学图书馆周刊》,由杜定友主持,但于本年 2 月停刊,4 月 16 日起改为《图书馆报》,先生此信所指应为前者。此件为打字稿,落款处为先生签名。

先生致信阿博特,感谢史密斯森协会寄出美国政府出版物,表示北海图书馆如果能拥有全套此类文献,无疑会为中国学者提供更好的服务。

April 15, 1929

Dear Mr. Abbot:

I am very glad to know from your letter of March 13 that you have recently forwarded to us five cases of U. S. governmental documents for which please accept our best thanks. As stated in our letters of September 18 and December 15, 1928, a full set of U. S. governmental documents, if made available at the Metropolitan Library, would be of great service to present and future generations of scientific workers in this country. We sincerely hope you can arrange to send us the continuations of the documents to our Library.

The Congressional Record has duly reached us here. Please be assured of our high appreciation of your courtesy.

Yours very truly,

T. L. Yuan

Director

〔北平北海图书馆英文信纸。Smithsonian Institution Archives, Records, 1868-1988 (Record Unit 509), Box 1, National Library, Peiping〕

按:此件为打字稿,落款处为先生签名,于 5 月 13 日送达。

四月十八日

先生致信斯文·赫定,请其赠送有关西藏和其他科学考察的专著,以补充北海图书馆馆藏文献。

April 18, 1929

Dear Dr. Hedin:

The Metropolitan Library has been collecting your valued works during the past two years. So far, we have secured eleven of them including the most important ones on Tibet. A list of these is enclosed for your information.

Undoubtedly there are many important books by you that we have overlooked. I shall be most obliged if you would be kind enough to let me have a list of your other works which we ought to have in our Library. Your explorations are of so much importance that I feel we ought to have all of your publications that are still available, so that Chinese scholars may have them here ready for consultation. Whatever you may do to assist us in making our collection complete will not only be appreciated by the Metropolitan Library, but also by those who depend upon us for important scientific literature.

Thanking you for your past interest,

Yours very sincerely,

T. L. Yuan

Director

〔韩琦教授提供〕

按:此件为打字稿,落款处为先生签名。

四月二十二日

下午四时,中国学术团体协会假团城开会,马衡、沈兼士、刘半农、先生、陈垣等二十余人到场,讨论本年会务工作。〔《益世报》(北平),1929 年 4 月 23 日,第 6 版〕

四月二十八日

下午二时,中华图书馆协会参加罗马国际图书展览之预展在北海公园蟠青书室举行,观者甚多。展品中,由先生提供的书册有:《芸香馆遗集》(一册)、《尤悔庵年谱图诗附小影图赞》(一册)、《载书图诗》(一册)、《承华事略补图》(一册)、《御制耕织图》(点石斋印本二册)、《御制耕织图》(文瑞楼印本二册)、《圆明园图咏》(一册)、《申江胜景图》(二册)、《木皮鼓词》(一册)、《澄园诗集》(一册)、《胶澳志》(一套)、《蛰庵诗存》(一册)、《现代图书馆经营论》(一册)、《图书馆组织与管理》(一册)。〔《中华图书馆协会会报》第 4 卷第 5 期,页 16-21〕

按:根据沈祖荣所记,中华图书馆协会实际参展品只两箱,规模大幅缩减,主要受制于路程、运费等因素。

四月三十日

先生致信柯林,告知因国内局势不靖无法为国际图书馆大会撰写论文,其他中国图书馆学者论文将集中印刷并争取在五月二十日前寄送罗马。

April 30, 1929

Dear Sir:

Due to various circumstances, I find it impossible to get together in time the papers I have promised to send you for the World Library Congress. I am doing my best, and hope to send you before the 20th of May all the papers that I succeed in getting printed. The papers will be sent to Rome in care of Dr. Fago, as allowing twenty days for the mails, they cannot reach you at Stockholm before your departure for the Congress.

The Library Association of China regrets very much that circumstances beyond its control should adversely affect its program. But I hope the success of the Congress will not in any way be affected.

I remain,

Yours very truly,

T. L. Yuan

Chairman, Executive Committee

〔中华图书馆协会英文信纸。National Library of Sweden, Isak Gustaf Alfred Collijn papers〕

按:此件为打字稿,落款处为先生签名。

四月

北平特别市市政府训令(第一一四四号)。

令北平北海图书馆馆长袁同礼

前据该馆长呈请在该馆南墙另辟大门等情到府,当经令行工务局勘复在案。兹据该局复称,遵即详加勘核,事属可行,应由该馆来局领取开工证,即可兴工等情前来。除指令外,行令仰该馆长遵照办理。此令。

〔《北平北海图书馆月刊》第2卷第3、4期,页362〕

按:3月,北海图书馆呈请特别市市政府请在南墙开辟大门。

是年夏

先生为*Libraries in China* 撰写序言。

The following papers have been prepared for the occasion of the International Library and Bibliographical Congress to be held June 15-30, 1929, at Rome. Owing to the short notice given to us as well as circumstances beyond our control, several more papers promised by our members could not be secured in time to enable us to include them in this volume. Two more papers on the Library Outlook in China and on Chinese Bibliography have been written by two of our members in America. These papers are being sent direct to Rome. The six papers will, it is hoped, give our colleagues in foreign countries a rough idea of the library situation in China.

In presenting these papers to the Congress, the Library Association of China desires to convey its best wishes for the success of the Conference, and hopes that circumstances will allow it to co-operate more fully at the next Congress.

T. L. Yuan,

Chairman, Executive Committee

〔*Libraries in China*, 1929〕

按:*Libraries in China* 由北京导报社承印,共收录四篇文章,分别为顾子刚 Evolution of the Chinese Book(《中国图书制度之变迁》)、戴志骞 Development of Modern Libraries in China(《中国现代图书馆之发展》)、胡庆生 Training of Librarianship in China(《中国之图书馆员教育》)、沈祖荣 Indexing Systems in China

(《中国文字索引法》)。该篇序言失收于《袁同礼文集》。

中国科学社拟在燕京大学举办年会,先生被推举为筹备委员会、演讲委员会、交际委员会委员之一。〔《益世报》(北平),1929年5月18日,第6版〕

按:该届年会拟于8月21日至8月25日举办。

先生向中央大学区南京中学图书馆捐赠图书七册。〔《申报》,1929年6月22日,第6版〕

五月五日

下午二时,北平图书馆协会假孔德学校图书馆举行第五次常会,马廉、于震寰、宋琳、蒋复璁、钱稻孙等人到场,因有雨,先生迟到。首由马廉报告孔德学校图书馆概况,涉及历史沿革和馆藏特色善本,后与会人员观摩钱稻孙设计的协会徽章图案,因与会人员不多,未能正式决议。〔国家图书馆档案,档案编号1928-※049-协会3-001042至1928-※049-协会3-001047〕

按:宋琳(1887—1952),字克强,号紫佩,浙江绍兴人。民国初年,经鲁迅推荐到京师图书馆工作,曾长期担任平馆会计组组长,1949年后离馆。

五月六日

午后,先生在馆中(北海),顾颉刚来访,晤谈。〔《顾颉刚日记》卷2,北京:中华书局,2011年,页280〕

五月八日

先生签署谢函,感谢赫定向北海图书馆赠送*Auf großer fahrt*和*Mount Everest*两种图书。〔韩琦教授提供〕

五月十日

先生在馆中(北海),顾颉刚来访,晤谈。〔《顾颉刚日记》卷2,页281〕

五月十一日

上午十一时,北平北海图书馆新馆建筑举行奠基典礼。任鸿隽以中基会干事长身份出席并报告图书馆成立及建筑方案审定经过,后由安那工程师、周诒春、先生等人相继演说,并致祝词。礼成,全体人员一同摄影。丁文江、赵元任、钱稻孙、杨鼎甫、赵万里等人亦出席。〔《北平北海图书馆月刊》第2卷第5号,页439〕

按:新馆舍所采取的建设设计方案由莫律兰(Leth Möller)提交,任鸿隽在发言中尤其称赞其方案"能使我国宫殿式之建筑,与新式图书馆相调和,可为我国图书馆建筑上开一新纪元”。

午,徐旭生夫妇设家宴,郝满尔、一外国人、廖家珊、先生、陈垣、马衡、顾颉刚与席。〔《顾颉刚日记》卷2,页282〕

按:郝满尔似指 David Hummel(1893-1984),待考。

五月十二日

晚,先生设家宴,吴之椿、周炳琳、邓以蛰、杨宗翰、刘□□、顾翊群、吴□□、费□□、顾颉刚受邀与席。〔《顾颉刚日记》卷2,页282〕

按:顾翊群,字季高,江苏淮安人,经济学家、金融家,北京大学毕业,后赴美留学,时应任中基会财务秘书。

五月中旬①

孙中山灵榇计划从北平运往南京,故宫博物院推选张继、马衡、李宗侗、俞同奎、沈兼士、吴瀛、先生、李宝圭等为代表届时前往西直门恭送。〔《华北日报》,1929年5月20日,第7版〕

按:李宝圭,字笔诚,湖南宝庆人,曾任北京高等师范学校教员,教育部佥事,本年担任故宫博物院秘书。②

教育部指令(字第一二九九号),拨发沈祖荣赴罗马参加国际图书馆大会津贴。

令中华图书馆协会执委会主席袁同礼

两呈暨附件均悉。查国际图书馆大会,订于本年六月间在罗马开会,关系学术前进,洵属重要。所有本部应派代表,即派该会代表沈祖荣兼充,随令发去委任令一份,仰即查收转发。至所需旅费,本部原无此项预算,但该会经费有限,亦系实情。兹由本部酌拨津贴银叁百元,托上海银行汇寄,并仰照收转发,取具收据呈部备案。原请提交行政会议之处,应毋庸议。此令。

〔《中华图书馆协会会报》第4卷第6期,1929年6月30日,页7〕

按:最初,先生为参加此次会议的代表,后因事无法前往,故改派

---

① 《中华图书馆协会会报》第4卷第6期虽刊登该令,但并未指明时间;另查《教育部公报》并未收录所有指令,但可知第1232号、1306号指令下发时间分别为5月8日和5月17日,故本谱将此系在5月中旬。

② 《北京高等师范学校同学录》,年代不详,页4;《时事新报》,1914年7月28日,第3版;《华北日报》,1929年3月26日,第5版。

沈祖荣。[①] 中华图书馆协会曾致中央研究院公函两封，一是官方认可并给予委任令，二是经费补贴，但结果并不理想，后又向中华教育文化基金董事会申请特款，亦未获通过。无奈之下，只得向各文化教育机关募集，中央大学、东北大学、北海图书馆各捐助百元，清华大学捐助五十，但仍有较大缺口，又呈教育部继续提请行政院会议讨论，准予津贴贰仟元，终于10月24日汇到协会事务所。[②]

五月十八日

毕安祺覆函先生，感谢寄赠《宝蕴楼彝器图录》，并告知《亚洲艺术》杂志的出版信息，佛利尔艺术馆尚未编印报告，如出版将寄送北平北海图书馆。

May 18, 1929

Dear Dr. Yuan:

I am writing to thank you most cordially, in the name of the Freer Gallery of Art as well as my own, for the complimentary copy of the work on ancient bronzes, which you have sent us. You may rest assured that it will be not only of profound interest but also of very great value.

The magazine known as *ARTIBUS ASIAE* is published by Dr. Alfred Salmony, of the Museum of Oriental Art, Cologne, Germany.

So far the Freer Gallery of Art has published no bulletin of its own, although we have such a step under consideration. Should our plans be carried out, you may be quite sure that the Metropolitan Library will occupy a place on our list. I may say, in this connection, that the Smithsonian Institution has been requested to send you copies of their publications as they appear from time to time.

I expect to come to Peking in the near future, and hope then to have the pleasure of seeing you in person. In the meantime, please accept my written thanks, and believe me, with all good wishes,

Yours very sincerely,

---

① 《华北日报》，1929年5月18日，第5版。

② 《中华图书馆协会会报》，第5卷第1-2合期，页40。

C. W. Bishop

Associate Curator

〔Smithsonian Institution Archives. Field Expedition Records, Box 11 Folder 18, Yuan, T. L., 1929-1940〕

按:Alfred Salmony(1890-1958),德裔美籍艺术史专家,科隆出生,后在伯恩、维也纳大学求学,曾赴苏俄、中国、日本等国考察,对亚洲艺术有较为深入的研究。此件为录副。

五月二十一日

下午五时,美国驻华公使马克谟至北海图书馆参观,先生负责引导中西文藏书库及办公室,后又前往新馆舍建筑现场参观。〔《北平北海图书馆馆刊》第2卷第5号,页439〕

五月下旬

沈祖荣抵达北平,拜会先生。先生将欧洲图书馆概况、各专家委员信息告知,方便其参与国际图书馆首次大会。〔《中华图书馆协会会报》第5卷第3期,1929年12月31日,页3-29〕

按:时平汉路不通,沈祖荣改由海道北上,于23日前抵达北平,23日由北平出发,翌日抵达沈阳取得护照、车票、支票等。先生为其撰写多封介绍信,助其调查欧洲各图书馆,其中可以确定的信函有致普鲁士省立图书馆东方部主任赫勒(Hermann Hülle,1870-1940)、柏林大学图书馆采访部主任西门华德、伦敦大学校长 Baker、瑞士国际图书馆馆长斯文司马(Tietse Pieter Sevensma,1879-1966)等,此外先生拜托其调查德国出版界、书店情况。

六月十二日

故宫博物院增聘先生为慈宁宫花园工程委员会委员。〔郑欣淼《钢和泰与故宫博物院》,页243〕

按:因顾临认为原委员安那不宜担任委员职务,只可作为顾问提供指导意见,故增聘先生。

六月十三日

先生致信钢和泰,告知已聘用其为故宫博物院专门委员,并转达院长易培基对他的感谢。

June 13, 1929

Baron A. von Stael-Holstein,

Hotel de Pekin,

Pekin.

Dear Baron:

I take pleasure in sending to you herewith your appointment as adviser to the Imperial Palace Museum signed by the Director of the Museum, Hon. Yi Pei-Chi, Minister of Agriculture and Mines at Nanking.

Minister Yi highly appreciates the services you have rendered to the Museum in the past and hopes that your cooperation in the future will contribute greatly to the growth of this institution.

Yours very sincerely,

T. L. Yuan

〔故宫博物院英文信纸。《美国哈佛大学哈佛燕京图书馆藏钢和泰未刊往来书信集》下册,页 533〕

按:6 月 12 日,故宫博物院聘赵万里、钢和泰为专门委员。[1] Yi Pei-Chi(Minister Yi)即易培基,时在南京国民政府兼任农矿部部长。此件为打字稿,落款处为先生签名。

六月十四日

恒慕义致函先生,请为美国藏书家留意合适的待售宋版书,并请随时寄送北海图书馆馆刊。

June 14, 1929

Dear Mr. Yuan:

I forgot whether I wrote you some weeks ago about helping me secure a good specimen of some Chinese printed book which in the West would count as an Incunabula, i. e. printed before 1500 A. D.

A well-known American book collector, Mr. John W. Garrett of Baltimore, Md., who is also a good friend of the Library of Congress has asked us to help him get such a book as I describe above. He has a great

① 《故宫博物院档案汇编》第 1 册,北京:故宫出版社,2015 年,页 26。其中,赵万里应为图书馆专门委员(页 70)。

many Incunabula and would also like to have a sample Chinese book of early date.

If you can look up a good specimen, have the dealer hold it temporarily, describe it to me in a letter, and either Mr. Garrett or I will cable you or write you at once whether he wants it.

I have enjoyed much reading your recent *Bulletins of the Metropolitan Library*, and I hope you will continue to send them, if there is a charge, let me know, and I will have it ordered regularly by the Periodical Division.

Also, if you see some rare works which you think we ought to have, let me know, and I will cable you. And I shall see to it that you receive prompt payment for the same. The Library of Congress is very grateful to you for all your help and interest in the past, and hopes we will deserve it in the future.

With kind regards, very sincerely yours,

Arthur W. Hummel,

Chief of the Division of Chinese Literature

〔Library of Congress Archives, Arthur W. Hummel Sr. correspondence series, MSS86324〕

按:John W. Garrett(1872-1942),美国外交家,以书籍、钱币收藏而闻名,其父为 Thomas H. Garrett(1849-1888),铁路大亨、慈善家。该件为录副。

六月二十三日

上午十时,北平图书馆协会假故宫博物院图书馆举行第六次常会,先生、徐森玉、钱稻孙、罗静轩等百余人到场。先生为主席,报告故宫博物院图书馆成立经过,甚为详细。后由蒋复璁报告各馆所编丛书联合目录进展,因为格式各不相同,颇难统一;汪长炳报告编制期刊、季刊等期刊目录的困难,最后先生谈有会员来函请设暑期学校事,须待洪有丰北返后再议,并请各位会员对设立分类编目委员会贡献意见。十一时,摄影散会。〔《新中华报》(北平),1929 年 6 月 24 日,第 3 版;《华北日报》,1929 年 6 月 24 日,第 5 版〕

六月二十九日　天津

上午十时,中基会在天津英租界利顺德饭店召开第五届年会,蔡元培、蒋梦麟、翁咏霓、施肇基、任鸿隽、赵元任、顾临、贝克、司徒雷登、贝诺德等十五人与会,罗家伦、傅斯年、先生、何基鸿等人列席。〔《申报》,1929年6月30日,第8版;《益世报》(北平),1929年6月30日,第3版〕

按:因贝克、司徒雷登有其他要事,会期以两天为限。今日讨论重点,为接收教部及清华基金会委托保管清华基金及代收发经常金。何基鸿(1888—?),字海秋,河北藁城人,日本东京帝国大学法学士,后又留学德国,归国后历任大理院书记官、推事、司法院参事等,时为北平大学院长。

六月三十日

中基会继续开会,根据蒋梦麟董事提议:中基会与前北京教育部订立国立图书馆契约,重新继续履行,即合并居仁堂之北平图书馆,改名国立北平图书馆;俟新馆落成后即迁移,并由教育部与董事会合聘蔡元培为馆长、先生副之;居仁堂之图书馆,在未合并前由中基会出款维持。下午三时始散。〔《申报》,1929年7月1日,第8版〕

七月一日

蒋廷黻致函先生,请协助利用故宫博物院所藏《夷务始末记》及外交档案,并展期所借外文图书。

守和学长赐鉴:

昨在平探闻兄因公来津,返津后则兄又已归平矣。弟今夏想在北平作月余之研究,预拟材料即故宫博物院所藏之《夷务始末记》及档案之有关于外交者,其目的不在录稿,专在研究而作笔记,以便将来撰《中国外交史》。盖弟近就中央研究院特约研究员之职,须于三年内撰成此外交史,重要材料藏于故宫博物院者居多,而弟所识之友朋中惟兄能助成此事,故特函恳设法使弟能得机参阅《夷务始末记》及档案。能借出更好,若不能则在院中借用亦可。惟弟须用书记一人代书笔记,故入院常有二人,起始时期定七月十五。兄之忙,弟固深知,兹因此事与学术颇有关,故敢烦劳。再弟尚须借阅贵馆所藏之《明史稿》,以期研究明末之外交,亦恳俯允所请。今晨接贵馆通知,云弟前所借之 Yule: *Cathay & the Way Thither* 已满期,此书弟尚未用完,请准展期二星期。王君希尹所藏之《夷务始末》,闻已出卖与燕京,价二千四百元,不知确否?弟前致函燕京,请借用,当局似不□借与外人参阅,殊非大学提倡学术之精神，不知兄意以为然否？上次承兄及王君宠召，礼应趋陪，是日适校中有紧急会议，不克分身，乞曲谅。专此，即颂公安。

弟廷黻

七月一号

〔天津南开大学师生用笺。国家图书馆档案，档案编号1945-※057-综合5-005017至1945-※057-综合5-005019〕

按：后蒋廷黻在《筹办夷务始末补遗序》中写到“廷黻从民十八秋至二十秋，每星期在大高殿工作一日”。[①] 此外，笔者仅在1931年度《北平故宫博物院报告》中查到蒋廷黻前往故宫博物院查看档案的记录，“清华大学蒋廷黻君（所借各件系关于鸦片及外交者），借钞之折件九五〇件。道光十一年至咸丰六年；借钞之上谕档八一本（选钞八四件）道光元年至咸丰四年；借阅之随手档八〇本。道光十一年至咸丰七年”。[②] Cathay & the Way Thither 即 *Cathay and the Way Thither*，作者亨利·玉尔（Henry Yule，1820－1889），英国汉学家，该书今通译为《东域纪程录丛》。该函于7月4日送达。

七月八日

上午，周作人赴北海（图书馆）访宋琳，并与先生晤谈。〔《周作人日记（影印本）》中册，郑州：大象出版社，1998年，页667〕

七月中旬

先生致信中华图书馆协会监察委员会（杨立诚），告知将赴杭州列席监察委员会会议。〔《中华图书馆协会会报》第5卷第1-2合期，1929年10月31日，页33〕

按：该委员会定于7月20日下午在杭州市浙江省立图书馆举行第一次常会。

七月下旬　杭州

先生列席中华图书馆协会监察委员会会议，并报告执行委员会工作情形。〔《中华图书馆协会会报》第5卷第1-2合期，页33〕

按：先生抵会的日期应为21日或22日，与会监察委员有柳诒徵、

---

① 蒋廷黻《筹办夷务始末补遗序》，《筹办夷务始末补遗》第2册，北京大学出版社，1989年，页4。

② 《北平故宫博物院报告》，1931年12月，叶35。另，1929、1930年度报告并未有相关查档人员记录。

杨立诚、侯鸿鉴、欧阳祖经、陆秀、毛坤，会上曾讨论协会第二次年会在杭州举办的可能。

八月十四日　北平

上午九时，古物保管委员会在团城召开会议，李石曾、徐旭生、马衡、刘半农、翁文灏、沈兼士、李宗侗、先生等人出席，原则上同意明年春法国科学界考察团前往新疆考察，但须派人与之同往。〔《华北日报》，1929年8月15日，第5版〕

按：此事因法人卜安（Victor Élémir Point，1902－1932）[①]来平而起，该人原为海军中尉。本日晚六时，古物保管委员会派马衡、李济、李宗侗等前往接洽。

八月二十日

义理寿致函先生，寄还施永高《四库目录索引》。

August 20th, 1929

Dear Mr. Yuan: -

Many thanks indeed for your very kind offer to let me have Doctor Swingle's copy of the index for the Ssu-K'u catalogue.

However, I am at the present time engaged myself on making a card index of this catalogue for myself and the Library, and already have written out some four thousand title cards, and am indexing them in accordance with my system, which is far quicker and more convenient than the rhyme arrangement.

Under the circumstances I am returning to you this manuscript index, and at the same time assure you of my appreciation of your kindness.

Your very sincerely,

I. V. Gillis

〔The Gest Chinese Research Library（葛斯德华文藏书库）信纸。Princeton University, Mudd Manuscript Library, AC123, Box 410, Folder National Library of Peiping〕

按：a card index of this catalogue for myself and the Library 应为

① 中国学术界将此人误记为"Briand"，并错称其为法国政要白里安（Aristide Briand，1862－1932）的侄子。

《葛思德东方藏书库书目》(1941 年)之索引号标注系统的雏形,简言之以书名首字部首在《康熙字典》之次序和各字除部首外笔画数量用数字和字母标识。① 此件为打字稿,落款处为其签名。

八月二十一日

下午四时,中国科学社假燕京大学丙楼召开第十四次年会,竺可桢、赵元任、任鸿隽、翁文灏、周仁、丁绪宝、唐钺、胡先骕、张准、李石曾、先生、傅斯年等数十人出席开幕仪式,吴雷川、司徒雷登等作为校方代表亦前来祝贺。六时半,合影后散去。〔赵新那、黄家林整理《好玩儿的大师》,北京:商务印书馆,2022 年,页 359;《华北日报》,1929 年 8 月 22 日,第 5 版〕

按:唐钺(1891—1987),字擘黄,福建闽侯人,心理学家,毕业于清华学校,后赴美留学,1920 年获哈佛大学博士学位,归国后历任北京大学、清华大学教授,后又担任中央研究院心理研究所所长。

八月二十六日

蒲特南致函先生,国会图书馆愿意付费请平馆抄写《明史》等稿本,并对寄来的样张表示满意。

August 26, 1929

My dear Mr. Yuan:

Mr. Hummel reports to me that in a letter to him dated July 15 you intimated the possibility of having copied for us the two manuscript works of the History of the Ming Dynasty, one of which was noted in your first annual report (page 12), and the second comprises 313 books bound in 60 volumes.

If, as you estimate, at the rate of $3.00 per 10,000 characters, to have the 160 volumes copied would cost between $800 and $900 silver, we should be very glad to take advantage of the opportunity; and greatly appreciate your friendly interest in arranging it for us.

The paper, of which you enclosed a sample, seems to us excellent for the purpose.

Please let us know when the work is started and the probable

① 其示例,可参见雷强《普林斯顿大学图书馆藏王重民孙念礼往来书札》,《精一文献》(微信公众号)。

duration of it.

Very sincerely yours,

Librarian

〔Librarian of Congress, Putnam Archives, Special File, China: Metropolitan Library〕

按:由 in your first annual report (page 12)可以确定此部有关明代历史的手稿应指稿本《明史》,明末清初历史学家万斯同(1638—1702)撰写;the second 待考。此件为录副。

八月二十九日

义理寿致函先生,对沈祖荣《中国文字索引法》表示失望,并提出书名索引排字法几个标准,譬如使用者无须具备图书馆专业知识。

August 29th, 1929

Dear Mr. Yüan: -

I have to thank you for the copy of the booklet "*Libraries in China*" that you so kindly sent to me. It was very interesting, and I have sent it on to Mr. Gest. To say the least, I was very much disappointed in the article by Mr. Seng on indexing systems, it did neither himself nor the Library Association great credit; and for him to introduce domestic politics and mix them up with indexing was certainly unnecessary and uncalled for, and showed very poor taste in a paper to be presented at an International Library Congress. However, I suppose that's not here nor there.

I am in perfect accord with your views that-"no new indexing system, however excellent, will appeal much to scholars accustomed to Chinese bibliography", and it is for this very reason that I am inclined to favor the so-called "radical-system" as being one with which they (these scholars) are well acquainted.

In a memorandum to the Library on this subject of indexing I gave my views as follows,-

> "To my way of thinking the sine qua non of any system for arranging the characters is that it must be available for use by the ordinary individual who is capable of reading Chinese, and not

require the special knowledge of a librarian trained to the use of the particular system, not even knowledge of the exact standard form (if such there be) of the written character, and the correct sequence (if such there be) for writing the strokes."

"In addition, there should be a well-recognized 'standard' to serve as a criterion for correct classification of the characters according to whatever system may be adopted for use. Moreover, not only should the system itself be simple and self-contained, that is, not requiring the use of diagrams, whether actual or mental (as are required in the Wong's Four-Corner, Chiu's clock, Ho's unit-filing, the '永' and similar systems), but also the rules for the use of the system should be simple, readily understandable, absolutely fixed, unvariable, and certain in their application. Although the 'time-element' does enter in, it is of very minor importance, and should be given little weight in selecting a system."

"Finally, full consideration should be given to the desirability of using a system tried and proved through long use, and familiar to Chinese readers, if such a system can be found." (This is in line with your views, as I referred to above. I V G)

To sum up-

A.No system based upon-

(a) the exact location of the strokes in relation to one another in the character;

(b) the sequence in which the strokes are written; or

(c) any particular form of the character, -such as the written form, -

is acceptable by reason of being entirely too uncertain as to correct classification, -it lacks ACCURACY.

B.No system based upon diagrams, -either actual or mental, -is acceptable, as being entirely too complicated, uncertain in application, as well as requiring special knowledge and training in its use.

C. No system based upon sound and pronunciation (which includes transliteration) should be considered for obvious reasons, -different dialects etc.

With reference to the system, you tell me you are now using, -in my memorandum I stated as follows: -

"Dao Ding-U's system is that used by Mr. T. L. Yuan for the Metropolitan Library in Peking. It is probably the best of all those that attempt to do away with the use of the radicals, but it has the defects (in a minimized degree) of all systems that depend upon the position and sequence of writing of the strokes, -uncertainty due to the different opinions and ideas of individuals as to the correct way of writing the characters."

A question, -not for idle curiosity, but for serious information. Take the case, say, of the work entitled "*Chi ming lu*" 鸡鸣录. Suppose that you had no knowledge as to the subject matter, -did not know that it was a medical work, -could you by your indexing system locate it without hesitation or undue delay? By my system this work is given the designating number 172-jch, and the corresponding card naturally can be picked out in a few seconds.

Yours very sincerely,

I. V. Gillis

〔The Gest Chinese Research Library(葛斯德华文藏书库)信纸。Princeton University, Mudd Manuscript Library, AC123, Box 410, Folder National Library of Peiping〕

按:Wong's Four-Corner, Chiu's clock, Ho's unit-filing 及 Dao Ding-U 应分别指王云五四角检字法、裘开明检字法、何公敢单体检字法、杜定友汉字排字法。此件为打字稿,落款处为其签名。

八月三十日

国民政府教育部聘蔡元培为合组后国立北平图书馆馆长,先生为副馆长。平馆委员会正式成立,马叙伦、陈垣、周诒春、任鸿隽、刘半农、傅斯年、孙洪芬以及蔡元培、先生九人为委员,该会负责前往接收原国立北平图书馆、北平北海图书馆。〔《北京图书馆馆史资料汇编(1909-1949)》,页 301-303;《国立北平图书馆月刊》第 3 卷第 2 号,页 295-296〕

按:依据"国民政府教育部、中华教育文化基金董事会合组国立北平图书馆办法"第三条,蔡元培、先生为平馆委员会当然委员。

八月三十一日

平馆委员会推定任鸿隽、先生前往原国立北平图书馆、北平北海图书馆点查接收,前者为合组后的第一馆,后者为第二馆,一切行政事务集中于第二馆。另,先生兼任期刊部主任。〔《中华图书馆协会会报》第 5 卷第 1-2 合期,页 44、46;《华北日报》,1929 年 9 月 1 日,第 5 版〕

义理寿覆函先生,阐述其设计书名检字法的原则和优点。

August 31st. 1929

Dear Mr. Yüan: -

Many thanks for your letter of the 30th of August with its lucid explanation of your filing system, -I shall pass this on to the Library for their information and consideration.

Within the scope of my limited knowledge of Chinese and of my ability I have given consideration during the past three years to the matter of indexing Chinese characters, and I agree with what you say, -the intrinsic nature of the characters themselves is such as to render it impossible to devise a system in all respects satisfactory in its several attributes.

A new need of mankind is generally met by invention to supply it, but is it reasonable to suppose that in past times Chinese scholars have given no thought to a need that has existed with them, just as it has with those of the present day? Owing to the inherent nature of the characters they were apparently never able to devise a better or more satisfactory system than that of the so-called radical arrangement, beginning with the "Shuo-wen" and continuing down to recent times. That side by side with this system (during the last half of this period at least) there has been the arrangement by "rhymes" is to be admitted. However, this depends upon the ear, and the subject under consideration is indexing for the eye. Is it not reasonable to assume that during all these years if an entirely satisfactory system could have been found, the ancient scholars would have discovered or evolved it, and not adhered to the radical system? It seems so to me.

My reasons for preferring to begin differentiation by the use of the radicals and follow with the number of strokes in the non-radical part are,–

a) it permits of immediate segregation into roughly one hundred primary groups (many of the 214 radicals are seldom used), thus facilitating location through reducing the number of items in any one group.

b) by counting the number of strokes in the non-radical part of the character instead of the whole character, this operation is simplified, -counting requires less time and the chance of error is reduced.

c) as I have stated elsewhere, -the radical-system of character arrangement is well known to all literate people, and therefore it requires no special training nor the inculcation of new ideas.

As to Wong's Four-Corner System, -if Wong himself had not been able to force its adoption through his position as Editor-in-Chief of the Commercial Press, I do not believe that this system would have been given very much consideration on its own actual merits. I wrote an article on this system which was published in the "*China Journal*" (July). It might interest you.

As the saying has it–自己的文章,人家的老婆 so naturally I am inclined to favor my own system,-especially so as I have been using it now daily for over two years, and I have found it simple and certain in application. Moreover, it meets the very requirement you mention, - indexes for books, as I have used it for this purpose, as well as for indexing of catalogues of books.

Yours very sincerely,

I. V. Gillis

〔The Gest Chinese Research Library（葛斯德华文藏书库）信纸。Princeton University, Mudd Manuscript Library, AC123, Box 410, Folder National Library of Peiping〕

按：义理寿对王云五四角检字法的评论文章，题名为 Wong's Four-Corner System，发表于本年 7 月 *China Journal of Science and Arts*, Vol. XI, No.1。此件为打字稿，落款处为其签名。

九月二日

国立北平图书馆（以下简称"平馆"）召开第一馆务会议，先生作为副馆长讲话。大意如下：

在中央图书馆未成立之前，北平图书馆可算很完好的图书馆。办图书馆，须注意学术化。徐（森玉）主任对目录、版本考订，素有经验，可称难得之人材，希大家与徐主任时常研讨。北海图书馆曾出一月刊，内容材料，皆各馆员自己创作，以后本馆亦当加入合作。此外，组织一专门委员会，以便与来馆诸名流共同研究参考。图书馆亦属事业机关，希大家充分努力工作，则阅览人必有增加。

〔袁咏秋、曾季光主编《中国历代国家藏书机构及名家藏读叙传选》，北京：北京大学出版社，1997 年，页 132-133〕

九月初

先生托吴宓请叶公超撰写海约翰（John Hay）纪念碑文（英文）。〔《吴宓日记》第 4 册，页 281-282〕

按：John Hay（1838-1905），美国作家、记者、外交家，曾任林肯总统私人秘书，后又在威廉·麦金莱、老罗斯福总统时期任国务卿，在对华外交方面主张"门户开放政策"，客观避免了列强瓜分中国，尤其值得铭记的是促成美国庚子赔款退款。1928 年秋，北平北海图书馆决定将在新馆舍中设立海约翰纪念室，集中陈列国际法和中外关系书籍，此消息被其家族人士得知，将其遗像送美国国务院寄华。本年 8 月间，由美国驻华使馆送达平馆。①

九月四日

恒慕义致函先生，收到王树枏补寄的手稿和书籍，感谢先生在国会图书馆

---

①《国立北平图书馆月刊》第 3 卷第 2 期，1929 年 8 月，页 297-298。

收购王氏藏书过程给予的帮助，收到先生寄来的《清史稿》和《百川学海》，此外蒲特南和采访部均已正式致函请平馆抄录明代史料。

September 4, 1929

Dear Mr. Yuan:

We have finally received the manuscript and other works which Mr. Wang supplied to fill up the few missing items in the list of Wang Family Library books. I appreciate how those items should have disappeared from the library after the catalog was put together, and I consider that Mr. Wang has done very well by the Library of Congress in the matter. You also deserve our sincere thanks for the time and effort you have taken to have the shipment made so promptly and specially to settle with Mr. Wang on the final arrangements. I am urging that the balance due Mr. Wang for the library and for packing etc. be promptly paid him, and I have no doubt the Accessions Division will send the money out shortly, for they, too, are anxious to take final settlement. In any case I shall remind them again to see that everything is satisfactorily settled.

We must thank you also for the *Ch'ing dynastic history* and the *Po Ch'uan Hsueh Hai* which you supplied us, and which has already come. I assume that you already have received payment for these two items through Mr. Mei of the Educational Mission. The Accessions Division took the matter up a few days ago.

On August 26th the Librarian wrote you asking that we be supplied with manuscript copies of the two *Ming Dynastic Draft Histories* which your Library has in the original. The cost for the two items to be about $ 800 and $ 900. Silver, as you suggested in your letter of July 15th last. The Accessions Division also put in a formal order on July 28, which you, no doubt, have also received. We appreciate very much this tremendous help on your part to supply us with distinctive material which after all makes any Library itself distinctive. I assure you that Dr. Putnam is very sincerely interested in all that you do for us, and is as proud of the Chinese Collection as any other part of the Library. Interest in Chinese studies is growing rapidly in this country, and all that is now done in preparation will be distinctly appreciated by western students in the near future.

With kind regards, and many thanks, I remain,

Very sincerely yours,

Arthur W. Hummel

Chief of the Division of Chinese Literature

〔Library of Congress Archives, Arthur W. Hummel Sr. correspondence series, MSS86324〕

按:Mr. Mei of the Educational Mission 似指梅贻琦,本年 11 月 5 日教育部、外交部任命梅贻琦任留美学生监督,11 月 9 日乘船离沪赴美,12 月 8 日接替赵国材正式接任留美学生监督,以上种种皆晚于本信时间,故待考。该件为录副。

九月十日

平馆委员会举行会议,讨论第一馆民国十八年度经常费预算。〔《国立北平图书馆月刊》第 3 卷第 3 号,页 455〕

九月十四日

先生致信康乃尔大学图书馆馆长,询问获得其馆藏各卷《永乐大典》影本的可能性,并告知寄赠《〈永乐大典〉现存卷目表》一册。

September 14, 1929

The Librarian,

Cornell University Library,

Ithaca, N. Y.,

U. S. A.

Dear Sir:

The monumental Chinese encyclopedia *YUNG LO TA TIEN* has always been held in great esteem by Chinese librarians. Disastrous circumstances have destroyed a great number of the volumes in the set, and the volumes that remain are now being scattered all over the world. With the recent reorganization of the Peiping Library and the Metropolitan Library to form the National Library of Peiping (Peking), it is made possible that a fairly big collection of the *YUNG LO TA TIEN* has been brought together. We are therefore attempting to make copies from other volumes that are known to exist abroad, so that the text of the extant volumes may be made available here to Chinese scholars.

According to a census made by me, of the original 11,095 volumes there are less than 300 volumes of which their existence can be definitely ascertained. Of these surviving volumes, about one-third are in our collection. It will be a great day in the history of Chinese libraries when photographic or MS. copies of all the other volumes could be brought together.

Toward the consummation of our project, your cooperation is cordially solicited. According to my census, there are four volumes in your Library, namely, CHUAN 13453, 133879-80, 15868-70 and 19784. As the census was taken some years ago, it is quite possible that a few more volumes may have come into your collection. May I know if you can supply us with photostat or photographic copies of these volumes, and at what rates, for both single and duplicate copies? If desired, we shall be glad to supply you with an equal number of MS. copies of our volumes, paper, size and binding of which in imitation of the original.

Hoping to hear from you, I am,

Yours very truly,

T. L. Yuan

Director

P. S. A copy of the Census of the *Yung Lo Ta Tien* is being sent to you under separate cover.

〔北平北海图书馆英文信纸。Cornell University Library, Wason Collection Records, 1918-1988, Box 1, Folder Koo, T. K. Letters, 187〕

按:此件为打字稿,落款处为先生签名。

九月十九日

中基会执行委员会开会,先生说明第一馆预算内容,后经议决该部预算为

四万二千八百九十元,另加购书费一万二千元。〔《国立北平图书馆月刊》第3卷第3号,页455〕

九月二十一日

故宫博物院慈宁宫花园维修工程委员会的汪申、先生、马衡、钢和泰、俞同奎会同顾临、安那验收慈宁宫花园工程。〔郑欣淼《钢和泰与故宫博物院》,页238〕

按:该工程为慈宁宫花园的二期维修施工。此外,第一期维修计划开始前,先生曾帮忙联系营建北海图书馆木工厂家。汪申(1895—1989),字申伯,江西婺源人,1925年毕业于巴黎高等专门建筑学校,后任北平市工务局局长。

九月二十三日

平馆召开第四次馆务会议,先生报告如下事宜:(一)董事会议决本馆预算;(二)第一、二馆中文书约有20余万册,分类编目专业化自始匪易,刘国钧在美国研究图书馆多年,对于伦理、逻辑、哲学等素有心得,现请为主持。〔《中国历代国家藏书机构及名家藏读叙传选》,页133〕

按:21日,刘国钧到馆担任编纂部主任。①

九月二十五日

下午五时,中国地学会、古物成列所、故宫博物院、古物保管委员会北平分会、北京大学研究所、考古学会、农矿部地质调查所、平馆、中华图书馆协会、北平研究院等学术团体假团城召开会议,李石曾、周肇祥、先生、刘半农、徐旭生、翁文灏、马衡、张志尚、张星烺等十余人到场。徐旭生为会议主席,对古物保管委员会草拟的"一九学术考察团与法方合作办法"逐条讨论,并将法方代表所提意见善加采纳。推定由徐旭生等三人与法方接洽,并决定二十九日上午九时,继续在团城开会。〔《新中华报》,1929年9月27日,第7版〕

按:1931年4月,该项科学考察团(Citroën-Haardt Trans-Asiatic Expedition)之东队正式由北平出发,后因中法团队不协,且发生剧烈争执,遂告终止。②

九月三十日

平馆召开第五次馆务会议,会上先生强调以后本馆进行方针,重在学术,希

---

①《国立北平图书馆月刊》第3卷第3号,页456。

②《中华图书馆协会会报》第7卷第1期,页14。

望本馆同人均有所编辑，并能在刊物上发表。〔《中国历代国家藏书机构及名家藏读叙传选》，页133〕

九月

平馆委员会曾举行两次会议，除讨论馆务外，推定周诒春、丁文江、先生、刘半农、戴志骞、任鸿隽、孙洪芬为建筑委员会委员，傅斯年、陈寅恪、陈垣、胡先骕、叶企孙、丁文江、任鸿隽为购书委员会委员。〔《国立北平图书馆月刊》第3卷第3号，页455〕

按：除9月10日会议略有记录外，尚无法查实另一次委员会何时召开。

十月初

先生致信钢和泰，邀请其夫妇参加本月九号的聚会。旋即收到钢和泰覆函，表示他自己愿意前往，但夫人因身体不适无法陪同赴会。

My dear Professor Yuan,

I have much pleasure in accepting your kind invitation for Wednesday, October 9th, 1 o'clock. My wife thanks you very much for having included her, but regrets that she will be unable to come on account of a bad cold.

Believe me yours most sincerely.

A Staël Holstein

〔《美国哈佛大学哈佛燕京图书馆藏钢和泰未刊往来书信集》下册，页534〕

十月五日

北平图书馆协会假清华大学工字厅举行第七次常会，先生作为主席报告会务，随后洪有丰、刘国钧等人发言。先生报告北平市内各馆情况，尤其是购书款一项，希望馆际间合作，避免重复购置。另，购买后的珍贵图书应尽可能提高阅览程度。〔《中华图书馆协会会报》第5卷第1-2合期，页49-50〕

十月六日

下午三时，先生赴清华大学访吴宓，谈梅贻琦去美任清华大学留美学生监督事，并问吴宓离婚事。〔《吴宓日记》第4册，页300〕

按：是日先生本应赴忠信堂（西长安街）顾颉刚宴，[1]但可能在清

① 《顾颉刚日记》卷2，页330。

华盘桓太久，未能赴宴。

十月七日

平馆委员会召开第三次会议，按照该会组织大纲第四条规定，选陈垣为委员长，任鸿隽为副委员长，先生为书记，孙洪芬为会计。〔《国立北平图书馆月刊》第3卷第4号，页573〕

十月九日

下午四时半，先生在平馆第一馆居仁堂招待新闻记者。先生主持并致辞，略述历代藏书传统，并介绍合组后平馆的概况。〔《华北日报》，1929年10月10日，第5版〕

十月十日

上午十时，故宫博物院在乾清宫举行四周年纪念仪式，李石曾、俞同奎、马衡、沈兼士、李宗侗、先生等职员及来宾共计五百余人到场。首由李石曾主席报告该院历史源流及其非官吏化、社会化的期望，继由俞同奎介绍该院的组织结构和当下工作。十二点，礼毕摄影留念。〔《大公报》，1929年10月12日，第4版〕

按：自此日起，故宫博物院举办特别开放，连续10天，以志纪念。

恒慕义覆函先生，告知将与有关负责人士讨论为平馆影照国会图书馆所藏《永乐大典》的可能性，将为先生对《永乐大典》所存卷目的统计提供新信息，并称赞册页*Libraries in China* 的价值，对合组成立新的国立北平图书馆表示祝贺。

October 10, 1929

Dear Mr. Yuan:

I have your letter with reference to the reproduction of our *Yung Lo Ta Tien* . We shall take the matter up soon and let you know what can be done. I want to congratulate you on the special *Yung Lo Ta Tien* number of the *Metropolitan Library Bulletin* . It is a splendid achievement. I shall add a few numbers to the list in my next letter, as we have purchased one additional volume since then and I think of one or two other volumes in the Oberlin College Library whose numbers I am writing to get.

The booklet, "*Libraries in China*" which you got out this last spring is a distinct credit to you and those who contributed to it. One copy came to me from Mr. Childs, but if you have any extras, we should be glad to have it, as I should like to have one cataloged, and use the one I have for the convenience of western readers.

I am glad that the two great libraries in Peking are now amalgamated, surely a great step forward.

Very sincerely yours,
Arthur W. Hummel,
Chief of the Division of Chinese Literature.

〔Library of Congress Archives, Arthur W. Hummel Sr. correspondence series, MSS86324〕

按:special *Yung Lo Ta Tien* number of the *Metropolitan Library Bulletin* 即《北平北海图书馆月刊》第2卷第3-4号合刊(《永乐大典》专号),其中有先生所撰《〈永乐大典〉现存卷目表》。该件为录副。

十月十一日

北平图书馆图书展览会在中海设午宴四桌,主为先生、钱稻孙、徐森玉、王访渔、刘国钧,其中沈尹默、何遂、胡鸣盛、王重民、孙君、顾颉刚、先生同桌。〔《顾颉刚日记》卷2,页332;《中华图书馆协会会报》第5卷第1-2合期,页46〕

按:10月10日,平馆在中海居仁堂举行图书馆展览会,陈列第一、第二馆所藏善本古籍,分两日接待中外学者及教育界名人,至10月14日闭幕,展览期间平馆馆员曾合影留念。何遂(1888—1968),字叙甫,又作叙父,福建闽侯人,清末时投身军旅,并参加同盟会,民国后曾参加"二次革命"、"护国战争"、北京政变等,北伐战争期间协助国民革命军策反国民联军将领,时赋闲迁居北平,后将其收集的古物捐赠平馆。王访渔(1896—?),字子舫(访),浙江江山人,长期担任平馆总务部主任;"孙君"或为孙壮,或为孙楷第,或为孙人和,待考。

十月十七日

先生署名发布英文启事,告知北平北海图书馆已经合组成立国立北平图书馆。

Important Notice

The Metropolitan Library has been amalgamated with the Peiping Library, and is now known as the National Library of Peiping. Correspondents will please hereafter address us as follows: –

National Library of Peiping.

Peiping, China

October 17, 1929

T. L. Yuan

Acting Director

〔国立北平图书馆英文信纸。Princeton University, Mudd Manuscript Library, AC123, Box 410, Folder National Library of Peiping〕

十月十八日

平馆委员会举行第四[①]次会议，议决平馆组织大纲十四条，组织分为八部十六组及编纂委员会，每部设主任一人、每组设组长一人。此外，议决购买西夏文、藏经等大宗文献。〔《国立北平图书馆月刊》第3卷第4号，页573–574〕

按：其中八部应为总务、采访、阅览、编纂、善本、舆图、期刊等。

中华图书馆协会监察委员会书记杨立诚致函先生，谈第二届年会举办计划。

守和吾兄学长：

久未函候，至以为歉。协会二届年会与中协监委发起之展览会，行将于明春在杭举行，此时聚全国图书馆人才于一堂，罗天地万物形象于一室，弟颇欲利用书机会，届时开浙江全省图书馆学讲习会，敦请各专家讲演，以为图书馆学之扩大宣传。所有开讲时一切费用，拟请浙省政府，酌量拨助。至展览会应需陈列之图书，拟恳吾兄撰一有系统之计画，及征集各馆有价值之图书，请其届时自行送会，以资便捷，而节费用。未悉尊意以为然否？耑此，敬颂近祺。

杨立诚谨上

十月十八日

附呈拙著三种。

〔《中华图书馆协会会报》第5卷第1–2合期，页41〕

① 此处，《国立北平图书馆月刊》有衍字，误标为“第十四次”。

十月二十日

《北大图书部月刊》刊登先生文章,题为《近十年来国际目录事业之组织》。〔《北大图书部月刊》第1卷第1期,页7-18〕

按:该文共分两大部分,一是略述国际学术研究会议、国际学士院协会、国际智育互助委员会成立的缘起和职责,二是介绍国际联合会下属的目录委员会所开展的工作,依次为专门杂志篇目之提要、书目总目之编纂、国际交换出版品协约之增改、物理学杂志撮要、生物学书目之编纂、经济学书目之编纂、文字学书目之编纂等。

十月二十二日

先生覆信杨立诚,并附国际图书展览会展品细则一份、平馆展览会目录一份。

以明我兄惠鉴:

顷展瑶函,拜悉种切。承赐大著,感幸弥深。关于展览会陈列图书计画。今春协会所拟征集罗马国际图书展览会出品细则中,第一条所列,即可应用。兹特奉上一份,尚希酌夺。又北平图书馆,近于国庆日曾举行图书展览会,其目录或亦可供参考,一并寄呈。协会次届年会之举行,当与诸执委会商。大概,第一次观望者为时局,第二以贵馆新舍何时落成为转移。至开会时会员众多,其食宿招待等项,须均先期计划,此亦极盼指示者也。专此敬复,顺颂著安。

袁同礼拜启

十八年十月二十二日

〔《中华图书馆协会会报》第5卷第1-2合期,页41〕

十月二十五日

平馆函聘中外名誉编纂委员、通讯员,该函所依据之名誉编纂委员、通讯员、名誉调查员名单页为先生亲笔所拟。〔《北京图书馆馆史资料汇编(1909-1949)》,页309-310、324〕

按:编纂委员有余绍宋、纲(钢)和泰、吴其昌、张陈卿,通讯员有长泽规矩也、王光祈、阿理克、张凤举、耶(叶)慈、斯(施)永高,名誉调查员有庄尚严、郭玉堂。翌年7月7日,又函聘伯希和、劳佛(劳费尔)担任平馆通讯员。

十月二十六日

北平图书馆协会假平馆第一馆举行茶话会，欢迎爱荷华州州立图书馆馆长毕立汉（Johnson Brigham），先生致欢迎辞。会间，毕立汉发表演说，刘国钧口译。〔《中华图书馆协会会报》第5卷第1-2合期，页50；《北平图书馆协会会刊》第3期，附录《北平图书馆协会十八年度集会纪要》〕

按：Johnson Brigham（1846-1936），美国记者、编辑、图书馆专家，1898年担任爱荷华州州立图书馆馆长。

十月

《国立北平图书馆月刊》刊登先生文章，题为《〈永乐大典〉现存卷数表续记》。〔《国立北平图书馆月刊》第3卷第4号，页458〕

按：对此前《〈永乐大典〉现存卷目表》中的错误予以纠正，并将河内远东学院所藏的另外两册，卷2404-2405（苏）、卷8628-8629（行）计入。署名“和”，实为补白。

十一月七日

胡适致函先生，商洽将商务印书馆购藏文《甘殊尔》（*Kanjur*）留存平馆供钢和泰及其他藏文学者研究。

守和吾兄：

七八年前我和钢和泰先生代商务印书馆涵芬楼买得藏文*Kanjur*一部，即由钢先生借用研究至今，不曾运来上海。其后东方图书馆开幕，北京又多事故，涵芬楼曾向我们索还此书，彼时以钢先生及其他藏文学者需用此书作研究，始终不曾运回上海。涵芬楼诸公亦知此书在上海能用者甚少，而在北京则嘉惠学者甚大。昨日商务总理李拔可先生来函，说近见国立北平图书馆“出版概况”中提及委托钢和泰男爵补辑《大宝积经论》一事，如贵馆以此部藏文*Kanjur*足供钢君参考兼可备其他藏文学者研究之用，愿将此书留存北平商务印书馆，亦可移存贵馆，但请贵馆出一正式收证，详细开明册卷数目，交与涵芬楼收存。

鄙意甚赞成此议，以为如此一转移，则我与钢先生均有正式交代，而商务当局对公司也可有正式交代，而此书也可留在北平，由贵馆借与负责之学者研究，是一举而有数利，故即有函寄与钢先生请他就近与吾兄接洽，寄钢先生原信之副本附呈乞鉴。今托商务北平分馆孙伯恒先生带呈专函，倘蒙同意，即乞就近与钢先生、孙先生将此事商定后即将此部书移存贵馆，作为贵馆向涵芬楼借用之书，不胜感盼。专此奉商，即祝安好。

十八，十一，七

〔商务印书馆用笺。《胡适遗稿及秘藏书信》第28册，页227－228〕

按：此件为打字稿，无落款。

十一月十日

上午十时，故宫博物院图书馆专门委员会在寿安宫举行第三次会议，张允亮、卢弼、朱希祖、李宗侗、俞同奎、刘国钧、赵万里、朱师辙、余嘉锡、先生出席，先生为会议主席。

议决事项如下：

（一）提取养心殿所藏全部《宛委别藏》、乾清宫所藏钞本《图书集成》及懋勤殿之书，该殿所藏之书除御制诗文集及圣训外其余书籍皆应提出，集中寿安宫以便整理。

（二）摛藻堂辟为图书馆第二陈列室，所藏《四库全书荟要》暂留该处。

（三）善本书之标准。凡宋元版书，无论内容如何皆归入善本，凡明嘉靖以前所刻古书无宋元本流传者亦归入善本，至明人所著之书无论嘉靖前后所刻均分类入四库，明仿宋元本、明钞本、精钞、影钞本、校本亦归入善本。

（四）普通书库名称取消，改称经史子集四库。

（五）明经厂本均入四库。

（六）钞本书库取消，除明钞、精钞、影钞归入善本外，其与殿本有关者或系殿本所依据之底本一律归入殿本书库，其余普通钞本分别归入四库。

（七）殿本书库专收钦定书，以宫史及续宫史所著录者为范围，其刊刻在续宫史以后者，如系钦定书亦一律收入，应选刊刻最精者，以一部归入本库。

（八）经史子集四库内所藏稀见之书，均应另置玻璃柜庋藏，现在所藏之善本书凡合乎上项所列标准均入善本书库。

（九）大高殿清史馆提来之书先编一简目，俟此目编竣，即将书拆散分入善本及四库。

（十）另立杂书库及重复书书库。

（十一）关于影印或排印丛书事。先印《李孝美墨谱》《上京纪行诗》《迦陵音》及《殊域周咨录》四种,《承天大志》暂缓付印。

(十二)李宗侗报告拟筹两万元专影印善本书,或名《天禄琳琅丛刻》,如照《夷务始末》式样,每叶三元二角,可印八十本,每本可有五十叶。议决所选之书须卷帙较小,以便丛刻内可多收善本,书印第一辑时须将第二辑拟收之书列出。

(十三)与商务接洽之《孟子注疏》可暂缓,将来或可与《周礼注疏》均收入《天禄琳琅丛刻》内。

十二时半散会。〔故宫博物院档案〕

按:朱师辙(1878—1969),字少滨,江苏吴县人,文字训诂学家、清史学家。

平馆建筑委员会召开会议,审定发电厂建设计划。〔《国立北平图书馆月刊》第3卷第5号,页718〕

十一月二十六日

先生受北平外国人士邀请,在某俱乐部以"中国现代图书馆运动"为题发表演讲。〔*Peiping Utility Book, club announcements, address list, 1929-1930*, p.5〕

按:Peiping Utility Book 并未指明演讲举办地,待考。

十一月二十九日

中午,平馆在中海居仁堂设宴款待英使蓝博森、德使卜尔熙,并邀请瑞典公使雷尧武德、意大利使馆参赞罗斯、德国使馆参赞区博伦,张继、胡惟德、周作民、张煜全等人作陪,先生主持。饭后先生陪同来宾参观善本古籍,并引导至养蜂夹道观摩新馆建设。〔《益世报》(北平),1929年11月30日,第7版〕

按:Miles Wedderburn Lampson(1880-1964),英国外交官,中文名蓝博森,1916年来华在北京担任驻华一等秘书,1926年至1933年担任驻华公使;Herbert von Borch(1876-1961),德国外交官,中文名卜尔熙,1901年来华在德国驻华使馆服务,1928年被任命为德国驻华公使;Baron Carl Leijonhufvud,通译作雷尧武德。周作民(1884—1955),字维新,江苏淮安人,时任全国经济委员会委员、金城银行总经理。此时,新馆预计将于1930年4月建成。

十一月

《国立北平图书馆刊行珍本经籍招股章程》公布,任鸿隽、江瀚、朱希祖、李石曾、李宗侗、李四光、沈兼士、易培基、周诒春、周作民、马鉴、马叙伦、胡适、容庚、陈垣、陈寅恪、傅斯年、傅增湘、张继、张元济、张星烺、杨铨、John C. Ferguson、叶恭绰、刘半农、蔡元培、蒋梦麟、谈荔孙、罗家伦、先生三十人作为发起人。〔《国立北平图书馆馆刊》第3卷第5号,封面内页〕

按:该项章程共计七条,开办费拟定为一万元,由平馆筹集一部分作为垫款,由发起人先行认股并求诸海内外赞助。每股五十元,共计二百股。John C. Ferguson(1866-1945),中文名福开森,教育家、文物专家、慈善家、社会活动家,加拿大出生,后随家人移居美国,1886年来华,后任汇文书院(The Nanking University)首任院长,1897年任南洋公学监院,与晚清政、学两界人士甚为熟悉,1934年将家藏古物捐赠给私立金陵大学。谈荔孙(1880—1933),字丹崖,经济学家,清末留学日本,毕业于高等商业学校,民国后曾任北京中国银行国库科长等职。

《国立北平图书馆月刊》刊登先生文章,题为《〈永乐大典〉现存卷数表再补》。〔《国立北平图书馆月刊》第3卷第5号,页580〕

按:该文介绍柏林民族学博物院(Ethnologisches Museum)所藏额外3册《永乐大典》,分别为卷903-904(诗)、卷1033(儿)、卷13189-13190(众)。署名“和”,实为补白。

十二月七日

先生致信斯文·赫定,赞同其复制热河喇嘛庙普陀宗乘之庙万法归一殿的设想,并愿意介绍西北科学考查团两位外籍科学家加入中国气象学会。

December 7th

My dear Dr. Hedin:

I am so glad to hear from you, and to know that you are having a rest in Kalgan. I quite agree with what you say about the Lama Temples, and I feel your plans deserve support.

I shall be very glad to see Dr. Haude when he arrives Peking. At my brother's suggestion, Dr. Haude and Dr. Ambolt will be nominated as honorary members of the Chinese Meteorological Society at its annual meeting December 22nd at Nanking. Will you kindly give me a statement of the academic career of both of them and also a list of books or articles, which they have published? I shall forward these documents to the

President of the society for the consideration of the council.

As the meeting will be held on the 22nd inst., it will be well for Dr. Haude to go to Nanking to attend the meeting and give a report of his work in Sinkiang. I am sure all the members will be greatly interested in hearing him.

The communication between Peking and Nanking has suddenly been interrupted. There is going to be a great political change. If we could have the disputes settled peacefully, it would be a great blessing. We are watching the developments with great anxiety.

Hoping to hear from you soon.

Yours sincerely,

T. L. Yuan

〔韩琦教授提供〕

按：Dr. Haude and Dr. Ambolt 即德国气象学家郝德（Waldemar Haude）、瑞典大地测量学家安博特（Nils P. Ambolt）均为西北科学考查团成员，1929 年 11 月赫德离开新疆。该信为先生亲笔。

十二月九日

先生致信胡适，谈与钢和泰商议藏文*Kanjur* 借存办法情况。

适之先生：

前奉手示，并附致纲和泰先生函稿，均拜悉。日来与纲先生接洽此事，渠以尊函内有 the transaction is merely formal 之句，又以现有学生随之学习时需参考，故仍主张将*Kanjur* 暂存渠处，而由馆中径寄收据与商务印书馆，惟馆中同人及孙伯恒先生均以此种办法与尊函所述各节不甚相符，又以责任关系未敢苟同。敝意或由尊处请商务致函纲君重申前请，或俟纲君赴美时再请其送馆保存，究以何项为宜，统希就近与前途一商，便中示复为感。此上，顺颂著祺。

同礼拜上

十二月九日

〔国立北平图书馆用笺。《胡适遗稿及秘藏书信》第 31 册，页 621–622〕

按:胡适收到此信后,于本月 21 日致函钢和泰,再次商讨此事。"the transaction is merely formal"在胡适 21 日信中写作"the transfer (of the Kanjur) is merely formal",①特此说明。翌年春,该部藏经寄存平馆。②

十二月底

竺可桢覆函先生,谈介绍西人任气象学会名誉会员事。

同礼先生台鉴:

辱惠书暨 Haude 等两博士履历一纸统悉。气象学会已于二十二日开毕,尊示廿五始至,名誉会员不及在大会通过,究应如何办理,已专函蒋右沧兄商洽矣。知注谨闻。即颂著祺。

竺

〔《竺可桢全集》第 22 卷,上海:上海科技教育出版社,2012 年,页 237〕

按:该函无落款时间。是年 12 月 22 日,中国气象学会假中央大学致知堂举行第五次年会。③"蒋右沧"即蒋丙然(1883—1966),字右沧,福建闽侯人,气象学家,1905 年在上海法文学校学习,后入震旦大学物理科,受马相伯赏识,毕业后留学比利时,获双博罗大学(Institut agronomique de l'État à Gembloux)④农业气象学博士学位,时任青岛市观象台台长、中国气象学会会长等职。

---

① 《美国哈佛大学哈佛燕京图书馆藏钢和泰未刊往来书信集》中册,页 114。

② 《中华图书馆协会会报》第 5 卷第 5 期,页 37。

③ 《国立中央研究院院务月报》第 1 卷第 5-6 期合刊,1929 年 12 月,页 90。

④ 上海中比友谊会编《留比同学录》,1933 年,页 44。

一九三〇年　三十六岁

一月五日

正午，北平图书馆协会在忠信堂举行新年聚餐，到会者约五十人。饭后先生以主席身份报告会务进展情况，后选举新一届职员。执行委员七人：洪有丰（主席）、先生、刘国钧、钱稻孙、蒋复璁、罗静轩、汪长炳，监察委员五人：严文郁、李文裿、陈宗登、胡树楷、张一航。〔《中华图书馆协会会报》第5卷第4期，页17〕

按：浙江省私立流通图书馆馆长陈独醒旁听，并介绍该馆情况。李文裿（1902—?），字翰章，河北大兴人，时任平馆期刊部中文期刊组组长、阅览部阅览组组长等职，后曾任北平市第一普通图书馆馆长。

一月十三日

先生致信斯文·赫定，询问宴请名单是否需要补充，并告可能参加明日的欢迎会。

13th January

Dear Dr. Hedin:

I am sending you herewith the list of persons to whom you are going to send invitations next Tuesday.

The list does not include Messrs. Pei and Yang of the Geological Survey.

If there is anything that I can do for you, you may tell me at tomorrow's reception at the National History Museum which I shall attend.

Yours cordially,

T. L. Yuan

〔国立北平图书馆英文信纸。韩琦教授提供〕

按：Messrs. Pei and Yang 似指裴文中、杨钟健，时均为实业部地质调查所研究员。该信为先生亲笔。

教育部第23号训令。大意如下[①]：

查本部蒙藏教育司成立伊始，亟需各种图籍，用资参考。北平为吾国文物中心，庋藏图书备极丰富，该馆尤为囊括古今中外图书之唯一府库。用特令仰该馆将馆中所有关于蒙藏之复本图籍、扫数检送到部以资应用，其无复本者亦可将名称价目、以及出版处所详为开列具报，以便购置。

〔《申报》，1930年3月1日，第18版〕

按：收到此训令后，先生以国立北平图书馆副馆长身份呈文教育部，并送呈馆藏复本蒙文书籍及书单。共呈缴14种蒙藏图书，如《蒙汉五方元音》《蒙汉字典》《成吉思汗传》《钦定同文韵统》等。

一月十四日

贺葆真来访，先生表示平馆对民国以来新修县志表搜访甚博。〔《贺葆真日记》，南京：凤凰出版社，2014年，页524〕

按：贺葆真觉先生有卖弄之意。但此时平馆入藏民国以来新辑志书二百余种，[②]实为广博。

一月中旬

国立北平天然博物院研究院欢迎吴敬恒、斯文·赫定，先生亦受邀到场，合影留念。〔《北平画刊》第55期，1930年1月26日，第2版〕

按：该院曾陪同吴稚晖、张继、故宫博物院保管委员会及西北科学考查团在平人员参观五塔寺。

一月二十七日

贺葆真来访，约明日同吴廷燮到馆观《明史稿》。先生因明日出门赴会，故嘱徐森玉届时招待。〔《贺葆真日记》，页527〕

按：吴廷燮（1865—1947）[③]，字向之，江苏南京人，晚清时曾任山西抚署文案，民元后历任内阁法制院副使、大总统府秘书、政事堂主计局长、国务院统计局长。

一二月间

先生与图书馆界、政界、文化界人士共同发起"韦棣华女士来华服务三十周

---

① 《教育部公报》1930年各期未收录该训令，《申报》所登载文字似又有改写，故记作"大意如下"。

② 《中华图书馆协会会报》第5卷第5期，页37。

③ 金毓黻著《静晤室日记》第9册，沈阳：辽沈书社，1993年，页6519-6520。

年纪念大会”。〔《中华图书馆协会会报》第5卷第4期,1930年2月28日,页2-3〕

按:该会拟以四种方法举办活动,分别为1930年5月16日在武汉文华公书林举行纪念大会、出一专刊、捐款六万元建筑韦氏中国美术博物馆、捐款五万元在其手创的文华图书馆学校设立讲学基金。

二月十二日

先生致信斯文·赫定,约定下周三在欧美同学会为其祝寿。

February 12, 1930

Dear Dr. Hedin:

Your Chinese friends are giving an informal dinner in honour of your 65th birthday next Wednesday, the 19th February, at the Western Returned Students Club, at seven thirty.

Will you please ask your colleagues Messrs. Hummel, Montell and Larson to come also as our guests?

Yours cordially,

T. L. Yuan

〔韩琦教授提供〕

按:Hummel即David Hummel(1893-1984),瑞典植物学家,本谱中译作“赫默尔”①;曾参加中瑞西北科学考查团,担任医生和植物采集工作;Montell即Gösta Montell(1899-1975),瑞典民族学家,本谱中译作“芒太尔”②,曾赴蒙古、热河等地考察,并参加中瑞西北科学考查团;Larson即Frans A. Larson(1870-1957),瑞典传教士,中文名兰理训③,1893年来华,旋即赴蒙古传教,后曾参加西北科学考查团,著有*Larson, Duke of Mongolia*,1930年波士顿出版。此件为打字稿,落款处为先生签名。

二月上中旬

北平学术界人士设宴款待斯文·赫定,除各团体外,张继、罗家伦、刘半农、

① 该译名参考《徐旭生文集》第8册,北京:中华书局,2022年,页223。

② 北京鲁迅博物馆(北京新文化运动纪念馆)编著《万里向西行:西北科学考查团90周年纪念展展览图录》,石家庄:河北美术出版社,2019年,页91。

③《徐旭生文集》第8册,页223。

先生、福开森等人亦与席。〔《大公报》(天津),1930年2月13日,第5版〕

二月十六日

中午,吴宓与叶公超在东兴楼设宴,先生、陈垣、黄子通、瞿宣颖、杨丙辰、叶企孙、陈岱孙、杨振声、吴之椿、邓以蛰、金岳霖、余上沅、熊佛西、陶孟和、杨宗翰、张奚若、张颐、冯友兰、瞿国眷、李声轩、罗邦杰与席。〔《吴宓日记》第5册,页26〕

按:另有萧纯锦、温源宁、施嘉炀三人未到。

二月十九日

恒慕义致函先生,告知国会图书馆因为经费问题无力购买王亮所藏《清季外交史料》,但出版后会购入书籍,另外不久会告知是否有经费购入中国历代学者画像、委托平馆抄录明代历史书籍。

February 19, 1930

Dear Mr. Yuan:

I fear we cannot afford to purchase the diplomatic documents offered by Mr. Wang Liang. Since so much of it is being published, we shall have to content ourselves with that.

I shall let you know before long whether we can afford to purchase the reproductions in color of eminent Chinese scholars which are offered for Mex. $6. each. Our funds for this year are very low and we have orders to go very slowly in buying. Last year we had a special gift, but this year we are dependent on our regular funds, or less than that.

About the further copying of the manuscript Ming dynastic history, I shall let you know shortly. Payment will be made for what is already copied as soon as the manuscript transcriptions arrive.

Very sincerely yours,

Arthur W. Hummel,

Chief, Division of Chinese Literature.

〔Library of Congress Archives, Arthur W. Hummel Sr. correspondence series, MSS86324〕

按:该件为录副。

二月中下旬

商务印书馆寄来其所藏方志目录，傅增湘与先生主持在故宫博物院图书馆等处藏书目录与之比对、抄补。〔《张元济傅增湘论书尺牍》，页221、231〕

按：1929年底，故宫博物院接收清史馆地方志，傅增湘致信张元济，问询是否需要帮忙抄补商务所缺之书。后具体负责人似为谭志贤，约5月底方及比对完，只有16部相同。而其核查范围，似不限于故宫博物院，亦包括平馆，因傅增湘致信时所称"志书以京馆目核之"，未直言"故宫"。

二月二十四日

先生致信斯文・赫定，借四册游记并表示将协助其购买热河地方志。

Dear Dr. Hedin:

I am sending you herewith 4 volumes of the *Jules Travels* which you wished to borrow from the Library.

I shall look for a copy of the of Gazetteer Jehol, as you requested.

I have just sent a telegram to Mr. Li Yu-ying urging him for a decision of the Lama Temples.

Yours sincerely

T. L. Yuan

Feb. 24th

〔韩琦教授提供〕

按：*Jules Travels* 应指儒勒・凡尔纳(Jules Gabriel Verne)游记。Li Yu-ying urging him for a decision of the Lama Temples 应该是询问李石曾对承德普陀宗乘之庙万法归一殿搬迁(仿造)计划的回覆。该信为先生亲笔。

是年春

意大利使馆参赞罗斯因离平，欲将其收集的各种佩章、纪念章出售，先生介绍中央研究院史语所裘善元前往查看。〔《国立中央研究院十九年度总报告》，1930年，页307〕

按：最终，史语所以600元购入全套收藏，共得913种，其中不乏罕见之物。

三月一日

先生致信斯文·赫定,告物色到的热河方志版本情况及建议价格。

March 1

My dear Dr. Hedin:

I am sending you for your inspection the Gazetteer Jehol written by Hai Cheng in 1829. It is a reprint (dated 1887) of the original edition of 1831 and is in excellent condition. It consists of four covers in 84 volumes.

The owner wanted for $25, but I think $20 will be quite reasonable.

Your sincerely,

T. L. Yuan

P. S. I shall come to see you after my return from Tientsin.

〔韩琦教授提供〕

按:此信为先生亲笔。

三月二日

William E. Soothill 覆函先生,恳请协助影绘精准版本利玛窦地图。

4, Bradmore Road,

Oxford

2 March 1930

Dear Dr. Yuan,

No doubt my reply to your kind letter of 24th December has reached you safely, in which I expressed my sincere gratitude for your interest in our project of obtaining an exact facsimile of the Ricci Map. I at once informed the Royal Geographical Society, who was very grateful to you and the Authorities of your National Museum.

On Thursday last I went to the Bank and arranged for a draft for £ 5 to be sent you on account, but the same evening received yours of Jan. 16, regretting that the Museum had found itself unable to carry out the proposed arrangement, so I cancelled the Bank draft for the time being.

May I, nevertheless, trespass on your kindness to interview the Authorities again. For the photos of the Map which they have so kindly sent, and which will no doubt reach me in due course, I am grateful. I regret, however, that they will not enable us to call as much attention to the Map as we desire. May I, therefore, beg you to explain that if we may have an exact facsimile of the Map, supplied of course at our expense, it will be exhibited in the Hall now being built, and act as a valuable advertisement for the Museum's proposed publication of it, especially in this country, America and the countries of Europe. Wide attention will thus be drawn to it, and add to the fame of the Map and of your Museum. We would not hinder, in any way, the public demand for the published copies, but rather further that demand.

I shall therefore be greatly obliged to you, if you will again explain the position to the Authorities, and beg them to carry out the original arrangement, that is, to supply us with as exact a facsimile as may be possible, in size, paper, and other details. If it is possible to do this for £ 10, well and good. If that sum is insufficient, may I leave the amount to your decision.

W. E. Soothill

〔台北"中央研究院"历史语言研究所傅斯年图书馆,"史语所档案",元 285-3b〕

按:William E. Soothill(1861-1935),英国来华传教士,汉学家,中文名苏慧廉,1881 年冬来华赴温州传教,1907 年北上太原,任山西大学西斋总教习,1928 年离开中国,时在牛津大学任教。该函抄件附在 3 月 19 日致先生、傅斯年信中。

三月七日

先生与马衡代表故宫博物院致信钢和泰,向其表达感谢,并对洛克菲勒基金会捐款修缮慈宁宫花园的善举给予高度评价。

March 7,1930

Dear Baron Stael-Holstein:

On behalf of the Palace Museum, we want to thank you for your good offices in securing the splendid gift from Mr. John D. Rockefeller, Jr., which has enabled us to restore four Lamaistic temples in the Imperial Palace. The

Lamaistic images are now preserved from destruction, a fate that had threatened them for some time, and will be available to students in the days to come. We would also request that you would be kind enough to convey our thanks to Mr. Rockefeller, Jr., for his timely donation.

It is most gratifying to us to be able to inform you that as a result of Mr. Rockefeller's gift, which was the first of its kind received by the Palace Museum, other friends were moved to make gifts to help us in our work. President Chiang Kai-Shih gave a large sum toward the repairs of the gate, towers, etc., which have greatly improved the approach to the Museum. Sir Percival David and Mr. Joy Morton have contributed toward the repairs of the halls used for exhibiting porcelains and bronzes. When we think that these gentlemen were influenced by the example of Mr. Rockefeller, our gratitude to him is all the greater. In conveying him our thanks, kindly inform him that his gift has not only enabled us to make repairs to the Lamaistic temples, but has also served as an impetus to others to make similar gifts.

Assuring you of our keen appreciation of your constant interest and assistance, we remain,

Yours sincerely,

T. L. Yuan

Associate Director of the Library,

Ma Heng

Associate Director of the Art Museum,

〔故宫博物院英文信纸。《美国哈佛大学哈佛燕京图书馆藏钢和泰未刊往来书信集》下册,页535〕

按:此件为打字稿,落款签名处为先生、马衡签名,寄送地址为前奥地利租界(Ex-Austrian Legation)。

三月十六日

上午十时,故宫博物院图书馆开会欢迎新任馆长江瀚。博物院秘书长李宗侗、先生、总务处长俞同奎、古物馆副馆长马衡、专门委员卢弼,朱希祖、刘国钧、赵万里、余嘉锡等三十余人到场。首由先生讲述江瀚与故宫博物院间的密切关系,后由李宗侗、江瀚发言。最后,先生报告图书馆最近工作情况，涉及清史馆所存各种书籍、志书、影印出版等事。与会者共摄一影，约十二时散。〔《中华图书馆协会会报》第5卷第5期，1930年4月30日，页38〕

按：故宫图书馆馆长原为庄蕴宽，但因其无法到任，易培基改聘江瀚。

三月十九日

先生致信傅斯年，请其协助影绘利玛窦地图。

梦真先生大鉴：

前英国地理学会请求历史博物馆准予影绘利玛窦地图事，曾由该馆赠以照片在案。顷又接牛津大学苏锡尔教授来函，仍申前请，爰将该函录副奉上，即希台察。事关传播文化，尚希惠允，至为感幸。专此，顺颂台绥。

弟袁同礼顿首

三，十九

〔国立北平图书馆用笺。台北"中央研究院"历史语言研究所傅斯年图书馆，"史语所档案"，元285-3a〕

按："苏锡尔教授"即苏慧廉。此信为文书代笔，落款处签名及日期则为先生亲笔。傅斯年批注"交所务会议，斯年"。

三月二十日

《北大图书部月刊》刊登先生文章，题为《宛委别藏现存书目》。〔《北大图书部月刊》第2卷第1-2期合刊，页39-52〕

按：该文后又刊于《图书馆学季刊》，有细微差异。[①]

三月二十四日

北平图书馆协会在市立第一普通图书馆举行本年度第二次常会，馆长罗静轩报告该馆成立及近况。此外，常会讨论妇女阅览室有无设立之必要。最后，刘国钧作学术演讲，题为"民众图书馆在社会上之功用"。〔《北平图书馆协会会刊》第5期，"北平图书馆协会集会纪要"页2〕

先生致 Edna M. Sanderson 两信。其一，告知严文郁即将赴哥伦比亚大学学习、交换，请其给予必要的帮助。

March 24, 1930

Miss Edna M. Sanderson,

---

① 《宛委别藏现存书目及其板本》，《图书馆学季刊》第6卷第2期，1932年3月，页265-277。

School of Library Service,

Columbia University,

New York City, N. Y.,

U. S. A.

Dear Miss Sanderson:

I am very glad to receive your letter of February 18, and specially appreciate your kindness in sending me the Library Service News Bulletin. It will keep me informed of the activities of the present School and also news about the old acquaintances I made during my sojourn in America. The library has been receiving from Columbia the announcements and reports of the Library School.

I have made arrangements with Mr. Howson to send over one of our cataloguers to work in the Chinese library at Columbia. This gentleman, Mr. James W. Y. Yen, is leaving in the summer to arrive in New York in September. It is my understanding with Mr. Howson that we should send over, as exchange librarian from China, a well-qualified young man every two years to help him in the Chinese library, while he would allow him facilities to study in the School of Library Service. Now that the arrangement with Mr. Howson has been made, I have to request you to give whatever assistance you can to Mr. Yen.

Mr. Yen is a graduate of the Boone Library School and has been with me for more than four years. It is my desire that he should complete the course for his M. A. degree during his two years' stay in New York. I understand that he will have to pay the regular tuition etc., but perhaps there are special arrangements to be made for his taking a one-year course in two years. His English and previous training have proved to be very satisfactory in his work here, and so I hope you may find it possible to admit him to the Library School. If there is any blank form to be filled out, will you kindly send one to me? I have advised Mr. Yen to call on you on his arrival, to learn what are the necessary steps to be taken in his special case. I assure you that your assistance will be much appreciated.

Yours sincerely,

T. L. Yuan

Acting Director.

〔国立北平图书馆英文信纸。Columbia University Library, New York State Library School Collection, Series 2 Student Records, Box 65, Folder Yuan, T. L.〕

按:此件为打字稿,落款处为先生签名,于 4 月 21 日送达。

其二,附上平馆出版品目录,请其选择所需并拟彼此交换。

March 24, 1930

Dear Miss Sanderson:

I am enclosing herewith a list of the publications of the National Library. Please cheque up those you desire to acquire for the School of Library Service. We can send them to you on exchange basis.

Yours sincerely,

T. L. Yuan

Acting Director

〔国立北平图书馆英文信纸。Columbia University Library, New York State Library School Collection, Series 2 Student Records, Box 65, Folder Yuan, T. L.〕

按:此件为打字稿,落款处为先生签名。

三月三十日

午,吴雷川、徐淑希、陆志韦、刘廷芳、陈垣在东兴楼设宴款待学界同仁,江瀚、沈尹默、罗家伦、吴之椿、杨振声、洪有丰、叶企孙、陈岱孙、陈大齐、王令之、何基鸿、马裕藻、马衡、沈兼士、王季绪、段茇庵、先生、唐钺、任鸿隽、傅斯年、陶孟和、刘汉池、马师儒、李书华与席,张继、张见庵、徐旭生、徐诵明、萧瑜、谢仙亭、李宗侗、刘半农、李蒸、冯友兰、张广舆、孙洪芬未到。〔《吴雷川日记》,北京:商务印书馆,2020 年,页 23〕

按:排印本中,先生被记作"袁叔和"。王季绪(1881—1951),字緄庐,江苏吴县人,机械工程学家,早年赴日本、英国留学,时应任北平大学工学院代理院长;马师儒(1888—1963),字雅堂,陕西米脂人,曾任北京高等师范附属中学教员,后赴德国留学,获教育学博士；张见庵即张敬虞，以字行，河北人，历任北京师范大学教授、北平特别市教育局长；徐诵明（1890—1991），浙江新昌人，教育学家、病理学家，早年留学日本九州帝国大学医学部，1919年任国立北京医学专门学校病理教研室主任、教授，时任北平大学校长；张广舆，字仲鲁，河南巩县人，早年赴美留学，后任河南省立中山大学校长、河南省立大学校长。

四月八日

晚，诸桥辙次在西长安街忠信堂设宴款待中日学人，江瀚、胡玉缙、陈大齐、陈垣、马衡、先生、徐祖正、朱希祖、徐森玉、仓石武四郎等人与席。〔荣新江、朱玉麒辑注《仓石武四郎中国留学记》，北京：中华书局，2002年，页111〕

按：诸桥辙次（1883—1982），日本学者，毕业于东京高等师范学校，时在中国留学，后主持编纂《大汉和辞典》。

四月九日

午后，孙宣往居仁堂访先生，晤谈。〔谢作拳整理《孙宣日记》，北京：中华书局，2021年，页32〕

按：孙宣（1896—1944），字公达，浙江瑞安人，曾任北京大学校长室秘书，与蔡元培颇有往来。

四月十一日

先生致斯文·赫定两信。其一，告昨日见张荫棠，并转达斯文·赫定有意翻译其出使西藏的记录。

April 11

Dear Dr. Hedin:

Yesterday afternoon I met Mr. Chang Yin-tang who was commissioner for Tibetan affairs during 1905 - 7, and who wrote the narrative of his negotiation with Lord Curzon, which you said you would like to have it translated. He is of the age of 71.

If you are free Saturday afternoon, I shall be glad to accompany you to his residence at 4 p. m.

Sincerely,

T. L. Yuan

〔韩琦教授提供〕

按:张荫棠(1860—1935),驻藏帮办大臣,此处所言 71 岁应指虚岁,因实不可能为 1931 年,信中所指应为《使藏纪事》。Lord Curzon 即乔治·寇松(George N. Curzon,1859-1925),英国政治家、外交家,曾任印度总督。该信为先生亲笔。

其二,告知明日下午自己将赴车站为雷尧武德男爵夫妇送行,此后可与斯文·赫定一同拜会张荫棠。

Dear Dr. Hedin:

I shall be at the station to see Baron and Baroness Leijonhufvud off tomorrow afternoon. We may meet there and to see Mr. Chang later.

Yours sincerely,

T. L. Yuan

April 11th

〔韩琦教授提供〕

按:该信为先生亲笔。

四月十九日

晚,先生至北京饭店,遇吴宓。〔《吴宓日记》第 5 册,页 58〕

四月二十二日

为纪念韦棣华女士来华三十周年,先生与任鸿隽、周诒春共同撰写募捐启事。

敬启者:

韦棣华女士于民国纪元前十一年来华,致力图书馆事业,热心倡导、广植人材,海内外中西人士同深钦仰。爰有卅周纪念大会之举行,并拟募捐六万元建筑韦氏博物馆一座;募捐五万元为其手创之图书馆学学校(即文华图书科)之讲学基金。既可为韦女士之永久纪念,又能促进我国图书馆事业之发展,用意良美,国人自应尽量协助,以促其成。素仰尊处于文化事业夙具热忱,敢祈慷慨解囊,共襄盛举,毋任感祷。专肃,敬颂公绥。

袁同礼、任鸿隽、周诒春

四月廿二日

〔国立北平图书馆用笺。《北京图书馆馆史资料汇编(1909-1949)》,页 1147-1148〕

按:该件为文书誊写,落款处为三人签名。

四月二十四日[1]

平馆委员会假欧美同学会召开第五次会议，讨论十九年度预算，各项均酌情增加，经常费定为十二万元，购书费则仍为七万五千元。〔《国立北平图书馆馆刊》第4卷第2号，页151〕

先生致信毕安祺，提交平馆与佛利尔艺术馆合作计划的备忘录。

April 24, 1930

Dear Mr. Bishop:

I am delighted to learn that you have recently returned to the city and I shall look forward with much pleasure to seeing you before very long.

Supplementary to my last talk with you regarding co-operation between the Freer Gallery and the National Library, I take the liberty of sending you herewith a draft memorandum concerning some archaeological work which we are in a position to undertake. I shall be very glad to have your valued suggestions.

With cordial regards.

Yours sincerely,

T. L. Yuan

Acting Director

〔国立北平图书馆英文信纸。Smithsonian Institution Archives. Field Expedition Records, Box 11 Folder 18, Yuan, T. L., 1929–1940〕

按：此件为打字稿，落款处为先生签名，随信有两页备忘录，涉及青铜器、碑刻铭文、考古文献三部分。

四月

山东省政府第七十八次及八十四次会议决定成立"全省图书委员会"，延聘蔡元培、李石曾、吴敬恒、戴季陶、蒋梦麟、先生、傅斯年、杨铨、冯庸、葛敬恩、赵太侔、宋春舫、王献唐、陈调元、朱熙、袁家晋、陈鸾书、何思源、于恩波、陈名豫、崔士杰、刘半农为委员。〔《山东省立图书馆季刊》第1卷第1期，1931年3月，"记载"页80〕

---

① 此处"馆讯"本对应1930年3、4两月馆务情况，该条记录只注明"于本月二十四日"，但考虑《国立北平图书馆馆刊》第4卷第2号刊印时间为4月，故将此事系于本月，特此说明。

《国立北平图书馆月刊》刊登先生文章，题为《〈永乐大典〉现存卷数表再补》。〔《国立北平图书馆月刊》第4卷第2号，页42〕

按：此前，英国汉学家翟林奈（Lionel Giles，1875－1958）致信先生，告知大英博物馆新入藏4册《永乐大典》，分别为卷8268－8269（铭）、卷8275（兵）、卷10115－10116（旨）、卷18244－18245（匠）；另伦敦大学亚非学院亦新发现1册，为卷3944－3945（檠）。该篇署名“和”，实为补白。

五月十五日

毕安祺致函先生，商讨与 Archibald G. Wenley 见面的时间并对其略作介绍。

15 May, 1930

Dear Dr. Yuan: –

I have just received the word from my former associate, Mr. A. G. Wenley, for which I was waiting. He informs me that he will reach Tientsin on June 6th, and will be in Peiping about a week. He will be back in Washington in the autumn, where he will be with our Curator, Mr. John E. Lodge, and can take up in person matters which, if left to correspondence, would entail great delay.

Hence, I am anxious to have him meet you while he is here, and discuss the matters regarding which you wrote me, and in which I personally see great opportunities for doing a real piece of constructive work, valuable to scholars the world over.

Do you expect to be in Peiping around the 9th or 10th of June? I should like to have you and Dr. Liu and a few others meet Mr. Wenley at an informal “stag” dinner, and talk things over, and then no doubt Mr. Wenley can come out to see you at your present headquarters for more definite discussion. Mr. Wenley’s stay here will be short, and there will be much for him to do; but I regard your proposal as a most important one, to which I want him to give ample attention.

I do not know whether you met Mr. Wenley when he was living in Peking. He was here with me from 1923 to 1925, and then went to Paris for two years’ further study, under Prof. Pelliot and others. For the past year and a half, he has been in Kyoto, studying Japanese. Mr. Lodge's idea is to give an opportunity to promising young men to study Chinese and Japanese, in order that they may interpret Far Eastern, and particularly Chinese, culture to the western world. Hence it is altogether probable that you may someday find Mr. Wenley spending a lot of time studying at the National Library; for that, I fancy, will be the logical place for him to do much of his work.

Please let me know if you are going to be in Peiping at the time I have mentioned. If it suited you, we might make a tentative date for the evening of the 9th, which will, if I am not mistaken, fall on a Monday. I should like to have Dr. Liu there too, for as Reference Librarian he will no doubt be in a position to guide Mr. Wenley's investigations in many ways, and aside from professional matters, I found him very good company indeed on the occasion of your recent luncheon.

With renewed thanks for your many courtesies, and hoping to have the pleasure of seeing you soon, I remain,

Very sincerely yours,

C. W. Bishop

〔Smithsonian Institution Archives. Field Expedition Records, Box 11 Folder 18, Yuan, T. L., 1929-1940〕

按:A. G. Wenley 即 Archibald G. Wenley(1898-1962),美国艺术史学家,通译作"文礼",本谱中蒋彝记作"文雷",后任佛利尔艺术馆馆长。Dr. Liu 即刘国钧(Liu Kwoh Chuin),时在平馆任职。该件为录副。

五月十六日

先生覆信毕安祺,告知自己与文礼为旧识,并表示将偕刘国钧、徐森玉与席并讨论合作事宜。

May 16, 1930

Dear Mr. Bishop:

Thank you very much for your kind letter of May 15. I shall be delighted to renew my acquaintance with Mr. Wenley. The time you suggest would suit me and Dr. Liu admirably. May I also bring over Mr. Hsu who has charge of our archaeological collection and who is an expert in Chinese archaeology.

If Mr. Wenley has no previous engagement, I hope you will arrange to have him pay a visit to the Library. I should like to have you and Mr. Wenley come to lunch on June 11, or 12 at one o'clock.

I am much gratified at finding you taking so much interest in the project I communicated to you. I hope we shall be able to do something to facilitate studies in Chinese archaeology.

Please assure Mr. Wenley, when he arrives, that he will be most welcome to pursue his research in the National Library.

Yours sincerely,

T. L. Yuan.

〔国立北平图书馆英文信纸。Smithsonian Institution Archives. Field Expedition Records, Box 11 Folder 18, Yuan, T. L., 1929-1940〕

按:此件为打字稿,落款处为先生签名。

五月二十日

先生致信燕京大学图书馆代理主任钟慧英女士,谈哈佛大学委托平馆购买书籍事。

Dear Miss Chung:

Some time ago, Mr. Alfred Kaiming Chiu, Chinese custodian of Harvard College Library, authorized the National Library to buy Chinese books for Harvard, same to be delivered to Yenching for shipment. I have now purchased on its behalf a copy of *SELECTIONS FROM MEI LAN FANG*, 2 vols., in special silk binding and cloth case, which I am sending under separate cover, and bill enclosed. Please forward it to Harvard at your convenience.

Yours sincerely,

Acting Director.

〔Harvard-Yenching Institute Archives, Letter of Yuan Tung-li to Clara Hui-yin Chung, May 20, 1930〕

按:钟慧英(Clara Hui-yin Chung),华裔,檀香山出生,哥伦比亚大学文学硕士,1929 年 9 月到馆任事,原主任田洪都时在假中。[①] *SELECTIONS FROM MEI LAN FANG* 即《梅兰芳歌曲谱》,此书限量 1050 套,实为一册全,两卷应指中英文两部分。5 月 28 日,钟慧英致信在美的裘开明,并附先生 20 日信。此为抄件,无落款。

五月二十二日

下午二时,何家驹、卢蔚乾、郭泰祺、王法勤、白云梯、陈公博、叶琪、茅祖权、张鸿宝、王靖国、李服膺、楚溪春、王锡符、梁上栋等十余人至中海居仁堂平馆参观,先生招待并引导参观《四库全书》、善本书库、普通书库,约二时四十分散。〔《世界日报》,1930 年 5 月 23 日,第 2 版〕

按:中午十二时,北平军政人士王靖国、李服膺、楚溪春、王锡符在中海怀仁堂宴请国民党要人,宴后同赴近旁的平馆参观。

五月二十九日

毕安祺致函先生,约定于六月九日晚在德国饭店会面。

29 May, 1930

Dear Dr. Yuan: -

This is just by way of being a reminder that I am looking forward to the pleasure of seeing you and your two colleagues, Dr. Liu and Mr. Hsu on Monday evening, June 9th, at 6.30 p. m., at the Hotel du Nord, when my former assistant, Mr. Wenley, will be present, and also one or two others that I have asked to join us. Mr. Wenley himself, as you perhaps know, set out to be a librarian before he got diverted into Chinese studies, and I am sure we shall find lots to talk about. It is just a "stag", and very informal, so don't dress.

I don't quite know how to address Mr. Hsu, and don't like to write a separate invitation to Dr. Liu unless I write one to Mr. Hsu also. So, I am hoping they will both pardon me if I make this a collective invitation to all three of you. I should appreciate it if you would extend it to them as such.

---

① 《北平私立燕京大学一览》,1930 年,页 284 。

Looking forward to seeing you all on the 9th prox., then, and with my most cordial respects to Mrs. Yuan and yourself, I remain,

Sincerely yours,

C. W. Bishop

〔Smithsonian Institution Archives. Field Expedition Records, Box 11 Folder 18, Yuan, T. L., 1929-1940〕

按:Hotel du Nord 即德国饭店,位于哈德门大街。

五月三十日

先生覆信毕安祺,告知自己将如期赴约,并表示平馆最近购入样式雷烫样,望其能于六月十一日来馆参观。

May 30, 1930

Dear Mr. Bishop:

Thank you so much for your kind invitation on Monday evening, June 9th, which Dr. Liu, Mr. Hsu and myself accept with great pleasure, we are looking forward with much pleasure to seeing you and Mr. Wenley.

We have recently acquired a number of models of the Three Palaces of Peking and various Imperial Tombs. In addition, there were included numerous maps of the old Summer Palace, all of which are of great historical importance. Although it will take some time before we can put them in good order, I shall be very glad to arrange a private view for you and Mr. Wenley.

If convenient, will you and Mr. Wenley come to lunch Wednesday, June 11th, at the Library in Chung Hai at half past twelve o'clock? Hoping you are able to come.

Yours sincerely,

T. L. Yuan

〔国立北平图书馆英文信纸。Smithsonian Institution Archives. Field Expedition Records, Box 11 Folder 18, Yuan, T. L., 1929-1940〕

按:a number of models of the Three Palaces of Peking and various Imperial Tombs 应为样式雷的烫样。此件为打字稿,落款处为先

生签名。

五月三十一日

毕安祺覆函先生，愿于六月十一日前往平馆参观，希望中美两国能够通过互派教授、学生来建立起深厚的友谊以及加深对彼此文明的理解。

31 May, 1930

Dear Dr. Yuan: -

This is just by way of confirming and perhaps amplifying my penciled acceptance of your very kind invitation, for lunch on the 11th prox. I shall look forward to the occasion with much pleasure, and so, I am sure, will Mr. Wenley when he hears of it.

I feel very strongly the importance to both our countries of the building up a body of strong, sound scholarship to interpret the two nations to each other. And one of the best ways in which this result may be achieved, in my mind, is by exchanging not only professors, but students. We welcome Chinese students in American institutions of learning, and I am happy to see young Americans resorting in increasing numbers to Chinese universities, libraries, and museums. It augurs well for the future. Mr. Wenley is only the first of several young students of Chinese whom we either actually have studying now, or have in mind. He is fortunate, he says, in a letter just received, that he is to meet you and your colleagues and establish contacts which cannot but be most helpful to him later.

Looking forward to seeing you and Dr. Liu and Mr. Hsu,

Very sincerely yours,

〔Smithsonian Institution Archives. Field Expedition Records, Box 11 Folder 18, Yuan, T. L., 1929-1940〕

按：此件为底稿。

五月

先生主持平馆购入样式雷烫样，共计三十七箱，费五千元。〔《大公报》(天津)，1931年6月22日，第5版；《世界日报》，1931年5月29日，第7版〕

按：样式雷(样子雷)旧藏于雷氏，由雷瑞泉、雷云峰、雷荫堂等人负责保管,该物经琉璃厂穆参书局[①]马杰卿、杨俊杰介绍,由先生力主平馆购入。其中二十五箱似为第一批交付,余下部分则于6月1日端午节出让与平馆,涉及圆明园、三海、普陀峪陵。平馆得此模型后,请朱启钤整理、研究。

先生撰写《北平故宫博物院图书馆概况》一文。〔《图书馆学季刊》第4卷第2期,1930年6月,页311-313〕

按:该文共五部分,依次为组织、馆址、藏书、目录、出版,后刊于《图书馆学季刊》。

六月七日

北平图书馆协会假故宫博物院举行本年第三次常会,会上胡适作"图书采访诸问题"的演讲,并对先生领导北平图书馆界的功绩颇为赞许;先生则报告会务及宣读纪录等。散会后分为两组,一至瓷器库参观,一至文渊阁参观,后汇合于神武门上。〔《中华图书馆协会会报》第5卷第6期,1930年6月30日,页18-19〕

六月十二日

北平小剧院开会,议决各案如下:(一)董事会职员投票结果,赵元任为主席,陈衡哲为副主席,名誉秘书熊佛西,常务委员许地山、先生,财务委员叶公超、谭公远、陈治策;(二)推定董事会章程及细则起草委员三人,Lilian Taylor、余上沅、陈治策;(三)通过正副院长人选,分别是余上沅、熊佛西;(四)通过剧务、事务、出版、组织各部主任人选。会后,发表"宣言"。〔《益世报》(北平),1930年6月13日,第7版〕

按:北平小剧院由余上沅、熊佛西、陈治策等人发起,宗旨为"具体地努力小剧院运动,促成现代剧艺术之发展"。Lilian Taylor,女,美国人,中文名为秦泰丽,与金岳霖交往甚密。

六月十四日

黄郛致函先生,告其与韩应陛家颇有渊源,请平馆购入韩家旧藏古籍四百余种。〔《黄郛日记(1929-1930)》,香港:开源书局出版有限公司,2019年,页130〕

按:收到此函后,先生嘱赵万里南下时就近一并访查。[②]

---

① 该书局原名似为穆斋鬻书处,店主马俊祥,字杰卿,河北枣强人。参见孙殿起辑《琉璃厂小志》,北京:北京古籍出版社,2001年,页234。

②《张元济傅增湘论书尺牍》,1983年,页238。

六月中上旬

先生致电武昌文华图书专科学校，表示因路远事忙无法南下参加本月二十日的校董事会议，但就应讨论事宜略陈意见。〔《文华图书科季刊》第2卷第2期，1930年6月，页271〕

按：此次到会的董事有陈叔澄、周苍柏、孟良佐主教、卢春荣、韦棣华、沈祖荣，未能到会者有周诒春、先生、戴志骞（南京）、陈宗良（南京）、冯汉骥（杭州）。

六月十七日

先生致信斯文·赫定，邀其与芒太尔十九日赴中海参加平馆茶会。

June 17, 1930

Dear Dr. Hedin:

I shall be delighted if you and Dr. Montell would come to tea on Thursday, June 19, at the National Library in Chung Hai, at half past five o'clock, and to view the models of the Old Summer Palace which we bought recently.

Yours sincerely,

T. L. Yuan

〔韩琦教授提供〕

按：the models of the Old Summer Palace 即样式雷颐和园烫样。此件为打字稿，落款处为先生签名。

六月十八日

先生长子袁澄出生。

按：袁澄（1930年6月18日—2004年8月2日）。

六月十九日

下午五时半，平馆在第一馆（中海）举行茶话会，邀请驻平各国公使，先生主持招待，并引导参观书库及各主要阅览室，至七时许始散。〔《世界日报》，1930年6月20日，第6版〕

六月中下旬

傅增湘与先生、徐森玉商议购买松江韩应陛之旧藏善本，并代张元济谢先生允借平馆所藏《册府元龟》影印。〔《张元济傅增湘论书尺牍》，页226、233、235、237-238〕

按:此次购书事似因四月初张元济致信傅增湘而起,并陆续寄来目录、照片。傅增湘收到后,将其转交先生、徐森玉,但认为合购之想万难落实。张元济本拟或联合他人合购,或由平馆购入全部。《册府元龟》则是商务印书馆欲以平馆馆藏配静嘉堂残本,加以影印。

六月二十二日

傅增湘致片先生,赠书一种。

友人涂子厚君新撰家谱印成,特奉贻贵馆一部。兹专价送呈,祈察收见复是幸。此请

守和先生台安

弟傅增湘拜启

六月廿二日

〔国家图书馆档案,档案编号 1939-※039-采藏 11-003003〕

按:涂凤书,字子厚,四川云阳人,所撰《云阳涂氏族谱》于 1930 年在北平印行。

六月二十三日

下午,马古烈(Georges Margouliès)至中海答拜先生。〔《世界日报》,1930 年 6 月 24 日,第 6 版〕

按:Georges Margouliès(1902-1972),俄裔法国人,汉学家,时受法国政府派遣来华考察教育事业,国民政府教育部即派丁肇青以全国高等教育视察专员身份,陪同其到上海、沈阳等地考察,6 月 19 日抵平。

下午五时半,先生率平馆全体馆员在中海居仁堂开茶话会,欢送蒋复璁赴德、严文郁赴美深造,至七时许方散。〔《益世报》(北平),1930 年 6 月 24 日,第 6 版〕

六月二十六日

中午,先生在居仁堂设宴款待马古烈、丁肇青,陪同者有前驻法公使陈箓、省政府刘秘书、荷兰公使、西班牙公使、法国领事、中法银行行长、法文政闻报主笔等十余人。席后,先生引导参观《四库全书》、宋元明各代善本。〔《世界日报》,1930 年 6 月 27 日,第 6 版〕

按:丁肇青(1893—1950),字雄东,河南邓县人,1913 年入上海复旦大学攻读法文,1917 年转入北京大学,1920 年留学法国,后获

文学博士学位。

先生致信 Gussie E. Gaskill，告知将寄送故宫博物院三种出版物并“国立北平图书馆刊行珍本经籍”招股事。

June 26, 1930

Miss G. Gaskill,

North China Language School,

Peiping.

Dear Miss Gaskill:

I am sending on approval the following Chinese books:

1 *Shu Yüeh Chou Tzü Lu*. 8 vol………… $ 6.00

1 *Mo Pu*
1 *Mo P'ing* }……………………………… 2.50

1 *Huai Hai Chu Shih Ch'ang Tuan Chu*…… 1.00

The above are all published by the Palace Museum, being reprints of rare books in its collection. The first is Ming geographical work on foreign countries as known to the Chinese at that time. The second and third are works on Chinese ink, a subject of considerable interest to Chinese Scholars. The last is a poetic work of a famous Sung poet. The text of this original edition is quite different from the current text, and thus it has great bibliographical interest. It will be seen that the first is a type reprint, but the others are photo-litho reprints. I think Cornell may be interested to have these reprints of rare books.

I do not know whether you have noted from an advertisement in our Bulletin that a group of friends have undertaken to finance a publishing scheme on behalf of the National Library. The National Library will prepare for publication ten series of rare books, many of them prohibited works of a historical nature concerning the Ming-Ch'ing period, a tentative list of which is enclosed. Most will be reprinted by type, but a few will be reprinted by photo-litho. Whether we can put through the entire scheme or not depends upon the number of subscriptions we receive. Subscription is now invited. Except in the case of supporting members, no advance payment need to be made. Bill will be sent with each series of books as published. It is expected that the first series will be published in August or September, and the whole will be completed in several years. The cost of the whole will not be in excess of $ 50, if the exchange rate does not go below 3 to 1. If you feel the books selected for reprinting are of sufficient sinological interest, I hope you will place a subscription on behalf of Cornell.

With best regards,

Yours sincerely,

T. L. Yuan

〔国立北平图书馆英文信纸。Cornell University Library, Wason Collection Records, 1918-1988, Box 1, Folder Koo, T. K. Letters〕

按:Gussie E. Gaskill(1898-1988),美国学者、图书馆学家,本谱中译作“加斯基尔”,康乃尔大学图书馆查尔斯·华生特藏(Charles W. Wason Collection)负责人。*Shu Yüeh Chou Tzü Lu* 即《殊域周咨录》,1930年5月故宫博物院图书馆据明万历刊本排印,每部八册实价六元;*Mo Pu* 和 *Mo P'ing* 即《李孝美墨谱三卷附潘膺祉墨评》,1930年1月故宫博物院图书馆印行,每部两册实价二元五角;*Huai Hai Chu Shih Ch'ang Tuan Chu* 即《淮海居士长短句》,1930年4月故宫博物院图书馆影印。“国立北平图书馆刊行珍本经籍”招股事,可参见《国立北平图书馆馆刊》第四卷内广告。此件为打字稿,落款处为先生签名,于7月1日送达。

六月底

先生覆信黄郛。〔《黄郛日记(1929-1930)》,页135〕

按:此信于7月7日前送达,黄郛收到后,又将此信转与其侄黄尧年。

六月

故宫博物院开图书展览会。〔《顾颉刚日记》卷2,页415〕

按:顾颉刚因未收到邀请函,对先生颇有怨气。

六七月间

书商马杰卿受仇人诬告,被拘于警备司令部,先生前往解救。〔《贺葆真日

记》,页 548〕

按:马杰卿以三海模型售与平馆,凡三十七箱,仇人诬告其卖与外国,遂有此风波。先生前往警备司令部说明情况后,囚一日得免。

是年夏

贺葆真母亲苏太夫人八十寿辰,先生撰贺诗一首。〔《贺母苏太夫人八十征寿集》,叶 6〕

先生担任中国营造学社"校理"一职,担任该职务的还有陈垣、叶瀚、胡玉缙、马衡、任凤苞、叶恭绰、江绍杰、陶湘、孙壮、卢毅、荒木清三。〔《中国营造学社汇刊》第 1 卷第 1 册,1930 年 7 月,"社事纪要"页 5、8〕

按:该职务为名誉,非常务之列,不受薪,后又增补王荫樵、卢澍森、刘敦桢、唐在复、叶公超等人。中国营造学社在发起时,主要向中基会申请资助,1929 年 7 月 5 日中基会回信朱启钤,告知资助金额和年限,并请其将一切研究所得及编绘成式、书籍、收集材料一并交予北海图书馆收存。

七月七日

先生致信伯希和①,请其担任平馆通讯员。

July 7, 1930

Prof. Paul Pelliot,

Dear Sir:

I beg to inform you that at a recent meeting of our Board of Management, you were unanimously elected Special Correspondent of the National Library of Peiping. A formal letter in Chinese inviting you serve as Special Correspondent is enclosed. I sincerely hope that you will honor us with your acceptance.

I believe that you have already noted from our *Bulletin* that the National Library of Peiping was formed last year as a result of the amalgamation of the Peiping Library and the Metropolitan Library. The amalgamation of these two libraries is of far-reaching importance, and it is our hope to build up a representative national library, of which, in spite

---

① 此信应另寄劳佛(Berthold Laufer),亦聘为平馆通信员,参见《北京图书馆馆史资料》(1909-1949),页 324。

of her literary tradition, China has only made a modest beginning. I hope you will favor us with your valued advice and assistance.

Hoping to be favored with your acceptance, I am,

Yours faithfully,

T. L. Yuan

Acting Director

〔国立北平图书馆英文信纸。法国吉美博物馆伯希和档案〕

按:随信附中文聘书一份。原文如下:

敬启者。敝馆成立顷已经年,设施进行,力图美备。夙仰先生声华聿著、学术淹通。兹特聘为敝馆通讯员,庶凿匡壁以增辉,益幸他山之攻错。肃笺奉达,伏乞惠允是荷。此致

伯希和先生

国立北平图书馆启

七月七日

恒慕义致函先生,就先生将寄出的来薰阁销售书籍、故宫博物院出版物表示感谢,并请先生陆续寄送重印书籍目录和江苏省立国学图书馆出版书目以便购买,此外业已收到平馆受托抄录的明代史料六十卷,十分满意。

July 7, 1930

Dear Mr. Yuan:

I have received your letter of June 10th, 1930 in which you state that you are sending what books were available from those we picked from Lai Hsun Ko's catalogue. Naturally, this has not yet arrived, but I wish to thank you most sincerely for your cooperation in getting them for us, especially the rarer works of Wang Kuo-wei's. It is kind of you also to include in the list the other works published by the Palace Museum. We always appreciate your sending the rarer items of which we have no knowledge. You can count on our cooperation in the purchase of these items whenever you send them from time to time.

Without going through the formality of the official routine, I hope you will send to us the reprints of rare works which the group of book lovers of the National Library of Peiping is publishing. Kindly include in this list also the publications issued by the Sinological library in Nanking. The list you sent of the latter publications contains thirty-three items. Since they are not expensive, I request that you send the whole list on to us for approval. I may say that it is not at all likely that these will be sent back, for the librarian places the highest confidence in your judgment and has so far approved every item that you have sent us.

You have doubtless received the request of the Accessions Division for the complete copying of the two Ming manuscript histories even at the advanced price of which you reminded us in a recent letter. We have so far received the first sixty volumes of the set and are very much pleased with the same. I note from the corrections in red ink, that the work has gone through a process of proof reading after being transcribed. This list of course, is very essential to insure the accuracy of the copier.

I hope that before long we can come to some decision on the copying of the *Yung Lo Ta Tien*. Dr. Swingle had this matter in hand for so many years that I have been waiting for him to make a recommendation to the librarian about it. I understand that he will be in Peiping in the fall, and trust that after talking with you he will make some recommendation. I agree with you that a manuscript copy like the two you have sent us is far superior to any photostat and I hope you will impress this upon him when he comes.

Thanking you for your thoughtfulness in considering our needs, I remain,

Ever sincerely yours,
Arthur W. Hummel
Chief, Division of Chinese Literature.

〔Library of Congress Archives, Arthur W. Hummel Sr. correspondence series, MSS86324〕

按:该件为录副。

七月二十七日

陈宗器致函先生,告知西北科学考查团行迹和近况。

守和先生：

考查团全体于七月十八日平安抵肃，勿念。原预定本年三月间可抵此，因沿途考查材料多，行程极缓慢。考查路线，自归化西北三百二十里之贝勒庙西行，抵额济纳河。在居延海考查后，即沿河西南行抵肃州，全程凡二千六七百里，计行八月有余。此次考查成绩之主要者，约略述如次：考古方面，有石器时代之刀斧箭头等用具，及前汉元始、元康、地节、始元诸年间之隶书竹简，为二千年前之古物；在古生物学方面，在 Ma chareh 地方发掘古代化石甚多，鲍林博士谓系世界尚未发现之新种；在地质学方面，有贺兰山山脉构成及居延古代海岸之考察；在地文方面，计新测定路线地图九百公里约，图为器所测定，地形测量因工作需要之不同，比例尺自“五万分之一”至“二百分之一”不等，总计器一人所测者，约八百方里，至经纬度，因内蒙一带位置，多为第一次考查时所测过，以是新测定者较少，计新测者有经度十处，纬度十三处。于本年四月间，始接斯文赫定博士专差送来 Chronometer①二枚，经度测定，方较准确。中国出版地图多不准确，且于西北一带，每多空白，即英人斯坦因所测考查详图，经度亦不可靠，黑河沿岸，位置相差在二十六里以上。此次器所测定，虽不敢云绝对准确，但比较的差误当较少也。现因日用品多用罄，在肃购办尚需时日。盛暑炎日，骆驼须在水草丰茂之处，长期休息，方可成行。现拟购驴马赴祁连山一带考查，待秋后再赴新疆。西北连年荒旱，未可以一概论，肃□五六年前曾有一度大旱，近年来出产良好。交通梗阻，谣传每多失实。气候变迁殊甚，考查期中温度，冬季最低摄氏表冰点下三十八度，夏季最高摄氏表四十度。去冬十二月间大雪中进行，在 Mlgochik 地方，团员多冻创，迄本年三月始愈。现在又闷热异常，急欲往高山去可凉快些。但农事正忙，驴马一时不易购得，上山非驴不办，而考查团只少须四十匹。肃南二三百里外，祁连山脉，积雪终年不消，风景如画，炎暑中想不会受冻吧。现考查团团员多壮健，堪慰锦注。耑上，敬候大安。

---

① 此处似应为 Cyclometer（回转计）非 Chronometer（精密手表），参见刘衍淮《中国与瑞典合组之中国西北科学考查团（1927–1933）》，《台湾师范大学地理学研究》第 6 期，1982。

晚陈宗器

七月二十七

〔《大公报》(天津),1930 年 8 月 29 日,第 3 版〕

按:陈宗器(1898—1960),字步清,浙江新昌人,1929 年加入考察团,是在西北考察、工作时间最长的中方团员之一。“肃州”(肃)应指酒泉;“归化”即呼和浩特;“鲍林博士”即 Birger Bohlin(1898-1990),瑞典古生物学家,西北科学考查团成员之一。Ma chareh 似指 Ulan-tsonch,今内蒙古巴彦淖尔市乌拉特后旗巴音满都呼,有恐龙化石自然保护区。此信前冠介绍文字——“西北科学考查团第二次采集队,自去年十月出发后,久无消息,各界均甚悬念。该队除有瑞典团员四人外,并由中央研究院派定研究员陈宗器前往考查”,后又刊于《北平日报》《中央日报》等处。此外,陈宗器又撰一信致刘半农并转西北科学考查团理事会。①

八月十六日

先生致信斯文·赫定,邀其与芒太尔二十一日赴中海出席平馆的午餐。

August 16, 1930

My dear Dr. Hedin:

Will you and Dr. Montell give me the pleasure of your company to lunch next Thursday, August the twenty-first, at the National Library in Chung Hai at one o'clock?

Hoping you will be able to come.

Yours sincerely,

T. L. Yuan

〔韩琦教授提供〕

按:此件为打字稿,落款处为先生签名。

八月

《国立北平图书馆月刊》刊登先生文章,题为《〈永乐大典〉现存卷数表三补》。〔《国立北平图书馆月刊》第 4 卷第 4 号,页 4〕

按:署名“和”,此文为补白。

① 《大公报》,1930 年 9 月 4 日,第 4 版。

九月一日

正午,先生在中南海居仁堂招宴,梁启勋、梁思成、林徽因、梁思永、周国贤、吴宓等受邀与席。后同观圆明园及北海模型,又至养蜂夹道新建馆区现场参观,梁思成夫妇多有指陈,约五时始散。〔《吴宓日记》第5册,页108、131、167〕

按:旋,吴宓赴欧放洋,先生为其作介绍函与伦敦大学教授叶慈(W. Perceval Yetts,1878-1957)、翟林奈。本年10月1日,吴宓见翟林奈,并观大英博物馆藏敦煌经卷和中文藏书。翌年1月8日,吴宓赴庄士敦宴时见叶慈。

九月三日

晚八时许,先生乘车离开北平,赴北戴河休息。〔《京报》,1930年9月4日,第7版〕

按:此次离平,似受中原大战影响,8月底反对蒋介石及南京政府的各派在北平召开国民党中央党部扩大会议,决定成立国民政府,对文化界人士有不利传闻。①

九月十一日

先生致信傅斯年,谈转售日文《大藏经》事。

孟真先生大鉴:

馆中所购《大正新修大藏经》共合日金壹千贰百元零叁角肆分。如尊处愿购,自当格外优待,即以国币壹千贰百元计算可也。此上,顺颂时绥。

弟袁同礼谨启

十九年九月十一日

〔国立北平图书馆用笺。台北"中央研究院"历史语言研究所傅斯年图书馆,"史语所档案",元310-3-3〕

按:此信为文书代笔,另附账单一页,傅斯年亲批"存,斯年"。

国会图书馆覆函先生,前信提及的汇票已经留存,待收到等值的账单后,再将此汇票寄还。

September 11, 1930

① 参见1930年9月7日胡适日记,《胡适日记全集》第6册,页272。

Dear Mr. Yuan:

Your letter of July 5 regarding the draft indorsed by you for $ 157.38 Peiping currency has had our careful attention. Since we are dealing rather extensively with you, we have put the draft aside and will hold it until future bills equivalent in amount are presented by you for other Chinese items to be sent us and will then return the draft to you for collection.

We thank you sincerely for your action in the matter.

Very truly yours,

Chief Assistant Librarian

〔Librarian of Congress, Putnam Archives, Special File, China: National Library 1930-1939〕

按:函中所言之汇票,国会图书馆为出票人,平馆为收款人,付款人则为花旗银行(National City Bank of New York)在北平的支行。此件为底稿。

九月十七日

先生致信义理寿,推荐其购入明版《三国》等书籍。

September 17, 1930

Mr. I. V. Gillis,

Peking.

Dear Mr. Gillis:

I take liberty to recommend you the following five works, viz:

1. *Catalogue of Ting family library*

Newly printed, having two more sections than the 1st. ed. 6v $ 8.00

2. *Illustrated drama, Hsiang Ton Jan* 2v $ 3.00

3. *Collected works of Chow Fu*

Containing many important documents and memorials 36v $ 30.00

4. *Tsui Chin Tzu Pu* printed on kaihua paper, containing the following:

Tsui Chin Tzu Pu 17v

Tsui Chin Hsu Pu 9v

Shih Yu 4v

Tsui Chin Tzu Yun 6v 36v $ 400.00

(Only 6v sent herewith)

5. *Ming Palace edition of San Kuo*

only 1v supplied in MSS $ 1000.00　　24v

Item No. 4 has the musical notation printed with the text and is very nicely printed. It is printed in 1847, but as the blocks were destroyed during the Taiping Rebellion, this book is extremely rare.

Item No. 5 is an early Ming edition of the *Three Kingdoms*. The first volume contains prefaces dated 1494 and 1522. This is the first edition printed soon after the author Lo P'in wrote it, and the text differed entirely from later editions. Being the first edition of a famous novel that exerted great influence on the masses, it occupies a very unique place in the field of Chinese literature. According to Mr. Hsu, whose bibliographical knowledge I have great respect, it is not likely that another copy would ever appear in the market. In July 1927 our Library, after much search, obtained a copy of this edition, in 48 vols, at $ 1000.00 and it was then considered very fortunate.

Please do not hesitate to return any of the above items, if you are not interested.

Your sincerely,

T. L. Yuan

〔国立北平图书馆英文信纸。Princeton University, Mudd Manuscript Library, AC123, Box 421, Folder Yuan, T. L.〕

按:Catalogue of Ting family library 或指《八千卷楼书目》,第 2、3、4 种待考,义理寿在第 4、5 两种处作了标记,似有意欲购买。此件为打字稿,落款处为先生签名。

九月二十日

先生致信义理寿,转述桂质柏离开麦吉尔大学(McGill University)的原因,并表示葛斯德华文藏书库如在一九三一年夏仍需要编目人员,平馆应有优先推荐的权利。

September 20, 1930

Dear Capt. Gillis:

With reference to your inquiry about Mr. John Kwei, I am quoting below for your information a paragraph from his letter to me received while you were away:

"As to the reasons why I had to leave there, I put you into my confidence. First of all, I wish to record the kindness of the authorities of McGill University towards me, and to state that I enjoyed the companionship of Miss Swann and others. There was no misunderstanding on either side, between me and the Library. In fact, they enjoyed my stay and I loved my temporary work. All together I have been in Canada about 16 months. However, I was and am conscious that my life-work should not be in Canada, but in China. All I have been trying to do is to gain experience and knowledge. I feel that I need a little study on the Library of Congress classification, so I came to Chicago since last October. This course is now offered by Prof. Hanson who was the Chief of the Cataloguing Division of the Library of Congress from 1897-1910, and perhaps he is more able to give this course than anybody else in the U. S. A. This is the main reason why I left Montreal."

Some months ago, you told me that McGill is planning to secure the service of a trained librarian to work on the Gest Chinese Research Library. If, after July 1931, McGill is still inclined to do so, I hope one of our cataloguers may have the privilege of working there. May I count upon you for making the necessary contact?

This year we have sent one of our men to Columbia, being the first "exchange librarian" from China. I hope the arrangement will prove helpful to both parties.

Yours sincerely,

T. L. Yuan

Acting Director

〔国立北平图书馆英文信纸。Princeton University, Mudd Manuscript Library, AC123, Box 421, Folder Yuan, T. L.〕

按:John Kwei 即桂质柏(John Chi Ber Kwei)。Miss Swann 即 Nancy Lee Swann(1881-1966),美国汉学家,中文名孙念礼,长期担任普林斯顿大学高等研究院(the Institute for Advanced Study)葛思德东方藏书库(The Gest Oriental Library)主任;Prof. Hanson 即 Jens Christian Meinich Hanson(1864-1943),美国图书馆学家,对美国国会图书馆图书分类法(Library of Congress classification system)的发展和确立起到了决定性作用;one of our men to Columbia 应指严文郁。此件为打字稿,落款处为先生签名。

九月二十五日

恒慕义致函先生,告将会听从先生的建议订购一套百衲本《二十四史》,并请继续寄送北平书铺的售书目录。

September 25, 1930

Dear Mr. Yuan:

I take this opportunity to write a few lines in order to say that we shall be glad if you can from time to time recommend to us important works, as you have done in the past. The Librarian of Congress accepts your judgment in these matters, and when the price is not too high, is always glad to accept such items as you can recommend. We have ordered the new edition of the *Twenty-four Dynastic Histories* (*Pe Na Edition*) which you recommended in previous letter. Or if the Peking dealers are issuing important catalogs from which we might choose, we shall always be glad to have these.

With best wishes for your work, I remain,

Most cordially yours,

Arthur W. Hummel,

Chief, Division of Chinese Literature

〔Library of Congress Archives, Arthur W. Hummel Sr. correspondence series, MSS86324〕

按:Pe Na Edition 即百衲本,本年春商务印书馆发行《百衲本二十四史预约样本》。该件为录副。

九月

先生派馆员岳良木及打字生四人赴故宫博物院咸安宫,协同朱启钤清点 Paul Georg von Möllendorff 藏书。〔《国立北平图书馆馆务报告》(民国十九年七月至二十年六月),页 17〕

按:Paul Georg von Möllendorff(1847-1901),德国语言学家、外交官,中文名穆麟德,普鲁士贵族,他提倡的满文转写方案至今仍被广泛采用,1882 年李鸿章保荐他担任朝鲜政府的顾问,1899 年回到中国,在上海担任海关人员,后来被调到宁波,不久病逝。其藏书现为中国国家图书馆西文善本专藏之一。岳良木,字荫嘉,湖北汉川人,1927 年毕业于武昌文华图书馆专科学校,后入平馆服务。

十月一日

中午,故宫博物院在御花园举行承乾宫、景仁宫修缮落成典礼。江瀚、俞同奎、先生作为博物院委员出席,另有美国大使詹森、英国代办爱渥林、洛克菲勒之孙、开滦矿务局副经理赵君达,以及周作民、刘半农、朱启钤、陈大齐等中外人士四十余人。江瀚主席致辞,感谢中外各方热心人士捐助故宫修缮事业,后中外嘉宾演说,二时许始散。〔《大公报》,1930 年 10 月 2 日,第 4 版〕

按:开滦矿务局捐款五千元,用以修理承乾宫;美国芝加哥盐业巨商木顿(Joy Morton)捐款三千余元,修理景仁宫,于本年春季动工。为敬祝修缮完毕,故宫博物院特在承乾宫陈列清朝古瓷、景仁宫陈列周代铜器,皆为首次展示。

十月上旬

先生赠胡适《射阳先生存稿》。〔《胡适日记全集》第 6 册,页 330〕

按:1930 年 7 月,故宫博物院图书馆印行《射阳先生存稿》,共两册,实价一元五角。

十月十日

先生与平馆同人共摄一合影。〔"国立北平图书馆图书展览会同人撮影"相片〕

晚,任鸿隽、陈衡哲夫妇设宴,Grafton E. Smith 教授、Brooks 教授、Nelson A. Rockefeller 夫妇、顾临、陶孟和、赵元任、秉志、杨光弼夫妇、周诒春夫妇、先生、胡适等人受邀与席。〔《胡适日记全集》第 6 册,页 308〕

按:Grafton E. Smith(1871-1937),英国解剖学家和埃及学家,生于澳大利亚,英国皇家学会会士。Nelson A. Rockefeller(1908-

1979)，美国慈善家、政治家，本谱中译作“纳尔逊·洛克菲勒”，约翰·洛克菲勒(John Davison Rockefeller[①]，1839-1937)之孙。秉志(1886—1965)，原名翟秉志，字农山，满族，河南开封人，1909年毕业于京师大学堂，1918年获美国康乃尔大学博士学位，1921年在南京高等师范学校创办中国第一个生物系，继而在南京创建国内第一个生物科学研究机构——中国科学社生物研究所，1928年与胡先骕在北平创办了静生生物调查所。《胡适日记》另有一人，记作“性和”，当为胡适笔误，应指陶孟和夫人沈性仁。

十月十三日

先生致信傅斯年，告中研院史语所购《大正藏》缺卷原委，并附日本文化事业部覆函(译稿)。

孟真先生大鉴：

九月十四日奉台函，以《大正新修大藏经》事见询，当即去函托查。兹接日本文化事业部复函，谓第七十四卷已付邮，余三卷未出书，惟第五十五卷久已寄出云云。现时应请贵所切实一查有无第五十五卷，如有则所出各卷皆备矣。专此，敬请台安。

付钞译函一件。

弟袁同礼顿首

十月十三

按：译函内容如下，

日本文化事业部复函 关于《大正新修大藏经》事

九月十六来函所称《大藏经》第五十五、六十一、七十四、七十七、七十八等五卷尚未收到云云。敝处现已查明第七十四卷已付邮。第六十一、七十七、七十八三卷现时尚未刊行。第五十五卷，久已奉寄，请再一查为要。(下略)

日本外务省文化事业部

昭和六年九月廿六日

〔国立北平图书馆用笺。台北“中央研究院”历史语言研究所傅斯年图书馆，“史语所档案”，元310-3-4〕

---

① 《胡适日记全集》此页有误，排印本作“I. D. R.之孙”，应为“J. D. R.”(John Davison Rockefeller)之孙。

十月十六日

加斯基尔致函先生，告其已返回美国开始工作，请先生协助购书数种。

October 16, 1930

Dear Mr. Yuan,

It is now almost two months since I got back to Ithaca, and if I had not been so busy getting settled again and caught up with my work here, I should have written sooner to thank you for all your kindness to me while I was in Peking, which I do appreciate very much.

I was puzzled when I didn't hear from Mr. Yen when I expected, and then dismayed to learn that he had difficulty at the last minute about a visa, and relieved when I learned, soon after, that he was here all right. I saw him in New York a couple of weeks ago and he seemed to be getting settled and acquainted quickly.

I have talked with Mr. Kinkeldey, our new librarian, and with Mr. Willis about having our volumes of the *Yung Lo ta tien* photostated so that we can send copies to you, and they are entirely in favor of it. There is, however, no photostat apparatus here that is adequate to do the work, and it will have to be done some place else. Mr. Kinkeldey is trying to make arrangements to have it done in Rochester. Perhaps we shall begin by having only one volume done, to see how it works out.

Part of the *I wu shih mo* for the period from 1851−1874 (Hsien Feng and T'ung Chih) is now out, I understand. I had asked Mr. Yu, the administrative secretary of the Museum, to have the first installment sent to me at the Language School with the bill, but since it did not come before I left, I am writing now asking him to deliver it to you instead. Can you, without too much trouble, have t'ao (four pen to each t'ao) made for it before sending it to us?

Can you get for us, too, a copy of *Chung Kuo jen ming ta tzu tien*?

We shall be very glad if you will have some paper made for us, as you suggested, with the name of the Collection, ________ on it, in red, and if you will have made for us a copy of the manuscript *夷氛闻记*

which I saw in the Chung Hai Library.

I wonder if you found it possible to obtain for us a copy of the privately printed (*Lin Wen-Chung kung i kao*) (not*Lin Wen-Chung kung cheng shu*, which we already have).

I am enclosing twenty-five dollars gold, which ought to be enough to pay for the I wu shih mo (forty dollars, Peking currency, isn't it?) and the t'ao, the Chung kuo jen ming ta tzu tien, and leave some over for the paper and copying the manuscript. If it is not enough for all please let me know and I will send some more; if I have not already done so-I shall probably be bothering you often with requests for something or other.

I talked with Mr. Howson while I was in New York about the purchase of books for Columbia, but it seems hard for them down there to understand the differences there are between buying books in Peking and in Europe, and I do not know just what they are going to do about it.

With best greetings to both you and Mrs. Yuan, and thanks for all your help,

Sincerely yours,

〔Cornell University Library, Wason Collection Records, 1918-1988, Box 1, Folder Koo, T. K. Letters〕

按：*I wu shih mo* 即《夷务始末》，*Lin Wen-Chung kung i gao* 即《林文忠公遗稿》，*Lin Wen-Chung kung cheng shu* 则是《林文忠公政书》。Mr. Kinkeldey 即 Otto Kinkeldey(1878-1966)，美国图书馆学家、音乐学家，美国音乐学学会(American Musicological Society)首任主席，1930 年担任康乃尔大学图书馆第四任馆长。此件为底稿。

十月二十二日

平馆委员会开会改选委员及职员，结果陈垣为委员长，马叙伦为副委员长，刘半农、孙洪芬两委员连任，先生继任书记。〔《中华图书馆协会会报》第 6 卷第 2 期，1930 年 10 月 31 日，页 17〕

十月二十五日

先生致信斯文·赫定，请其在袁复礼向中央研究院呈报西北科学考察团的文件上联署,并请寄送科考成果简报。

Oct. 25th

Dear Dr. Hedin:

I have hoped to come to see you this afternoon, but things unforeseen have come up which prevent me from coming.

I am enclosing this letter which I shall send to the Academy on behalf of my brother. Will you kindly put your signature on it?

The Academy would like to have a statement of the scientific work which my brother has done in Sinkiang. Could you prepare one for my brother? The application should be sent out before next Wednesday.

Yours sincerely,

T. L. Yuan

P. S. Dr. W. W. Yen was in town a few days ago, and he told me that he would be glad to hold his house for you until December or January, if you wish to take it.

〔国立北平图书馆英文信纸。韩琦教授提供〕

按:Dr. W. W. Yen 即颜惠庆。该信为先生亲笔。

朱启钤致函先生,谈寄存穆麟德藏书事。

守和仁兄馆长大鉴:

启者,民国三年曾任宁波税务司德人穆麟德在华逝世,身后鬻其藏书。弟曾与梁燕荪、周子廙两君集资购得,计装二十二箱。当时因掌内务,筹办古物陈列所诸事,以传心殿为办事地点,此书购到即置殿旁闲屋,旋以出京多年,迄未搬取。本年九月,始悉移存保和殿夹室,乃与古物陈列所柯主任商妥,提至咸安宫内会议室开箱点查,并承执事拨派岳君良木及打字生四人帮同清理。箱内华洋各书始得全份草目,并以一份奉上,计已赐阅。嗣因敝宅插架未齐,暂存咸安宫右侧屋内,并接该所来函嘱即随时移运在案。弟在当年因莫利逊遗书已为外人购去,动于激刺,故将此书全份购存,并置之完全著名之国家图书馆整个保存,仍不令原藏此书之人姓字湮没。兹值贵馆新筑落成,插架宏富,中外图书类别群分。穆氏生前于东方文史蒐集甚勤,弟近日研究中国营造,整理故籍,追怀穆氏,颇具同感。阅贵馆收受寄存图书条例,知有专室庋藏、公开阅览及附加条件,各项办法殊于处置此项书籍最为适宜,但该规则第三款各项纪载在事实上非俟全份书籍清理完竣,不能着手,此项书籍拟请先向古物陈列所就近移取,置馆专室度藏,一面克日整理,一面由弟处随时接洽,根据现存规则商订限制条件,正式结约以期完善。兹先附上凭函一件,即祈贵馆派员会同弟处代表向古物陈列所接洽搬取书箱。此外各节,如荷同意,亦希示覆为幸。此颂台绥。

朱启钤

十月二十五日

〔《国立北平图书馆馆务报告》(民国十九年七月至二十年六月),页 17-18〕

按:梁士诒,号燕孙;周自齐,字子廙;"柯主任"即柯璜[①],1930 年 4 月 7 日到所任职,后南京国民政府克复平津,11 月起钱桐即为主任。

十、十一月间

裘开明抵达北平,与先生住在同一院落。〔《裘开明年谱》,页 33、49〕

按:无论是裘开明还是其哈佛大学的同事,都对其与先生朝夕相处颇为高兴。在《中国图书编目法》(1931 年商务印书馆初版)的附录中,裘开明尤其提到"本编三校清样复承友人袁守和先生指教数处,特此附志,以表谢忱"。

十一月七日

先生致信加斯基尔,告知将寄送故宫博物院三种出版物。

Nov. 7, 1930

Dear Miss Gaskill:

I think you have by this time well settled down in your work at Cornell. We have to wait for the completion of our new building early next spring before we can hope to settle down at all, and then it will mean so much difficulty to move.

Three more titles have now been published in the series of reprints by the Palace Museum, while we have published four in the series

① 《古物陈列所廿周年纪念专册》, 1934 年,页 41。

sponsored by a group of our friends. As you said Cornell would want to have both series for the Wason Collection, I am sending the books by registered post to the University library, bill enclosed in the packages. I hope the books will reach you in good condition.

With best wishes,

Yours sincerely,

T. L. Yuan

Acting Director

〔国立北平图书馆英文信纸。Cornell University Library, Wason Collection Records, 1918-1988, Box 1, Folder Koo, T. K. Letters〕

按:所寄三种图书应为《太平清调迦陵音》《射阳先生存稿》《上京纪行诗》,均为故宫博物院图书馆出版,分别为本年6月影印、7月排印、6月影印。此件为打字稿,落款处为先生签名。

十一月十日

先生致信斯文·赫定,感谢寄来其兄袁复礼的书信、西北科学考查团报告和照片。

Nov. 10, 1930

My dear Dr. Hedin:

Thank you ever so much for sending me the letter from my brother and this interesting report and these pictures. I am returning them by special messenger.

I wonder whether Dr. Montell and Prof. Lessing have returned from Mongolia. I shall be most happy to see them when they return.

Again, thanking you for what you have done for my brother.

With cordial regards,

Yours sincerely,

T. L. Yuan

〔韩琦教授提供〕

按:该信为先生亲笔。

十一月十三日

先生致信胡适,谈平馆馆务、影印善本书争取美款事。

适之先生：

久未上书，想起居清豫为祝。北平图书馆自改组以来，进行极为顺利。现正赶编中文书目，希望明夏新建筑落成时可以出书，但不识能如愿否。哈佛大学 J. H. Woods 教授日前在平谈及 Hall Estate 愿补助中国文化事业，因念馆中所藏海内孤本甚多，而《四库全书》未见刻本之书亦有从速影印之必要，此项事业如有的款即可着手，并非难办之事。但在最近期内决非文化基金董事会所能举办，故与渠曾题到补助出版办法。敝意注重影印罕见之书，渠则主张印目录卡片，观其口气似亟愿成全好事者，盖以款在手中不得不设法用去也。事实既如此，故吾人虽不愿美人藉此获一美名，但如不设法安排则基金将尽为燕京全数取去，亦于心有所不甘也，未识尊意云何？渠来沪时十四、五日到沪，盍与之一谈在沪住圣约翰卜校长处。专此，敬候著祺。

同礼谨上

十一月十三日

〔国立北平图书馆用笺。台北胡适纪念馆，档案编号 HS-JDSHSC-1636-007〕

按：J. H. Woods 即 James H. Woods（1864－1935），哈佛大学亚洲研究的奠基人，精通希腊、印度哲学，20 世纪 20 年代初邀请赵元任赴哈佛任教。Hall Estate 应指 Charles M. Hall（1863－1914）的遗产，其遗嘱声明一部分遗产要用于研究中国文化，由一所美国大学和一所中国大学联合组成一个机构来执行该项计划。司徒雷登成功说服哈佛大学与燕京大学合作，于 1929 年成立哈佛燕京学社，并设立燕京学社北平办事处。

十二月六日

先生致信加斯基尔，告知托购图书、抄写馆藏的进展，并请其影照康乃尔大学图书馆所藏《永乐大典》。

December 6, 1930

Dear Miss Gaskill:

I was delighted to have received your letter of October 16 and to know how nicely you have been getting on. Upon the receipt of the *I wu shih mo* for the period of Hsien Feng from Mr. Yu, I arranged to have ten covers made for you, and mailed to you immediately. By the same mail, I also sent you the collected works of 周馥 which contain many important historical petitions and memorials.

I was not able to find the 中国人名大辞典, nor the 林文忠公遗稿, but instead I secured for you a copy of 信及录 which was sent to you a couple of weeks ago.

The MS work 夷氛闻记 had been copied for you during the summer soon after you had left. So, I am sending it along without having it written on the special paper. I hope this is all right.

We are very grateful to you and to Mr. Kinkeldey for the trouble you have taken in arranging for the photography of the volumes of the *Yung Lo Ta Tien*. Any effort you made in our behalf will be gratefully appreciated.

With cordial regards,

Yours sincerely,

T. L. Yuan

Acting Director

〔国立北平图书馆英文信纸。Cornell University Library, Wason Collection Records, 1918-1988, Box 1, Folder Koo, T. K. Letters〕

按:the collected works of 周馥应指《玉山文集》(亦称《周悫慎公文集》);《信及录》为林则徐所撰,汇集其主持销烟时期的文稿。此件为打字稿,信中汉字及落款签名均为先生亲笔。

十二月八日

晚,先生招宴,胡适等与席。〔国家图书馆档案,档案编号 1945-※057-综合 5-002001〕

十二月十日

先生致信斯文·赫定,告知西北科学考查团委员会将于本周六晚开会。

Dec. 10th

My dear Dr. Hedin:

I am very sorry that I was not able to answer your letter of December 1 earlier. I have been away in Tientsin and got back only yesterday. The meeting of the Committee will be held this Saturday evening and I presume Dr. Liu must have written you already.

We are in need of Stein's *Serindia*. If you are still in need of them, please return to me vol. 2 only. Could I have it by bearer?

Yours sincerely,

T. L. Yuan

〔韩琦教授提供〕

按：*Serindia* 通译为《西域考古图记》，1921 年出版。该信为先生亲笔。

胡适致函先生，谈珍本经籍刊行入股、购书诸事。

守和兄：

前晚承赏饭，感谢感谢。珍本经籍刊行会股，先缴一股，俟安居后有余力当续缴一二股。另送上拾元零贰角，为购刊行之四种书之价，其书已收到了。两项共六十元零贰角，合开支票一纸奉上。

胡适。

十九，十二，十。

〔上海朵云轩制笺。国家图书馆档案，档案编号 1945-※057-综合 5-002001〕

按：是年 4 月 10 日，《国立北平图书馆刊行珍本经籍招股章程》公布，开办费暂定 1 万元，共分 200 股，发起人为学术界、文化界名人，共计 30 位，胡适与先生均在其中。该函后注有"退十元〇贰角"字样，似非先生亲笔，可能为具体经手人的备注。

国会图书馆致函先生，告其已经挂号寄回此前汇票，并将尽快支付账单中的剩余部分。

December 10, 1930

My dear Mr. Yuan:

Enclosed herewith we send you by register mail the draft for $157.38, Peiping currency, referred to in your letter of July 5. This sum we now apply in partial payment of your bill for Mex $586.50 received from you in November. We shall soon send you another draft for the balance due on the bill just mentioned.

Very truly yours,

Chief Assistant Librarian

〔Librarian of Congress, Putnam Archives, Special File, China: National Library 1930-1939〕

按:此件为录副。

十二月十六日

傅斯年覆函先生,谈《大正藏》所缺第五十五卷。

守和我兄:

十月十三日书奉悉,当即查敝所之《大正藏》及当时贵馆转来之文件,知如日本外务省文化事业部所开之册数,实少第五十五卷。此卷为本藏之目录,究竟是日本外务省之错误,或贵馆原来借出,弟不及知,但此册贵馆当时并未交来,有来往之收据可凭也。为此仍请我兄一查,设法补得交下,以成完书,至荷!专此,敬颂日祺!

弟傅斯年敬上

十二月十六日

附:来往收据

卷一至卷八十中

阙 卷五十五 目录部

卷六十一、七十七、七十八(三卷未出版)

十二月十五号收到

卷六十一、八十二

〔《傅斯年遗札》,页343-344〕

十二月二十一日

下午,北平图书馆协会假辅仁大学图书馆举行本年度第四次常会,先生、刘国钧、贺秉铨、金九经、房兆颖、马万里等三十余人参会。会前,与会人员先在该校图书馆旁合影留念。先生为会议主席,报告协会会务情况及明年二月改选计划,后由德人 Ernst Schierlitz 演讲德国图书馆发达小史,先生口译。〔《世界日报》,1930年12月22日,第6版;《中华图书馆协会会报》第6卷第3期,1930年12月31日,页15〕

按:该次会议拟通过重编北平图书馆指南及会员录、北平图书馆所藏日文期刊联合目录。金九经,朝鲜人,曾任北京大学图书馆主任室事务员,是年初入籍中华民国,后将胡适从英法带回的敦煌写经《楞伽师资记》照片排印。[1] 房兆颖(1908—1985),本谱中又作"房兆楹",山东泰安人,1928 年燕京大学理学士毕业[2],1929 年入武昌华中大学文华图书科学习,翌年毕业,后赴美。Ernst Schierlitz(1902-1940),德国汉学家、图书馆学家,中文名谢礼士,长期担任辅仁大学图书馆馆长。

十二月二十二日

先生致信傅斯年,告《大藏索引》和《昭和法宝总目录》非属《大正藏》正编。

孟真先生台鉴:

承十二月十八日来示,谨悉种切。查《大藏索引》、《昭和法宝总录》二书,均系在《大藏经》以外之本,并非随行者。馆中所藏均系另购,亦无复本。兹钞奉发行所一纸,尊处如必需用,乞向各该发行所价购可也。至《大藏经》原缺各卷,一俟收到自当转奉。特此函复,顺颂台绥。

弟袁同礼敬启

十二,二二

〔国立北平图书馆用笺。台北"中央研究院"历史语言研究所傅斯年图书馆,"史语所档案",元 310-3-6〕

按:此信为文书代笔。信中所言"十八日来示",极有可能是笔误,应为十六日来示。附《大藏索引》、《昭和法宝总目录》二书出版发行信息一纸。

十二月二十七日

下午六时,平馆委员会和购书委员会召开联席会议,商定增加购书预算。

〔《国立北平图书馆馆刊》第 4 卷第 6 号,1930 年 12 月,页 122〕

十二月三十日

先生致信国会图书馆财务部,请再寄送一笔汇票以便支付余下的账单。

Dec. 30, 1930

Disbursing Officer

Dear Sir:

We enclose herewith copy of the communication from the Division

---

① 《北大图书部月刊》第 1 卷第 2 期,1929 年 12 月,页 163;《北平特别市市政公报》第 29 期,1930 年 1 月,"市府文电"页 3;《国立北平图书馆馆刊》第 6 卷第 2 号,1932 年 4 月,页 113。

② 《私立燕京大学一览(民国十九年至二十年度)》,1931 年,页 323。

of Accessions of the Library of Congress. The draft for $157.38 which you sent us on June 4 was returned to you on July 5. You acknowledged receipt of same on September 11 and stated in your letter that you had put the draft aside to meet our future bills. You will see from the communication that your Division of Accessions has deducted the sum from our bill of June 20, and so you are asked to return us the draft at your early convenience, in order to settle this bill.

Yours truly,

T. L. Yuan

Acting Director

〔国立北平图书馆英文信纸。Librarian of Congress, Putnam Archives, Special File, China: National Library 1930-1939〕

按:此件为打字稿,落款处为先生签名,于翌年1月28日送达国会图书馆秘书办公室。

是年

福开森、先生、俞同奎等人发起募款,修缮故宫博物院东南、西南两角楼,美国陆军少将柯洛齐将军(General William Crozier)捐助六千五百元,周作民和中央公园董事会各捐赠三千元。除修理角楼外,将城上马道一并修理,共用八千四百五十元。〔《大公报》(天津),1931年2月25日,第4版〕

按:此次修缮约在翌年2月完成,并经营造学社审查结果。

洪业介绍朱士嘉与先生相识,朱士嘉向先生请教美国国会图书馆藏中国方志的情况,先生以 B. Armstrong Claytor 所编国会图书馆藏方志草目见赠。〔朱士嘉《我所了解的袁同礼先生》,《中国图书馆学报》,1985年第3期,页90〕

按:朱士嘉(Chu Shih-chia, 1905—1989),字蓉江,江苏无锡人,图书馆学家。B. Armstrong Claytor 时任国会图书馆东亚部参考馆员,后加入美国东方学会。①

① Von Ostermann, George F., and Giegengack, Augustus E. *Foreign Languages for the Use of Printers and Translators: Supplement to Style Manual of the United States Government Printing Office*. Washington, D. C: United States of America Government Printing Office, 1935, iii; "Proceedings of the American Oriental Society Meeting at Washington, D. C., 1953." *Journal of the American Oriental Society*, vol. 73, no. 3, American Oriental Society, 1953, p. 181.

一九三一年　三十七岁

一月二日

蒋梦麟偕先生、顾临离平赴沪，出席中基会会议。〔《大公报》(天津)，1931年1月5日，第3版〕

一月六日　上海

午后，先生访黄郛，谈松江韩氏古书出售事。黄郛即唤辰侄来，嘱其与先生接洽。晚，先生访刘承幹，但未得见面。〔《黄郛日记(1931-1932)》，页2；《求恕斋日记》(稿本)〕

按："辰侄"应指黄尧年，因此前与平馆洽商韩氏古籍出售事宜，黄郛都委托于其侄"尧年"。[1] 本日书版展览会闭幕，刘承幹至亚尔培路参观，晚归，恐甚累，故未见。

一月八日

先生访刘承幹，先由其子陪同，后得见，告平馆情形。〔《求恕斋日记》(稿本)〕

按：前平馆谢国桢、赵万里二人至嘉业堂、上海访书，因种种原因与刘承幹产生误会。先生此次拜访极有可能请其原谅，刘承幹对先生印象甚好。本日，刘承幹嘱记室拟函致平馆，内容如下，

北平图书馆诸公均鉴：

展奉大函，承惠丛书四种，敬审诸公搜罗善本，沾溉来学，拜嘉志感，曷云能忘。拙刊各书，多有赠罄，尚未再版者，现在正将各本加以整理，特先检奉〇种，附上一单，希察存，不足云琼瑶之报也。寄售一节，敝处正在规画，容再奉告。专复并谢，敬请撰安。

〇〇〇顿首

一月八日即十一月二十日

〔上海图书馆藏求恕斋信稿〕

---

① 《黄郛日记(1929-1930)》，页130、135。

按:刘承幹之信多由其记室沈家权①代笔,以下皆同。

一月九日

中基会第五次常会假沧州饭店召开,蔡元培、蒋梦麟、胡适、赵元任、任鸿隽、司徒雷登、顾临、贝克、孟禄等董事出席。上午九时至十二时,由平馆、生活调查所、社会研究所等所属机构职员报告工作情况,并由该会干事处、秘书处报告财务情况。下午讨论中基会今后的工作方针。〔《时事新报》(上海),1931 年 1 月 11 日,第 3 张第 4 版〕

按:先生作为平馆代理馆长应列席并报告馆务。

一月十二日　杭州

上午,先生访余绍宋,告知平馆愿代印《书画书录解题》,因先生态度诚恳,余绍宋遂接受此请。下午,余绍宋回访,先生因出,不值。余绍宋留片,谓其书稿应照《越缦堂文集》②样式刊印。〔《余绍宋日记》第 6 册,北京:北京图书馆出版社,2003 年,页 545 〕

按:1932 年 6 月,《书画书录解题》由平馆出版,黄节署耑,全书共六册,实价四元。

一月十四日

恒慕义覆函先生,告知已收到此前代购书籍,另与先生商讨邀请韩寿萱前往国会图书馆编目的可能性。

January 14, 1931

Dear Mr. Yuan:

I have your letter of December 16, containing the voucher for the *TSUI CHIN TZU PU*. This came in splendid condition and we are very much pleased with it. I am pleased also to have the gazetteers and especially the Ming edition of the *SAN KUO CHIH*.

As soon as Mr. Wang left for Havana, I had in mind to write you concerning a qualified Chinese cataloger to succeed him. You had sent a very good man, Mr. Yen, to Columbia University who was in Washington

① 沈亢父(1898—1956),名家权,字刚甫,号亢父,长期担任刘承幹的记室。

②《余绍宋日记》原文为"得梁廷灿寄赠北平图书馆新印李越缦遗著六种",此处应指 1930 年 12 月在上海石印的《越缦堂文集》,因平馆前出"读史札记"、"读书记"等,故有"遗著"之说,包括杂著、散文、赠序、碑铭、尺牍、骈文,该文集由王重民主编。

for two days in December and who has impressed me very much both with his gentlemanness and his ability.

For years, however, I have had in mind a Mr. Han Shou-hsuan, a student in the Research Institute of Peking National University. He was my teacher in the Language School at Peking, and since then has made Chinese history and philosophy his specialty. He has consented to come, and will be leaving Peking in about two weeks. My idea was to have not only a man who would do the more or less routine work of cataloging, but who himself wishes to specialize in Chinese, and would, therefore, be able to answer authentically and speedily numerous questions on all phases of Chinese culture which came to us. Because I felt that Mr. Han had just these qualifications, and because I knew his temperament, I felt that I could not make a mistake in engaging him to work with me in Washington much as he did in Peking. Later on, it is the intention of the Librarian to invite a highly qualified Chinese Consultant at a salary of, say, $ 5,000 per year who would be in the Library to answer just these questions that Mr. Han and I are having to answer now. While we have now Consultants in most of the other fields, we have not yet the funds to engage one for the Chinese field. But I am sure that this will come later. In the meantime, I felt I must have the type of assistant who could in a measure perform both services. I thank you, however, for offering to engage a man for us, and had I not known of Mr. Han, I certainly should have appealed to you long before this time. If the present arrangement does not work out, I shall seek for your help later on.

With kind wishes for the New Year, and many thanks for the recent items you have sent us, I remain,

Very sincerely yours,

Arthur W. Hummel,

Chief, Division of Chinese Literature.

〔Library of Congress Archives, Arthur W. Hummel Sr. correspondence series, MSS86324〕

按:TSUI CHIN TZU PU 其音似为“最近族谱”,具体指何书待考。Mr. Wang 应指王文山。本年 2 月下旬,韩寿萱离开北平,由天津出发经日本赴美,3 月 21 日抵达华盛顿,随即在国会图书馆服务。[①] 该件为录副。

一月中上旬

先生赴南浔嘉业堂。〔《求恕斋日记》(稿本)〕

按:此行一重要目的为查看刘承幹藏《宋会要》的情况。

一月十七日

加斯基尔致函先生,告知康乃尔大学前已汇出款项及所需中华图书馆协会出版物,并求购函套。

January 17, 1931

Dear Mr. Yuan,

Thank you very much for all the books you have sent, and especially for the volume of Lin Tse-hsü documents. I am having $25 gold sent by the University treasurer, which you ought to get on the same mail as this letter or soon after, to pay the balance of $29.95 Mex. due on the statement of Dec. 6 and the bill dated Nov. 8, 1930 for Museum and Library reprints, and leave a small deposit.

The last number of the *Bulletin of the Library Association of China* which we have is vol. 5, no. 5 (April 1930) and of the *Chinese Library Science Quarterly*, vol. 3, no. 4 (Dec. 1928). Will you kindly send us whatever of both journals has been published since these and enter our subscription to both.

And will you send us, if you can conveniently, a copy of the booklet entitled *Libraries in China* published in 1929.

Only one other request I have this time-will you be so good as to have covers made (those for the *I wu shih mo* are just right) for whatever Chinese books you send us in the future.

We have not made as much progress as we would like with the

---

① 《北京大学日刊》,1931 年 6 月 29 日、30 日,7 月 18 日、21 日、25 日。

photostating of the *Yung Lo ta tien*, but we hope to have at least one volume done sometime this spring.

With best wishes,

Sincerely yours,

〔Cornell University Library, Wason Collection Records, 1918-1988, Box 1, Folder Koo, T. K. Letters〕

按：此件为底稿。

一月十八日　上海

上午，先生访刘承幹，因时尚早，未得见。后得刘承幹来函，邀请明日赴宴。

守和先生史席：

前承枉顾，深慰瞻仰止之私，猥以匆匆未得畅谈。今晨又辱高轩，有失屣迎，歉仄奚似。明晚在寓薄治杯盘，敬请台光，万勿见却。承索《湖录经籍考》，兹特检奉，并《五代史》、《明史考证捃逸》、《郑堂读书记》共四种，藉备插架。其送贵馆四十五种，明日再行奉上。专此，敬请旅安。

弟〇〇〇顿首

一月十八日即十一月三十日

〔《求恕斋日记》（稿本）；上海图书馆藏求恕斋信稿〕

按：此件为底稿。

一月十九日

晚，刘承幹设宴款待先生，汤中、董康、张芹伯、吴潜甫、徐乃昌、费有容等作陪，张元济、张宗祥、罗子敬因病未到，入座已八点钟。先生表示平馆意欲影印《宋会要》，故须向刘承幹购版权，待影印后原样奉还，且出价四千元。刘承幹认为平馆意在流通，与其志向相同，故同意，但须将其名和序言照刊，先生皆允诺。席后略谈而散。〔《求恕斋日记》（稿本）；徐乃昌著、南江涛整理《徐乃昌日记》，南京：凤凰出版社，2020年，页1233〕

按：席间，诸人曾谈宋版《春秋》《豫章黄先生文集》等书的去向。汤中，字爱理，江苏武进人，日本私立大学法科毕业，曾任教育部编纂、专门教育司司长、参事、代理次长等。① 张芹伯即张乃熊（1890—1945），浙江吴兴人，以字行，金融家、藏书家，“南浔四

---

① 樊荫南编纂《当代中国名人录》，上海：良友图书印刷公司，1931年，页315。

象"张钧衡长子,张静江之侄。费有容(? —1931),字恕皆,浙江乌程人。

一月二十三日

晚九时,中国政治学会在南池子门神库会所举行年会,选举下届职员,到会者约有五十人。颜惠庆作为主席致辞,名誉书记朱友渔宣读上届年会记录,并获通过。严鹤龄代表选举提名团提交候选职员名单:会长张煜全、首席副会长顾临、次席副会长朱友渔、名誉书记周诒春、名誉会计丹贝和魏文彬,蒋廷黻、周永治、先生、福开森、颜惠庆为执行会委员,周诒春、张立流、蒋廷黻、先生、严鹤龄为管理图书馆委员,以上名单顺利通过。后又请伦敦大学经济系教授 Richard H. Tawney 演讲欧洲农业建设情形,约十一时散。〔《世界日报》,1931 年 1 月 25 日,第 6 版〕

按:朱友渔(1885—1986),上海人,社会活动家,上海圣约翰大学毕业,后赴美留学,先后获得哥伦比亚大学、纽约神学院博士学位。严鹤龄(1879—1937),字履勤,浙江余姚人,上海圣约翰大学毕业,后赴美留学,1911 年获哥伦比亚大学博士学位,归国后历任外交部秘书、清华学校校长、巴黎和会中国代表团专门委员,时应任太平洋国际学会帮办秘书长。Richard H. Tawney(1880-1962),英国经济史学家、社会评论家、伦理社会主义者,著有 *Religion and the Rise of Capitalism*(《宗教与资本主义的兴起》)。

一月二十六日

下午四时,北平文化展览会假北平研究院会议室召开筹备大会,李石曾、朱启钤等四十余人到场,推李石曾、李麟玉、萧瑜、吴瀛、沈兼士、马衡、朱启钤、乐均士、常惠、翁文灏、瞿宣颖、卓定谋、吕志琴、陈垣、先生等十五人为临时筹备委员,负责分期筹备文化展览,并以十年为限,其中第一期为本年七月至双十节,经费以三十万元为限。〔《南京晚报》,1931 年 1 月 30 日,第 3 版〕

按:李麟玉(1888—1975),字圣章,天津人,中国著名教育家、化学家,原中法大学校长,李叔同的侄子,毕业于法国巴黎大学理科,获理科硕士学位和昂西化学院化学技师。

一二月间

平馆向哈佛燕京学社申请津贴印制目录卡片。〔《裘开明年谱》,页 58、73〕

按:3 月 26 日,时在美国的田洪都致信裘开明,请其在平代为调查此项申请。裘开明对此应持支持态度，他曾向伍兹教授(James H. Woods)和博晨光(Lucius C. Porter)提出燕京大学图书馆与平馆合作开展印制馆藏目录卡片，因其认为平馆的馆藏是北平一地其他图书馆无法超越的，错失合作机会太不明智。这一动议应促进了后来的北平地区图书馆的联合编目事业。

二月十四日

恒慕义致函先生，请平馆寄送某种重印书籍以便购买，施永高则希望继续获得草药、医学相关的书籍。

February 14, 1931

Dear Mr. Yuan:

We are anxious to have all of the Reprints of the National Library, Peiping as they make their appearance. Dr. Swingle is particularly anxious to have such herbals and medical works as you may print. It seems that up to the present we have only the two following works:

Perhaps it is most convenient if you send these on approval, for it is difficult for the Library to order, or make payments for such series in advance. I merely write to make certain that we get them, and any other important works that you think we ought to have.

Very sincerely yours,

Arthur W. Hummel,

Chief, Division of Chinese Literature

〔Library of Congress Archives, Arthur W. Hummel Sr. correspondence series, MSS86324〕

按：空格和空行处，皆付诸阙如。该件为录副。

二月十九日

上午，金毓黻赴北海图书馆，与先生晤谈。下午，二人一同至中南海居仁堂平馆第一部参观，徐森玉为之导引，先生赠其《全边略纪》。〔《静晤室日记》第4册，沈阳：辽沈书社，1993年，页2561〕

按：此为金毓黻与先生首次见面，其甚感念。

二月二十六日

刘承幹致函先生。〔《求恕斋日记》(稿本)〕

三月二十三日

先生为*Union Catalogue of Books in European Languages in Peiping Libraries*撰写英文序言。〔*Union Catalogue of Books in European Languages in Peiping Libraries*, 1931〕

按:该书中文名为《北平各图书馆所藏西文书联合目录》,由平馆和国立北平研究院联合出版。

三月二十四日

下午三时,杨宗培赴北海图书馆参观,本拟拜访先生讨论图书馆建筑事宜,但因先生外出未能晤谈。〔《民国日报》(北平),1931年3月25日,第5版〕

按:杨宗培(1903—?),辽宁建平人,北平汇文大学毕业,后赴美留学,获明尼苏达州立大学商学硕士学位,归国后曾担任北平中国学院教授、北平市立商业学校教务主任、国立西北联合大学讲师等职务。

四月初

中政会通过北平文化指导整理委员会全体委员名单,正会长蒋介石,副会长张学良、李石曾,委员于右任、于学忠、王宠惠、王正廷、王揖唐等数十人,先生被推选为委员之一。〔《大公报》(天津),1931年4月3日,第3版〕

四月五日

下午三时,北平图书馆协会假艺文中学仁山图书馆举行本年第一次常会,四十余人与会。先生表示常会早应召开,但因无适当讲演人员,故推迟到今日,本次会议仅讨论——"北平中小学校图书馆问题",并讨论相关议案六件。会后,公布本届执行监察委员选举结果,先生、罗静轩、于震寰、冯陈祖怡、洪有丰、薛培元、汪长炳七人当选。〔《中华图书馆协会会报》第6卷第5期,1931年4月30日,页27-29〕

按:薛培元,字爕之,河北临城人,曾留学日本、美国,获得农学硕士学位,后任河北省立农学院院长。

四月八日

上午九时半,故宫博物院图书馆专门委员会在寿安宫阅览室举行第八次会议,易培基、江瀚、先生、卢弼、赵万里、张允亮、朱希祖、朱师辙、马衡等人出席，江瀚为会议主席。会议大致内容如下：

（一）江瀚报告影印《天禄琳琅丛书》情况。

先生表示京华印书局估价先按六百部计算，每页九元五，现改印五百部，每页八元二角五，需洋二万五千元，但现印费只有一万元，当尽此数印起，并据京华估计一月可印五百页，三月可印完。

议决：宋元版书七种交京华承印。

（二）江瀚提议溥杰取去之善本书应设法取回。易培基、马衡等人多有建议。

议决：俟有头绪再商办法。

（三）易培基报告松江韩应陛藏书售卖事。

（四）江瀚报告古物陈列所有天禄琳琅零本，宜提至故宫博物院汇藏一处，先生附议。

另，先生建议再印志书书目拟用中国纸，以备将来与他库书目归存一处；文献馆有实录三部，图书馆可提一部置殿本书库以供阅览。

十二时散会。〔故宫博物院档案〕

按："天禄琳琅零本"似指宋版《刘宾客集》。

四月二十八日

先生致信彭道仁，告知装运圆明园等处石料进城的路线。

葆初学长赐鉴：

前以敝馆装运石狮石料等，诸蒙照拂，无任感谢。今日奉电，嘱以装运石料所经路线各节，当即转告包运商人饬由海淀至西直门一段，至不能避免地方可以经行马路入西直门后，由顺城街向南转经平则门大街，以免毁损马路。仍恳转予传知以上各工区，随时妥为照料，至深感汾，统容面谢，顺颂台祺。

同学弟袁同礼拜启

四月二十八日

〔北京市档案馆，档案编号 J017-001-00461〕

按：彭道仁，字葆初，宛平人，国立北洋大学工科毕业，时任北平市工务局施工股主任。[1] 此信为文书代笔。

---

① 北平市政府工务局《工务合刊（民国二十年二十一年份）》，1932 年，页 375。

四月

中华图书馆协会公布执行委员、监察委员改选结果,先生、李小缘、胡庆生、沈祖荣、杜定友、柳诒徵、杨立诚、毛坤均得以连任。〔《中华图书馆协会会报》第6卷第5期,页22-23〕

按:本年1月,以上八人前五人为届满之执行委员,后三人为届满之监察委员。

五月十二日

徐中舒等致函先生,请求于平馆新舍内为史语所开辟阅览室一间。

守和先生箸席:

贵馆新屋落成,规模宏丽,为东方图书馆之冠冕。同人等从事史言研究,须用参考书籍至夥,务恳在贵馆新屋中为同人等指定阅览室一间,藉予研讨便利。此后同人等对于斯学倘有些须贡献,皆出厚惠也。专此奉商,并希见复为荷。敬请箸安。

徐中舒等

〔台北"中央研究院"历史语言研究所傅斯年图书馆,"史语所档案",元394-1〕

按:落款处有"中华民国廿年五月拾贰日"戳。附清单一纸,傅斯年标注"傅斯年、陈寅恪、董彦堂、李济之、徐中舒、丁山保留一间"。

五月十八日

北平市市政设计委员会聘请朱启钤、熊希龄、李石曾、蔡元培、江瀚、蒋梦麟、沈尹默、傅增湘、陈垣、周作民、胡适、先生等三十三人为该会委员。

按:此后,市长胡若愚签署聘函,内容如下,

敬启者,北平名传汉世,地处幽州。席累代之故都,控北陲之形胜。人文荟萃,中外具瞻。况正筹企繁荣,恢复文化。因革损益,经纬万端。将广益以集思,应周咨而博采。兹由本府设立市政设计委员会。事豫则立,图百废俱举之宏观。谋定而行,作一劳永逸之远计。式资俊彦,宏我旧京。特具聘函,用申景仰。组织规则,附尘清察。愿摅□略,资筹策以匡襄。期奉芳型,效韦弦之纫佩。肃修笺牍,祗候兴居。

〔《北平市市政公报》第96期,1931年5月,市府文电,页8;《世界日报》,1931年5月20日,第7版〕

五月中下旬

王正廷、王宠佑、余日章、沈祖荣、周诒春、洪业、孙洪芬、先生、曾宪文、裘开明等数十人联名撰写《美国韦棣华女士追悼大会启事》。

> 敬启者,美国韦棣华女士来华三十载,专以发展我国文化事业,提倡图书馆教育为己任。不幸于五月一日逝世,噩耗传来,仝人等不胜震悼。谨定于六月十三日下午二时在武昌文华公书林司徒厅举行追悼大会,如蒙各界人士惠赐诔文、挽联、哀诗、奠仪等物,请径至武昌文华公书林代收是幸。
>
> 〔《华北日报》,1931 年 5 月 25 日,第 1 版〕

按:5 月 1 日,韦棣华女士突然离世。

五月二十三日

下午,王献唐访先生,晤谈。〔张书学、李勇慧撰《王献唐年谱长编》,上海:华东师范大学出版社,2017 年,页 175〕

按:是日,王献唐与栾调甫抵达北平,调查杨氏抵押海源阁藏书。午后,先赴史语所拜访傅斯年并见所中同人;后访傅增湘,获赠新刻《双鉴楼藏书续记》。晚,傅斯年设宴招待。

五月二十四日

中午,先生设宴款待王献唐,并邀赵万里作陪。饭后一同参观平馆之新馆舍,出示新购杨氏海源阁藏书多种及宋本、敦煌卷子,王献唐因时间仓促未能细看。〔《王献唐年谱长编》,页 175〕

按:上午,王献唐赴史语所看新发掘的古物。下午,与栾调甫往中南海公园游览。晚,史语所同人请客吃饭。

六月一日

北平图书馆协会执委会在中海居仁堂举行会议,推洪有丰为主席,委员有于震寰、罗静轩、冯陈祖怡、汪长炳、薛培元、先生六人,先生专职负责组织演讲。〔《中华图书馆协会会报》第 6 卷第 6 期,1931 年 6 月 30 日,页 16〕

晚,留欧美归国学生组织的“家庭会”在东单三条孟烈士特(Monestier)家举行第十六次跳舞大会,该会会长陈宝堂担任招待,比利时代办葛拉富(Graeffe)、法使馆沙叶夫妇(Chayet)、工务局长汪申、先生、朱家健夫妇、陈绵夫妇等人出席。〔《大公报》(天津),1931 年 6 月 3 日,第 5 版〕

按:Monestier 即 Alphonse Monestier(1881-1955),曾长期担任*La*

Politique de Pékin(《北京政闻报》)主笔。

六月四日

故宫博物院致函李石曾、李宗侗、俞同奎、江瀚、沈兼士、马衡、吴瀛、先生、沈尹默、刘半农、徐旭生等人,召集各馆、处负责人于七日上午开会协商处理无关文化之用品事宜。

> 径启者,查本院前拟处分无关文化一切皮货、药材、食品、绸缎等物,及宫门外破屋材料等物,曾由理事会临时决定监察委员会规则呈奉国府行政院照准备案。兹拟成立临时监察委员会遵照该规则第一、二条之规定,处分无关文化历史文物品,订于是月七日(星期日)上午十时,在本院开会讨论一切。届时敬希拨冗莅临为荷。此致李理事长石曾、李理事玄伯、俞理事星枢、江理事叔海、沈副馆长兼士、马副馆长叔平、吴秘书景洲、袁副馆长守和、沈先生尹默、程先生松生、刘先生半农、徐先生旭生。
>
> 故宫博物院启
>
> 二十年六月四日
>
> 〔马思猛编著《马衡年谱长编》,北京:故宫出版社,2020年,页384〕

按:"程先生松生"似指程干云(1891—1968),浙江宁海人,时应任北平大学工学院院长。

六月六日

晚八时,平馆委员会召开会议,傅斯年、周诒春、刘半农、任鸿隽、陈垣、先生出席。会议讨论议案如下:

(一)审核下年度(1931-1932)预算。图书馆提出下年度经常费预算十万九千八百九十四元二角,设备费预算(购书费除外)二万八千六百八十元,两项共计十三万八千五百七十四元二角。议决:下年度经常费和设备费预算定为十四万元,所增加之一千四百廿五元八角应归入杂费项下;预算内之出版费应另行提出以便与收入款项对照。

(二)下年度购书费,议决:暂定中文书十万元,西文书美金三万五千元,其中中文书部分至少以五万元为特种购置费。

(三)新馆落成典礼程序略加删改。

(四)审定馆长推荐之职员,编纂委员刘节、王庸,馆员陈贯吾、张秀民、徐俊。

(五)补助谢国桢留日期间每月津贴六十元,责其购买日文书籍,为期二年,期满后仍回本馆服务。

(六)阅览时间,夏季(六七八月)上午八时至下午九时,春秋冬上午九时至下午十时;办公时间,夏季上午八时至十二时,下午三时至五时,冬季上午九时至十二时,下午一时半至五时;阅览组组员应按阅览时间轮流值日;馆员经馆长同意,一年内可休假两星期。

(七)馆务报告。

十时二十分散会。〔《北京图书馆馆史资料汇编(1909-1949)》,页334〕

按:刘节,字子植,浙江永嘉人,清华大学国学研究院毕业,后曾任平馆金石部主任,钱稻孙女婿。王庸,字以中,江苏无锡人,清华大学国学研究院毕业,后曾任平馆舆图部主任。陈贯吾,原名陈毅,字贯吾,一字观悟,以字行,江苏江阴人,1917年北京大学预科第一部毕业[①],1934年至1937年主持江苏省立镇江图书馆[②],后又赴平馆驻沪办事处任职,曾主持编订《饮冰室藏书目录》。张秀民,字涤瞻,浙江嵊县人,后在中文编目组任职。徐俊,字仲长,北平人,后在总务部任职。

六月九日

先生致信斯文·赫定,告知兄长袁复礼、斯坦因、平馆等方面的近况。

June 9, 1931

Stockholm,

Sweden.

Dear Dr. Hedin:

I am glad to learn from your letter of May 8 that you have been successful in arousing interest regarding the explorations in Sinkiang. With your vivid personality and the results that you were able to present, there could have been no other outcome. You have done so much for the scientific renown of Sweden, and it is good to see that your nation has done well by you.

---

① 《国立北京大学毕业学生一览》,1930年,页126。

② 《江苏教育概览(民国二十三年度)》,1935年,页226。

My brother is now on his way home, but there is little other news that I can give you. I suppose he attended to the packing of the specimens, etc., before he left Tihwa. I will ask him to write you as soon as he gets back in August.

According to the latest information, Sir Aurel Stein had been asked by Governor Chin to leave Sinkiang, and has probably left already. Contrary to his promise to the Central Government, Stein asked Gov. Chin to allow him to make excavation, which the Governor very properly refused and followed up with the request to leave.

The new building of the National Library will be formally opened on June 25, as you know already from the invitation sent to you last month. It is too bad that we cannot have you here with us on this occasion. All your Chinese friends here hope that we shall soon have the pleasure of welcoming you back in Peiping.

With best wishes.

Yours sincerely,

T. L. Yuan

〔韩琦教授提供〕

按:Tihwa 即乌鲁木齐,Governor Chin 应指金树仁(1879—1941),字德庵,甘肃永靖人,时任新疆省主席。此件为打字稿,落款处为先生签名。

六月十一日

晚,先生在德国饭店东院设宴,客有钱玄同等人。〔杨天石主编《钱玄同日记(整理本)》,北京:北京大学出版社,2014 年,页 806〕

按:时钱玄同为平馆题写碑文。

李书华覆函先生,告其因公无法返平,教育部已派蒋梦麟出席平馆新舍落成典礼。

守和先生左右:

顷读惠函,就谗贵馆定于本月二十五日举行落成典礼,毋任忭贺。承属返平参加一节,弟因公不能离京,已由部派梦麟先生就近前往矣。时序渐暑,诸希珍摄,余不一一。顺颂台祺。

弟李书华敬启

六月十一日

〔《华北日报》,1931 年 6 月 18 日,第 6 版〕

按:李书华(1890—1979),字润章,河北昌黎县人,生物物理学家,1912 年赴法留学,时任教育部次长。

六月十二日

傅斯年致函先生,请协助史语所罗常培到故宫博物院图书馆看书。

守和吾兄惠鉴:

顷闻清宫图书馆藏有袁子让《字学元元》一部,敝所同事罗常培君拟偕同书记唐虞前往阅览并摘抄。倘荷惠允介绍,即希通知典守专员,并发给入门凭证,无任感谢。如何之处,敬祈见复是盼。顺颂近祉。

弟斯年

六月十二日

〔台北"中央研究院"历史语言研究所傅斯年图书馆,"史语所档案",元 295-5〕

按:暂依《傅斯年遗札》将此函系于 1931 年。

六月十五日

先生致电蔡元培,询问其北上行期。〔《华北日报》,1931 年 6 月 18 日,第 6 版〕

先生致信伯希和,告知平馆收到其寄赠的《通报》抽印本。

June 15, 1931

The Library has received from you

9 reprints from *T'oung Pao*

Paul Pelliot : *Une Ville Musulmane Dans la Chine du Nord Sous les Mongols*

" : *Neuf Notes sur des Questions D'Asie Centrale*

" : *L'Edition Collective des Oeuvres de Wang Kouo-Wei*

" : *Les Bronzes de la Collection Eumorfopoulos Publies par M. W. P. Yetts* (I et II)

" : *Sur la Legende D' Utuz-Khan en Ecriture Ouigoure*

" : *Quelques Reflexions sur l'Art Siberien et l'Art Chinois A Propos* de Bronzes de la Collection David-Weill:

" : *Quelques Textes Chinois Concernant L'Indochine Hindouisee*

" : *Le Premier Voyage de "L'Amphitrite" en Chine*.

a valued addition to its collections for which I have the honor to return grateful acknowledgments.

Very respectfully,

Your obedient servant,

T. L. Yuan

Acting Director

To Prof. Paul Pelliot,

38 Rue de Varenne,

Paris, VII, France.

〔韩琦《袁同礼致伯希和书信》,《国际汉学研究通讯》第 26 期,2023 年 7 月,页 118-119〕

六月十六日

蔡元培覆电先生,告北上行期待定。

国立北平图书馆袁守和兄鉴:

删电悉,行期定后即闻。

元培,铣。

〔《华北日报》,1931 年 6 月 18 日,第 6 版〕

六月中旬

某记者来访,先生谈去岁购入样式雷经过,述其价值和意义,并表示平馆将开辟舆图室、模型室陈列。〔《大公报》(天津),1931 年 6 月 22 日,第 5 版〕

六月二十一日

先生到平馆新舍视察。〔《华北日报》,1931 年 6 月 23 日,第 6 版〕

按:新舍定于 7 月 1 日正式开馆,此时各屋油漆尚未干透,工友正在摆放书刊。

六月二十二日

下午,某记者来先生家采访,先生介绍平馆诸多方面,涉及建筑用费、经费概况、职员待遇、藏书价值、购书计划、合组前两馆不足、阅览时间、中外赠书、全国图书馆界近况等方面。〔《华北日报》,1931 年 6 月 23 日,第 2 版〕

按:因平馆新舍即将举行开馆典礼,建筑费共用 130 万元,故颇受瞩目。

六月二十四日

上午十一时五十分，蔡元培、钱昌照乘平浦路列车抵达北平，李石曾、吴铁城、胡若愚、蒋梦麟、先生等数百人前往车站迎接。〔《华北日报》，1931 年 6 月 25 日，第 2 版〕

按：此次蔡元培北上，除出席平馆新馆落成典礼，还将出席 26 日至 27 日中基会年会，其下榻之处为北海静心斋史语所。钱昌照时任教育部次长，奉命调查清华大学学潮。吴铁城（1888—1953），原籍广东香山，生于江西九江，时任国民政府委员会委员。

下午三时，北平设计委员会假中南海居仁堂举行成立典礼，胡若愚、朱启钤、王克敏、娄学熙、周作民、汪申、蔡元培、蒋梦麟、先生、庄蕴宽、李石曾、江瀚等三十一人到场，另有张继、易培基、吴南轩、傅增湘、陈垣等十一人未到。首由胡若愚致开会词，次由委员代表李石曾致答词。蔡元培对该会组织略有询问。四时十分，在居仁堂前摄影留念。〔《南京晚报》，1931 年 6 月 28 日，第 3 版〕

按：吴南轩（1893—1980），原名吴冕，以字行，江苏仪征人，心理学家，因学潮刚卸任清华大学校长。

晚七时，先生在平馆新址设宴为蔡元培洗尘，李石曾、胡若愚、朱启钤、胡适、蒋梦麟等作陪。〔《华北日报》，1931 年 6 月 24 日，第 6 版〕

六月二十五日

是日，国立北平图书馆举行新馆开幕仪式。馆长蔡元培、教育部代表蒋梦麟、中华教育文化基金董事会代表任鸿隽、市党部代表董霖、市长胡若愚等人先后致词，又李石曾、顾临、陈衡哲等人作为来宾演说，后先生答词，以中英文各讲一次。大意如下：

今日本馆举行落成典礼，承蒙诸君惠然来临，谨先代表本馆同人深致谢意，一切招待欠周，并请原谅！查本馆之落成，实各界联合努力之结果，故非常高兴。本馆藏书价值数百万元，以往均藏置普通建筑之房中，时有遭遇火险等恐慌。去年复出资六十余万元购置多卷图书，本馆负担益重，偶一不慎，损失不资。现图书等均已移置新馆之安全屋中，同人责任顿觉减轻若许，惟希望此后阅览人等能尽量利用为幸。本馆落成，教部及文化基金会为力实深，工程师设计师及监工人等，均极努力，不得不特致谢意，而平市府及工务局亦均极力帮忙。更须致谢者为朱桂莘先生,因本馆一切彩画,其图案均经过先生之审定者。此外尤应特别感谢梁任公家族,以任公所藏全部图书七万余卷,及任公信札等均存于本馆。而协和医学院亦有专门杂志捐赠,各外国图书馆贺电纷来,统此致谢云。

十时半全体摄影,礼毕,来宾至各处参观。〔《中华图书馆协会会报》第6卷第6期,页4-6〕

按:董霖(1907—1998),字为公,浙江萧山人,复旦大学毕业,时任国民党北平市党务整理委员兼书记长。

六月二十六日

傅增湘致函蔡元培、先生,赠平馆书四种。

孑民、守和先生阁下:

昨日新馆落成,获观盛典,私衷抃颂,莫可名言。兹检奉《正统道藏》本书籍四种送呈,聊表祝贺之忱。伏惟哂纳是幸。专此,敬候台祺。

傅增湘拜启

六月二十六日

〔《北京图书馆馆史资料汇编(1909-1949)》,页357〕

六月三十日

中午,钱玄同、黎锦熙、刘半农、魏建功、汪怡、白涤洲、孙楷第等十一人在前门廊坊头条撷英番菜馆设宴,蔡元培、李石曾、胡适、任鸿隽、翁文灏、蒋梦麟、周诒春、先生、徐森玉、赵万里受邀与席。〔《钱玄同日记(整理本)》,页809〕

按:《钱玄同日记》中受邀者中有一位记作"赵",应指赵元任。先生时任中国大辞典编纂处董事会董事。①

《中华图书馆协会会报》刊登先生文章,题为《国立北平图书馆之使命》。〔《中华图书馆协会会报》第6卷6期,页3-4〕

六月

先生撰写《国立北平图书馆概况》。〔《图书馆学季刊》第5卷第2期,1931年6月,页300-315〕

按:该文分九部分,依次为沿革、组织、建筑、经费、藏书、赠书(附寄存书籍)、目录、编纂及出版、阅览,较为详尽地介绍了平馆

① 《中国大辞典编纂处一览》,1931年,页55。

情况。

七月二日

下午五时许，蔡元培乘平浦路快车离平返京，李石曾、吴铁城、王树翰、张学铭、曾广勷、周大文、蒋梦麟、胡适、董霖、陈石泉、周作民、先生等三百余人前往车站送行。某记者藉此采访，先生谓中国科学社拟于本年八月在沈阳举行年会，届时蔡元培如有暇必会前往参加。〔《华北日报》，1931年7月3日，第3版〕

按：王树翰（1882—1955），字维宙，辽宁沈阳人，国民政府委员会文官长；张学铭（1908—1983），字西卿，辽宁海城人，时任天津市市长兼公安局长；曾广勷（1884—?），字洽一，奉天铁岭人；周大文（1895—1971），字华章，江苏无锡人，时任北平市长；陈石泉，江苏人，金陵大学毕业，时任国民党北平市党务整理委员会常委①。

七月三日

先生致信芒太尔，请其协助联系斯文·赫定获取两整套瑞典文学术期刊。

July 3, 1931

Dr. A. Montell,

Peiping.

Dear Dr. Montell:

Referring the two Swedish Journals, "*Geografiska Annaler*" and "*Ymer*", which Dr. Hedin kindly suggested to secure for the National Library of Peiping, I have looked up our files of periodicals and found we have none of them. We are very grateful to Dr. Hedin for his interest in this Library, and shall be very much obliged to you if you will kindly write him asking him to procure them for us and assuring him of our appreciation of his assistance in our behalf.

Besides current numbers, we are also desirous of securing the back files, because complete sets of these two important journals will be of much greater service to Chinese research students of geography and anthropology.

---

①《中央日报》，1931年5月1日，第2张第3版。

Please convey my best regards to Dr. Hedin and accept the same yourself.

Very sincerely yours,

T. L. Yuan

〔韩琦教授提供〕

按:*Geografiska Annaler* 直译《地理学年鉴》、*Ymer* 则为瑞典人类学和地理学研究院出版的学术期刊。今国家图书馆保存有相当数量的此两种学术期刊。

七月十二日

北平家庭会假法国使馆沙叶参赞宅举行茶会,行营秘书沈晞、先生、丁肇青等百余人到场。〔《华北日报》,1931 年 7 月 13 日,第 7 版〕

七月中旬

先生致信王献唐。〔《王献唐年谱长编》,页 192〕

按:该信于 18 日送达。

七月二十一日 济南

先生赴山东省立图书馆,时该馆"秦汉砖瓦展览会""善本图书展览会"开幕,观众甚多,王献唐无暇接待。〔《王献唐年谱长编》,页 194〕

七月下旬

先生赴青岛等地考察图书馆情况。〔《华北日报》,1931 年 8 月 3 日,第 6 版〕

八月四日

加斯基尔致函先生,告知将寄赠康乃尔大学《永乐大典》的影照本并请代购数种辞典。

August 4, 1931

Dear Mr. Yuan,

Heartiest congratulations on the successful completion and opening of the new library, and best wishes for your work in it in the future. I appreciated very much the invitation to the formal opening and I am very sorry I could not be there. Friends have sent me clippings about it from both the*Leader* and one of the Chinese newspapers, which I have read with great interest. I only hope I can be there to work a while before too long.

We have at last got one of our volumes of the *Yung Lo ta tien* photostated and I am sending the photostat copy to you with this letter. It is packed in two rolls, both of which I trust will reach you promptly and in good condition. Whenever you can send us a copy of one of your volumes in exchange, we shall be glad to have it.

I wonder if you know about the volume of the *Yung Lo ta tien* of which I learned in March, which is not in your list of extant volumes. It is in the possession (or was in March) of Mrs. John Inglis, in Denver, Colorado, who wrote to ask how much we would offer for it. It is Ch. 8091-8093. We offered Mrs. Inglis two hundred dollars for it, which seems a fair price, but I have heard nothing further from her. I hope some library gets the volume, so it will be carefully preserved and made available for scholars' use.

Has Dr. T. F. Tsiang's source book for the history of Chinese foreign relations been published yet? I should be very glad to have a copy if it has. And is *Chung Kuo Jen ming ta tz'u tien* available yet? We should like, too, a copy of *Chung kuo ti ming ta tz'u tien* and all the volumes that have been published of □□□□□□□□. If you can send us any of all of these, we shall appreciate it very much.

I do not know just when we shall feel able to have more of the volumes of the *Yung Lo ta tien* photostated. It is rather expensive and a drain on our limited funds, but we very much want to let you have them as soon as we can.

With greetings and best wishes,

Cordially yours

〔Cornell University Library, Wason Collection Records, 1918-1988, Box 1, Folder Koo, T. K. Letters〕

按:one of our volumes of the *Yung Lo ta tien* 即该馆所藏《永乐大典》士字册(卷 13453)。此件为底稿,斜体部分应为加斯基尔铅笔所写,最后一处无法辨识,特此说明。

八月五日

先生致信斯文·赫定,告自己未获知兄长袁复礼的近况,并谈斯坦因被驱除、居延汉简已开始着手研究等事。

Aug. 5th 1931

Dear Dr. Hedin:

I have just returned from a trip to Tsingtao and find your letter of July 6 waiting for me. My brother must be somewhere on the outskirt of the desert on his way home, but strange to say that I have heard nothing from him so far. He has been very fortunate in having the opportunity to work under you, and you have further done him great honor by your generous praise of his work in all your writings. I have just seen a review of your recent book "*Rätsel der Gobi*" in the *Times Literary Supplement*, in which the reviewer repeats what you said about Philip's work. You cannot know how grateful we are for your kind words.

We know very little here about Sir Aurel Stein except from Governor Chin's vague telegrams. It appears Stein travelled in Sinkiang many months, but if the Governor can be trusted, no excavations were done. He maintained that Stein asked to be permitted to do archeological investigations, but that this was refused him and that Stein left the territory without any antiquities with him.

A lot of preliminary sorting and photography have to be done in the bamboo MSS. before any study can be undertaken. We are truly too glad to be of any service possible. I think you have heard from Prof. Liu that the China Foundation has granted the Chinese Committee some money to carry on its research on the material, though much less than what was asked for.

I have secured for you one photograph of a Chinese court lady decorating her head with pearl pendants after the morning toilet. I am sending it to Dr. Montell, as also a booklet about our new building. I hope to secure some more photographs for you soon. About publication for our library, will you kindly mention our special interest in the natural and exact sciences? We are greatly indebted to you for your constant interest in the National Library and cannot thank you enough in writing.

With best wishes.

Yours sincerely,

T. L. Yuan

〔国立北平图书馆英文信纸。韩琦教授提供〕

按：*Rätsel der Gobi* 一般译作《戈壁沙漠之谜》，1931 年德国莱比锡初版。bamboo MSS 即居延汉简。此件为打字稿，落款处为先生签名。

八月七日

先生致信加斯基尔，告知《张文襄公全集》即将出版，推荐康乃尔大学购入。

Aug. 7, 1931

Dear Miss Gaskill:

I learned that a very important book, the *COMPLETE WORKS OF CHANG CHIH-TUNG*, may be had. The late Viceroy Chang is well-known for his many reforms and the important part he played during the Boxer trouble, besides being known as a Chinese scholar. Hitherto, only parts of his works have been available, but the present edition is definitive. It is in 120 volumes, printed from wood blocks, in the standard quarto size.

I must explain that the books are not yet on the market here. I understand a small edition was published in Harbin and immediately exhausted, but the blocks are here now. Owing to the importance of the work for the study of modern Chinese history, I have asked the owner to print five copies for us, one of which being for the Cornell University. The book will be ready soon. The price will be $100 silver, which includes 20 cloth-board cases. I will send the book to you as soon as possible. The cost including postage will work out at less than G $30, which is possible only because of the exchange rate.

Yours sincerely,

T. L. Yuan

Acting Director

I have sent for you a copy each of the

(1) *中国人名大辞典*

（2）*中国地名大辞典*

（3）……published by Commercial Press

〔国立北平图书馆英文信纸。Cornell University Library, Wason Collection Records, 1918-1988, Box 1, Folder Koo, T. K. Letters〕

按：COMPLETE WORKS OF CHANG CHIH-TUNG 即《张文襄公全集》，Viceroy Chang 即张之洞。此件为打字稿，落款及补语皆为先生亲笔。

八月十一日

北平市政设计委员会致函朱庆澜、蔡元培、易培基、江瀚、庄蕴宽、沈尹默、陈垣、吴鼎昌、先生等人，请自选担任何组委员。大意如下：

径启者，本会于八月一日开第一次常务会议，前经函达查照，计是日到会委员共二十四人，议决案件四起，并议决，审查委员分为建设、文化、庶政三组，由各委员自行认定担任一组或二组在案。查是日台端未经到会列席，相应照抄议事录，并开列各组委员名单各一份，送请查照，并希认定担任某组事项，迅予见复为荷。此致。

〔《华北日报》，1931 年 8 月 12 日，第 6 版〕

按：朱庆澜（1874—1941），字子桥，原籍绍兴，生于山东济南，近代政治家，时应任国民政府监察院委员。吴鼎昌（1884—1950），字达诠，成都华阳人，民国初期金融界人士、企业家，后历任南京国民政府实业部部长、贵州省政府主席等职。先生应选择担任文化组委员。

八月十七日

罗隆基致函先生，询问《现代图书》书稿撰写进展。

同礼先生：

前托适之先生特上一函，特请先生编撰现代图书一书，不知已尘记室否？但久未蒙赐复，殊念。先生研究图书馆学，最有心得，故编撰该书非先生莫属，万望先生慨予俯允，于最近期内编就寄来，无任感盼！专此，顺候著安！

罗隆基

八月十七

〔上海新月书店用笺。国家图书馆档案，档案编号 1945-※057-综合 5-014001〕

按:《现代文化丛书》由胡适、罗隆基、徐志摩、潘光旦、丁西林编辑,其“社会研究”书系有一册题为《现代图书》,本拟由先生撰写。① 该函右侧有先生笔记“一俟得暇当即寄呈”。

八月二十一日

下午五时,中华农学会第十四届年会会员齐赴平馆,先生设茶话会招待,七时许毕。〔《申报》,1931 年 8 月 27 日,第 11 版〕

按:此次年会于 8 月 20 日上午 9 时在北平大学法学院开幕,到会嘉宾有张学良、吴涤愆、李石曾(潘恩垣代)、朱庆润(商云汀代)、周维廉(事业部)、周大文(北平市长)、沈尹默(北平大学校长)、白经天(法学院院长)等人。

先生致信斯文·赫定,感谢其为平馆谋取瑞典学术期刊,并告平馆馆藏文献特色,另表示《甘珠尔》《丹珠尔》两种藏文《大藏经》很难买到,中法科学考察团出发,居延汉简正在初步整理等情况。

Aug. 21, 1931

Dear Dr. Hedin:

I have just received your kind letter of August 3. I am really much obliged by what you say regarding the little assistance that I have sometimes been able to render to your associates here. It is but no more than my duty toward my honored guests. I only regret that I am unable to be of greater service.

Thank you very much for your efforts to supply us with two well-known geographical journals of Sweden. I quite realize the difficulty in securing the back-numbers, so please use your discretion whether the matter should be mentioned. The National Library is always glad to receive publications of learned societies, particularly in the physical, natural and historical sciences. I sent you a little pamphlet about our library when I last wrote you, which I hope you have received. It gives a little history and some description of the new building. I am now sending you some additional photographs. As to our collections, our Chinese

① 《申报》,1931 年 9 月 9 日,第 1 版。

books and MSS. The Imperial Library of Emperor Ch'ien Lung, in 36,300 MS. volumes bound in silk, and over 8000 MSS. from Tun Huang are among the notable collections. Of foreign books, we have about 50,000 volumes, but these include nearly 200 complete sets of foreign learned journals, and many important reference books. We have two important libraries deposited with us, namely, that of Liang Ch'i-Ch'ao and the Möllendorff Library (mainly foreign books on philology). We are now preparing a pamphlet in English giving more complete information, which will later be distributed among the learned institutions of the world.

Regarding your desire to secure two copies of the *Kanjur* and the *Tanjur* for the Lama temples in Stockholm and Chicago, I am afraid you may meet some disappointment. Complete copies are now very rare, our own copy of the *Tanjur* being a little imperfect. The copy of *Kanjur* deposited with us by the Commercial Press was purchased by it with great difficulty.

The Citroën expedition appears to have been wound up at Tihua. We get very little news from Sinkiang, but as the French have been sending out wireless reports to Paris, you may know more about the matter. We have not heard anything about the party travelling from the West, but it is certain that the expedition will not be allowed by our government to travel overland to Burma, after all that the French have done.

Professors Ma Heng and Liu Fu have already started their preliminary work on the MS. on wood. The library has set aside a large room for their use. The cleaning and copying of the texts will take a long time, after which there will be the photography to do.

I still have not heard anything from my brother. From what you say, he ought to be back soon. The war in North China was promptly suppressed, and there is every likelihood of peace in this part of the country. But unprecedented floods are doing great damage in Central China. My country is really most unfortunate, for where we don't have man-made calamities, we have natural ones. The government is floating a loan of \$10,000,000, for emergency relief, and we hope the plans will be carried out efficiently.

With every good wish and hoping to welcome you back in Peiping soon.

Yours sincerely,

T. L. Yuan

〔国立北平图书馆英文信纸。韩琦教授提供〕

按:Citroën expedition 即中法科学考察团(Sino-French Scientific Expedition),也称 The Yellow Expedition,由雪铁龙公司、美国国家地理资助,但并未取得相当的学术成就,因中方团员被殴导致考察草草结束。此件为打字稿,落款处为先生签名。

八月三十一日

先生致信斯文·赫定,告本日寄出乾隆宝座的新照片。

Aug. 31, 1931

Dear Dr. Hedin:

I sent to Dr. Montell early in August some photographs from the Palace Museum which you desired to have for reprinting in your book. I trust they have arrived in good condition.

I am sending you to-day an additional photograph of the Imperial throne of Emperor Chien-Lung and you may discard the older one sent through Dr. Montell.

With cordial regards,

Sincerely yours,

T. L. Yuan

〔国立北平图书馆英文信纸。韩琦教授提供〕

按:此件为打字稿,落款处为先生签名。

八月

The China Journal 刊登先生文章,题为“The National Library of Peiping”。

〔*The China Journal*, vol. 15, no. 2, 1931, pp. 111-114〕

按:该文介绍平馆的源流、合组、新馆舍、阅览室分布、现代化设施、使命,失收于《袁同礼文集》。

九月一日

先生致信徐家汇光启社,请该社寄赠刊物或告知订购价格。

Sept 1, 1931

Bureau Sinologiques de Zi-Ka-Wei

Catholic Mission,

Zi Ka Wei

Shanghai

Dear Sirs:

Our attention has recently been called to the *RENSEIGNEMENTS* published by you. It has been suggested that both our foreign and Chinese readers will find it to be of interest. Permit me therefore to inquire whether it will be possible for you to place the National Library on your mailing list to receive a complimentary copy of the *RENSEIGNEMENTS*. I assure you that your courtesy will be greatly appreciated.

In case you should find it impossible to accede to our request. Please send us a sample copy together with information about cost of subscription etc.

Thanking you, I am,

Yours truly,

T. L. Yuan

Acting Director

〔国立北平图书馆英文信纸。孔夫子旧书网(https://book.kongfz.com/10911/5002470348/)〕

按:*RENSEIGNEMENTS* 所指,待考。此件为打字稿,落款处为先生签名。

九月二日

先生致信蒲特南,感谢其寄来平馆新馆开幕的贺词,并回赠开幕仪式册页。

Sept. 2, 1931

Dr. Herbert Putnam:

On behalf of the Board of Managers of the National Library of Peiping, I beg to thank you most sincerely for sending us your greetings on the occasion of our Formal Opening, which the Board keenly appreciates.

I have sent you a leaflet prepared for the occasion, which please accept with our compliments. A copy of our annual report for the past year will be sent to you upon its publication in October.

With renewed thanks,

Sincerely yours,

T. L. Yuan

Acting Director

〔国立北平图书馆英文信纸。Librarian of Congress, Putnam Archives, Special File, China: National Library 1930-1939〕

按:此件为打字稿,落款处为先生签名,9 月 28 日送达国会图书馆秘书办公室。

九月四日

顾颉刚致函先生。〔《顾颉刚日记》卷 2,页 59〕

九月十一日

先生致信葛斯德华文藏书库负责人,感谢其祝贺平馆新馆落成并告知即将回赠平馆馆务年度报告。

Sept. 11, 1931

Dr. Robert de Resillac-Roese, Curator,

Gest Chinese Research Library,

McGill University,

Montreal,

Canada.

Dear Sir:

On behalf of the Board of Managers of the National Library of Peiping, I beg to thank you most sincerely for sending us your greetings on the occasion of our Formal Opening which the Board keenly appreciates.

We shall soon publish a "*Sketch*" of our Library, and a copy will be sent to you together with our *Annual Report* for 1930-31.

With renewed thanks.

Sincerely yours,

T. L. Yuan

Acting Director

〔国立北平图书馆英文信纸。Princeton University, Mudd Manuscript Library, AC123, Box 410, Folder National Library of Peiping〕

按:因本年 6 月 4 日,葛斯德华文藏书库致信平馆委员会祝贺新馆落成。此件为打字稿,落款处为先生签名。

九月十八日

先生致信加斯基尔,表示已经收到其寄赠的《永乐大典》影照本,并告知 Inglis 夫人向平馆捐赠一册《永乐大典》用以庆祝新馆落成,此外就购买图书的进展略作介绍。

Sept. 18, 1931

Dear Gaskill,

Thank you very much for your kind words about our formal opening. We had an awkward situation on June 25, for we had more than twice the number of guests we had expected. Although the number created many difficulties for us, making it impossible to give them the necessary attention, yet we felt gratified that so many persons took an interest in the library.

The photostat of the *YUNG LO TA TIEN* has just been received-C13453. It is splendid, and I appreciate the cost you had to bear. I shall be glad to send you a volume on exchange, but I do not know whether you prefer MSS. Facsimiles or photostat. Our machine is a small one, and if we take the *TA TIEN* in original size, there will not be any upper and lower margin. Moreover, the photostat would be negative only. Please let me know which kind you want, and also the particular volume that you may prefer to receive.

After consultation with those interested in photostats of *YUNG LO TA TIEN*, it has been suggested that if the Cornell Library has a small machine taking $11\frac{1}{2}$" wide pictures, a reduced size like the sample enclosed will do. This will reduce the cost very materially and would be equally serviceable for our purpose.

About the volume of *YUNG LO TA TIEN* you mentioned, I hope to receive it as a gift in a short time. At first, we hoped to secure a photostat copy only, but with the valued help of a missionary lady here, Mrs. Inglis finally decided to present it to the National Library. From what she wrote, the volume appears to have been saved from the Han Lin Academy by her husband during the Boxer uprising.

I have bought for you two dictionaries of Chinese geography, one published by the National Academy of Peiping, the other by the Commercial Press. They supplement each other. The biographical dictionary is not yet available, while no complete set of the *CHANG KU TS'UNG P'IEN* can be had. No. 3 is out of print. Do you want an incomplete set?

Prof. Tsiang's source book for the history of Chinese foreign relations will be revised and published by the Commercial Press, and I shall see to it that you get a copy when published.

I hope to send you *the WORKS of Chang Chih-Tung* in a few days. If you don't want it for Cornell, please pass it on to the Chinese Library of Harvard. Mr. Alfred Chiu saw the book when he left for America and asked me to let him have it, but as I had reserved it for you, I had to refuse him.

With best wishes,

Yours sincerely,

T. L. Yuan

Acting Director

〔Cornell University Library, Wason Collection Records, 1918－1988, Box 1, Folder Koo, T. K. Letters〕

按：Inglis 夫人捐赠给平馆《永乐大典》为卷 8091－8093 城字册。信中两种地名大辞典分别为，刘钧仁著《中国地名大辞典》，1930 年 8 月北平研究院出版，定价大洋十五元整；臧励龢等编《中国古今地名大辞典》，1931 年 5 月商务印书馆初版。Prof. Tsiang 即蒋廷黻，信中所言的著作即《近代中国外交史资料辑要》（上卷），

1931年11月商务印书馆初版。

九月中下旬

先生向北平市筹办战地急赈及慰劳前敌将士事务处捐款十元,并代向平馆馆员等募集捐款。〔《华北日报》,1931年9月21日,第9版〕

九月二十一日

平馆建筑委员会召开会议。〔《国立北平图书馆馆刊》第5卷第5号,页132〕

下午五时,平津学术团体对日联合会第一次常务委员会会议假北平大学校长办公处召开。蒋梦麟(北京大学)、沈尹默(北平大学)、徐旭生(北平师范大学)、先生(平馆)、李麟玉(北平研究院)、叶企孙(清华大学)、吴雷川(燕京大学)、余同甲(中国学院)等人出席。蒋梦麟为会议主席,陈中原、褚保权为记录。北京大学、北平大学、清华大学、燕京大学等各自提交报告,其中北京大学报告中,推定担任宣传事宜的起稿人员,分别为胡适、白经天、李麟玉、傅斯年、丁文江、周炳琳、徐旭生、先生。该会讨论并通过六项议案。〔《北京大学史料》第2卷第3册,页2780〕

按:该组织于20日在北平大学成立,先生未出席成立大会,由傅斯年(中央研究院)代。白经天(1889—1948),原名白鹏飞,字经天,后以字行,广西桂林人,早年赴日留学,获东京帝国大学法学士,归国后历任广东省立工业专门学校教务主任、国立北京法政大学总务长、中俄大学教务长等,后曾任广西大学校长。

九月二十五日

先生致信斯文·赫定,谈九一八事变,并告兄长袁复礼、汉简整理的近况。

Sept. 25, 1931

Dear Dr. Hedin:

Many thanks for your kind letter of August 25, and your gift of a copy of your book, which will be most welcome to the library. I expect to receive it from Brockhaus soon, though the situation in Manchuria may cause the delay.

The Japanese this time certainly went too far, even farther than their own Foreign Office approved. The situation is full of danger, and I do not see what would be the end of the complications that are daily arising. The unprovoked attack was entirely unexpected, and the government is following a careful policy. Even though Japan has a very good propaganda machine in the West, the facts are such that I believe the world will not be fooled.

I have seen Osborn's article in *Science*. He must have felt very bitter to write in such a way as he did. It is for the Commission to reply, but I cannot help observing that his mention of your expedition, Stein, and Haardt is unfortunate. We are grateful for the statement you have caused to be printed. As for Stein, he assured Nanking he was not going to excavate, but the first thing he did in Sinkiang was to ask permission to do archaeological work, and consequently he was asked to leave. The Citröen expedition, you know, has very little scholarly objective, for even Pierre Teilhard de Chardin was invited by China to go on the Expedition, as for Dr. Andrews, he has only himself to blame. He repeatedly ridiculed the Chinese and arrogated to himself the sole right to explore Mongolia. Dr. Andrews was said to be a very amiable person, and it must be that he had a special set of manners reserved for Chinese, for his attitude toward the Chinese was so over-bearing that no one wanted to have anything to do with him. Of course, Dr. Osborn knows nothing about this side of Dr. Andrews, and lays the whole blame on China, that we want to stop all scientific work by foreigners in our country, etc.

We have finally heard from my brother, he changed his plans a little, and will come back by camel, arriving Peking in December. The fossils were entrusted to a foreigner for dispatch to Pao Tou. The Committee is sending a man to meet the consignment.

Prof. Fu Liu, I understand, has written to you and Dr. Karlgren, so you will have known that the China Foundation made a grant to the Committee. He and Prof. Ma come to the Library three times a week to work on Dr. Bergman's wood strips.

I am sending you two more set of pictures of the Library. I hope you will find the photographs of the exterior usable, but those of the interior are not as clear as I wish. Still, a few of them may be good enough for your purpose.

With best regards.

Yours sincerely,

T. L. Yuan

Acting Director

〔韩琦教授提供〕

按:Bergman 即 Folke Bergman(1902-1946),瑞典考古学家,曾参加西北科学考查团,主持发掘居延汉简、小河墓地。此件为打字稿,落款处为先生签名。

B. A. Claytor 致函先生,告其已将先生所需的期刊、年报送交史密斯森协会寄送平馆,但有数种无法获取,或可由平馆直接联系出版商。

September 25, 1931

Dear Mr. Yuan:

Your recent communications have been received. During the absence of Mr. Hummel, who is now in Europe, I have the honor of thanking you for bringing available works of importance to the attention of the Library of Congress.

I am sorry that the Library of Congress did not secure seven of the items on your list. Two of them are already in L. C. so it is, as you have observed, better for the interests of the seller to let them go, en bloc, to Harvard.

In complying with your request, I have secured from the *American Council of Learned Societies Bulletins* No. 10-11, as well as *Bulletin* No. 1, "Progress of Chinese Studies in the United States of America." These with the *Annual Reports of the Librarian of Congress* have been sent under separate cover. I quote a portion of Mr. Blanchard's memorandum concerning the latter:

"The volumes of our Annual Reports requested by Mr. Yuan---were sent by international exchange on September 21, 1931. There is of course no charge for these volumes as we are happy to be of any service to Mr. Yuan. Since the volumes are going by international exchange, it will take several weeks for them to reach Peiping. ……"

I thought that I would see you in America this past summer. Word came to me that you were coming. I shall look forward to renewing our acquaintance in the near future.

Trusting that you are enjoying the best of health, I am

Yours very truly,

Acting-in Charge

Division of Chinese Literature

〔Library of Congress Archives, Arthur W. Hummel Sr. correspondence series, MSS86324〕

按：*American Council of Learned Societies Bulletins* No. 10-11 其中有关于美国中国学的数篇文章，如 Mortimer Graves"The Promotion of Chinese Studies"、Berthold Laufer "Suggestion for the Foundation of a Chinese Research Institute in Washington"和"Proceedings of the First Conference on the Promotion of Chinese Studies"，此应为先生意欲了解的美国学术动态，故请寄送。该件为录副，无落款。

九月二十七日

上午十时，故宫博物院图书馆在寿安宫阅览室举行第九次专门委员会会议，江瀚、朱师辙、卢弼、赵万里、先生、余嘉锡、张允亮、俞同奎、李宗侗出席，江瀚为会议主席。先生报告事项：

（一）现影印《天禄琳琅丛书》内原有《孟子注疏》一种，其书与《周礼疏》虽同为黄唐刻本，但审查书籍内容似无多大价值，拟换印宋本《尔雅》、元本赵注《孟子》及《宣和画谱》三种；后拟以《宣和画谱》印入小丛书内暂不列入。议决，改印《尔雅》、赵注《孟子》、《毛钞算经》。

（二）院内处分物品略有余款，拟提出二万元作印书费，如各库内见有可印之书请各委员挑出以备选印，并请大家分任工作到各书库将书找好再作提要。议决，先编印丛书目录然后印书。

此外，先生表示商务印书馆借印本院《明史本纪》系按版权分利，尚无不可。约十二时散会。〔故宫博物院档案〕

九月

《文华图书科季刊》(韦棣华女士纪念号)刊登先生为韦棣华女士撰写的挽联"馆阁集琳琅卅载辛勤堪不朽,声名溢中外一朝风烛倍伤神。"〔《文华图书科季刊》第3卷第3期,1931年9月,页376;《文华图书科季刊》第3卷第4期,1931年12月,页579-581〕

按:除撰写挽联外,先生本人为韦氏中国美术博物馆捐款30元,并在北平、河北省募集公私捐款1000余元。

十月八日

晚,徐志摩、先生、温源宁在平馆设宴款待法国人Laloy和Elie Faure,并邀Reclus、小叶夫妇、梁思成、玉海、温源宁夫人、孙大雨、周铭洗、蒯叔平、陈篆、梅兰芳、程砚秋等人作陪。〔《徐志摩全集:戏剧·书信集》,上海:上海书店,1994年,"书信集"页123〕

按:Reclus即Jacques Reclus(1894-1984),中文名邵可侣,1928年来华,长期在中法大学执教,从事翻译中国古典文献,如《浮生六记》。除邵可侣外,另有一法人记作Monastière,笔者认为其拼写似有误,或为Alphonse Monestier。孙大雨(1905—1997),原名孙铭传,字守拙,生于上海,"新月派"诗人、翻译家。周铭洗(1904—1996),女,其父为清末诗人周大烈,1928年毕业于北京师范大学,后赴美留学,时应在北京大学任教。蒯叔平,女,曾任上海培成女校校长,后任北京大学教授。另,徐志摩与先生关系应颇为融洽,可参见徐志摩致蒋复璁的数封信函。①

十月九日

下午一时半,平馆委员会召开第二次会议,傅斯年、任鸿隽、孙洪芬、刘半农、马衡、周诒春、先生出席,推任鸿隽为临时主席。讨论议案如下:

(一)关于旧养蜂夹道迤西空地,议决自图书馆发电厂及暖室院之南墙以南之地均借给中基会。

(二)关于购书委员会之组织,议决分中、西文两组,每组设书记一人,中文组委员推定陈垣、胡适、顾颉刚、陈寅恪、傅斯年、徐森玉、赵万里(兼书记);西文组委员推定丁文江、胡先骕、陈寅恪、傅斯年、孙洪芬、王守

① 《徐志摩全集:戏剧·书信集》,"书信集"页153-154。

竞、顾子刚（兼书记）。

(三)建筑委员会周诒春报告建筑委员会不日结束，惟自迁移新馆以来各种设备之增加及零细工程之改善，前请之款尚不敷用，拟请中基会追加五万七千元，议决通过。

(四)傅斯年提议、刘半农附议，文津新馆舍为中国重要建设事业，馆委员会应对建筑委员会数年来工作表示感谢，议决通过。

(五)周诒春、傅斯年两委员任满，议决连任三年。

(六)本年度馆委员会职员，推定周诒春为委员长，刘半农为副委员长，先生为书记，孙洪芬仍为会计，任期一年。

三时散会。〔《北京图书馆馆史资料汇编(1909-1949)》，页334-335〕

十月十一日

中午十二时十分，国联教育考察团一行五人抵达北平，李蒸（教育部社会教育司司长）、徐旭生（师大校长）、萧瑜（天然博物院院长）、先生以及北平研究院全体职员数十人前往车站迎接。下午三时，该团及李蒸等乘汽车先赴景山，后至故宫博物院，该院在御花园绛雪轩预备茶点，由李宗侗、先生、徐旭生等人招待，太平洋国际学会各国在平代表亦受邀作陪。〔《华北日报》，1931年10月12日，第6版〕

按：该团成员有柏林大学教授伯克尔、波兰教育部长华尔斯基、法兰西学院教授蓝格文、伦敦大学教授唐奈。

十月十二日

国联教育考察团赴平馆参观，先生负责接待。〔《国民日报》（上海），1931年10月13日，第4版〕

十月十三日

程砚秋致函先生，赠书及册页数种与平馆。

守和先生大鉴：

昨荷光临，畅聆教益，至为佩慰。拙编各剧说明书均载《霜杰集》中，兹检呈一部，又附上各剧小册，统乞惠存。至英文说明书只有两种，容检出续奉。耑肃，敬颂道绥。

程砚秋敬启

十月十三

〔国家图书馆档案，档案编号1945-※057-综合5-019001〕

按:《霜杰集》,金兆棪辑,1926年商务印书馆代印初版。《国立北平图书馆馆务报告》(民国二十年七月至二十一年六月)“赠书人名录”记有程艳秋赠《霜杰集》。

十月十五日

恒慕义致函先生,告国会图书馆将订购《张文襄公全集》,前请影照该馆所藏《永乐大典》一事会尽快做出明确答复。

October 15, 1931

Dear Mr. Yuan:

My absence in Europe made it impossible for me to reply earlier to your letter of August 11 and 25. Mr. Claytor has already answered most of the queries which you sent, and has forwarded to you the annual reports both of the Library of Congress and of the committee for the Promotion of Chinese Studies.

I am sorry we were unable to obtain the nine rare Chinese works which you at first had in mind for us. However, we are glad for the complete works of Chang Chih-tung which you indicate that you are sending and which I am now recommending that we purchase.

You may rest assured that there is never any difficulty about the purchase of such rare works as you ordinarily recommend. If the sums are not too large, it is unlikely that the Librarian will refuse to purchase such items as you may recommend, since he has absolutely confidence in your judgment and in your sincerity and goodwill.

I am now taking up again the question of reproducing for your Library the volumes of the *YUNG LO TA TIEN* which are here preserved, and I hope that we can come to a definite decision in this matter. This matter has been in my mind for a long time and I am anxious to see it brought to a successful conclusion as early as possible.

Many thanks for your kindness, I remain,

Sincerely yours,

Arthur W. Hummel,

Chief, Division of Chinese Literature

〔Library of Congress Archives, Arthur W. Hummel Sr. correspondence series, MSS86324〕

按:该件为录副。

十月中旬

郑寿麟访先生,商洽筹设德国研究会事宜,愿将其所藏有关图书交予平馆庋藏以供阅览。

十月二十日

郑寿麟致函先生,愿将德国图书数百种、各方面所捐赠之新书捐赠平馆,以利开展德国研究。

敬启者:

我中国自明清以降,与欧美诸国关系日深且繁,无论思想、教育、工商各界在在受其影响,但欲明晓种种外来影响之有益或害,欲洞悉外国对我之举措,我国对外之应付,则对于外国一切情形,非具确当之认识不可。窃考东西洋各国早设专门学院以研究中国为务,故中国有所设施皆难逃外人之耳目。回观我国近年虽有南洋研究社、日本研究社、俄罗斯研究社等先后继起,然对于欧美列强尚多阙如。寿麟昔驻德七载,亦曾历游法兰西、瑞士、俄罗斯等国,目睹欧洲各国收罗中国图书、古物以及每年研究出版品之丰富,实足惊异感叹。归国以后,于教授之余辄致力考究,筹思关于德国方面创设一德国研究会,将来倘略有成绩,便可充国人建立各外国研究会之参考。曾与前任德国驻华公使 Dr. H. v. Borch 卜尔熙博士、驻重庆领事 Dr. H. Iraul 陶汉斯博士、驻汉口副领事 Dr. C. H. Voskamp 等商议,皆表示热诚赞助,德国学术机关且已有书籍捐助,于是胆气稍壮,毅然辞去成都大学教授职务,迁徙北平。盖以故都始终为我国文化重心,对于学术贡献最是适宜之地也。惟值此我国内忧外患之秋,中德两方经济俱极危急之际,欲筹足基金独办一德国研究所,明知困难万分,计虑再四,终未敢向此途进行。又知国内现有图书馆其各方面堪称美备者,厥惟贵馆。今方草创之德国研究会,冀其发展于将来,贵馆定能有力扶助。故愿举寿麟个人私有德国图书数百种,以及各方面所捐赠之新书悉归贵馆支配,非敢谓步梁任公先生遗族之后尘,惟各量力以附骥尾而助文化事业已耳。德国研究会原非寿麟个人之私产,亦非个人所能成功。今后惟望贵馆视该会为我中国之一学术机关,视为贵馆之一枝叶,尽力培植扶导,使不衰堕而臻昌完善,则非特提倡者之幸,抑亦中德多数人士之所同庆者欤。上述大意曾与贵馆长面商,幸蒙惠允赞助,今特缮就此函,藉作根据而示郑重,尚祈察核赐覆为祷。此上

国立北平图书馆馆长袁

郑寿麟

二十年十月二十日

按:落款处钤"郑寿麟章"印。先生接到此函后,平馆曾覆一函,内容如下,

径启者:接奉一号公函,内开创设德国研究会,拟即附设于敝馆内,希尽力扶助等因,并将原有德文图书一百叁十五本附送来馆,热心文化,至堪钦佩。重以尊嘱自当尽力赞助,用期昌盛。除将原书编目庋藏藉备研究外,相应函复,即希察照。此致

郑寿麟先生

〔《北京图书馆馆史资料汇编(1909-1949)》,页358-363〕

十月二十二日

蒲特南覆函先生,告国会图书馆尚未收到平馆的新舍开幕宣传册页、年度报告。

October 22, 1931

Dear Dr. Yuan:

We have held our acknowledgment of your letter of September 2 to await the arrival of the leaflet prepared on the occasion of the formal opening of your National Library which you stated that you were sending. Up to the present time it has not reached us.

When it is received, I shall be interested to examine it, also the copy of your Annual report which you expect to forward to us when it is ready for distribution.

With appreciation of your interest,

Very sincerely yours,

Librarian

〔Librarian of Congress, Putnam Archives, Special File, China: National Library 1930-1939〕

按:此件为录副。

十月二十四日

国会图书馆覆函先生,此前先生致 Charles Martel 的信件已经收到,所提及的分类法各部尚在编印之中,暂时无法寄送平馆。

October 24, 1931

Dear Sir:

Mr. Charles Martel, who is no longer Chief of our Catalogue Division, but now our Consultant in Catalogue, Classification, and Bibliography, has recently referred to this Office your letter of September 15, addressed to him.

Regarding the Classification schedules mentioned by you, the Assistant in Charge of our Publications advises that class PB-PH is now in press, but it will not be printed by the end of the year, as you supposed. The schedules for Classes CN, K, and PQ and PT are not completed and we are unable to say when any of them will be available. However, are noting the name of your Library on our mailing list to receive copies of these schemes whenever they are issued.

Regretting our inability to be of more direct service at this time.

Very truly yours,

Acting Secretary

〔Librarian of Congress, Putnam Archives, Special File, China: National Library 1930-1939〕

按: PB-PH 指凯尔特语、意大利语、德语、北欧日耳曼语、英语、斯拉夫语、乌拉尔语、巴斯克语、阿尔巴尼亚语等语言。CN, K, and PQ and PT 分别为碑刻和金石、法律,法语、意大利语、西班牙语和葡萄牙语文学,德语文学。此件为录副。

十月二十六日

先生致信斯文・赫定,表示愿意协调各方,如约使西北科学考查团所获的新石器时代古物能够部分运往瑞典以利研究。

October 26, 1931

Dear Dr. Hedin:

I have just received your letter of the 8th. As Dr. Montell is leaving this afternoon, I will write you a hurried note.

As you say, Sweden has borne by far the largest part of the expenses, and if you have nothing to show at home, it will be very embarrassing for you. I am not in a position to guarantee that you will be given all of Dr. Bergman's Neolithic finds, but at least I can assure you that every bit of influence that I have will be used on your behalf. Perhaps it will be impossible to give Sweden all the finds, but I am sure that some arrangements can be made that will satisfy both your desire and the government's regulations. The only requirement is some dialectical skill, for which we Chinese are not inferior! So far, the best of relations exists, and so I am rather sanguine.

As to the study of the finds, I understand that some Chinese has to be associated with our Swedish colleagues, and the reports published in China. Whether the association be only nominal or someone will actually be detailed, I do not know. This however is a point that can be easily adjusted.

Thank you very much for the publicity you have given us. I am sure with your distinguished name to back up the appeal for publications, it will be productive of much results. The National Library is greatly indebted to foreign institutions for valuable gifts, among which the Swedish Academy of Sciences is prominent. I hope that the utilization of these publications in the National Library will help advance the sciences.

With best regards.

Yours sincerely,

T. L. Yuan

I am asking Dr. Montell to bring 10 copies of our booklet for your use.

〔韩琦教授提供〕

按:此件为打字稿,落款和补语皆为先生亲笔。

十月二十八日

平馆建筑委员会召开会议。〔《国立北平图书馆馆刊》第5卷第5号,页132〕

按:因新馆舍已建成并投入使用,此次会议似为结束该会事宜。

十月三十一日

下午五时,万国美术社主办的周廷旭油画赈灾展览会行将闭幕,特举行抽签仪式,于凤至、黄惠兰、王锡炽夫妇、福开森、周诒春、先生等二百余人到场。〔《华北日报》,1931 年 11 月 1 日,第 6 版〕

十一月五日

先生致信 Robert P. Blake,告知已收到哈佛学院图书馆的汇款,并愿意竭尽所能协助该馆。

Nov. 5, 1931

Dr. Robert P. Blake, Director

Harvard College Library,

Cambridge, Mass.,

Dear Dr. Blake:

I have received your remittance of $ 1,012.70 in full payment of the rare Chinese books bought by Mr. Chiu when he was here. Official receipt is enclosed.

It is a pleasure to me to be of any service to the cause of Chinese Studies in your country. We in China watch with the greatest interest the recent movement under the auspices of the American Council of Learned Societies. If there is anything that I can do for your library, I shall only be too glad to be of service.

Yours Sincerely,

T. L. Yuan

Acting Director

〔国立北平图书馆英文信纸。Harvard-Yenching Library Archives〕

按:Robert P. Blake(1886-1950),美国著名的拜占庭学专家,对中世纪格鲁吉亚文稿有精深的研究,1928 年至 1937 年任哈佛大学图书馆馆长。此件为打字稿,落款处为先生签名。

十一月六日

恒慕义致函先生,告知国会图书馆已收到《张文襄公全集》并已安排付款,对平馆新貌和管理极为赞许。

November 6, 1931

Dear Mr. Yuan:

We have received the 120 volumes of the collected writings of Chang Chih-tung, and the payment for the same is now being arranged by the Disbursing Office. If you come across of any other works of this nature which you think we should have, we shall be glad to have it, or send you a cable if you indicate the type of the work and the cost. I hear on every hand expression of great admiration for the new Library and for your excellent management of it. Congratulations to you! With best wishes, I remain,

Sincerely yours,

Arthur W. Hummel,

Chief of the Division of Chinese Literature

〔Library of Congress Archives, Arthur W. Hummel Sr. correspondence series, MSS86324〕

按:该件为录副。

十一月十四日

朱家骅致函先生,请推荐物色合适人选担任中央大学图书馆馆长。

守和吾兄惠鉴:

径启者,前在平畅谭,至快。敝校图书馆急待整理,俟有经费,更拟扩充。曩承介绍某君充图书馆长,至荷雅意。兹已数月,未知此君已否回国?倘能更有其他学识、经验丰富之人才,仍希即行代为物色,拜恳。耑候惠复,无任翘企。顺颂公祺。

弟朱家骅拜启

十一月十四日

〔国立中央大学校长室用笺。国家图书馆档案,档案编号 1945-※057-综合 5-004002 和 1945-※057-综合 5-004003〕

按:据《朱家骅先生年谱》可知,1930 年 12 月中旬,朱家骅就任国立中央大学校长,1931 年 8 月[1]曾到北平协和医院治鼻病,“某君”,待考。此函为文书代笔,落款处为朱家骅亲笔。

① 胡颂平著《朱家骅先生年谱》,台北:传记文学出版社,1969 年,页 25。另该书就朱家骅辞任中央大学校长时间(十月底)表述并不准确,事实上他引咎辞职是 1931 年 12 月初。

十一月十六日

加斯基尔致函先生，告知康乃尔大学希望获得一册《永乐大典》抄写本、收到各种代购书籍，并汇款以支付垫款。

November 16, 1931

Dear Mr. Yuan,

We shall be glad to have a copy of whatever volume of the *Yung Lo ta tien* you decide upon-you know better than I which are of greatest interest. We prefer to have ms. facsimiles rather than photostats. We feel sure that the reproduction will be as accurate as it would be if it were made photographically, and that the manuscripts will be of great interest as examples of Chinese calligraphy and book making. I was very glad to learn that you were expecting to receive Mrs. Inglis' volume, and I hope you have it by this time. We are glad to know that you will be satisfied with the photostat copies in reduced size and I hope that we can have our other volumes done that way before long.

The set of the works of Chang Chih-tung has come and we are very glad to have it and grateful to you for securing it for us. The geographical dictionaries have not yet come but they probably will soon. I am very sorry not to have the *Chung kuo jen ming ta tzu tien* and complete set of the *Chang ku ts'ung p'ien*. Please send as nearly a complete set of the latter as you can get. I do not know just how our account stands because I have never received a statement as to the rate of exchange you got on the 25 gold, we sent Jan. 17, 1931. According to my account we have to our credit that $ 25 gold and $ 87.75 Mex, and debited against that a total of $271.95 Mex. (including the $133 for the works of Chang Chih-tung). We are sending a check for $ 30 gold which ought to put us out of debt with a little to spare.

I trust your work is not being disturbed by the situation in Manchuria, and that by the time you get this letter that situation will be different. It does seem impossible that the Japanese can get away with such aggression.

Faithfully yours,

〔Cornell University Library, Wason Collection Records, 1918-1988, Box 1, Folder Koo, T. K. Letters〕

按：此件为底稿，右下有手写批注“P. S. added asking for information about Peiping Union Book Store”。

十一月中下旬

徐志摩致电胡适、先生，告知北京大学经费已有解决办法，即将北返。〔《华北日报》，1931年11月21日，第3版〕

按：19日中午，中国航空公司“济南号”在济南附近坠机，徐志摩和机组二人罹难。

十一月十九日

先生致信加斯基尔，询问寄送书籍是否收到，并恳请康乃尔大学继续为平馆印照其所藏《永乐大典》。

Nov. 19, 1931

Dear Miss Gaskill:

Sometime ago I sent you the following three works of reference:

1. *中国人名大辞典*
2. *中国地名大辞典*(*National Academy of Peiping*)
3. *中国地名大辞典*(*Commercial Press*)

Which must have reached you already. Have you received all the volumes of the *Yi Wu Shih Mo*?

We have been hoping to receive from you the photographic reprints of the volumes of the *Yung Lo Ta Tien*. May I request you to see if the rest of the volumes can be photographed sooner.

It was recorded in my census that volumes 13879-80 and 15868-70 were formerly in the possession of Dr. G. E. Morrison. Would it still be possible to find out the circumstances under which these volumes find their way to the late Mr. Wason?

Any personal assistance you can render in this connection will be highly appreciated.

With cordial regards,

Sincerely yours,

T. L. Yuan

Acting Director

〔国立北平图书馆英文信纸。Cornell University Library, Wason Collection Records, 1918-1988, Box 1, Folder Koo, T. K. Letters〕

按:此件为打字稿,信中中文书籍名、出版单位、落款均为先生亲笔。

十一月二十三日

先生、傅斯年电蔡元培,请其照顾吴其昌。〔《世界日报》,1931 年 11 月 27 日,第 7 版〕

按:吴其昌(1904—1944),浙江海宁人,无锡国学专修馆毕业,1925 年考入清华大学,师从王国维,时任清华大学讲师,因九一八事变,全家绝食并赴南京请愿、拜谒中山陵。

十一月二十六日

蔡元培覆电先生、傅斯年。

漾电敬悉。吴其昌沿途受优待,到后已由钱乙藜(昌照)兄等妥为招待,并劝进食。

元培。

〔《世界日报》,1931 年 11 月 27 日,第 7 版〕

十二月九日

顾颉刚致函先生。〔《顾颉刚日记》卷 2,页 588〕

十二月十四日

下午,平馆召开购书委员会会议,陈垣(主席)、胡适、陈寅恪、傅斯年、先生、任鸿隽、赵万里、徐森玉、顾颉刚等人出席,会中讨论平馆购买蒋汝藻藏明人文集事。〔《顾颉刚日记》卷 2,页 590〕

按:蒋汝藻(1877—1954),字孟蘋,浙江湖州南浔人,实业家、藏书家。

十二月下旬

国剧学会举行集会,除该会会员外,李石曾、胡适、先生、于学忠、徐永昌等亦前往参加。〔《华北日报》,1931 年 12 月 31 日,第 6 版〕

按:此时,该会会址为虎坊桥东 45 号。

先生致信徐乃昌，询程仲威《四书改错改》、胡秉虔《河州景忠录》未刻本是否需要代为钞写。〔《徐乃昌日记》，页1369〕

按：此二书存于清史馆内，徐乃昌正筹划《安徽丛书》编印，先生故有此问。

十二月三十日

刘承幹致函先生。〔《求恕斋日记》（稿本）〕

是年冬

朱启钤得营造社员马竹铭消息，有卖家在平兜售《乾隆御制铜版平番图》，索价千金，遂与先生商量，终由平馆购入。〔《中国营造学社汇刊》第3卷第1期，页189〕

按：该图涉及平定回部、金川、安南、苗疆四部，共86幅，原装初印完整无缺，原为乾隆朝大臣阿桂旧藏。

是年

先生赠《邻苏老人年谱》一册与故宫博物院。〔《故宫博物院档案汇编》第1册，页360〕

先生仍担任北平小剧院董事。〔《胡适日记全集》第6册，页579〕

按：1931年7月11日，胡适在日记中贴有《北平小剧院院刊》第4期剪报。该剧院董事会成员有赵元任（主席）、陈衡哲（副主席）、熊佛西（秘书）、周诒春、叶公超、陈治策（财务委员）、许地山、余上沅（常务委员）、胡适、徐彬彬、先生、泰丽琳（董事）。

一九三二年　三十八岁

一月初

傅增湘与先生商量商务印书馆借照平馆藏宋本《文苑英华》，先生慷慨允诺，并认可以全套一部为酬之办法。先生又请傅增湘转告，商务印书馆前属意之宋本《常建诗集》，故宫博物院已经自印，不宜再印。〔《张元济傅增湘论书尺牍》，页279、280〕

按：为影印宋本《文苑英华》，商务印书馆共借照南京图书馆（二十卷）、平馆（一百卷）、周叔弢（一册）。时，平馆之一百卷已由赵万里携至沪上（南中），而赵万里应不知傅增湘与先生商妥的借印协议。

一月三日

徐乃昌覆函先生。〔《徐乃昌日记》，页1369〕

一月六日

顾颉刚赠《古史辨》第三册与先生。〔《顾颉刚日记》卷2，页730〕

一月十日

十一时，北平图书馆协会假平馆举行本年度第一次常会，到会者四十余人。与会人员先聚餐，下午一时正式开会。首由先生报告上年度工作概况，涉及：（一）儿童书目印刷过半约两周后即可出版，（二）图书馆最低限度应备之期刊目录已印就，（三）中小学校图书馆调查工作将完成并将由会报发表，（四）北平图书馆日文期刊联合目录不久即可完成，（五）本会拟重编会员目录请地址变更者通告。最后议决下次常会将在中法大学图书馆举行，并选举委员，先生仍为执行委员之一，三时会议结束。〔《中华图书馆协会会报》第7卷第4期，1932年2月29日，页19-20〕

按：执行委员共计7人，除先生外有冯陈祖怡、罗静轩、施廷镛、汪长炳、田洪都、李文椅。本次会议后，北平图书馆协会在《益世报》《京报》《华北日报》等处刊登"图书馆最低限度应备期刊目录"。

下午，先生在家设茶话会欢迎国际联盟教育委员会沙地，沈尹默、李麟玉等人

作陪。〔《大公报》,1932年1月12日,第5版;《华北日报》,1932年1月12日,第6版〕

按:沙地,1920年左右来华,在使馆服务七个月,其人姓名待考。

一月十七日

顾颉刚致函先生。〔《顾颉刚日记》卷2,页602〕

一月

先生撰《〈永乐大典〉存目》。〔《国立北平图书馆馆刊》第6卷第1号,1932年2月,页93-134〕

按:此前,平馆购入写本《永乐大典目》一本,钤翰林院印,似为乾隆朝馆臣检查《永乐大典》残缺各卷目录之底本。

二月一日

恒慕义致函先生,告其已就严文郁赴国会图书馆服务的请求与蒲特南等人商谈,并表示很有机会达成此项计划。另外,该馆中文馆藏题名影本将寄送平馆,望先生以此为依据提供补充馆藏的意见。

February 1, 1932

Dear Mr. Yuan:

I have your letter of December 8, 1931 and of January 5, this year mentioning the possibility of Mr. Yen's temporary employment in various divisions of the Library. I immediately brought the matter to the attention of the Librarian. I am sure that he and Mr. Ashley both appreciate the sincerity of your request and will do whatever is in their power to bring it to fulfilment, if possible. You will doubtless hear in due course either from the Librarian or from myself what arrangements can be made.

I am continuing to bear in mind the need for photostating our *永乐大典*, and will press recommendations on this matter at the earliest opportunity.

We have practically completed photostating of all our Chinese titles and shall make an effort to send you a copy so that you will know what we now have. This will facilitate greatly future recommendations on your part.

With many thanks for your interest, I remain,

Sincerely yours,

Arthur W. Hummel,

Chief, Division of Chinese Literature

〔Library of Congress Archives, Arthur W. Hummel Sr. correspondence series, MSS86324〕

按:Mr. Ashley 即 Frederick W. Ashley(1863-1942),时应任国会图书馆助理馆长。该件为录副。

二月四日

傅增湘举办祭书会,柯劭忞、夏孙桐、章钰、陈任中、陈垣、徐森玉、沈兆奎、张允亮、先生、赵万里、刘文兴、傅岳棻、许宝蘅赴会,主客十四人,沈羹梅作记,许宝蘅书写。傅增湘所陈列者有抄《永乐大典》玄字韵;《太玄经》,有陈仁子辑注、胡次和集注两种;旧抄《诗话总龟》,上下两编,上编原为莫氏所藏,下编系傅增湘从南方得到;陈垣携示王怀祖《广雅疏证》;另有宋本数种,如《吕氏童蒙训》。〔《许宝蘅日记》,页 1272-1273〕

按:夏孙桐(1857—1941),字闰枝,号闰庵,江苏江阴人,清光绪朝受翰林院编修,民国后入清史馆,编《清史稿》,撰嘉庆、道光朝列传及《循吏传》《艺术传》等;章钰(1865—1937),字式之,号茗簃,江苏苏州人,清末民初藏书家、校勘学家;陈任中(1874—1945),字仲骞,江西赣州人,清末积极参加反清运动,民国后任教育部佥事兼秘书,后升任教育部参事,1925 年转任教育部次长,同年 8 月至 12 月兼任京师图书馆馆长,时应任行政院参议兼全国经济委员会教育教导员;沈兆奎(1885—1955),字无梦,号羹梅,江苏吴江人,近代藏书家;刘文兴,号诗孙,祖籍江苏宝应,近代藏书家刘启瑞之子。

二月五日

先生撰《近三年来发见之〈永乐大典〉》。〔《读书月刊》第 1 卷第 6 期,1932 年 3 月 10 日,页 40-46〕

二月十二日

先生致信斯文·赫定,感谢瑞典学术界再次向平馆寄赠学术期刊。

Feb. 12, 1932

Dr. Sven Hedin:

c/o Swedish Consulate-General,

Chicago, Ill.,

U. S. A.

Dear Dr. Hedin:

I have just received your letter of January 23, in which you informed me of an overwhelming gift from the Swedish Academy of Sciences and the Geographical Society. I hasten to write you a few lines to tell you how we appreciate your good offices. Really, it is most good of you to arrange with the societies on our behalf. I have been hoping for something, but four boxes are more than I ever dreamt of.

I have had a telegram from my brother, and I expect that he will be in Peiping when this reaches you in Chicago. Several weeks ago, he wrote about sending down by camels the boxes of material, he himself returning via Siberia, but he is coming back by the camel road. Please feel easy about him.

This is hurriedly written in the hope of reaching you in Chicago. I and your friends look forward to your return among us with great eagerness.

Yours sincerely,

T. L. Yuan

〔韩琦教授提供〕

按:此件为打字稿,落款处为先生签名。

二月十六日

下午四时,平馆委员会召开第三次会议,周诒春、任鸿隽、孙洪芬、刘半农、傅斯年、陈垣、先生出席,周诒春为会议主席。讨论议案如下:

(一)购书委员会中文组议决收购吴兴蒋氏旧藏明代别集五百余种需款三万五千元,现本年度购书费所余无多,议决由馆委员会商请中基会设法提前拨付。

(二)先生报告哈佛燕京学社补助美金二千五百元专作刊印《宋会要》之用,议决接受并函谢。

(三)先生报告平馆前应哥伦比亚大学请求,曾于 1930 年 8 月派严文郁为交换馆员,将于本年 8 月届满,拟派汪长炳继任,并提议自 8 月起每月由馆补助六十元津贴,为期两年,议决通过。

六时散会。〔《北京图书馆馆史资料汇编(1909-1949)》,页 335-336〕

按:“吴兴蒋氏”应指蒋汝藻(1877—1954)传书堂(密韵楼)藏书。

二月二十五日

刘承幹覆函先生及平馆同仁,感谢平馆寄赠《永乐大典》堂字册抄本一册。

〇〇〇〇〇〇诸公均鉴:

接奉琅函,蒙贶抄本《永乐大典》“堂”字韵壹册,字体精整、装潢古雅。拜读之余,具见诸君子笃志典坟、殷殷以流传古籍为任,沾溉艺林,发扬国粹,莫名怀服。惟屡承嘉惠,愧乏琼瑶之报,惟有中心藏之耳。专复陈谢,敬颂文安。

〇〇〇顿首

二月廿五日即正月二十日

〔上海图书馆藏求恕斋信稿〕

按:此件为底稿。

二月二十六日

中国学界人士向美国哈佛大学校长罗威尔致电申谢,并表明中国维护国家主权的态度,先生为联署人之一。

美国哈佛大学罗威尔校长大鉴:

读先生等向贵国胡佛总统之建议,铭感曷已。谨藉申谢之便,将同人等对于贵国暨各文明国之希望一略陈之。同人之希望无他,即以具体行动,保持世界和平是已。盖目前问题,已非中日两国争执之短长,而为日本所采之行动,是否危及世界之问题。夫日本占据中国领土,轰击中国国军,甚且炸毁中国民居及文化机关,中国方面生命财产之损失,为量极钜。如此而犹谓非战争,则战争一字,果作何解乎?苟任日本以维持权利为藉口,无故与中国开战,则国联盟约、九国公约、开洛格公约俱成废纸矣。同人等不希望世界以助中国之故,与日本开战。自卫之责,中国当有任之,虽在内乱频仍之后,天灾肆虐之余,约条束缚之中,中国亦唯有努力奋斗。今幸举国上下精诚团结,决定任何牺牲,均所不惜。唯中国为签订上述各项神圣条约之一员,故吾人亦极望各国能履行其所应尽之义务,立取有效行动,以维世界和平。时机紧迫,多一日延宕,则多一日危险,犹忆欧洲大战时,设令一九一四年八月格雷爵士将英国态度向德国作更明确之表示,则空前之流血惨祸,或可不致发生。殷鉴不远,言之惕然。

胡适、蒋梦麟、丁文江、翁文灏、

傅斯年、梅贻琦、袁同礼、

陶孟和、陈衡哲、任鸿隽

〔《大公报》(天津),1932 年 2 月 27 日,第 4 版〕

按:一·二八事变在上海爆发,2 月 1 日,东方图书馆被焚毁,中国学术界一致谴责日本军队的暴行。“罗威尔”即 Abbott L. Lowell(1856-1943),美国教育家、法学家,1909 年至 1933 年间担任哈佛大学校长,他曾向胡佛总统建议对日本政府进行经济制裁。该信原件应为英文稿,但在国内报纸所登者仅为中译稿。

三月初

先生请傅增湘代询张元济,此前影印《郡斋读书志》存放何处,是否已毁,如总厂所存被毁,而他所是否余存?〔《张元济傅增湘论书尺牍》,1983 年,页 283〕

按:一·二八事变中,商务印书馆宝山路总厂确实被炸毁。

是年春

费正清(John K. Fairbank)经胡适、陶孟和介绍,结识先生。此时,费正清在北平搜集中文材料撰写博士论文。〔《思忆录》,英文部分 p. 18〕

按:费正清对先生的第一印象为充满活力、热情友好、效率极高。此时,先生命顾子刚在平馆开辟专室,负责协助外国学者使用中文文献。

先生与瞿宣颖、裘善元[①]、梁思成等人帮助朱启钤整理、考订、陈列岐阳王李文忠世家文物。〔《申报》,1932 年 6 月 7 日,第 13 版〕

按:李文忠(1339—1384),字思本,江苏盱眙人,明太祖朱元璋外甥,骁勇善战、屡立战功,洪武十七年卒,追封岐阳王,谥“武靖”。是年 5 月 23 日下午 3 时至 5 时,岐阳世家文物展览会在北平中山公园举行开幕仪式,邀请北平各界名流参观,共展出重要文物五十六种,翌日对公众开放,展览约在 6 月 6 日结束。后,营造学社刊行《岐阳世家文物考述》。

---

① 《申报》原文记为“裘美之”,应属错排,实指裘善元(字子元)。

先生致信大英博物馆东方图书部主任翟林奈，嘱其将《梓人遗制》照原样摄相寄来，并交予中国营造学社。〔《中国营造学社汇刊》第3卷第3期，1932年9月，页179-180〕

按：此事源于《中国营造学社汇刊》创刊号中的启事，因《北平图书馆馆刊》4卷2号（1930年4月）转载为英国学者所知，后访得英人邓罗英（C. H. Brewill-Tayllor）私人收藏《永乐大典》卷18245，收录《梓人遗制》，原书17叶相片34面，先生从中联系，终于影照回国。

先生受洪业之托，对哈佛燕京学社图书馆的建筑设计图和细节给予意见。包括三万两千元的机械安装预算略低，办公室面积略小，印刷和装订区应与主馆区分隔开，整个预算应提至三十万为宜，建筑特色与工程同等重要。此外，先生代表平馆与燕京大学图书馆协商后，由后者向哈佛燕京提交了《关于编印中文书籍卡片目录的备忘录》。〔《裘开明年谱》，页79〕

按：4月1日，洪业提交了《哈佛燕京学社北平办事处图书馆建设备忘录》。

三月十四日

孙念礼致函先生，感谢寄赠平馆馆务年度报告，并表示愿意来华访问。

March 14th, 1932

Dear Dr. Yuan: -

Yesterday's mail brought to the Library *the Annual Report of the National Library of Peiping*, *for the year ending June*, *1931*, English Edition. We thank you for this copy, sent with the compliments of the National Library. We are keeping a file here at the Library on material which we have accumulated concerning the Library, both in Chinese and in English, and any publications which you may in the future send to us will be very much appreciated.

I am looking forward to a visit to your Library as one of the pleasures ahead of me, should I have the rare fortune of another visit to Peking. I yet recall with appreciation the courtesies extended to me by you and your staff during my last visit of 1925-27.

Very sincerely yours,

Nancy Lee Swann

〔Princeton University, Mudd Manuscript Library, AC123, Box 418, Folder National Library-Peiping, 1931-1936〕

按:该件为录副。

三月中旬

北平成立招待国联调查团委员会,先生被推选为委员之一。〔《大公报》(天津),1932年3月18日,第4版〕

按:该会设招待办事处,市长周大文兼任处长,下设接待、文书、庶务、会计四股,函聘委员三十余人。

三月十九日

蒲特南致函先生,告知虽然国会图书馆预算拨款尚未通过,但考虑到询问时间已经很久,欢迎严文郁赴该馆服务。

March 19, 1932

Dear Dr. Yuan:

As long ago as December 8 you will recall you wrote to Dr. Hummel inquiring whether Mr. W. Y. Yen, of your staff, might have an opportunity to work in the Library of Congress "for three or four months from September 1, 1932". The inquiry had of course immediate sympathetic attention from myself as well as from Dr. Hummel. An answer to it was necessarily delayed by our inability to forecast the condition of our funds next autumn. The uncertainty still exists and will exist until the passage of the appropriation bill, which may be delayed for some weeks to come.

In view, however, of the long lapse since your inquiry was addressed to us, I wish not to delay longer an assurance that unless some mishap occurs to our estimates, we shall be glad to arrange for that period of service here for Mr. Yen, provided he can be content with a very moderate compensation at the rate of $1240 per annum.

Very sincerely yours,

Librarian

〔Library of Congress Archives, Arthur W. Hummel Sr. correspondence series, MSS86324〕

按:该件为录副。

三月下旬

傅增湘告先生,商务印书馆所存《郡斋读书志》已毁,“然铅皮印板尚存,重印尚易”。〔《张元济傅增湘论书尺牍》,页 283〕

三月二十八日

福开森致函先生,感谢寄赠 *Manchuria in History* ,但对该书的学术严谨性提出疑问。

3 HSI-CHIAO HUTUNG
PEIPING, CHINA
March 28, 1932

Dear Mr. Yuan,

Many thanks for sending me the brochure by Dr. Li Chi on "*Manchuria in History*". It is very interesting even though at this time it smacks more of politics than of scholarship. One might be led to believe after reading this pamphlet that during the earlier dynasties the central authority of China represented by the emperor had an organized control over such outlying districts as Manchuria but we all know that this was not true. Such control as existed was of the most nebulous type.

With kind regards,

Yours sincerely,
John C. Ferguson

〔台北“中央研究院”傅斯年图书馆,傅档Ⅱ:890〕

按:该书全称为 *Manchuria in History, a summary* ,即《东北史纲》(英文节略),由北平大同书店(Peking Union Bookstore)出版发行,封底则注明“原书作者傅斯年、徐中舒、方壮猷”“节略作者李济”,此英文本要早于中文版本发行。英文节略本共五部分,依次为 Introduction、Proto-historic Phase、The First Chinese Administration (Circa 1134 B. C.-352 A. D.)、The Uprising of the Native Tribes and the Interim Periods(352-1372 A. D.)、Back to the Empire-A Reunion,共计 43 页,另有四页插图、一幅时代表格、三幅东北地区地图(汉武帝、唐代、明朝,皆为蓝红双色印制)。九一八事变

后,傅斯年等人编撰该书的直接目的即驳斥日本"满蒙在历史上非支那领土"的谬论,争取李顿调查团及国际舆论的支持。此件为打字稿,落款处为福开森签名。

四月十日

下午五时,于凤至(张学良夫人)、黄蕙兰(顾维钧夫人)、高月舟(周大文夫人)在外交大楼招待国联调查团,并约北平军政学界要人与会,熊希龄、于学忠、陈箓、丁文江、罗家伦、梅贻琦、先生、江朝宗等三百余人赴会。〔《大公报》(天津),1932 年 4 月 11 日,第 3 版〕

四月十二日

中午,先生设宴款待金问泗,后者因有他约未至。〔《金问泗日记》上册,台北:"中央研究院"近代史研究所,2016 年,页 22〕

按:本月 9 日,金问泗晚抵平,12 日中午赴乐鞠如东兴楼之约。

四月十三日

先生代表北平文化学会团体向李顿国联调查团递交意见书。〔《时事新报》(上海),1932 年 4 月 14 日,第 1 版〕

四月十五日

午后,卞白眉及其夫人李国锦至平馆,先生接待,陪同参观馆藏宋版书及晋唐六朝写经。〔《卞白眉日记》第 2 卷,天津:天津古籍出版社,2008 年,页 181〕

按:李国锦为李鸿章侄孙女。

四月二十一日

午后,金问泗访先生,不值。〔《金问泗日记》上册,页 23〕

恒慕义致函先生,告知严文郁将于九月一日赴国会图书馆服务。

April 21, 1932

Dear Mr. Yuan:

You have doubtless long ago received Dr. Putnam's letter stating that arrangements can be made for Mr. Yen to go through all the divisions of the Library for three months beginning September 1, as you suggest. It is understood also that he is to be renumerated for his services in the various divisions.

Mr. Yen himself tells me that he is planning to accept this appointment, and we shall be glad to see him here next fall. With kind regards, I am,

Very sincerely yours,

Arthur W. Hummel,

Chief, Division of Chinese Literature

〔Library of Congress Archives, Arthur W. Hummel Sr. correspondence series, MSS86324〕

按:该件为录副。

四月二十六日

先生致信 Alma Hedin,请其安排寄出斯文·赫定为平馆募集到的九箱书刊。

April 26, 1932

Miss Alma Hedin,
Norr Malarstrand 66,
Stockholm,
Sweden.

Dear Miss Hedin:

I have just received a letter from Dr. Hedin in which he informed me that there are ready for shipment to us some 9 boxes of books which he had kindly secured for the National Library. As the conditions in Shanghai have returned normal, may I ask you to arrange with the Royal Swedish Academy of Sciences to send us the publications? We are very much obliged to you and Dr. Hedin for all your kind assistance and good offices.

Faithfully yours,

T. L. Yuan

Acting Director

P. S. my brother is in San Tan Miao in Mongolia now and should arrive Peiping early May.

〔韩琦教授提供〕

按:Alma Hedin(1876—1958)为斯文·赫定的妹妹。实际寄出者应为6箱,特此说明。San Tan Miao 应指山丹庙(山得庙),应在内蒙古境内。[①] 5月10日,袁复礼抵达北平。落款和补语皆为先生亲笔。

四五月间

先生与袁敦礼租住在东城大取灯胡同颜惠庆公馆,彭昭贤及其夫人袁勤礼来北平探亲,亦借住在此。先生与之讨论全国时局,颇为悲观,表示"在这里多住几天吧!南京都准备放弃了,北平还能保持多久?吾辈报国有心,请缨无力,只能做到不做敌人的顺民而已。"〔《思忆录》,中文部分页103〕

按:4月7日,国难会议由行政院长汪精卫主持在洛阳召开,4月14日结束,此后彭昭贤及其夫人袁勤礼北上探亲。先生与袁敦礼所住应为大取灯胡同3号,后西门华德曾借住此宅。[②]

五月二日

中午,江翰、先生设宴款待金问泗。〔《金问泗日记》上册,页24〕

五月上旬

先生、白万玉自北平前往绥远,迎接袁复礼归来。〔"袁复礼旧藏中国西北科学考查团摄影集萃·塞北(下)",http://www.silkroads.org.cn/portal.php? mod=view&aid=44032〕

按:抵达绥远时间,似在5月3日至6日之间。白万玉,曾参加西北科学考查团,任采集人。

五月十日

下午四时许,西北科学考查团团长袁复礼及团员宋君等人由平绥路抵平,徐旭生、袁敦礼、周肇祥等十二余人到车站欢迎。〔《大公报》(天津),1932年5月11日,第4版〕

按:1928年5月9日,西北科学考查团出发,同行中外团员约有27人。在新疆考察4年、蒙古考察1年,团员多半已分批返回。袁复礼携42箱采集物归来,宋君者为俄国照像师。先生应随车一同抵平。

五月二十日

袁复礼、先生、Amadeus W. Grabau、金绍基等人赴 Torsten E. Nyström 在北

① 参见国际古迹遗址理事会西安国际保护中心举办的线上展览"袁复礼旧藏中国西北科学考查团摄影集萃·塞北(上)",http://www.silkroads.org.cn/portal.php? mod=view&aid=44033

②《北京图书馆馆史资料汇编(1909-1949)》,页369。

平的寓所做客。〔韩琦教授提供〕

按:Amadeus W. Grabau(1870-1946),美国地质学家、古生物学家,中文名葛利普,长期担任北京大学地质系教授、农商部地质调查所古生物室主任。金绍基(1886—1949),字叔初,浙江湖州人,1902 年赴英国留学入皇家学院,主修电机、兼习化学,1905 年毕业归国,受丁文江、翁文灏、葛利普等人影响从事贝类研究,后曾任北平美术学院副院长、北平博物学协会会长。Torsten E. Nyström(1879-1963),瑞典地质学者、作家,中文名新常富,20 世纪初受李提摩太之邀前往太原担任大学堂教习,与其学生徐森玉合作编译教材《无机化学》。

五月二十四日

下午三时,故宫博物院在御花园举行游园会,院长易培基邀请驻平各使领馆及学界人士参加,朱启钤、李书华、徐旭生、先生、郑颖荪、周大文、董霖、陈石泉、曾广勷、娄学熙等人受邀出席。除赏花外,还观看清代帝后冠服展示,至六时始散。〔《华北日报》,1932 年 5 月 25 日,第 6 版〕

五月二十七日

斯文·赫定覆函先生,告知已寄送六箱书籍至上海,并祝贺袁复礼平安抵达北平、取得卓越的考察成绩。

Stockholm 27, 5, 1932

Dear Doctor Yuan,

As soon as I received your letter of April 26th, I gave orders to have the six book boxes sent to Shanghai. And tomorrow they leave Sweden / Göteborg/ with a ship named "Formosa".

I was so glad to learn that your brother had come so far as to Mongolia and that he was expected to Peiping early May, and I hope he arrived as you expected. He has been away for five years, and I can understand what a pleasure it will be for you as well as for the whole family to meet him. Will you, please, give him my kindest regards congratulating him to his homecoming and to having fulfilled this long and successful journey, the results of which will become an honour to himself and to his country.

Mrs. Lagerberg, whom I saw the other day asked me to remember her to you.

Hoping that the boxes will reach Peiping before long and in good condition.

I am yours sincerely,

S. H.

〔韩琦教授提供〕

按:此件为打字稿,落款签名应为赫定亲笔。

是年夏

先生转任中国营造学社干事会成员,不再担任校理一职,其他干事会成员有朱启钤、周诒春、叶恭绰、孟锡珏、陶湘、陈垣、华南圭、周作民、钱新之、徐新六、裘善元等人。〔《中国营造学社汇刊》第3卷第2期,1932年6月,封底内页〕

按:此种变动因中国营造学社扩大而来,先生与以上诸人为第一届干事会干事。

国际图书馆联盟成立大众图书馆分委员会,委员有米来牟(美国)、J. D. Cowley(英国)、Richard Oehler(德国)、Henri Lemaître(法国)、先生。〔"A. L. A. News." *Bulletin of the American Library Association*, vol. 26, no. 5, 1932, p. 346〕

六月四日

洪业致函先生,告知裘开明虽将平馆目录卡片编印项目仔细评估并持支持态度,但由于哈佛燕京学社来年收入预期萎缩,董事会无法资助。〔《裘开明年谱》,页80、82、86〕

按:裘开明对平馆编印馆藏书籍目录卡片计划颇为赞赏,在细节上有数处建议,譬如建议采用"单元卡"式样、单色印刷、燕大图书馆派员参与、目录卡片信息项更详细等。哈佛燕京学社教育委员会主席George H. Chase曾致信司徒雷登,请其向先生询问该计划的经费预算。①

① 《裘开明年谱》,页82。

六月七日

蒋复璁(柏林)致函先生,谈馆刊西夏文书影问题,并请资助继续在欧、英留学。

守和先生赐鉴:

久疏笺候,至以为罪,惟钧祺迪吉为无量。顷承赐季刊、会报、馆刊,均收到,感谢之至。此次之西夏专号,材料丰富,尤饱眼福。中载柏林民俗博物馆藏写本西夏文残经书影二页,是否即璁前代本馆在柏林图书馆所摄《妙法莲华经》之误。据 Hülle 言此经购自巴黎,即聂斯克文内所谓"用金书于磁青纸上"者,共五册,四册即 M. G. Morisse 之旧藏,费钱一万余马克,惟聂文内称三册或毛氏后来又购得一册,其他一册购自另一人,费三千余马克,尚有三册在另一人手,亦曾在中国任翻译者,索价三万余马克,以过昂未购,现不知在何处,如购齐则此经固非残也。胡适之先生已由 Preußische Akademie der Wissenschaften 通过,举为哲学历史部之通信会员□□□□□□,此项会员为专举外国学者之用,而亦有空额,尤难在哲学史,以人满无空额可补,此次 Prof. Franke 尽力不小,甚可感谢,以普鲁士学士院对东方第一次之创举,中无日人及印度人等,虽不足为适之先生荣,但在德学术界则颇以为荣,且认为中国学术之光荣。福氏在会议通过后即致璁一函,今为译上。适之先生处已去一电,谅已达矣,望为转询。璁在德已将两载,所学所习已大抵完毕,惟为个人学识计,甚期再延长一年或半载,奈不为浙江所许,幸得朱骝先生之助,勉延二月,然经费仅至六月。□□□□奖学金虽可发至明年二月,但月给九十马克,万难维持生活,且闻严君已奉馆命来此任交换馆员,则璁亦无再留在德之必要,亟想至美,但旅费无着,至英则小住为难,言归则茫茫前途不知所之。素承雅爱,敢乞明教,至为盼祷。即请道安。

后学复璁谨启

〔台北胡适纪念馆,档案编号 HS-JDSHSC-1830-002〕

按:"聂斯克文"即《西夏语研究小史》,作者 Никола́й Алекса́ндрович Не́вский(1892-1937),苏联语言学家,专精于东亚语言,当代西夏语研究的奠基者之一,该文原载于 1931 年苏俄研究院会报社会研究分册,后经张玛丽女士译成成英文,并由平馆再转译为中文，刊于《国立北平图书馆馆刊》第 4 卷第 3 号。M. G. Morisse “聂斯克文”中记作“毛利瑟君”，应曾任法国驻清使馆翻译，1904 年出版 *Contribution préliminaire à l'étude de l'écriture et de la langue Si-Hia*（《西夏语言文字研究的初步成果》），总结了他对西夏语译《妙法莲华经》的一些研究成果。蒋复璁并未标明写信日期，但在信封处有 6 月 7 日柏林邮局的收寄章，另 1932 年 6 月 2 日，普鲁士科学院聘胡适为该院哲学史学部通讯会员，故暂将此信定在 6 月 7 日。Preußische Akademie der Wissenschaften 即普鲁士科学院，Prof. Franke 即 Otto Franke，“严君”应为严文郁。

六月九日

下午四时半，平馆委员会召开第四次会议，任鸿隽、周诒春、傅斯年、孙洪芬、陈垣、先生出席，周诒春为会议主席。讨论议案如下：

(一)任鸿隽报告下年度中基会经费困难情况，议决下年度经常费改为十三万元（减少一万元），中文购书费十万元，西文购书费美金三万元（减少美金五千元），由馆委员会向中基会商请可否。

(二)下年度中文购书费分期拨付案，议决建议中基会下年度中文购书费不限定分为四期拨付。

(三)与德国交换馆员案，议决照 Hülle 教授四月六日来函及平馆四月二十三日覆函所拟办法实行。

(四)议决严文郁补助费，每月六十七元五角自本年八月起延长一年。

(五)先生报告中法教育基金会补助国币四千元专作购置法文书之用，俟公函收到后再行函谢。〔《北京图书馆馆史资料汇编(1909-1949)》，页 336-337〕

按：Hülle 即 Hermann Hülle，时应任柏林国家图书馆（Staatsbibliothek zu Berlin）东方部主任。

六月十六日

先生致信 Linn R. Blanchard，感谢其寄赠国会图书馆年度报告并请补赠数册，以便自己所藏该报告完帙。

June 16, 1932

Mr. Linn R. Blanchard, Chief,
Division of Accessions,
Library of Congress,

Washington, D. C.,

U. S. A.

Dear Mr. Blanchard:

I have to extend to you my sincere thanks for sending me the *Report of the Librarian of Congress* for the years 1901, 1907–16, 1920, 1922, &1928–29 for my personal file. The reports have now been received from the International Exchange Service, and I am most grateful to you and the Library of Congress for the kind gift.

Besides the above volumes, my file still lacks the Report for 1897. May I ask if you will kindly arrange to send me a copy as well as the volumes for 1930 and 1931. I am very much desirous of keeping a complete set of the valued reports of the American national library.

With renewed thanks and best wishes,

Very sincerely yours,

T. L. Yuan

P. S. Will you kindly have the enclosed letter and cheque to the Card Division.

〔国立北平图书馆英文信纸。Librarian of Congress, Putnam Archives, Special File, China: National Library 1930–1939〕

按:Linn R. Blanchard(1882–?),美国图书馆专家。此件为打字稿,落款和补语皆为先生亲笔,于7月13日送达国会图书馆采访部。

六月中旬

山东省政府公布山东省图书委员会改聘消息,函聘蔡元培、丁惟汾、蒋梦麟、先生、傅斯年、杨振声、王献唐、袁家晋、于恩波、陈名豫、崔士杰、韩复榘、王芳亭、张钺、张鸿列、张绍堂、王向荣、张苇村、何思源、靳云鹏、邢蓝田、刘次箫、赵新儒、劳之常为新任委员。〔《申报》,1932年6月18日,第7版〕

六月十七日

先生致信钢和泰,收到其寄来的收据,表示除了《佛说本生经》外其他图书平馆均愿意购入,并将授权德华银行付书款。

June 17, 1932

Dear Baron Stael-Holstein:

With reference to the three invoices in photographic reproduction which you sent me yesterday, I write to say that we shall be glad to have all the books except "*The Jataka*" which we have already had in our Library. The postage for Simmel's invoice dated April 15 is to be divided by two, RM 29.40 for "*The Jataka*" and RM 29.40 for the other two publications, and I trust this will be agreeable to you. We are writing to authorize the Deutsch-Asiatische Bank to pay your RM 681.80 for the books.

Yours very truly,

T. L. Yuan

Acting Director

P. S. Will you kindly let the library have these books?

〔国立北平图书馆英文信纸。《美国哈佛大学哈佛燕京图书馆藏钢和泰未刊往来书信集》下册,页 536〕

按:此件为打字稿,落款及补语部分为先生亲笔。

六月三十日

上午十一时许,蔡元培、陈源由平浦路抵达北平,任鸿隽、胡适、蒋梦麟、刘半农、先生等四十余人前往车站迎接。随后乘车前往北海静心斋休息。〔《华北日报》,1932 年 7 月 1 日,第 7 版〕

按:蔡元培因参加中基会年会北上,会期即 7 月 1 日至 2 日。因此前财政部停付美庚款,宋子文允诺垫拨一百万元,但只相当正常金额的三分之一,故分配极为不易。会后,平馆经常费每月一万元,并未缩减,但购书费略有紧缩。

先生赴中央研究院史语所,与傅斯年、蒋梦麟、顾颉刚晤谈。〔《顾颉刚日记》卷 2,页 656〕

按:傅斯年为教育部代表,将列席明日举行之中基会年会。①

七月二日

晚七时,北平教育界人士徐旭生、先生、袁复礼、李四光、李宗侗、沈尹默、沈

① 《华北日报》,1932 年 7 月 1 日,第 7 版。

兼士、马衡、翁文灏、陶孟和、刘半农、钱玄同、顾颉刚、马叙伦、陈垣、黎锦熙、徐森玉、傅斯年、马裕藻、罗常培等四十六人在欧美同学会公宴蔡元培，并请任鸿隽、胡适、周诒春、蒋梦麟、金绍基、陈源等人作陪。〔《顾颉刚日记》卷2，页657；《华北日报》，1932年7月3日，第7版〕

按：蔡元培应于翌日晚乘快车南下。

七月八日

中国教育电影协会假教育部召开成立大会，先生为发起人之一。〔《申报》，1933年9月3日，本埠增刊·五〕

按：该会发起倡议约在本年春提出，共汇集褚民谊、段锡朋、罗家伦、杨铨等五十余人的赞同，先生仅为其中之一。

七月十八日

钢和泰覆函先生，感谢寄来参考书清单，并表示将会继续协助平馆补充馆藏。

Peking July 18th 1932

Dear Dr. Yuan,

Many thanks for sending me the list of reference books, which I have studied with great interest. I highly appreciate the suggestion, that I should call your attention to important books still missing in your collection, and I have already noted down the titles of some desiderata. In a few days I shall personally take those notes to your library.

Believe me yours sincerely

〔《美国哈佛大学哈佛燕京图书馆藏钢和泰未刊往来书信集》下册，页537〕

按：此件为底稿。

七月二十一日

容庚覆函先生，允借《艺风堂金石续目》。〔夏和顺整理《容庚北平日记》，北京：中华书局，2019年，页273〕

八月二日

国会图书馆覆函先生，前信已收转并寄出三册国会图书馆年度报告，至于寄来支票将另函商洽。

August 2, 1932

Dear Sir:

In compliance with your request of June 16 (addressed to Mr. Blanchard, the Chief of the Division of Accessions), we have sent to you copies of the *Reports of the Librarian of Congress* for the years 1897, 1930 and 1931.

As to your check for $147.08, received with your letter, -another communication is being sent under separate cover.

Very truly yours,

Secretary

〔Librarian of Congress, Putnam Archives, Special File, China: National Library 1930-1939〕

按:此件为录副。

八月三日

国会图书馆致函先生,平馆前寄来的支票因 Departmental Bank 倒闭无法兑现,请另汇款用以支付平馆购买国会图书馆印制的目录卡片。

August 3, 1932

Dear Sir:

By direction of the Librarian, I am returning check No. 159, dated June 17, 1932, for $147.08, forwarded to us in payment for printed catalogue cards furnished for the National Library of Peiping, China. It was duly deposited on July 23, with the Treasurer of the United States, who has returned it to us unhonored, -The Departmental Bank, Washington, D. C., "reported closed".

Kindly send remittance to cover this unhonored check at your earliest convenience.

Very truly yours,

Secretary

〔Librarian of Congress, Putnam Archives, Special File, China: National Library 1930-1939〕

按:此件为录副。

八月七日

毕安祺(北戴河)致函先生,期待在暑期后与先生、袁复礼继续讨论中美相关文化机构合作事宜。

7 Lighthouse Point, Peitaiho,

7 August, 1932

Dear Dr. Yuan: -

I have often wondered how you were spending the summer, and whether you had been able to get away from the heat and humidity which characterize Peiping at this time of the year.

I hope your brother has been able to do the work he had in mind in southern Shansi, and that he was able to attend the meeting at Hsi-an, it must be drawing near the time, I imagine, when he is to be back in Peiping. I expect to return there myself around the first of September, and when I do so, I look forward to seeing both you and your brother and resuming those discussions which we had last spring. I am in a position now to speak with some definiteness, on our part, and I feel sure that we can arrange something which will bring important results. Between us, we have the men, the means, and the will, and I am sure that the opportunity will not be lacking, although I confess that the news I receive in regard to conditions in Shansi is not quite as reassuring as it might be. Of that, however, you and your brother will be better judges than I.

Mrs. Bishop joins me in heartiest good wishes to yourself and Mrs Yuan. As ever,

Sincerely yours,

〔Smithsonian Institution Archives. Field Expedition Records, Box 11 Folder 18, Yuan, T. L., 1929-1940〕

按:Shansi 应指山西。此件为底稿。

八月十二日

先生覆信毕安祺,告袁复礼近况并表示自己本年夏季因忙碌无法离平。

August 12, 1932

Dear Dr. Bishop:

Thank you very much for your good letter of August 7th. Owing to illness, my brother was not able to take the trip to Shansi as he had planned. He is now moving his house to the East City which will be very near to your place.

I was not able to get away this summer as it seems much more busier when we work half day.

A small library is being organized at the Lotus Hill, and I hope you and Mrs. Bishop have been there.

I hope Mrs. Bishop has fully recovered now as a result of a quiet rest. Looking forward to seeing you early in September,

Yours Sincerely,

T. L. Yuan

〔国立北平图书馆英文信纸。Smithsonian Institution Archives. Field Expedition Records, Box 11 Folder 18, Yuan, T. L., 1929-1940〕

按:Lotus Hill 应指莲花石公园,位于北戴河附近,现称联峰山。A small library 似指北戴河工艺会筹设的海滨图书馆,平馆曾应该会请求派馆员前往协助筹划。[①] 此件为打字稿,落款处为先生签名。

八月十五日

国会图书馆采访部主任 Linn R. Blanchard 致函先生,愿意为平馆影照该馆所藏三十五册《永乐大典》,并告可能的费用,请据此估计交换影本数量。

August 15, 1932

My dear Mr. Yuan:

In various letters addressed to Dr. Swingle and Mr. Hummel, you have requested that we furnish the National Library of Peiping with photostatic copies of the 35 volumes of the 15th century manuscript encyclopedia, "*Yung Lo Ta Tien*" of which ours are the original and only extant volumes.

You will be interested to learn that arrangements have now been made to photostat these 35 volumes. Because of pressure of other photostat work, it will be some time before the reproductions will be

① 《国立北平图书馆馆刊》第 4 卷第 5 号,页 133。

available. We have estimated that the cost of making these reproductions will be ＄210.00 and they will be sent to you on a priced exchange basis at this valuation. In return, we understand that you are prepared to supply us with facsimiles of the 85 originals in the collection of the National Library. We are very glad that the exchange can be arranged, so that you will eventually have in Peiping either originals or duplicates of all outstanding volumes of this national treasure.

Sincerely,

Linn R. Blanchard,

Chief, Division of Accessions

〔Librarian of Congress, Putnam Archives, Special File, China: National Library 1930-1939〕

按:此件为录副。

八月十六日

先生致信钱桐,代友人王芳荃商购古物陈列所所藏名画照片并告或将制版作新书插图使用。

孟才先生大鉴:

兹有友人王芳荃君专研美术,拟购用贵所名画照片多张,以备著作之需,将来成书即将此项照片制版刊入并注明收藏处所,以表谢意。兹将所需画片另单录呈察阅,即请饬属检交,需款若干当照数奉缴。再,此项照片预备制版,乞赐亮光者一种以便翻印,至单开徐熙以下等七人作品是否收藏、有无印片,并请查明赐示。琐琐奉渎,感荷无极,专此,敬候台祺。

附单一纸。

弟袁同礼启

八月十六日

〔国立北平图书馆用笺。故宫博物院档案〕

按:钱桐(? —1938),字孟材,上海人,1930年9月任北平古物陈列所主任。王芳荃(Wang Fang-chuen,1880—1975),字维周,湖北人,上海圣约翰大学毕业,赴美留学获哥伦比亚大学硕士,曾任清华学校注册部主任,时任交通大学北平铁道管理学院讲师;“著作”应指*Chinese Free-Hand Flower Painting*,1937年北平自印本,此书今译作《中国写意花卉》。该信附单一纸,后又附古物陈列所收藏未经照过(名画)、古物陈列所所无(名画)单一纸。

八月二十日

毕安祺(北戴河)覆函先生,寄上汉砖图案素描,请先生在平馆内请教专家给予其名称及象征意义等信息,并询问万泉西杜村阎子疙瘩发掘出土的钱币是否即五铢钱。

7 Lighthouse Point, Peitaiho,

20 August, 1932

Dear Dr. Yuan: -

Thanks very much for your good letter of the twelfth instant. I was indeed sorry to learn of your brother's illness, but infer that he has quite recovered, since you tell me that he is moving to the East City. I should be glad if you would offer him my sincerest good wishes, and say that I look forward to seeing him in September.

I have been busy this summer going over the results of Mr. Tung's excavations in the Wan Ch'uan region, in S. W. Shansi, at what seems beyond doubt to be a West Han site. I notice repeated several times on the bricks a design that suggests, to me at least, a highly conventionalized tree; I have traced two forms of this design from photographs of the bricks in question, and enclose my sketches herewith.

It has occurred to me that this design cannot have escaped the notice of antiquarians, and I believe that not a little work has been done in the study of ancient bricks and tiles. So, it occurred to me that perhaps you might be able to tell me whether the design I mention is a known one, and if so, what is its Chinese name and significance? I have no doubt that you have, among your staff at the Library, someone who can give me the information I am seeking.

If so, I should like to learn not merely the name of the design but also what is believed to be its significance, and also the name of the work in which it is described, if it is not too much trouble.

Another object found in the course of our excavation was a coin of the kind usually referred to, I believe, as the Wu shu ch'ien (　　　). I am under the impression that this type of coin is confined to the period of Wang Mang, the usurper; if I am right in this, it would raise some presumption regarding the age of the site which Mr. Tung investigated. Perhaps your antiquarians can inform me regarding this point also.

Thanks very much for your kind wishes regarding Mrs. Bishop's health. I am glad to say that although she has had one or two relapses, or perhaps recurrences, she is not progressing favorably. Mrs. Todd, who has been treating her, was in yesterday, and says Mrs. Bishop will be able to travel back to Peiping about the end of the month.

We both join in most cordial regards to yourself and Mrs. Yuan, as well as your delightful children. I remain,

Sincerely yours,

〔Smithsonian Institution Archives. Field Expedition Records, Box 11 Folder 18, Yuan, T. L., 1929-1940〕

按:Mr. Tung 即董光忠,Wan Ch'uan 即山西万泉,今称万荣县。1930 年 10 月 30 日至 11 月 8 日,卫聚贤、董光忠、张蔚然、聂光甫等人以山西公立图书馆的名义,在万泉西杜村阎子疙瘩进行发掘。1929 年 6 月 12 日,卫聚贤曾撰《汉汾阴后土祠遗址的发现(附发掘计画)》。[1] 其后,太原山西公立图书馆、美国华盛顿福利尔艺术陈列馆(即佛利尔艺术馆)合刊《山西万泉县阎子疙瘩即汉汾阴后土祠遗址之发掘》(1932 年 12 月)详细记载了此次发掘经过。此件为底稿,空格处应填写汉字"五铢钱"。

八月二十二日

先生覆信毕安祺(北戴河),就汉砖图案给予初步判断并请其寄送照片以便进一步研究。

August 22, 1932

① 《东方杂志》第 26 卷第 19 号,1929 年 10 月,页 71-81。

Dear Mr. Bishop:

I am glad to have your letter of the twentieth instant. Concerning the two impressions on the bricks, I wonder whether you would be able to send me a set of photographs. They seem to represent the Chinese character Ts'in(晋)but a photograph would help to determine more easily.

Coins known as Wu Shu Ch'ien (五铢钱) are not necessarily confined to those of the period of Wang Mang, as each period has its own type of Wu Shu Ch'ien.

Mrs. Yuan and I are delighted to know that Mrs. Bishop is progressing very favorably.

With warmest regards to Mrs. Bishop and your goodself,

Sincerely yours,

T. L. Yuan

〔国立北平图书馆英文信纸。Smithsonian Institution Archives. Field Expedition Records, Box 11 Folder 18, Yuan, T. L., 1929-1940〕

按:此件为打字稿,落款处为先生签名。

八月二十六日

毕安祺(北戴河)覆函先生,继续请教五铢钱,并谈此物可能与汉武帝赴后土祭祀有关。

Peitaiho, 26 August, 1932

Dear Dr. Yuan: -

Thanks very much for your good letter of the 22nd instant, with the information it gave me. Your suggestion that the design on the Han Bricks is in reality a character is most interesting, and as soon as I return to Peiping I shall procure for you some photographic prints, as you so kindly suggest.

Regarding the Wu Shu Ch'ien, I am wondering if the period when they were first made is known? Some of our field staff believe the site is that of Han Wu-ti's altar to Hou tu, erected in 113 B. C., and as our coin was found there, it might establish at least a presumption.

We are leaving for Peiping in a couple of days, and I hope to see you and your brother very soon.

Ever sincerely yours,

C. W. Bishop

〔Smithsonian Institution Archives. Field Expedition Records, Box 11 Folder 18, Yuan, T. L., 1929-1940〕

按：五铢钱最初铸于汉武帝元狩五年（公元前118年），的确略早于汉武帝祭祀后土。此件为录副。

九月十四日

先生致信斯文·赫定，告知平馆收到六箱赠书并表示感谢。

September 14, 1932

Dr. Sven Hedin:

c/o Swedish Consulate-General,

Chicago, Ill.,

U. S. A.

Dear Dr. Hedin:

I have the pleasure to inform you the safe arrival of six cases of books which you kindly arranged to send to us from Sweden. If words can be used to express our gratitude, I would have employed them as means to this end. However, I wish to assure you that we highly appreciate your courtesy in assisting us to acquire this valuable collection of Swedish literature, and to your dear sister we wish particularly to express our hearty thanks.

The cases have not yet been unpacked. As soon as they are opened and the books arranged, we shall duly send our formal acknowledgements to the various institutions concerned.

I hope that the work on the Temple replica is proceeding very nicely. My brother and I are looking forward to your return to Peiping with much pleasure.

With sincere greetings of the season,

Yours faithfully,

T. L. Yuan

〔韩琦教授提供〕

按:Temple replica 即万法归一殿的原大仿制品。此件为打字稿,落款处为先生签名。

九月十八日

毕安祺致函先生,寄上汉砖照片并请教其中图案是否代表某个汉字。

18 September, 1932

Dear Dr. Yuan: -

In accordance with your suggestion, made to me while I was in Peitaiho, I have procured photographs of the particular Han design regarding which I wrote you, and am enclosing them herewith, indicating the designs I am curious about with an arrow.

Some of the designs on these fragments are unquestionably inscriptions; but I am wondering whether this particular one can represent a character? As far as my experience goes, it regularly appears in pairs, in the one case being inverted.

Knowing how carefully Chinese antiquarians have studied ancient bricks and tiles, it has occurred to me that possibly this particular design may have been assigned some specific name, by which it is commonly known among antiquarians.

In these disturbed and unfortunate times, it is difficult to make any very definite plans about such things as scientific research. But I am wondering if your brother is well enough again to think of anything in the way of field work? I hope that he has quite recovered from his illness of the past summer, and as you wrote me that he was moving somewhere into my part of town, I hope I may see him again soon.

Pray remember Mrs. Bishop and me most cordially to Mrs. Yuan, and believe me, with all good wishes,

Ever sincerely yours,

C. W. Bishop

〔Smithsonian Institution Archives. Field Expedition Records, Box 11 Folder 18, Yuan, T. L., 1929-1940〕

按:该函附照片两张,此件为录副。

九月二十一日

下午一时，平馆委员会召开第五次会议，马衡、傅斯年、孙洪芬、陈垣、任鸿隽、周诒春、刘半农、先生出席。讨论议案如下：

(一)审核平馆上年度经常费及建设费决议，通过并交中基会审核。

(二)美国银行倒闭，损失存款约美金一千五百元，议决平馆拟办法函请驻美使馆向清理人交涉，俟得覆函后再议。

(三)上年度西文购书费内扣除美金五千零七十三元一角一分案，议决作为偿还西文购书费借支建筑费之用，但馆藏西文书刊质量亟待加强，拟请中基会于下年度加拨西文购书费美金五千元，弥补此次因拨还建筑费而造成的损失。

(四)书籍保险案，议决加保二十万元，共五十万元，由太平保险公司及英商丹陞洋行分担。

(五)审核馆员请假规则案，修正后通过。

(六)发电厂增加压水磅案，议决通过并将相关文件送交中基会审核。

(七)陈垣、马衡、任鸿隽委员任满改选，投票后任鸿隽、陈垣、胡适三人当选。

三时半散会。〔《北京图书馆馆史资料汇编(1909-1949)》，页336-337〕

九月二十四日

恒慕义致函先生，感谢汪长炳带来的礼物并欢迎先生访美时以国会图书馆为自己的临时办公场所，另告知该馆新入藏两册《永乐大典》。

September 24, 1932

Dear Mr. Yuan: -

It was exceedingly kind of you to send by Mr. Sanford Wang the silver salt and peppers, which we received the other day. Mrs. Hummel and I appreciate your thoughtfulness very much, and wish to thank you most heartily for the gift.

I have not yet met Mr. Wang, but hope to do so later. Perhaps he can, before his return to China, take advantage of the three months' stay in our Library which Mr. W. Y. Yen had, unfortunately, to forego.

When you yourself are in this country next year I hope you will make the Library of Congress your headquarters. You can here have a room to yourself, and every facility will be given to promote your work.

Mr. Ashley has given us verbal approval that photostating of the *Yung Lo Ta Tien* will proceed as soon as the photostat operators permit. I might say that to your list of extant volumes, published in 1929, should be added the following two volumes which we have added since them.

No. 13589-90

No. 14055-56 (a recent loan from John Gilbert Reid).

We are checking through the list you sent us and will order what we can, although our appropriations are seriously cut and we have orders to proceed very cautiously this year.

Always sincerely yours,

Arthur W. Hummel

〔Library of Congress Archives, Arthur W. Hummel Sr. correspondence series, MSS86324〕

按:时汪长炳已赴哥伦比亚大学服务,接续严文郁作为该校图书馆中文馆藏管理者(Custodian, Chinese Collection)[①],后曾在国会图书馆实习。函中所提两册《永乐大典》依次为誓字册、祭字册。John Gilbert Reid(1857-1927),传教士,中文名李佳白,出生在苏格兰,后入美国籍,1882 年来华传教,在北京创立尚贤堂(The International Institute of China),与晚清、民国政坛人物均有往来。该件为录副。

九月

先生为《故宫所藏观海堂书目》撰写序言。〔《故宫所藏观海堂书目》,1932 年 9 月初版〕

按:落款"民国壬申年仲秋袁同礼序于北平",9 月 1 日恰为农历八月初一。

《图书馆学季刊》刊登先生文章,题为《关于〈图书集成〉之文献》。〔《图书馆学季刊》第 6 卷第 3 期,1932 年 9 月,页 403-406〕

按:该文实录入两封清代奏折,一为"内务府奏清查武英殿修书处

① Columbia University. *Catalogue 1932-1933*. New York, p. 107.

余书请将监造司库等员议处折”，一为“总理衙门奏遵旨石印书籍酌拟办法折”，可助今人明晰《古今图书集成》所印部数。

十月四日

Georges Brouillard 遗孀朱德容女士与平馆订立图书捐赠契约，先生作为签约人具名并钤印。〔《北京图书馆馆史资料汇编（1909-1949）》，页 367-368〕

按：Georges Brouillard（1862-1930），法国人，中文名普意雅，1898 年受清朝政府聘请，来华测绘中国铁路沿线地图，先后任平汉铁路北段、全路总工程师，曾编著*Péking et ses environs*（《北京周边景致丛书》），由那世宝出版。1930 年 9 月，普意雅在北平去世。该捐赠契约的证人为梁惜音、李登瀛。

十月十七日

恒慕义致函先生，就前信所询平馆为国会图书馆补充旧方志类馆藏的方式给予建议，希望每两个月以抄录的方式寄来三或四种方志，并将寄送该馆所藏中文书籍、方志目录的影照本。

October 17, 1932

Dear Mr. Yuan: -

I noticed in a letter addressed some time ago to Mr. Blanchard of the Accessions Division you raise the question as to whether we could not decide on a definite sum to make possible the copying of valuable old gazetteers.

In view of our reduced appropriations, I do not now dare to ask for a special sum for this purpose. But if you can send us three or four such transcribed gazetteers “on approval” at intervals of every two months or so, I feel sure there will be no difficulty about purchase. This will give work to a scribe and will be of great advantage to us.

I shall shortly send you a complete photostat volume of all our independent works from which your assistants can check what we have. I hope also to send you a separate Index gazetteer, as we are very anxious to build up this side of the Library.

Sincerely yours,

Arthur W. Hummel,

Chief, Division of Orientalia

〔Library of Congress Archives, Arthur W. Hummel Sr. correspondence series, MSS86324〕

按:该件为录副。

十月下旬

父亲袁承忠去世,先生赴天津奔丧。〔《北京图书馆馆史资料汇编(1909-1949)》,页337〕

按:10月29日,平馆委员会本拟召开第六次会议,但因人数不够且先生缺席,故改成谈话会。

十月二十七日

竺可桢致函袁复礼、先生,吊唁先生父亲去世。

希渊、守和两先生苫次:

获讣告惊悉老伯大人遽归道山,天不憖遗,曷胜痛悼。祇维老伯德高惠远,流泽孔长,仍希顺变节哀,用承先志。桢以道远未能叩奠,谨具菲仪礼券四圆,聊当刍敬。专此,祇唁孝履。

弟竺可桢

〔《竺可桢全集》第22卷,页500〕

按:此函寄送北平宣武门外南横街20号。

国会图书馆覆函先生,前请寄送的《分类法细目》已部分寄出,但不能额外再提供一整套,平馆须向美国文献管理局购买,此前寄来的穆麟德藏书目录已经收到。

October 27, 1932

Dear Sir:

You letter of September 19, regarding certain of our classification schedules which your Library lacks, is at hand.

According to the records of our Publication Section, we sent your Library in November, 1929, an almost complete set of classification schedules (lacking Class PN which was at that time exhausted). In order to complete this set, we have forwarded to you (under separate cover and free of charge, by regular mail) a copy of Class PN-PR-PS-PZ, -even though you have not requested it. We regret that on account of the limited edition issued of these schedules, we are unable to supply more than one set to any one institution. Additional copies of the schedules may be purchased from the Superintendent of Documents (Government Printing Office, this city), at the prices indicated in the enclosed list (Supplementary list of publications, pp. 4-5)

The scheme for Class L was included in the set of schedules sent to your Library in November, 1929. The schedules for chasses CN, K, and PQ and PT are still incomplete, and we are unable to say when any of them will be available. Class PB-PH is in press, but we do not know when it will be ready for distribution. A copy will be sent to your Library, however, as soon as it is available. Class PJ-PM has not been completed sufficiently to send to the printer.

The Catalogue of the Möllendorff Collection has, we understand, reached the Library of Congress; and the Chief of our Division of Accessions is writing you concerning it.

Very truly yours,

Acting Secretary

〔Librarian of Congress, Putnam Archives, Special File, China: National Library 1930-1939〕

按:PN-PR-PS-PZ 依次指文学总类、英国文学、美国文学、虚构作品和童谣。此件为录副。

十一月十九日

张元济致函先生,告一俟商务印书馆石印恢复即将宋本《郡斋读书志》重印,其售价不计初印损失,以符流通之嘱。

守和先生大鉴:

敬启者,九月一日奉复一函,由敝分馆转呈,想蒙垂察。宋本《郡斋读书志》板片现经理清,计上海、北平两地所存印板、玻片,核之全书幸尚无缺,堪以告慰。此书前经陈明,在沪变前原已印订竣事,正待发售,遽遭国难,综计损失,就纸墨印订各项工料而论,为数不赀。敝馆现正复业,石印部份正在筹设,一俟成立,当即将此书重印,早日出板,以副流通盛意。至售价一节,敝分馆经理孙君伯恒传述贵院流通之意，□谕万勿过昂，谨已聆悉，印成之日当依重印成本斟酌拟定，所有初印损失置不复论，敬祈鉴察，并乞示复是荷。专此布达，敬颂大安。

张元济

21/11/19

〔商务印书馆信稿纸。孔夫子旧书网〕

按：1933 年 4 月，《郡斋读书志》作为“续古逸丛书之三十五”，由商务印书馆初版，每部八册一函，夹贡纸大二开本定价大洋肆拾元、料半纸大三开本定价大洋叁拾元。此件为底稿。

十一月二十二日

平馆委员会改选，票选结果为委员长胡适，副委员长傅斯年，会计任鸿隽，书记先生，并公布组织大纲。〔《益世报》（北平），1932 年 11 月 23 日，第 6 版〕

恒慕义致函先生，告知国会图书馆已寄送数册《永乐大典》影照本，但并未装订成册，此外就所需方志，请先生给予平馆人工手抄的估价。

November 22, 1932

Dear Mr. Yuan: -

We have sent you by post unbound photostats of the following *Yung Lo Ta Tien*: 6831-32, 10934-35, 10949-50.

By the end of this week, we shall have sent, in addition, the following: 10998-99, 11000-11001,11076-77.

We are photostating them full size, rather than reducing them; and we did not bind them, thinking that you would want them bound in China like the originals-which cannot be very well bound that way in this country.

You will notice that we have marked a red line to the right of the characters which represent titles of books and which, as you know, are red in the original. We did this to facilitate future copying by hand if you desired to do that. The red marks should have been to the left, but as my assistants had begun the other way, I let them continue, in order to avoid confusion.

As I wrote you before, we shall welcome manuscript copies of old gazetteers if you can send them "on approval". I am sure there will be no difficulty in getting such approval for two or three each month or so, despite our drastic curtailment in appropriations.

Other photostat *Yung Lo Ta Tien* will follow in regular order until all that we have have been sent to you.

Sincerely yours,

Arthur W. Hummel

Chief, Division of Orientalia

〔Library of Congress Archives, Arthur W. Hummel Sr. correspondence series, MSS86324〕

按:函中所提《永乐大典》六册分别为王字、楚字、抚字、府字、府字、雌字等册。此件为录副。

十二月初

北平市教育会拟举办中小学歌唱比赛,先生、工务局汪申等人捐赠大批奖品。〔《民国日报》(北平),1932年12月9日,第5版〕

十二月四日

平馆召开购书委员会会议,后设午宴,陈垣、陈寅恪、傅斯年、赵万里、徐森玉、先生、顾颉刚等与席。〔《顾颉刚日记》卷2,页716〕

十二月上旬

Laurence Sickman 访问先生,告知北平市面出现大量从龙门盗掘的雕塑,但大多为残品,希望国民政府出面予以禁止。先生表示除非外国商人停止购买,否则盗掘行为难以杜绝。〔袁同礼家人提供〕

按:Laurence Sickman(Laurence Chalfant Stevens Sickman,1906[①]–1988),美国东方艺术史专家,通译作史克门,后任 Nelson-Atkins Museum of Art(纳尔逊-阿特金斯艺术博物馆)馆长。

十二月七日

先生致信史克门,询问出售龙门地区雕塑的古董商信息。

December 7, 1932

Mr. L. C. S. Sickman

Sui An Po Hutung

Peiping

① 一说为1907年。

Dear Mr. Sickman:

Would it be too much trouble to you find out the name of the stores which keep the sculptures from Lung Men? The authorities are taking steps to stop the ruthless destruction at the source and I am particularly grateful to you for having informed me about it.

Yours sincerely,

T. L. Yuan

Acting Director

〔袁同礼家人提供〕

按:Sui An Po Hutung 即遂安伯胡同。收到该信后,史克门向顾临寻求建议,但没有把古董商的信息透露给先生。

中央研究院历史语言研究所致函平馆,拟借《明成祖实录》。

径启者:

昨向贵馆借出《明实录》十本,其中太祖之九本前已影晒,兹特送还。拟向贵馆改借《明成祖实录》九本,以便继续影晒,即希俯允,将该书交来人携下为荷。此致

北平图书馆

外附《太祖实录》九本。

中央研院历史语言研究所启

廿一年十二月七日

〔国立中央研究院历史语言研究所用笺。台北"中央研究院"历史语言研究所傅斯年图书馆,"史语所档案",元 390-19b〕

按:先生在该件上批注"现为安南远东学院钞录,俟钞录毕再送上。袁同礼"。

十二月十三日

商务印书馆(张元济)致函先生(故宫博物院图书馆),谈《郡斋读书志》重印事。

近奉贵院十二月四日复信,援据原定合同第十一条"应否再版,双方协定"之语,称业已将原书定为《天禄琳琅丛书》第二辑之一种,不允敝馆重印,似有误会,且亦与原定合同多所未合。敝馆已另具复函附呈公阅。敬乞转致,并祈鼎力斡旋。

〔张人凤、柳和城编著《张元济年谱长编》下卷,上海:上海交通大学出版社,2011 年,页 913〕

按:该件为张元济所拟,因不满意商务出版科之初稿,是日先致信李拔可,谈公司记室人才不堪用,望今后留心人才,以免误事。此外,嘱托出版科,所有覆故宫博物院、先生函件统由北平分馆孙壮面交,并将原订合同抄寄与孙壮。此件为底稿。

十二月十四日

恒慕义致函先生,告知国会图书馆又寄出《永乐大典》影本八册,此外寄出去年七月一日前国会图书馆藏中文文献目录的影本,但因为各种原因错误甚多,请平馆以此为依据查漏,优先补购方志、丛书等类书籍。

December 14, 1932

Dear Mr. Yuan: -

In my letter of November 22, 1932, I listed six volumes of photostats of *Yung lo ta tien* which we had sent, or were sending, to you. Since then, we have forwarded, each separately by mail, photostats of the following volumes: 11951 - 52, 11953 - 54 - 55, 11956 - 57, 11958 - 59, 11960, 11980-81, 12013-14, 12015-16.

I have likewise sent you two large volumes, being photostats of 13,500 titles of all independent works in the Library of Congress prior to July 1st. of this year. Please accept them with my compliments. In reassembling so many cards there are bound to be errors, omissions and displacements some of which we have already discovered and some you, or your assistants, will discover as you refer to the work. I noted only yesterday omission of the card for the 1926 edition of the 道藏 in 1120 volumes-a really inexcusable error. If you run across others, please let me know.

Due to the heavy cost, we photostated only four copies: one for Professor Pelliot in Europe, one for Dr. Swingle, and one for ourselves. I hope this index will guide you in sending us gazetteers, ts'ung shu, or other rare works on approval. If possible, I shall later send you a separate gazetteer index as being more convenient.

As the *Yung lo ta tien* arrive, please notify me of any that may have got lost in the mails.

Sincerely yours,

Arthur W. Hummel,

Chief, Division of Orientalia

〔Library of Congress Archives, Arthur W. Hummel Sr. correspondence series, MSS86324〕

按:该信中提《永乐大典》八册分别为顶字、顶字、鼎字、鼎字、鼎字、岭字、有字、友字册。该件为录副。

十二月二十四日

上午十时,中华民众教育协进会举行成立大会,易培基等二十余人到场,通过决议数项,其中函聘蔡元培、李石曾、张继、易培基、许世英、熊希龄、任鸿隽、胡适、李蒸、先生、褚民谊、李书华等数十人为董事。〔《大公报》(天津),1932 年 12 月 25 日,第 4 版〕

下午一时,平馆委员会召开第七次会议,陈垣、任鸿隽、胡适、傅斯年、刘半农、先生出席,胡适为会议主席,先生记录。讨论议案如下:

(一)天津李氏延古堂藏书出让案。胡适报告此案曾经购书委员会讨论通过,但因价格不能商妥,故拟加价至六万五千元,但须由馆中派人详细检查各书卷数、册数是否完全,另书款应分三年付清。

(二)编印《宋会要》案。议决:(1)用刘承幹编定本付印,以徐松底本供校勘参考;(2)组织《宋会要》编印委员会,推陈垣、傅增湘、章钰、余嘉锡、叶渭清、徐森玉、赵万里七人为委员,陈垣为委员长,并由馆委员会函聘;(3)关于刊印费及发售预约事由平馆拟详细计划待下次会议讨论。

(三)关于新闻阅览室案。议决由平馆提出建设计划待下次会议讨论。

三时散会。〔《北京图书馆馆史资料汇编(1909-1949)》,页 338〕

按:"李氏延古堂"应指李士铭(1849—1925)及其弟李士鉁(1851—1926)藏书,二人继承先祖藏书,又有增益。先后收有四明卢氏抱经楼、南陵徐氏积学斋、聊城杨氏海源阁的散佚之书,编有《延古堂李氏藏书目》。此次出售应为李士鉁之子李典臣经手,将大部分藏书售予平馆,另有清刻本、碑帖等赠予南开大学木斋图书馆。

先生致加斯基尔两信。其一,询问其愿意平馆以何种方式为康乃尔大学复制一册《永乐大典》,并讨论其有无可能为平馆影照该校余下的三册《永乐大典》。

December 24, 1932

Dear Miss Gaskill:

You may probably be wondering why we have not sent you a copy of our volumes of *Yung Lo Ta Tien* in exchange of the volume which you kindly sent to us (Chung 13453). The reason is that we have been waiting to hear from you whether you would prefer manuscripts facsimiles or photostat, and also what particular volume you would like to receive. As soon as we hear from you, we shall arrange to copy or to photostat the volume that you like to have.

May I ask whether an early arrangement can be made to photostat for us the other three volumes of the Encyclopedia in your Library? The small size suggested in my previous letter would reduce the cost considerably. We shall highly appreciate any personal assistance you will render us in this connection.

With best wishes and hearty greetings of the Season,

Yours truly,

T. L. Yuan

Acting Director

〔国立北平图书馆英文信纸。Cornell University Library, Wason Collection Records, 1918-1988, Box 1, Folder Koo, T. K. Letters〕

按:该信内容与实际情况有出入。1932年10月20日,平馆秘书岳良木(Peter L. M. Yoh)致信加斯基尔,告知平馆即将寄送康乃尔大学图书馆《永乐大典》卷3527“门”字册,此件应以人工钞录方式复制。此件为打字稿,落款处为先生签名。

其二,致谢。

December 24, 1932

ON BEHALF OF THE NATIONAL LIBRARY OF PEIPING

I HAVE THE HONOUR TO

RETURN GRATEFUL ACKOWLEDGMENT FOR THE

GIFT DESCRIBED WITHIN WHICH HAS BEEN

OFFICIALLY RECORDED AND WILL BE
CAREFULLY PRESERVED

T. L. Yuan
Acting Director

Miss G. Gaskill
Wason Chinese Collection
Cornell University Library
Ithaca, N. Y.
U. S. A.

〔国立北平图书馆英文信纸。Cornell University Library, Wason Collection Records, 1918-1988, Box 1, Folder Koo, T. K. Letters〕

按:该致谢函缘于康乃尔大学图书馆赠予平馆 1930-1931 年度、1931-1932 年年度报告。

十二月三十日

下午一时,法国驻华公使韦礼德(Henry A. Wilden)在使馆设宴欢迎伯希和,傅增湘、蒋梦麟、李书华、胡适、沈兼士、马衡、先生、梅贻琦、李蒸、张星烺、李宗侗、黄文弼、陈垣、林徽因、陈衡哲、任鸿隽、傅斯年、翁文灏、李麟玉、洪业、李济、顾颉刚、沈尹默、陈寅恪、罗常培、丁文江、邵可侣、铎尔孟等五十余人受邀与席,宴后众人合照留念。〔《大公报》(天津),1933 年 1 月 3 日,第 4 版;《顾颉刚日记》卷 2,页 725〕

按:Henry Auguste Wilden(1879-1935),1930 年 11 月 15 日递交国书正式出任驻华全权公使,1935 年 9 月在任内去世。铎尔孟(André d'Hormon,1881-1965),字浩然,法国汉学家,1902 年李石曾赴法留学时与其结识,两人成为莫逆之交,后铎尔孟担任北洋政府外交顾问,并在中法大学、北京大学任教。

十二月三十一日

先生致信伯希和,提醒下周二中午在平馆的聚会。

December 31st

Dear Prof. Pelliot:

May I write to remind you of my invitation to luncheon on Thursday, Jan. 5th,at 12:30 in the National Library?

We shall expect you Thursday morning at nine o'clock.

Yours sincerely

T. L. Yuan

〔韩琦《袁同礼致伯希和书信》,页 119〕

十二月

先生撰写《〈永乐大典〉现存卷目表》。〔《国立北平图书馆馆刊》第 7 卷第 1 号,1933 年 2 月,页 103-140〕

按:该篇辑录 349 册《永乐大典》信息,后又于 1933 年 5 月刊印单行本。

是年

先生仍然担任北平图书馆协会执行委员会主席。〔《北平图书馆协会会刊》第 5 期,1933 年 5 月,北平图书馆协会职员表〕

一九三三年　三十九岁

是年初

先生向中华图书馆协会捐赠《新桥字典》一册。〔《中华图书馆协会会报》第8卷第4期，页19〕

一月二日

先生致信伯希和，告知故宫博物院已将郎世宁的画作拣出，并询问其方便观看的时间。

Monday

Dear Mr. Pelliot:

The paintings of Castiglione are ready for inspection tomorrow, and I shall be glad to know if you are free to go to the Palace Museum tomorrow morning at 9:30 or afternoon at 2 p.m.

Please let me know by bearer, so that I may make the necessary arrangements.

Yours sincerely

T. L. Yuan

〔韩琦《袁同礼致伯希和书信》，页119〕

按：暂系于此。

一月五日

先生设宴款待伯希和。〔韩琦教授提供〕

一月十日

晚八时，中研院历史语言研究所假欧美同学会设宴款待伯希和，除该所研究员外并约李麟玉、李书华、李宗侗、罗庸、陈受颐、冯友兰、蒋廷黻、黎东方、许地山、余嘉锡、先生、徐森玉、刘节、谢国桢、孙楷第、梁思成、袁复礼、黄文弼等人作陪。傅斯年代表史语所致欢迎辞。〔《民国日报》（北平），1933年1月16日，第5版〕

一月十一日

某记者来访,先生略谈平馆善本书装箱情况。〔《华北日报》,1933 年 1 月 12 日,第 7 版〕

一月十二日

下午一时,平馆委员会召开第八次会议,胡适、陈垣、傅斯年、刘半农、任鸿隽、先生出席,胡适为会议主席。讨论议案如下:

(一)因时局关系,善本书中之罕传本、唐人写经、方志稀见本、四库罕传本、内阁大库舆图应暂寄存于安全地点,并商定装箱、存放手续各要点,推胡适、任鸿隽、先生为存放人。

(二)天津李氏延古堂藏书出让案,议决再增加一千元,共六万六千元。

三时散会。〔《北京图书馆馆史资料汇编(1909-1949)》,页 338-339〕

一月十三日

故宫博物院协助会召开临时紧急会议,商议故宫文物南迁事。出席会议人员包括会长司徒雷登,常务委员铎尔孟、朱启钤、周诒春、钢和泰、周作民、任鸿隽、傅泾波,秘书吴瀛、李麟玉、先生,以及名誉会长易培基。经过讨论后议决:故宫物品南迁部分应在沪由故宫博物院组织分院保存陈列或俟北方大局平靖仍可运回一部分,其留北平部分仍应就地尽力设法维护。〔郑欣淼《钢和泰与故宫博物院》,页 233〕

一月十六日

上午九时,平馆举行纪念周活动,先生为会议主席,馆员到者数十人。先生表示馆员应安心工作,无须恐慌,此前听外国友人表示,北平应无大碍,但政府对于日方此次异动的应对方针尚不明了。〔《益世报》(北平),1933 年 1 月 17 日,第 6 版〕

一月二十日

先生致信伯希和,已从王克私教授处得知其同意出席本月三十一日欧美同学会举办的欢迎晚宴,并请就法方出席人士给予意见,另代中国政治学会询问其有无能在二月上旬在该会发表演讲。

January 20, 1933

Prof. Paul Pelliot
French Legation
Peiping

Dear Prof. Pelliot:

I understand from Prof. de Vargas that you have kindly consented to reserve the evening of January 31 for the international sinological dinner which is to be held at 7:30 at the Western Returned Students Club, 25 Nan Ho Yen. We shall expect you to address the gathering that evening.

I have sent our notices to Messrs. D'Hormon, Rhein and Jankelevitch. Could you suggest any more French scholars who may be interested?

The members of the Chinese Social and Political Science Association would like to request you to give an address before that association on any historical subject you may choose. Could you suggest any date between February 1st and 10th? The meeting is usually held at 9 p. m.

Your sincerely

T. L. Yuan

〔韩琦《袁同礼致伯希和书信》,页 120〕

按:Prof. de Vargas 即 Philippe de Vargas(1888-1956),瑞典人,中文名王克私,时在燕京大学历史系执教。Rhein 应指 David Rhein,法国驻华使馆署理汉文头等参赞,中文名韩德威;Jankelevitch 应指 Loon Jankelevitch,曾任法国在海口使领馆领事。[①]

一月二十二日

上午,先生在前往天津的火车上遇黄炎培,晤谈。〔中国社会科学院近代史研究所整理《黄炎培日记》第 4 卷,北京:华文出版社,2008 年,页 150〕

按:该车约在八时半离平,十一时半到天津。

一月二十五日　北平

故宫博物院召开临时会议,易培基、江瀚、马衡、高鲁、李书华、吴瀛、沈兼士、先生、俞同奎、李宗侗、程星龄等出席,易培基为主席,程星龄记录。议决事项如下:

(一)南迁文物起运日期案,决议定期一月三十日。

(二)抽查日期案,决议定期二十八日抽查,先将起运清册送监运委员(附

① 《驻华外交官衔名录》,1930 年,页 16;*The North-China Daily News*, Mar. 2, 1936, p. 6.

点查报告)。

(三)起运以前准备案,决议密缄张副委员长、北平市政府,告起运日期,请派军警押运,并电行政院报告起运日期,请分饬沿途地方政府保护。

(四)押运人员支配案,决议从缓商定。

(五)运输如何慎重案,决议电行政院请饬军警及路局仿照运输军火办法慎重运送。〔《马衡年谱长编》,页428〕

按:程星龄(1900—1987),湖南醴陵人,北京大学毕业,时任故宫博物院秘书。"张副委员长"应指张学良。

先生致信伯希和,寄上平馆出版物清单请其拣选,另附平馆馆藏中伯希和的著作清单,请予补充。

January 25, 1933

Prof. Paul Pelliot

French Legation

Peiping

Dear Prof. Pelliot:

I enclose herewith lists of publications of the National Library. After you have checked over the desirable items, please send back the lists and I shall see that the desired publications are being sent to you personally as well as to the Institut des Hautes Etudes Chinoises.

I enclose also a list of your works already in the National Library. Would it be possible for you to send us those which are not listed therein, so that we may have a complete set of your publications on file at our Library?

Your sincerely,

T. L. Yuan

Acting Director

〔韩琦《袁同礼致伯希和书信》,页120-121〕

二月四日

某记者来访,探询文津阁《四库全书》是否装箱,并就善本南运一事请先生表态。〔《华北日报》,1933年2月5日,第7版〕

按：该篇报道称先生主张装箱之古籍善本应存北平，此时尚未决定是否南运。

二月十五日

恒慕义致函先生，告知国会图书馆将会陆续寄送馆藏《永乐大典》影本，并请先生协助查实数种图书的版本。

February 15, 1933

Dear Mr. Yüan: -

We have to date sent you photostats of 22 of our *Yung lo ta tien*. Further reproduction is temporarily delayed on account of the use of the machines by Congress, which is now in session. But I shall promote the matter until you have copies of all we have.

We have just received William Hung's *Index to Ch'ing dynasty biographies* (三十三种清代传记综合引得), and I find that we lack eight of the thirty-three titles listed at the front of his Index. I enclose a list of these. Could you kindly secure the editions mentioned and send them "on approval"? We have had no difficulty, so far, in having such items approved, and in this instance it will save considerable time.

Sincerely yours,

Arthur W. Hummel,

Chief, Division of Orientalia.

〔Library of Congress Archives, Arthur W. Hummel Sr. correspondence series, MSS86324〕

按：随信附有两张卡片目录，手写八种书的题名，依次为《清画家诗史》《清代闺阁诗征略》《国朝画识》《己未词科录》《国史列传（满汉大臣列传）》《墨香居画识》《从政观法录》《碑传集补》。此件为录副。

加斯基尔致函先生，寄上《永乐大典》影本四册，表示无法查明华生特藏中两册《永乐大典》的来源，并请先生购买出版物。

February 15, 1933

Dear Mr. Yuan,

Several days ago, we sent to you two packages containing photostats of ch. 15,868–15,870 (55 sheets), 13,879–880 (46 sheets), 19,781–19782 (53 sheets), 19783–19784 (43 sheets) of the *Yung Lo ta tien*. Having these you will have copies of all the original volumes we have. We shall be glad to have copies of whatever volumes you decide upon in exchange-you know better than I which are of greatest interest. We prefer to have ms. facsimiles rather than photostats. We feel sure that the reproduction will be as accurate as it would be if it were made photographically, and that the manuscripts will be of great interest as examples of Chinese calligraphy and book making.

In your letter of November 19, 1931, you asked if I could find out the circumstances under which ch. 13,879–80 and 15,868–70 came into Mr. Wason's possession. I have tried to find out, but have been unable to do so. The bookseller who got them for Mr. Wason thinks (his records have been destroyed) they are bought in England, but his recollections about it are very hazy.

In the back of the annual report of the National Library for the year ending June 1931 is a list of publications of the Library. May I ask you to have sent to us from that list special publications nos. 1–7, 10, 15, 17–19. We should like also the following publications of the Library or the Library Association of China:

Kuo Hsush lun wen so yin hsu pien.

Wen Hsueh lun wen so yin 1931.

Shu hua shu lu chieh t'i, by Yu Shao-sung. 6 v. 1932.

Bulletin of the Library Association of China. Vol. 6, no. 4 and following.

Library Science Quarterly. Vol. 4, no. 2 and following.

I do not know whether we have enough money on deposit there to pay for these or not. We should be glad to have a statement of our account, and if there isn't enough money left to pay for these publications we should appreciate it very much if you could send them with a bill.

……

Cordially yours,

〔Cornell University Library, Wason Collection Records, 1918-1988, Box 1, Folder Koo, T. K. Letters〕

按:四册《永乐大典》分别为论字、痹字、局字、伏字册。函中所提书刊分别为《国学论文索引续编》《文学论文索引》《书画书录解题》《中华图书馆协会会报》《图书馆学季刊》。此件为底稿,最后一段有错行重叠,无法识别,故用省略号标识,特此说明。

二月二十七日

下午,某记者来馆访问先生,请谈庚款与平馆关系。先生谓去年庚款停付,平馆经常费等均由财政部垫付。此外,先生还向记者介绍了普意雅纪念室的筹备情况。〔《世界日报》,1933 年 2 月 28 日,第 7 版〕

二月

《国立北平图书馆馆刊》刊登先生文章,题为《关于〈永乐大典〉之文献》。〔《国立北平图书馆馆刊》第 7 卷第 1 号,1933 年 2 月,页 13-29〕

按:该篇实为对孙壮《〈永乐大典〉考》①的补充,就其遗漏前人有关《永乐大典》的重要记载予以汇集,分为三部分,依次为明代修纂及重录《永乐大典》的文献、明清人物札记、清乾隆时期军机处档案。

是年春

受鲍士伟委托,先生本拟撰写一篇关于中国民众图书馆概况的文章,但因无暇,故恳请裘开明代劳,后者欣然允诺,并深感荣幸。〔《裘开明年谱》,页 98〕

按:裘开明撰写的《中国民众图书馆概况》(China)作为一节收录于鲍士伟编纂的*Popular Libraries of the World*(1933),该书后由徐家麟等人译出,并于 1934 年由武昌文华图书馆学专科学校发行。

先生致信沈祖荣,请其赴平、沪等地接洽文华图书馆学专科学校校务时,便中考察河北、山东、河南、江苏、浙江等省图书馆事业及教育现状。〔《文华图

① 《北海图书馆月刊》,第 2 卷第 3-4 号,1929 年 4 月,页 191-213。

书馆学专科学校季刊》第5卷第2期,页249、133-138〕

按:沈祖荣收到该请求后本拟携带该校学生组团考察,但因为经费、时局等因素,未能如期成行。4月6日,沈祖荣独自北上,先抵开封,继往河北定县,再往北平,此后由经天津、济南、青岛、上海、杭州、南京,本次考察经过可见其所撰《圕所希望于出版界的》《中国圕及圕教育调查报告》。①

三月一日

下午四时半,平馆举行普意雅纪念室开幕仪式,胡适、朱启钤、翁文灏、梁宗岱、张国淦、傅增湘、李书华、梅贻琦、李麟玉、普意雅遗孀朱德容、法国公使韦礼德、福开森等人受邀出席,首由会议主席胡适致开会词,继由韦礼德致辞,再由翁文灏报告普意雅藏书、著述的价值。礼毕,来宾赴纪念室参观,六时许始散。〔《华北日报》,1933年3月2日,第7版〕

按:普意雅纪念室即平馆原舆图室,其遗书两千余册、地图六千余张、稿本照片小册子十余箱全部捐赠平馆。

三月三日

先生致信伯希和,询问其是否对王氏藏书感兴趣,并请在平馆出版物中拣选对其有用者,另请接受裴士德邀请其赴华北协和华语学校演讲有关中国印刷术起源。

March 3, 1933

Prof. Paul Pelliot

French Legation

Peiping

Dear Prof. Pelliot:

A certain Mr. Wan has sent me a list of books which he wishes to dispose of. I am passing it to you and if you are interested in the collection, will you let me know? Mr. Wan prefers to sell it en bloc for $ 1,300.00 mex. which is, of course, reasonable.

Have you had time to select the items from our publications? We are

---

① 后者刊于《中华图书馆协会会报》第9卷第2期,该篇是以公函形式写给先生(协会执行部主席),因篇幅过长、公文属性,未录入年谱中,特此说明。

ready to sent them to you as soon as we hear from you.

I suggested to Mr. Pettus of the School of Chinese Studies that he requests you to speak on the invention of printing in China. I do hope you will accede to his request, despite your busy schedule.

Yours sincerely,

T. L. Yuan

Acting Director

〔韩琦《袁同礼致伯希和书信》,页 121-122〕

三月九日

中华图书馆协会在平执行委员召开第二次会议,先生、王文山、田洪都、冯陈祖怡出席,先生为会议主席,并代表周诒春,李文徛列席并记录。先生报告协会年会久未召开,拟于近期举行。议决本年四月三日至六日在北平召开,并组织筹备委员会,由在平执行委员推选年会各组委员,尤其议案和论文两组。〔《华北日报》,1933 年 3 月 11 日,第 7 版〕

三月上中旬

先生派谢国桢、彭色丹两位馆员由海路赴大连再北上沈阳,联系金毓黻等人,以营救被困于热河的刘节、于道泉。〔《大公报·图书副刊》第 66 期,1935 年 2 月 14 日〕

> 按:1933 年 2 月 21 日,热河抗战爆发,平馆与史语所派刘节、于道泉前往承德移运殊像寺满文《大藏经》,但因汤玉麟及当地官员消极不作为,导致未能移运古籍且二人无法南归,[①]先生遂又派谢、彭前往东北探听消息。3 月 15 日,谢国桢在沈阳拜会金毓黻,询问可行办法。[②]

三月十三日

中华图书馆协会在平执行委员召开第三次会议,先生、戴志骞、刘国钧、何日章、田洪都、冯陈祖怡、周诒春出席,蒋复璁、李文徛列席。先生为会议主席,李文徛记录。讨论通过五项议案:一为关于第二次年会出席会员招待案;二为征求赞助会员案,该项会费每人五十元,全部充作基金;三为机关永久会员会费,暂定为一百元,自本年起施行;四为加推何日章为年会筹备

① 参见 1934 年 10 月 5 日傅斯年致蔡元培信,《傅斯年遗札》,页 633-634。

②《静晤室日记》第 4 册,页 3012。

委员；五为以上各案，由本会通告平外其他执行委员同意后，即日施行。〔《华北日报》，1933年3月14日，第7版〕

三月中上旬

某记者来访，先生谈中华图书馆协会第二届年会筹备近况，表示因时局不靖，无法如期举行。此外，先生还向记者谈及协会会员人数、全国图书馆统计等情况。〔《华北日报》，1933年3月15日，第7版〕

按：本次年会本拟于4月3日至6日在北平举行，在平委员本已召开筹备会三次，但绝无可能如期举办。

三月二十一日

中国营造学社举行宋代建筑学家李诫逝世八百二十三周年纪念会，朱启钤、刘敦桢、陶湘、先生、梁思成、林徽因、Gustav Ecke、单士元等人出席，另邀请胡适、任鸿隽、陈衡哲、梅贻琦、李济、钢和泰、伯希和等人参加，并合影留念。〔中国历史研究院藏胡适档案〕

按：Gustav Ecke（1896－1971），德国汉学家，中文名艾克（艾锷风），长期在辅仁大学任教。单士元（1907—1998），北京人，毕业于北京大学研究所国学门，时任营造学社编纂。

三月二十七日

郑寿麟、张君劢、先生会同在平的中德人士举行会议，成立筹备委员会，协商中德文化协会的成立事宜。〔傅吾康著、欧阳甦译《为中国着迷：一位汉学家的自传》，北京：社会科学文献出版社，2013年，页69；《新北辰》，第1卷第8期，页884〕

晚七时，外交部常务次长刘崇杰在外交大楼设宴款待瑞士社会活动家、报人马丁教授，并邀丁文江、周诒春、胡适、周作民、徐淑希、先生、陶孟和、傅斯年、蒋廷黻、章元善、安怀音、颜福庆、方石珊、蒋梦麟等人作陪。〔《民国日报》（北平），1933年3月29日，第3版〕

按："马丁教授"即 William Martin，曾任 *Journal de Genève* 主笔，时应为苏黎世大学（University of Zurich）历史学教授。①

三月二十八日

中国考古会举行第二次筹备会议上，先生被推为发起人之一。〔《中华图书

① 《胡适日记全集》第6册，页663。

馆协会会报》第8卷第5期,1933年4月30日,页20〕

按:该会由上海文化界、学界同仁在本年春筹设,本次会议在上海辣斐德路海庐召开,共推定发起人三十余位。

三月

瞿宣颖致函先生、王重民、傅振伦、孙楷第,就檄征县志、访求碑刻、访求著述之办法及步骤予以商讨,并指明地方之实际情况与困难。

守和先生并转王、傅、孙诸先生台鉴:

辱二十五日来示,感佩无已。宣颖猥以菲材,忝领幕职,军书填委,夜以继日,自忖才力,方思退之未遑,何敢复当征文考献之任;徒以此事迁延岁月,史料耗残愈甚,不忍缩手之观,姑为借箸之献,虽承诸君子奖借有加,如闻贵邦人士亦颇有笃守成规不以鄙人为可者,自维浅薄,实惧弗胜。顾既荷明教,亦不敢不举所知以对。关于通志旨趣,及入手办法,业于鄙人呈报省府文中约略言之,兹检呈一通,用备参阅。此为基本主张,似与诸君子所谓旧志当续当补当削当改若合符契。惟于尊函所示檄征县志、访求碑刻、访求著述三项,窃犹有欲试相商榷者。大凡各省县志料之耗残,不仅在金石艺文,而尤在官府档案。盖金石艺文虽如尊函所谓沈埋故家,散在山崖,假以岁月,既未必即有毁灭之虞,存于人间,亦不致绝无识者;惟官府档案,自掌故失官吏胥权重,加之近年兵革频仍,官如传舍,久矣不堪过问,仆忝为藩府书记,亲所见闻,昭昭不可讳也。县署文移,有黏诸墙壁者,有窃置私家者。省府承北洋重镇之余绪,远之曾李,近之袁氏,其遗迹只字无存。今存案卷断自民国二年,亦仅以稍成片段者为限,其为吾人所宝为连城而俗人所视为粪壤者,蹂躏狼藉,何可胜数。部令设立文献委员会,其精意实在改良县府保存档案之法,章氏所谓立志科亦意在于此。无如识者寥寥,奉行不力,每县设立一会,徒为廪饩之资,所谓文献不当专指金石艺文。即以金石艺文而论,亦非如执事所称之易易。近者民厅等奉部令檄征各县先贤著述矣,稽其所得,则惟涞源一县以无有对,其他且无只字复焉。此无他,各县府事繁人少,而长官符檄架屋叠床,日增月盛,实无认真征访之能力,遂不得不以敷衍应之。鄙人既亲治簿书,深知其弊,敢断言曰:欲求通志之材料充实,决不能今日下一符,明日下一檄;必须先就我辈力能蒐集者,预为整理。例如金石则必逐县将已著录之品目,一一胪列,然后派员亲至其县逐一检校,乃作何状,是否相符;如有续出者,更补入焉,如此方可期金石一门之完备。以鄙人观察所得,目前所应办而且能办之事,惟有先将经政一门,就省府以下各机关所存档案编成大概。此事失今不图,可以断言来日之难倍于今日。至于其他,固有各学术机关团体可相辅助,而尤以金石艺文二门,仆深信诸君子既夙究心于乡邦文献,又有图书馆足供利用,窃谓无可忧者。如诸君子不以鄙人为不可教,则拟由志馆与执事订定编制方法,先成长编,以竢博证。有应需各县为助之处,省府自可资以符檄之力,不识诸君子有意于此乎? 相望咫尺,晤对无由,然尺素遥通,仍可随时剖析。如承以编制方法见惠,实所盼祷! 匆颂撰祺。

瞿宣颖拜启

再檄征新旧志书一节,鄙意亦应先就公私藏书家所已有者列目,不必一一重征。盖各县新志固已随处可求,而旧志之难得者,其县府亦决无藏本。若一概檄征,则巧取豪夺之事恐不能免。官府信用久已扫地,缘此而滋扰累,亦不可不慎也。

〔《河北省通志馆近况纪》,1933年,页8-9〕

按:2月25日王重民、傅振伦、孙楷第三人致信瞿宣颖;收到此覆函后,傅振伦、王重民于4月3日覆长信一封。1931年9月,河北省通志馆成立,1933年2月,河北省政府改聘秘书长瞿宣颖兼任该馆馆长。

四月上旬

李石曾(上海)致电蔡元培、先生,恳请北平图书馆帮助日内瓦中国国际图书馆。电文大意如下:

蔡孑民、袁守和两馆长鉴,并祈两公转平图书机关均鉴:

日内瓦中国国际图书馆七日开幕,并展览征借图书,乞倡助。

煜。

〔《华北日报》,1933年4月13日,第7版〕

按:"七日"当作"七月"。

四月十三日①

国民政府外交部庶务课致函董明道、先生,请推荐金属书架以利改良该所

① 该档留存之件并未标注实发时间,但据平馆、南开大学图书馆覆信可知该函于13日发出。

图书馆设备。

径启者，本部新屋落成后，对于图书馆内部亦拟同时改良，素仰贵馆擘画周详、布置完善，拟请台端将贵馆陈设图书铁架图样见赐一份，并乞分神注明尺寸、价目及出品店号地址，以便仿购，倘蒙俯允，即希示复为荷。此致

南开大学图书馆主任董垂照

北平图书馆主任袁守和

〔台北"国史馆"，〈外交部南京办公处兴建(十一)〉，数字典藏号020-990400-0037〕

按：董明道，字垂照，毕业于武昌文华图书馆专科学校。4月18日平馆覆信，推荐天津特一区伊思尔公司定做书架，并附测量表1纸、照片1张。

四月十八日

先生致信加斯基尔，收到康乃尔大学印照的《永乐大典》影本，略陈此前购书情况，寄《四库简明目录标注》一册，并推荐其他书刊。

April 18, 1933

Dear Miss Gaskill:

I beg to acknowledge the receipt of your letter of February 15 together with photostats of four volumes of the *Yung Lo Ta Tien* for which please accept our very hearty thanks. We shall arrange to send you manuscript facsimiles as soon as they are copied and bound.

Our publication department has sent you the books you requested in your letter of February 15 and I now enclose herewith the bill for $49.75. I have sent to you to-day the *Sze Ku Mu Lu Piao Chu* which is an indispensable book of reference in buying Chinese books.

Enclosed herewith please find Statement of Account. You will note that there is a balance of $90. 40 still due.

I am enclosing herewith a list of publication of Mr. Tao Hsiang, the well-known collector in Tientsin. As Mr. Tao has stopped his publishing activities, his books will be increasingly difficult to secure in the future and so I would recommend that you obtain a complete set, if your funds permit.

We have sent you by mistake duplicate copies of the *Library Science Quarterly*, vol. 4, nos. 1-4. If you have no need for it, will you return it to us?

Many objects of art and rare books have been sent to Shanghai by the Palace Museum, but nothing has been sent by the National Library. We are passing through a very critical situation and all cultural and educational work has unavoidably been interrupted.

Yours sincerely,

T. L. Yuan

Acting Director

〔国立北平图书馆英文信纸。Cornell University Library, Wason Collection Records, 1918-1988, Box 1, Folder Koo, T. K. Letters〕

按:*Sze Ku Mu Lu Piao Chu* 实为《四库简明目录标注》。Mr. Tao Hsiang 即陶湘(1870—1939),字兰泉、号涉园,江苏武进人,近现代著名藏书家。此件为打字稿,落款处为先生签名,附账单一纸。

四月二十三日

上午十时,社会各界在中山公园水榭公祭梁士诒,致祭者约四五百人,多交通、银行界人士,先生亦到场。〔《大公报》(天津),1933 年 4 月 24 日,第 4 版〕

四月二十四日

朱希祖(广州)致函先生。〔《朱希祖日记》,页 255〕

四月二十七日

下午一时,平馆委员会召开第九次会议,陈垣、傅斯年、胡适、任鸿隽、孙洪芬、刘半农、先生出席,胡适为会议主席。讨论议案如下:

(一)先生提出下年度经常费共国币十四万二千六百十二元,议决该项经费十四万元。

(二)平馆与生物调查所关于购置生物书籍合作办法,议决①平馆生物学书籍可由调查所提取使用,但所有权不变;②提取书籍后平馆可派员管理,但薪水由调查所担任,如有读者需用某书籍,调查所应配合提供便利;③调查所刊物之交换,由调查所自行办理,所有权不作更动;④平馆以后购置及整理生物学书籍办法仍依旧章办理。

(三)关于平馆善本书安全问题,议决除已装箱者外再装一百箱送交安全地点保存。

(四)先生提出严文郁本年十月在德服务期满,请给予考察费案,议决由馆补助国币一千五百元。

(五)傅斯年提出于道泉现由政府资助赴法留学旅费无着,议决由馆补助国币三百六十元。

三时散会。〔《北京图书馆馆史资料汇编(1909-1949)》,页338-339〕

按:安全地点应分指北平德华银行、天津大陆银行、华北协和华语学校。

五月二日

教育部电平馆蔡元培、先生,指示善本图书南运及装箱寄存事。

国立北平图书馆蔡馆长、袁副馆长鉴密:

北平图书馆承文内阁、清学部藏书之遗,为全国图书馆之最大者,所藏宋元精本及《永乐大典》甚夥,而明代实录及明人集仍系本来面目,远非《四库全书》删改者可比,尤为重要,特电。仰将挑有精本南迁,以防不虞为要。

教育部,冬。

〔《北京图书馆馆史资料汇编(1909-1949)》,页370-372〕

按:该电中"而明代实录及明人集仍系本来面目,远非《四库全书》删改者可比"等语至为关键,时已有传闻教育部欲借故宫博物院古物南迁,提议将文渊阁《四库全书》转拨中央图书馆(筹备处)庋藏。翌日平馆委员会由胡适出面致信教育部次长段锡朋、钱昌照,以南方潮湿不利善本保存且已觅得安全地点为由,婉拒教育部南迁平馆善本的电令。

五月四日

下午五时,中德文化协会假德国使馆举行成立大会,中方与会者有蒋梦麟、梅贻琦、丁文江、先生、周昌芸、杨丙辰、刘钧、贺麟、吴屏、鲍鉴清,Oskar Paul Trautmann公使、Vincenz Hundhausen、石坦安、谢礼士、Hellmut Wilhelm、艾克、蓝道福司、西门华德等人。Hundhausen为主席,公推Wilhelm报告筹备经过,并通过章程。清华大学叶企孙建议,学会应持两国共同合作态度,故会名定为"中德文化协会"。中德双方与会人士推选董事十七人、名誉会长两人,并设立干事部,分为总务、编译、图书三组,其中先生为图书组组长,蒋复璁、西门华德、谢礼士为组员。〔《京报》,1933 年 5 月 7 日,第 7 版〕

按:周昌芸,留学德国,土壤学家,归国后任实业部地质调查所土壤研究部技师,后曾任福建省立研究院院长;刘钧,留学德国,1929 年归国,时应在北京大学教育系任教;吴屏,留学德国,专研酒精,时应任北平大学工学院应用化学系讲师,1937 年 2 月 22 日在广东三水因飞机失事罹难;鲍鉴清,浙江金华人,留学德国,胚胎学家。[①] Oskar Paul Trautmann(1877-1950),德国外交官,中文名陶德曼,1931 年冬在北京任驻华公使,1935 年赴南京任驻华大使;Vincenz Hundhausen(1878-1955),德国汉学家,中文名洪涛生,长期担任北京大学德文教授,致力于翻译元明杂剧,北京杨树岛印刷局创立者;Hellmut Wilhelm(1905-1990),德国汉学家,卫礼贤之子,生于青岛,中文名卫德明;蓝道福司,待考。此时,该会会址设在遂安伯胡同七号。后因南京有同名协会,1935 年 5 月 22 日董事会及会员开会决议更名为"中德学会"(Deutschland Institut)。

五月十三日

顾颉刚致函先生。〔《顾颉刚日记》卷 3,页 44〕

五月十七日

加斯基尔覆函先生,告知平馆此前寄送该校各书刊的情况,并将支付实际购买后的款项。

May 17, 1933

Dear Mr. Yuan,

Thank you for your letter of April 18, and for the books the *Ssu K'u chien ming mu lu piao chu* we are returning, because we already had a copy of it. We have subtracted the twenty-four dollars for that from the bill and are sending the bill for the balance of sixty-six dollars and forty cents Peiping currency due the National Library to the University

① 《国立中央大学日刊》第 1803 期,1936 年 12 月 4 日,页 4010;《大公报》(天津),1929 年 11 月 18 日,第 5 版;《科学》第 21 卷第 4 期,1937 年 4 月,页 329。

treasurer's office for payment.

We have not received the duplicate copy of vol. 4 of the *Library Science Quarterly* but if it does come, we shall return it to you.

I was glad to see Mr. Wang while I was in New York in April for the meeting of the American Oriental Society. He seems to be getting on very well. He was planning to come to Ithaca sometime this month so I am looking forward to seeing him here.

With best wishes, I am

Sincerely yours,

〔Cornell University Library, Wason Collection Records, 1918-1988, Box 1, Folder Koo, T. K. Letters〕

按：Mr. Wang 即汪长炳，时被派往美国哥伦比亚大学图书馆。该函及支票约在6月中旬送达，但此时先生不在北平，由秘书岳良木覆信。此件为底稿。

五月十八日

某记者来馆，先生表示到馆读者人数与往昔无异，阅览时间变更只因遵照北平地方当局的规定，至于贵重书籍仍留在馆中备览。〔《世界日报》，1933年5月19日，第7版〕

五月二十六日

下午三时，平馆委员会召开第十次会议，胡适、陈垣、任鸿隽、孙洪芬、刘半农、先生出席，胡适为会议主席。首由书记宣读上次会议记录，补助严文郁之考察费改为归国旅费，其余照原文通过。讨论议案如下：

(一)平馆书籍安全，下列各书应尽快装运：(甲)四库罕传本，以陈垣开具之书单为根据；(乙)全部方志，必要时得选择较难得之本先行装运或用邮包挂号寄出；(丙)西文整部专门杂志，选难得者尽量装寄，暂寄存北平安全地点。

(二)平馆请交拨付临时费七千元案，议决通过并提交中基会。

(三)平馆提出该馆出版品流通办法，议决原则上赞成，详细办法由本馆斟酌订立。

(四)胡适因事出国，傅斯年一时无法返平，推陈垣暂代委员长职务。

(五)关于生物调查所刊物之交换，议决仍由平馆办理交换，得来之书籍归本馆所有。

四时半散会。〔《北京图书馆馆史资料汇编(1909-1949)》,页340〕

五月下旬

先生致信叶恭绰,略述与劳之常晤谭情形,请其协助平馆购入海源阁旧藏。

玉甫先生尊鉴:

顷承五月十九日手示,拜悉一是。报载海源阁事,似属传闻之误。在津曾访劳逊五,据云细软皮衣曾有损失,至书籍则毫无散佚。惟杨氏子孙既不能守,而劳君又极庸懦,毫无约束其婿之能力,恐终不免四散也。柯凤老劝敝处以十万元购置全部,如今年偿付,亦有购入之可能,尚望在劳逊五处代进一言为荷。顷《〈永乐大典〉现存卷目表》出版,特以一册寄呈,尚祈教正。专此肃覆,顺颂道安。

后学袁同礼拜上

五月卅三日

劳君现寓天津英租界尚友里八号。

〔《历史文献》第5辑,页226〕

按:落款处"五月卅三日",笔者未能找到原件比对,但倾向认为此信写于5月23日,时叶恭绰应在上海①,信件往来间隔上较为合宜。劳之常,字逊五,山东人,曾任山东省河务局局长,由该信可知其应为杨敬夫之岳丈,主持海源阁旧藏售卖。② 信中所指《〈永乐大典〉现存卷目表》为1932年12月写就,本年5月刊印单行本。

五月二十九日

先生致信伯希和,告知此前寄来的《元朝秘史》所缺叶面信息,请其核对后再予补拍,并请其转交致法国国家图书馆的信。

May 29, 1933

Prof. Paul Pelliot

38 Rue de Varenne

Paris VII

---

① 吴元京审订、梁颖编校《吴湖帆文稿》,杭州:中国美术学院出版社,2004年,页39。

② 王雨著、王书燕编纂《王子霖古籍版本学文集:日记、信札及其他》,上海:上海古籍出版社,2006年,页132。

France

My dear Prof. Pelliot:

In collating the photostat copy of the *Yuan Ch'ao Pi Shih* that you were so kind as to present to the National Library, it has been found that the following six pages are wanting:

Chüan 2, 1, folio 36, front page
" 3, 5, " 19, " "
" 4, 5, " 33, " "
" 5, 5, " 54, " "
" 6, 6, " 16, " "
" 13, 2, " 15, back "

Kindly see from your copy whether the pages are there, and, if possible, please make copies of these for us, so we can have the book complete. Prof. Ch'en Yüan is making a careful textual study of the book, and a complete text would be, naturally, of great value to him and other Chinese scholars.

I also ask your favour to forward the enclosed letter to the proper department in the Bibliothèque Nationale. We wish to have photostat copies of two books in the Chinese Collection, but we are sure that through your assistance it can be easily arranged.

Trusting you have safely arrived at Paris and thanking you for your favour.

Yours sincerely,
T. L. Yuan
Acting director

〔韩琦《袁同礼致伯希和书信》,页 122-123〕

先生致信法国国家图书馆,告知平馆意欲获得该馆《艾先生行述》《南先生行述》两种的影本(负片、正片)。

May 29, 1933

Bibliothèque Nationale
Paris

Dear Sirs:

The National Library of Peiping is desirous of having two copies (one negative, one positive) of photostat prints of the following two books in your Chinese Collection:

1. *Une vie ms de P. Aleni*. No. 2753 & 3084

2. *Vie de Ferdinand Verbiest*. Nouv. Fond. chin. 3033

Please photostat them at your earliest convenience, and send them with your bill. Payment will be made promptly on the receipt of your advice.

This letter is forwarded through the kind mediation of Prof. Pelliot.

Yours truly,

T. L. Yuan

Acting Director

〔韩琦《袁同礼致伯希和书信》,页 123-124〕

五月三十日

先生致信国会图书馆,询问该馆分类法三项细目是否刊行,如出版时间未定,请酌情影照 PL 部分。

May 30, 1933

Dear Sir:

Permit me to write to inquire whether you are going to print your classification schedules for the classes PL, PT & PQ. We are very much in need of these schemes, and shall highly appreciate it if you will kindly place our name on your waiting list to receive copies when ready for distribution.

In case that no definite time can be assigned for their publication, may I ask that you will be so kind as to arrange to supply us with a photostat copy of the scheme PL, if the cost does not exceed G $ 6.00. We understand that the schemes for the other two classes are very extensive, and would be very expensive to photostat.

With cordial thanks in anticipation,

Yours very sincerely,

T. L. Yuan
Acting Director

〔国立北平图书馆英文信纸。Librarian of Congress, Putnam Archives, Special File, China: National Library 1930-1939〕

按:PL, PT & PQ 分别指 Languages and literatures of Eastern Asia, Africa, Oceania、Germanic literatures、French literature-Italian literature-Spanish literature-Portuguese literature。此件为打字稿,落款处为先生签名,于 7 月 10 日送达国会图书馆秘书办公室。

五月

先生为《国立北平图书馆方志目录》撰写序言。〔《国立北平图书馆方志目录》,1933 年〕

六月四日

午后,先生至颜惠庆公馆,黄郛来访,与之晤谈。〔《黄郛日记(1933-1934)》,页 47〕

六月九日

晚六时,钱玄同、黎锦熙、孙人和在广和饭庄设宴为胡适饯行,傅增湘、魏建功、刘半农、王静如、赵万里受邀作陪,任鸿隽、先生二人因事未到。〔《钱玄同日记(整理本)》,页 933〕

按:6 月 11 日胡适离平,18 日由上海乘船赴美。

六月中旬

先生致信沈祖荣,请其代为参加武昌文华图书专科学校董事会年会。〔《武昌文华图书专科学校季刊》第 5 卷第 2 期,1933 年 6 月,页 249〕

按:此次年会于 6 月 21 日举行,参加者均为武汉本地董事,如吴德施主教、孟良佐主教、周苍柏、陈叔澄、卢春荣、沈祖荣。省外校董皆委托沈祖荣代表出席。

六月十七日

东方图书馆复兴委员会召开第二次会议,决议在国内组织南京、杭州、北平、广州、济南、汉口、长沙七处赞助委员会,相应赞助委员依次为罗家伦、郭任远、先生、金曾澄、何思源、杨端六、曹典球。〔王寿南编著、林桶法增修《王云五先生年谱》,新北市:台湾商务印书馆,2018 年,页 303〕

按:郭任远(1898—1970),广东潮阳人,心理学家。金曾澄

(1879—1957),字湘帆,广东番禺人,近代教育家,1901年赴日本广岛高等师范学堂学习,归国后曾任学部主事,时应任私立广州大学校长。《申报》[①]《王云五先生年谱》及已有学术研究均将此人错记为"全湘帆"。曹典球(1877—1960),字籽谷,号猛庵,湖南长沙人,近代教育家,时应任湖南大学校长。

六月二十日

先生为《国立北平图书馆、故宫博物院图书馆满文书籍联合目录》撰写英文刊后语(postface),冠于于道泉序、李德启序前。〔《国立北平图书馆、故宫博物院图书馆满文书籍联合目录》,iii〕

按:该目录由李德启编、于道泉校,大北书局(和平门内绒线胡同)承印。先生文前有西门华德的德文序言。另,李德启在序言中提到"前北海图书馆成立之始,于西书汉籍之外,举凡回藏经籍,满蒙译著,莫不竭尽心力,多方搜求,袁守和先生尝谓:满文典籍,于鼎革之后,为国人所敝弃,而外国人士,则恃其雄厚之财力,广事购置。吾人不趁此时会,尽力搜访,则数十年后,如不散若风烟,即须求诸异域。非特舍己求人,异日学子将感不便。且坐视散失,今日吾辈亦属可羞也。"

恒慕义致函先生,收到平馆寄送的四十二种书刊,但请先生此后购买大批书籍前务必与之沟通并获悉明确的购买意愿。

June 20,1933

Dear Mr. Yuan:

We have received 42 items of Chinese books (costing Yüan $891.14) which you recently sent on approval. I judge that you found them to be missing from our catalog, and being able to obtain them at reasonable prices, you sent them on. The choice is excellent in every way, and fills important gaps in our collection. I am urging the Division of Accessions to retain them, despite the fact that it adds an unexpected item to the budget at a time when our appropriations have been curtailed. The Library of Congress is certainly indebted to you for the interest you have shown,

① 《申报》,1934年2月6日,第16版。

and I hope we can continue to count on it in the future. For the time being, however, the Division of Accessions hopes that it may in the future know more definitely what its commitments are to be. It would like, therefore, to have recommendations approved in advance of shipment, particularly for items as numerous as those just sent. This is, of course, merely a matter of procedure whose significance requires on explanation to you.

With kindest regards, I remain,

Ever sincerely yours,

Arthur W. Hummel,

Chief, Division of Orientalia

〔Library of Congress Archives, Arthur W. Hummel Sr. correspondence series, MSS86324〕

按:该件为录副。

六月二十三日

恒慕义致函先生,告知国会图书馆馆长已经同意支付此前寄来的四十二种书刊,但其他购买且无发票者则无法在最近支付,尤其是经费预算紧张的情况下。

June 23, 1933

Dear Mr. Yuan:

The 42 items which you sent on approval, and which I explained in detail in my letter of three days ago, have been approved by the Librarian, and the money will be sent as directed.

As I stated the other day, the quantity of items sent in this way without previous official correspondence quite disturbed the Division of Accessions which was inclined to blame me for perhaps secretly encouraging you to go ahead with such large purchases. Ordinarily there would have been no serious objection. But we are faced with a radical curtailment of expenditure, and the Accessions Division has orders to examine all offers with the utmost care before giving approval. Sums that did not seem large a few years ago are now carefully examined.

I now note that in addition to the above items costing Yüan 891.14

you have sent on approval   other items for which as yet we have no invoice. Under the circumstances I do not dare to propose immediate payment of this offer, I think it will have to wait until other Divisions of the Library have had some chance at this year's appropriations. Or perhaps you could send a letter to Mr. Blanchard, Chief of the Accessions Division, stating that I had not personally requested that so many items be sent on approval, but having our new consolidated catalog or check-list you took the opportunity to turn our desiderata over to dealers who naturally picked out as many items as they could find. I have already explained that this must have been the case, but just a word from you would assure them that in the future your recommendations would come before the book were shipped. You will realize, of course, that there is no disposition at all to blame you. Whatever blame there is naturally falls upon me!

Always sincerely yours,

Arthur W. Hummel.

Chief, Division of Orientalia

〔Library of Congress Archives, Arthur W. Hummel Sr. correspondence series, MSS86324〕

按:该件为录副,approval   other items 空格处付诸阙如。

六月二十四日

某记者来访,先生谈影印《四库全书》罕传本之意义。下午,先生由平浦线离平南下入京。〔《第一次中国教育年鉴》戊编,"教育杂录"页 377;《京报》(北平),1933 年 6 月 25 日,第 7 版〕

六月三十日 上海

先生访张元济,谈文渊阁《四库全书》本属故宫博物院,并不支持教育部假文物南迁借与国立中央图书馆(筹备处)谋利。张元济虽表示对商务印书馆与蒋复璁订立合同之原委并不明了,此时罢议无碍也,但亦谓库本、善本本属两事,尽可各行其道。〔《张元济全集》第 3 卷,北京:商务印书馆,2007 年,页 394〕

按:学界对国立中央图书馆(筹备处)力促教育部与商务印书馆

商定影印文渊阁《四库全书》之缘由、北方学人极力反对之初衷均未能深入讨论。本年春夏，教育部曾密呈行政院，请藉故宫博物院古物南迁之际，以政府行政命令攫取文渊阁《四库全书》并交国立中央图书馆（筹备处）庋藏。教育部呈文（抄件）如下，

查《四库全书》北平藏有二部。其一部在北平图书馆，其一部藏在文渊阁。首都为文化政治中心，四方观瞻所集，公私藏弆，转无此书，实为缺然。现在首都中央图书馆业由本部派员筹备，中外一切图籍均在设法搜求。此项《四库全书》，自在最先征求之列，理合呈请钧院鉴核转呈国民政府令行北京故宫博物院，即将原储文渊阁之《四库全书》一部，刻日运京，交由本部点收，转发中央图书馆储藏。国家文化前途实为幸甚。

〔《历史文献》第5辑，页223〕

六月下旬

先生访刘承幹。〔《求恕斋日记》（稿本）〕

六月

先生为赵万里所作《景印〈四库全书〉罕传本拟目》撰写序言。

政府近有景印《四库全书》罕传本之举，已定议矣，同礼忝负典守之责，景印流通，殊偿夙愿！第念此书校写，远在一百七十年前，或辑自《永乐大典》残帙，或著录各省采进之本，有原书未亡而馆臣未及蒐讨者，有据残本入录而全帙至今尚存者，且当时馆臣于原书面目，任意窜改，脱简遗文，指不胜屈，吾人欲考其由来，辄苦无从循溯！今兹景印，凡有旧本流传，应废库本，否则贻误后学，于心实有未安！矧比年以来，古籍发现，日增月益，馆臣未及见之孤本秘笈，今则岿然尚存天壤，允宜采用原帙，以存其真，况书贵初刻，尤足以补库本之罅漏乎？爰请赵君万里，参酌同人意见，将《四库》及《宛委别藏》罕传之本，都三百种，编成草目，先为印行，凡公私所储旧刻或旧钞，景印时可用以代替者，悉注于下，藉供当局之参考焉。惟兹目斟酌取舍，颇费考虑，倘承海内名家，一一指正，示以见闻，俾成定本，则尤所欣幸者也。

民国二十二年六月徐水袁同礼

〔《国风》半月刊第3卷第2号，1933年7月15日，页27-37〕

按:该目包括序、例言、经部24种、史部30种、子部36种、集部170种,另附《宛委别藏》40种,共300种,先刊于《国风》①半月刊,后又出单行本。

先生在中华图书馆协会第八年度专门委员会中担任编纂委员会主席,向达为书记。〔《中华图书馆协会会报》第9卷第1期,1933年8月28日,页3〕

按:第八年度为1932年7月至1933年6月。

七月一日 上海

中央研究院、科学社职员赴万国殡仪馆公祭杨铨,先生应出席。②〔《申报》,1933年7月1日,第18版〕

按:杨铨(1893—1933),字宏甫,号杏佛,江西清江人,中央研究院总干事,6月18日在上海亚尔培路被暗杀。7月2日,其灵柩安葬于永安公墓。

刘承幹至中国饭店访先生,但未得晤谈。〔《求恕斋日记》(稿本)〕

按:后,刘承幹赴董康处,晤谈。

七月二日

先生访刘承幹。〔《求恕斋日记》(稿本)〕

七月三日

晚,刘承幹设宴款待先生,徐乃昌、董康、陈乃乾、王兴甫、周子美、刘承本作陪。另,蒋复璁亦通过刘承本毛遂自荐,同席而坐。〔《求恕斋日记》(稿本)〕

按:昨日先生拜访后,刘承幹即联络诸位好友翌日作陪,但张元济、潘宗周、罗振常有事未到。

七月四日

某人以"阁楼"为名,在《申报》刊登短信,请先生、蒋复璁将拟印《四库全书》目录公开,以便公众加以讨论。

袁同礼、蒋复璁先生鉴:

请将拟印《四库全书》目录登报,以便公同研究。事关文化,似非藏书家所得而私也,高明以为何如?

阁楼谨启

〔《申报》,1933年7月4日,第9版〕

---

①《国风》半月刊由柳诒徵主持,张其昀、缪凤林、倪尚达任编辑,钟山书局出版。

②《京报》(北平),1933年7月4日,第5版。

七月五日

蔡元培、先生以平馆馆长、副馆长身份呈教育部部长王世杰一函，就景印《四库全书》未刊珍本一事，提请三种考虑。

敬陈者，闻大部现拟景印《四库全书》未刊珍本，仰见发扬文化、嘉惠士林之至意，无任钦佩。窃查此书校写，远在一百五十年前，或著录各省采进之本，或辑自《永乐大典》残帙，内中虽间有采自稿本，然大多数固多有刊本也。今兹选印，如标以"未刊"二字，于名称上似觉未妥，此应请大部予以考虑者一也。

又《四库》罕传之本，有原书未亡，而馆臣未及蒐讨者，有据残本入录，而全帙至今尚存者，且馆臣于原书面目，任意窜改、脱简遗文，指不胜屈，今如以本馆近年所收宋元明旧刊或旧钞之本，一一比勘，尤足证明馆臣窜改摧毁之处，不一而足，且馆臣未及见之孤本秘笈，今则岿然尚存天壤。今兹景印，凡有旧刻或旧钞足本胜于库本，可用以代替者，允宜采用原帙，以存古书之面目。此应请大部予以考虑者二也。

至此外《四库》所收之书，今无旧本流传，非景印库本，别无补救之法者，为数至多。内中虽不无罕传之本，但如明人关于经史之著述，其内容在学术上多无价值。今如一一景印，非特为一无意识之举，而贻误后学，关系尤非浅鲜。拟请大部延聘通人，或组织委员会，详为审查，严定去取，藉收集思广益之效。此应请大部予以考虑者三也。

又《四库》集部诸书，概无目录，翻检为艰。本馆近年以来，补辑此项篇目，业已竣事，自应排印于每书卷首，以资检查。管蠡之见，是否有当，敬悉鉴核。谨呈教育部长

国立北平图书馆馆长蔡元培、副馆长袁同礼

二十二年七月五日

附《四库罕传本拟目》一册。

〔《大公报·文学副刊》第293期，1933年8月14日，第11版〕

七月八日

下午五时，先生至世界学院参加袁仲龙之女袁荣福与谢寿康订婚仪式。〔《求恕斋日记》（稿本）〕

按：褚民谊、张乃燕、唐镜元、邵洵美四人为月老。李石曾、吴敬

恒、叶恭绰、刘承干、金爽甫[①]、周今觉、李盛铎、徐懋斋等均到场祝贺。

七月九日

列宁城苏联科学院东方问题研究院致函先生，欲与平馆建立中俄出版品永久交换关系。译文如下：

北平图书馆袁馆长先生钧鉴：

敬启者，久仰先生自长馆以来成绩显著，不第贵馆之规模日益扩大，且其质量更臻精微，递读报章藉知其详，深堪幸慰。顾贵馆不特为贵国文化重要枢纽之一，亦当为中西文化介绍之总汇。爰以敝院名义有所建议于贵馆：敝院为苏联科学院之一部，自亚洲图书馆改组以后即告成立，举凡东方各国，如中国、印度、日本……等之历史、政治、经济、文学及其他社会科学无不分科研究，各设专家，而中国部几占敝院中之最重要地位。古今典籍蒐藏至富，独于现今贵国之各种关于历史、文学、政治、经济等社会科学出版物多付阙如，故愿将敝院出版之书奉上（书单另详）。如承易以现代贵国出版新书则感激莫名矣。敝院并以此种交换非只限于此次而系永久性质，深恳示以范围，何者为贵馆所欲从敝方取得之书，以后即当如嘱奉寄。如贵国所有现代出版关于上述各类书籍、杂志以及定期、不定期之科学作品能源源寄下，则中俄两国文化交通何可断言，□由贵馆与敝院始创并从而发扬光大之，则是岂独吾人之幸哉。耑此，敬颂文祺。

列宁城苏联科学院东方问题研究院谨启

〔《北京图书馆馆史资料汇编（1909-1949）》，页379-380〕

按：此件应为该院请华人所写原件，8月21日送达平馆。落款处另有西人签名，但难以识别，故暂缺。

七月上旬

先生在上海协助任鸿隽、孙洪芬筹备中基会第八届年会事宜。〔《申报》，1933年7月13日，第15版〕

按：依照惯例，中基会年会本应在每年6月杪举行，但因1932年3月至1933年3月国民政府对英美庚款停付一年，本年5月才恢

---

① 金爽甫似指金季言，即金绍坊，待考。

复，中基会只得设法借款维持各项文化事业，年会推迟到本月14日在上海召开，其主要议题为，一呼吁政府尽快拨付积欠庚款；二如何弥补美国经济萧条、美金低落而导致的重大损失。

七月十三日

张元济覆函先生、赵万里，谈影印《四库全书》事。

守和、斐云先生大鉴：

敬覆者，昨得斐云兄十一日手书，展诵祗悉。影印四库未刊本，二公主张拟用善本替代，并联合南北各学术团体及各地学者即日草具公函向教育部当局建议，甚盛甚盛。惟弟窃以为兹二事者不妨兼营并进，而不必并为一谈。四库所收，非尽善本，且有残缺、讹误，无庸讳言。但其间颇有未经刊行，或虽已刊行而原本不易购求，如能及早影印，俾得流传，当亦大雅之所许。曩者敝公司两次陈请借印《四库全书》，业奉正式批示，装箱待发，忽生阻梗，事败垂成。流光荏苒，今已十余年矣。此十余年来，历劫无算。是书岿然尚存，可称万幸。过此以往，殆不可知。此次承教部以印事见委，敝公司灰烬之余，虽喘息未定，不敢稍有推诿。固为自身了夙愿，亦为学术效微劳也。至流通善本，尤为弟之素志，今得二公提倡，海内公私藏家苟愿出其所藏，赞成兹举，抚衷欣幸，岂可言喻。二十余年先后辑印《续古逸丛书》、《四部丛刊》、《百衲本二十四史》者，皆此意也。若无一二八之变，《四部丛刊续集》又早已发行矣。至以善本代库本，则鄙见窃以为不必，且于事势亦有所不能。善本难遇，乞假尤难。往返商榷，更多耽阁。如是则观成无期，且善本亦正无穷。先得一明本，以为可以替代矣，未几而有元本出，又未几而有宋本出。若以明本自画，则于目的有违；若必进而求元本，更进而求宋本，则观成更无期。故弟窃以为二公高见与教部原意分之两利，合之两妨。方台驾莅沪之初，辱承见教，弟均以此意上答。今斐兄复传述守兄雅意，殷殷垂诲，当与王、李二君商酌，均以为于印行库本外，所有公私善本允假敝馆影印者，苟于照相制板在技术上认为可能，极当勉力承印，与库本并行不悖。此则敝公司愿竭其绵薄而与各学术团体及学者通力合作者也。谨布区区，伏维亮察，顺颂暑祺百益。

弟张元济拜启

二十二年七月十三日

〔国家图书馆档案,档案编号 1933-※054-综合 2-001010 至 1933-※054-综合 2-001012〕

恒慕义致函先生,告知采访部已将账单转下,支付方式则通过其他周转资金,非国会图书馆直接支付。

July 13, 1933

Dear Mr. Yuan:

The Accessions Division turned over to us your itemized bill of May 10, 1933 for 33 items costing Peiping Currency $318.00. As you stated on the bill, they were sent on approval. The choice is excellent and I am eager to keep them. The money will be paid to you either as a whole or in two or three installments, by Rev. Ernest Shaw of the American Board Mission, Teng shih k'ou, who has a small revolving fund of the Library of Congress for the purchase of periodicals and other stray materials. If he does not pay the whole sum immediately, it is because his fund is only a few hundred dollars and must wait to be replenished from time to time. When he has paid, kindly receipt his copy of your statement which he will return to me as he does regularly with other small purchases of periodicals.

We are paying this item through this channel in order to avoid the explanations commonly demanded by the Accessions Division. As I wrote you before, they do not object to occasional items sent on approval-it is only when the items are so numerous, and the amount seems comparatively large that they demur. Hereafter, if the articles are numerous, please first send a recommendation with a statement of cost, and I am sure there will be no difficulty in getting approval.

With kind regards, I remain

Ever sincerely yours,

Arthur W. Hummel,

Chief of the Division of Orientalia

〔Library of Congress Archives, Arthur W. Hummel Sr. correspondence series, MSS86324〕

按：American Board Mission 应指美公理会，Ernest Shaw 神父为该会秘书，其中文名待考；Teng shih k'ou 即灯市口。该件为录副。

七月十五日　南京

上午八时，故宫博物院理事会假励志社召开全体会议，汪精卫、江瀚、张静江（吴敬恒代）、张继、于右任、吴敬恒、俞同奎、马衡、黄郛（先生代）、蔡元培（叶恭绰代）、沈兼士、张群（赵尊岳代）、王世杰等人出席，江瀚为会议主席。

（一）江瀚代理事长辞职案。决议：公推张理事静江为故宫博物院理事会理事长，送中央政治会议备案。

（二）易培基院长因病辞职案。决议：准易院长辞职，推古物馆副馆长马衡暂代院长职务。决议：推马理事衡为故宫博物院院长，徐森玉为副院长，俟征求同意后，下次理事会会议再行决定。

（三）补充理事案。决议：推举下列诸人为故宫博物院理事：孙科、居正、叶楚伧、叶恭绰、朱家骅、蒋伯诚、顾孟余、蒋梦麟、朱启钤、史量才、钱新之、周作民、吴鼎昌、张公权、先生、任鸿隽、褚民谊、刘守中、徐森玉。

（四）补充常务理事案。决议：常务理事俟理事长就职后，提交下次理事会议讨论。

（五）设立故宫博物院分院案（附进行办法草案）。决议：原则通过，进行办法待下次会议讨论。

（六）设立临时监察委员会案。决议：成立临时监察委员会，规程章案第二条，监察院代表一人，删除改为军事委员会代表一人。第三条删除，其余照原案通过。

（七）理事会组织法第四条，大学院院长为当然理事，应修正为教育部部长为当然理事案。决议：通过。

（八）影印《四库全书》珍本案。影印合同照故宫博物院修正案修正通过。

（九）院务及财务报告。由俞理事代表易院长报告（另发油印详细报告）。

（十）汪理事、吴理事等提议关于本院诉讼事件，法院现在侦查，本院理事会应先行查明，报告政府，供司法界参考，决定起诉与否。〔《马衡年谱长编》，页 439－440〕

国会图书馆致函先生，前信所询《分类法细目》尚未刊印，并告知影照东亚、非洲、大洋洲地区语言文学部分的估价，平馆如订购须提前付费。

July 15, 1933

Dear Sir:

Referring to your letter of May 30.

We do not know when it will be possible to print the schedules for PL, PT, and PQ. They are, for the most part, ready for printing, according to a report from the Acting Chief of the Classification Division, Mr. Jones.

Should a photostat copy of the scheme for PL meet your need, Mr. Jones has a copy (revised for printing) for which we enclose an estimate of the cost of such a reproduction, -amounting to ＄6.60 for the positive prints including the negatives; or ＄3.30 for the negatives alone.

As the Treasury Department requires prompt deposit of all funds received for this purpose, it is our practice to request payment in advance (see appended circular).

Very truly yours,

Secretary

〔Librarian of Congress, Putnam Archives, Special File, China: National Library 1930-1939〕

按:Mr. Jones 应指 Cecil K. Jones(1872-1945),美国图书馆学家,1900 年进入国会图书馆服务,曾担任分类部主任助理。此件为录副。

七月十九日

王世杰覆函蔡元培、先生,阐明教育部就影印文渊阁《四库全书》之主张及理由,并嘱平馆影印馆藏善本。

孑民、守和先生大鉴:

前以本部影印《四库全书》未刊珍本一事,承殷殷垂示尊见,具征关怀文化,无任感佩。

按《四库全书》虽多刊本,而未刊者确有三百余种,或虽见著录,刊于宋元,而流传已少,有同未刊。此次付印,即重在此项秘笈,是以定名为《四库全书未刊珍本》,此应奉复者一也。

又《四库》所收非尽善本,且有残缺讹误,确属实情,无庸讳言。但板本追究无穷,采访尤费时日,善本虽有,乞假非易。且以库本与刊本并印，则与普通丛书相同，恐与此次印行《四库》存其真相之原意，似属不符。若于《四库》中，再以价值定其去取，则观点各有不同，主张恐难统一。而于未刊本中重加选择，则未当选之未刊本，永沦于未刊，及今不印，散佚堪虞，此应奉复者二也。

至此次印行《四库未刊本》，所拟草目，经史两部共计一百二十七种。查明人著述，仅得二十四种，其中亦多佳构，并非全无价值。且预定组织一委员会，审定目录，藉收各方宏议，以定去取，此应奉复者三也。

现因印行《四库未刊本》已成定议，未便更改，而印行四库底本，亦属要举，不妨并行。北平图书馆年来搜藏善本，蔚为巨观，又与各藏书家多有联络，可以商借付印，则关于筹印四库底本事宜，可否即请平馆担任？如荷同意，即乞妥拟计划，报部备案。闻商务印书馆亦乐于担任，则印刷之事，当亦不甚难也。专此布复，诸希亮察，顺颂道安，不一。

王世杰谨启

七，十九

〔教育部用笺。国家图书馆档案，档案编号 1933-※054-综合 2-001007 至 1933-※054-综合 2-001009〕

按：此函为文书代笔，钤王世杰名章，后刊于《大公报·文学副刊》第 293 期。

葛斯德华文藏书库致函先生，感谢平馆寄来出版品清单并请保持联络，但表示所有购书均通过在平的义理寿完成。

July 19th, 1933

Dear Dr. Yuan: -

Yesterday's mail brought to us from your Library the list of New Publications, containing 16 items. We thank you for your courtesy in forwarding us this list, and we would appreciate it if you had our name added to your permanent mailing list.

As you know, all purchases for the Gest Chinese Research Library are made by Commander I. V. Gillis, Peiping, but nevertheless we like to be in touch with movements going on in China, and therefore would appreciate all material for presentation coming to us direct.

Very truly yours,

THE GEST CHINESE RESEARCH LIBRARY,

〔Princeton University, Mudd Manuscript Library, AC123, Box 418, Folder National Library-Peiping, 1931-1936〕

七月二十七日

顾颉刚致函先生,谈樊某事。〔《顾颉刚日记》卷3,页71〕

按:樊某似指樊漱圃。

七月二十九日

江瀚、先生一同乘车抵平。〔《益世报》(北平),1933年7月30日,第6版〕

按:某记者前去采访,先生谈故宫博物院改组,欲仿照平馆之组织,完全脱离政治、延揽专门人才,建设一科学化博物馆。

七月底

某记者来访,先生谈易培基、李宗侗近况,并认为故宫博物院南迁古物在时局允许情况下应北返。〔《新天津》,1933年8月1日,第2版〕

是年夏

先生联系钢和泰,说明林藜光前往法国学习的缘由,请其谅解林藜光无法继续《大宝积经迦叶品》汉梵索引工作,后得钢和泰覆函,表示同意。

Dear Professor Yuan

Since you so kindly called on me the situation has somewhat changed. I now do know of a scholar who will be able to continue Mr. Lin's indexing work in Peking and I have already written to him. Under these circumstances I do no longer so strongly object to Mr. Lin's sudden departure.

I remain yours very sincerely

A Staël Holstein

〔《美国哈佛大学哈佛燕京图书馆藏钢和泰未刊往来书信集》下册,页539〕

按:林藜光(1902—1945),厦门大学哲学系毕业并留校执教,1929年应聘赴北平任哈佛燕京研究所研究员,随钢和泰学习梵文,后在法国巴黎国立东方语言学校任教。此件为底稿,无落款时间,林藜光离国赴法日期应在是年8月。[1]

八月三日　北平

先生抵达北平，有记者来访，请谈选印《四库全书》事。先生略谓：

此次政府决定选印《四库全书》，北平图书馆同人曾提出两种主张：（一）文津阁本抄写最晚且据善本重校，故卷中讹误较少，乾隆在热河行宫时每日翻阅，屡饬馆臣详校，遇有错字罚令重写，故卷中剜改之处甚多，可资证明。此次影印，应将文渊及文津两本，一一比勘择善而从，每书之后并附校勘记，不得置文津于不顾；（二）四库本经馆臣删改，已大失原书面目，内中以宋元人文集、奏议及史部各书为尤甚，此次影印凡公私所藏旧刻或旧抄，可用以代替库本者，应采用最古之本而废库本，以存其真。本馆并担任向各藏书家商借影印，汇为大观。为学术前途计，虽采访稍费时日，亦所不惜。换言之，非至不得已时，不用库本。

本馆为贯澈此项学术上主张起见，特印行《景印四库全书罕传本拟目》分寄国内外学术机关及藏书家征求意见，一月以来，各方覆信，一致赞同。足证本馆之主张，已成全国学术界之共同主张。本人在沪时，曾与委员长蔡孑民先生联名上教育部一呈，申述吾人立场，沪上精通目录版本之学者，如董康、张元济、徐乃昌、刘翰怡、叶恭绰、冒广生诸先生，均极力赞成此项主张，并由叶君主稿，联名致函教部，贡献同样之意见，诚以此项工作决非机械式之影印便可了事。

内中如版部之校勘，目录序跋之增补，工作繁重，亦非短期所能举办。吾人为国家办文化事业，似不宜草率从事也。近接王部长覆函（闻系中央图书馆蒋某代拟），对于吾人之主张，似未能容纳。但本人既负典守之责，见闻所及自当力图补救。现又派本馆编纂赵万里先生南下接洽，作最后之努力。如当局仍主张以机械方式一一景印，则北平图书馆之参加尚待考虑云。

〔《世界日报》，1933年8月4日，第7版〕

八月四日

下午四时，中华图书馆协会第二次年会第一次筹备委员会假平馆举办。施廷镛、冯陈祖怡、田洪都、陈宗登、先生、李文裿等人出席，先生为主席。先

[1] 王启龙编著《钢和泰学术年谱》，北京：中华书局，2008年，页216。

生先报告前与南京、上海执委晤谈,多数人表示第二次年会不宜再延缓,并认为清华大学作为举办地十分合宜,恰梅贻琦校长在南京,商定八月二十八日至三十一日举办。此外,会议议决招待组、注册组、文书庶务会计组等各项事务及负责人员,先生被推定为年会图书馆行政组主席,副主席为洪有丰,冯陈祖怡、姚金绅(天津市立图书馆)为书记。〔《中华图书馆协会会报》第 9 卷第 1 期,页 13〕

八月上旬

先生致信罗文幹,赠南沙群岛地图以利宣示、维护领土主权。

钧任部长尊鉴:

前在京匆匆一晤,未及畅聆教言,至为怅怅。日昨由青岛返平,藉悉贵部正从事研究珊瑚九岛问题。兹检阅英国陆军部近印马来群岛地图,在各小岛名称上足资证明珊瑚九岛为中国领土,位在西沙群岛(拔拉色尔群岛)之东南,相距七八百公里。报载海军部断定法人所占者为西沙群岛,当系该部之错误。爰将该图寄上一份,即希台阅,存部以供参考为荷。窃念西沙群岛向由崖县管辖,其存储之燐矿此种矿系远古鸟粪所成,西人称之为 Guano,其内中含燐质 Phosphate 化合物甚夥,足供农业肥料之用,于将来发展我国农工业关系颇大。政府似应予以充分注意,将主权向归我□一层,早日宣示中外,以免日人之觊觎。管蠡之见是否得当,尚希钧裁是幸。专此,敬候道祺。叔谟次长同此致意。

〔《北京图书馆馆史资料汇编(1909-1949)》,页 381-382〕

按:罗文幹(1888—1941),字钧任,广东番禺县人,中华民国外交官,时任外交部长。"叔谟次长"即徐谟(1893—1956),字叔谟,江苏吴县人,中华民国法学家、政治学家、外交官,时任外交部政务次长。此件为先生亲笔,无落款。

八月九日

先生致信罗文幹,再寄上两份地图以供参考。

钧任部长尊鉴:

前上一书,谅达座右。兹敝馆购到西沙群岛及珊瑚九岛详细地图各一件,特为寄上(交邮另寄),藉供参考,何时用毕,并祈赐还是感。此上,顺颂道祺。

后学袁同礼顿首

八月九日

〔国立北平图书馆用笺。台北“国史馆”,〈法占南海九小岛(三)〉,典藏号 020-049904-0016〕

按:此信为文书代笔,落款处为先生签名。

八月十日

罗文幹覆函先生,就前信及地图表示感谢。

守和先生台鉴:

接奉手书,诵悉壹是。承示九岛情形,至为详尽,实深感佩,并蒙惠赐地图一帧,尤足以资本部之参考。耑此奉复,敬布谢忱。顺颂大安。

弟罗文幹顿首

八月十日

〔《北京图书馆馆史资料汇编(1909-1949)》,页 383〕

按:此信为文书代笔,但落款处为先生签名。

八月十四日

先生致信张元济,就影印《四库全书》之议,仍请“以善本代替库本”。

菊生先生尊鉴:

前奉七月十三日手教,以有青岛之游,未及作覆为歉。流通古籍,采用善本,我公提倡最先,海内钦仰。此次选印《四库》,同人拟议“以善本代替库本”,盖本我公向来之主张,聊备当局之采择而已。曩者贵公司两次陈请借印,以政治关系功亏一篑,但先后均以贵公司名义影印发行。此次则系由政府主持,而只从事于抽印,与以前两次情形微有不同。同礼职司校雠,而于文津、文渊两本,又与孑民、叔海两公共负典守之责,见闻所及,不得不图补救,区区苦衷,当为国人所共谅。诚以当局如有殆误,匪特在学术上为致命伤,于国家颜面尤不能不顾到也。矧近年来中国学术上之进步,已迥非十年前所可比拟,而目录之学,则已蔚为大国,骎骎乎司群学之枢键而司其营养焉。“善本难致”似已无庸过虑,同人不敏,深愿勉尽绵薄,共襄盛举,以期能底于成,不致再蹈前人之失。至尊函所述“耽搁”一层,自当力图避免,但吾人为国家办文化事业,亟应屏除敷衍苟且之陋习,而万不宜草率将事也。兹闻编订目录委员会业已组织成立,其中委员如先生等又为版本大师，此后进行当可脱离政治，而入纯粹的学术范围，想贵公司诸公当亦乐观其成也。谨布区区，伏维亮察，顺颂著祺。

后学袁同礼拜启

二十二年八月十四日

梦旦、云五、拔可诸先生统此致意。

〔国立北平图书馆用笺。国家图书馆档案，档案编号 1933-※054-综合 2-001013 至 1933-※054-综合 2-001016〕

《大公报·文学副刊》刊载先生和向达合撰文章，题为《选印四库全书平议》。〔《大公报·文学副刊》第 293 期，第 11 版〕

按：该文附录两种，分别为“中央图书馆筹备处与商务印书馆所订合同”“关于文津阁校勘之档案二则”，亦登载于《晨报·北晨学园》、《国风》半月刊、《时事新报》等处。

八月十五日

国民教育部发出聘书，聘李盛铎、董康、傅增湘、陈垣、先生、徐乃昌、刘承幹、张宗祥、徐森玉、傅斯年、柳诒徵、张元济、马衡、赵万里、顾颉刚等人为“四库未刊珍本”目录委员会委员。〔《申报》，1933 年 9 月 24 日，第 16 版〕

按：该委员会负责审查中央图书馆所编“未刊本草目”，以一月为讨论时期、两月为编订时期，各委往复函商，最终确定选印书目，在原草目（366 种）中选出 142 种，此外增加遗漏者 38 种，凡有善本可代替者一律剔除，以待另印。此外，该委员会有 15 人和 17 人两种说法，后者多张允亮、叶恭绰 2 人。[①] 其原因，可参见 8 月 23 日先生致叶恭绰信。

八月中旬

先生派李益华访刘承幹、徐乃昌等人，询影印《四库全书》意见。〔《求恕斋日记》（稿本）；《徐乃昌日记》，页 1536〕

按：李益华，字锦书，江西浮梁人，故宫博物院图书馆科员。[②] 时值刘承幹忙于诉讼案件，似无心他顾，故 8 月 21 日未见李益华。8 月 22 日，李访徐乃昌，初未得晤谈，后徐乃昌答拜，表示无意见

① 《申报》，1933 年 8 月 15 日，第 18 版。徐乃昌在其日记中亦提及此差异，“教部聘书名单无张允亮、叶恭绰二人”，参见《徐乃昌日记》，页 1534。

② 《北平故宫博物院图书馆概况》，1931 年 11 月，页 17。

可发表,并赠其《玉台新咏》。

八月十八日

先生致信国会图书馆,请以负片形式影照美国国会图书馆分类法之东亚、非洲、大洋洲部分。

August 18,1933

Dear Sir:

Please supply us with a photostat copy, negative, of your schedule for PL.

Enclosing herewith please find draft for US $ 3.30 as our advance payment for same. Your official receipt in duplicate is requested.

Yours truly,

T. L. Yuan

Acting Director

〔国立北平图书馆英文信纸。Library of Congress, Putnam Archives, Special Files, China: National Library 1930-1939〕

按:此件为打字稿,落款处为先生签名,于 9 月 16 日送达国会图书馆秘书办公室。

《晨报·北晨学园》刊登先生文章,题为《〈四库全书〉中〈永乐大典〉辑本之缺点》。〔《晨报》,1933 年 8 月 18 日,第 12 版〕

按:该文后又刊于《国立北平图书馆馆刊》第 7 卷第 5 号。

八月二十二日

下午四时,中华图书馆协会第二次年会第二次筹备委员会假平馆举办。田洪都、陈宗登、何日章、冯陈祖怡、先生、施廷镛、王文山、李继先、李文裿等人出席,先生为会议主席,李文裿为书记。先生做年会预算及筹备捐款报告,与会者公推先生向古物陈列所、北平研究院、历史博物馆等机构募捐。此外,执行委员会共议决提案十三条。〔《中华图书馆协会会报》第 9 卷第 1 期,页 14〕

按:本次年会第三次筹备委员会似于本月 27 日召开。①

① 《中华图书馆协会第二次年会报告》,1933,页 94。

八月二十三日

先生致信叶恭绰，谈北平诸公关于影印《四库》的两种办法，并寄赠《国立北平图书馆善本书目》三册。

玉虎总长钧鉴：

日前奉到惠寄样本，当在年会分发。关于影印《四库》事，平中诸位数度集议，拟以甲编为《四库孤本丛刊》，乙编为《四库善本丛刊》，为迁就事实起见，决定先完成甲编，但为学术前途计，同人精力将侧重于乙编。弟曾拟一草案，主张由委员会积极负责，始终主持其事，不仅审核蒋君之目已也。此目列有刊本者约六十种，而遗漏错误之处不一而足。惟沅老、援庵均以教部既无诚意，吾人何必自讨没趣，故拟在建议书中将弟之主张一一列入，亦一圆滑之办法也。惟部中所聘之委员，原有我公在内，并有专电到平，后又临时撤回，盖疑上次公函为公所“主稿”者也。部长度量之小，未免可笑。而此次发表之规程，仅请各委员审核蒋君之“未刊本草目”，而置平馆呈部之“罕传本拟目”于不顾，予吾人以难堪，同为国家机关，相煎何太急耶！昨阅《大公报》社评，尚称公允，奉上一阅。兹承叔鲁总长赴申之便，寄上平馆善本书目史、子、集三册，其第一册俟序文刷就再行送上。匆匆，即颂道祺。

后学袁同礼顿首

八月廿三日

〔《历史文献》第5辑，页220-221〕

按：“上次公函”似指《中华图书馆协会会报》第9卷第1期16至17页所登载者。“叔鲁总长”即王克敏。《国立北平图书馆善本书目》序言由傅增湘撰写，成文于本年12月16日（既望）。该件附《大公报》社评、教育部呈文钞件、选印四库进行办法草案等件。

先生致信李滂，寄赠《国立北平图书馆善本书目》三册。

少微先生大鉴：

日昨晤教为快。承兄惠赐论文，关于《大典》校指者极为感谢。倘承早日赐下，尤所企盼。奉上敝馆善本书目史、子、集三册，敬希转呈尊大人是荷。第一册俟刷就再寄。此上，顺颂道祺。

弟袁同礼顿首

八月廿三日

赵斐云兄定本星期日赴津会商印《四库》事。

〔虞和平主编、中国社科院近代史编《近代史所藏清代名人稿本抄本》第141册,郑州:大象出版社,2011年,页379-380〕

按:李滂,字少微,李盛铎十子,时居天津日界秋山街201号。

八月二十五日

先生寄航空信,征询徐乃昌对影印《四库全书》意见。〔《徐乃昌日记》,页1537〕

按:本日,先生似寄赠《国立北平图书馆善本书目》史部、子部、集部三册与徐乃昌,并于28日送达。26日,徐乃昌收到此信,特拜访张元济,后者与先生主张仍无法调和。

八月二十八日

上午九时,中华图书馆协会第二届年会假清华大礼堂举行开幕典礼,到会嘉宾及会员二百余人。先生、王文山、沈祖荣、袁良、赵尊岳、樊际昌等八人位列主席团,先生被推定为主席,李文祷为司仪。先生致开幕词,大意如下:

今日为中华圕协会第二次年会开幕之期,承党政教育当局出席,各处来宾远道参加,实为荣幸!本会于十四年六月正式成立,十八年一月始在南京举行第一次年会,又至二十二年乃能举行第二次年会,其中间间隔洽巧俱为四年,可见举行年会殊非易事,其困难之点有三:一为经费不敷,二为时局不靖,事实上难于实现,三则第一次年会议案甚多,推行需时也。

此次开会,讨论问题以圕经费及民众教育为中心,其旨趣已见宣言。第一次年会后,四年间国内圕事业甚有进展,如清华大学圕,国立北平圕,广州市立圕,浙江省立圕,皆有宏大之建筑,此就其外表观之。论及内容,则可以增加书籍之量为代表,如北平各圕每年共有购书费五十万元以上,四年即已超越二百万元矣。各圕更特有连络,采购则避免重复,阅览则互相通假,此皆欧洲大城历时许久而不易实现者也。民众圕在江苏、浙江、河北、山东等省之增加,亦为不可掩之事实,质与量两方面皆有贡献,惟经费方面不能使人满意。各地情形不同,亦不能平均发展,内地与沿海各省相差甚远,如是问题此次开会自当研究,然此非圕人员本身上所能解决,端赖地方政府之援助。民众教育馆及民众圕量的增加很多,但挂空牌匾者亦不鲜。质之改善甚有需要,近年来乡村破产，一般人才大抵集中城市，如何设法使有才力之人员与学者到乡间去，亦此次年会所注意者也。

继由政务整理委员会委员赵尊岳（黄郛代表）、北平市党务整理委员会庞镜塘、市长袁良、清华大学校长梅贻琦、北京大学樊际昌、中法大学李麟玉致辞。礼毕，与会代表合影留念。

下午二时，图书馆行政组会议在清华大学生物学馆召开第一次会议，先生为会议主席，冯陈祖怡、姚金绅为书记，到者六十八人。首由十家省市图书馆报告各馆概况，先生略作归纳，随后讨论议案十项，至五时散。〔《申报》，1933年8月31日，第16版；《中华图书馆协会第二次年会报告》，1933年，页9-20、24-26〕

下午三时，中山文化教育馆在南京召开常务理事会第五次会议，孙科、叶恭绰、蔡元培、孔祥熙、史量才、吴铁城、黎照寰、郑洪年出席，李大超列席。讨论各项议案，并通过中山文库审订委员会名单，共计六十三人，先生名列其中。〔《申报》，1933年8月30日，第18版〕

钢和泰致函先生，寄赠 Friedrich Weller 所著索引两份，其中一份请存于平馆供人阅览。

Peking, August 28th 1933

Dear Professor Yuan,

I enclose two copies of Professor Weller's index. May I ask you to keep one of them and to present the other one to the National Library?

In accordance with your instructions I have asked the Lazarists to send you only 240 copies of the (1) covers, (2) the title page and (3) the introduction to the commentary as well as the bill (for 500 copies).

Believe me yours sincerely and gratefully,

A Staël Holstein

I have personally received the sixty free copies of the cover □□ (from the Lazarists) and of the text (from the Commercial Press), which you have kindly promised me.

〔《美国哈佛大学哈佛燕京图书馆藏钢和泰未刊往来书信集》下册，页538〕

按：Professor Weller 即 Friedrich Weller（1898-1980），德国语文学家、印度研究专家，index 应指 *Index to the Tibetan Translation of the Kāçyapaparivarta*(《大宝积经藏译本索引》), Harvard Sino-Indian series 第 1 种,1933 年印行。此件为底稿。

八月二十九日

上午十时,中华图书馆协会年会会务会议假清华大学第三院十二号召开,会议主席戴志骞因故未能出席,先生代替,李文椅记录。首由先生报告协会执行部年度编制报告,并谓本会不能发展的原因大致有四,一为经费过少,二为无力聘请专员负责,三为会员隶属各机构无法集中服务,四为出版物缺乏高质量稿件。随后讨论九项议案,如募集基金案、继续执行第一次年会议决案案、下届年会地点案、规定本会事务所职员应为专任职务以增进会务效率案等。至十二点半,会议始散。〔《中华图书馆协会第二次年会报告》,1933,页 87-92;《中华图书馆协会会报》第 9 卷第 2 期,1933 年 10 月 30 日,页 23〕

八月三十日

图书馆行政组会议在清华生物学馆召开第二次会议,先生为会议主席,冯陈祖怡、姚金绅为书记,到会者三十八人,讨论议案十一项。

晚九时,中华图书馆协会在清华大学大礼堂举行闭幕典礼,到会者一百余人,王文山为典礼主席致辞,先生以行政组负责人身份报告该组议案,后由王文山(经费组)、李燕亭(教育组)、刘国钧(分类编目组)、杜定友(索引检字组)、赵鸿谦(民众教育组)分别陈述各组议案。〔《中华图书馆协会第二次年会报告》,1933,页 26-28;《申报》,1933 年 9 月 3 日,第 20 版〕

按:李燕亭(1895—1964),原名长春,字燕亭,以字行,河北定兴人,早年赴美留学,曾任河南中州大学图书馆主任。

八月三十一日

上午七时,中华图书馆协会会员乘汽车进城,赴平馆参观宋元明善本展览会、德国现代印刷品展览会及平馆各阅览室,先生负责接待引导。十时许,全体会员参观故宫博物院。

中午,北平图书馆协会在铁道宾馆宴请会员,其间江苏会员徐旭谈各省民众教育问题,先生和李文椅谈美国图书馆与其协会发展现状。

下午,参观古物陈列所。六时,至外交部街迎宾楼(外交大楼),北平官署及学术机构在此设茶话会,其间北平市长袁良、北京大学校长蒋梦麟相继发言。会后,合影留念。〔《申报》,1933 年 9 月 3 日,第 20 版〕

恒慕义致函先生,告知国会图书馆已寄出所有馆藏《永乐大典》的影本,并谈交换细节。

Aug. 31, 1933

Dear Mr. Yuan:

We have now sent you photostats of all our 37 *Yung lo ta tien* which I hope you have received.

We already have you, on account, facsimile MS. of Nos: 3507-08, 8506-07. Also, we have from Japan reproductions of the following Chuan: 661, 662, 2610-11, 7963.

As for the exchange, we should prefer to have manuscript copies bound like the originals. As the total cost of making these is probably greater than photostating, please make up the difference by reducing the number you send in return. There is no special hurry about this exchange, but since we had sent photostats of all we had, I wanted to let you know how we stand.

I notice that there are now listed in your *Bulletin* 349 vols.-quite an increase over your earlier list. *The Bulletin of the National Library* is a valuable journal which I read with the greatest profit.

Sincerely yours,

Arthur W. Hummel,

Chief, Division of Orientalia

〔Library of Congress Archives, Arthur W. Hummel Sr. correspondence series, MSS86324〕

按:3507-08 和 8506-07 分别指《永乐大典》坤字册、宁字册,确藏于平馆;2610-11 则指台字册,日本东洋文库藏;661-662 和 7963 分别指雝字等册、兴字册,藏于平馆,此处或由平馆为日本某馆影照后再由后者翻拍给国会图书馆,待考。"your *Bulletin* 349 vols"应指《国立北平图书馆馆刊》第 8 卷第 1 号的《〈永乐大典〉现存卷目表》。该件为录副。

九月五日

先生路遇朱自清。〔《朱自清全集》第 9 卷,南京:江苏教育出版社,1997 年,页 246〕

按:此次相见似为二人首次碰面。

九月六日

上午九时许，瑞典卡尔亲王及其随从在北平军分会、市政府人员的陪同下赴平馆参观，先生引导至各阅览室参观，约十时许离开。〔《益世报》（北平），1933年9月7日，第6版〕

按："瑞典卡尔亲王"即Prince Carl Bernadotte（1911－2003），本月初在京沪考察，后北上访问平津等地。

九月七日

先生致信王献唐，若山东省立图书馆不拟购入海源阁旧藏善本，请挂号寄平。

献唐先生大鉴：

昨接谢刚主君由济来函，云敬古斋现有海源阁旧藏黄跋书数种，出售书存尊处，请商洽等语。杨氏之书当系佳本，如贵馆不拟购存，乞即将原书挂号寄下一阅，再定去留，诸费清神，无任感谢。专此，顺候台祺。

弟袁制同礼拜启

九月七日

〔国立北平图书馆用笺。张书学、李勇慧辑注《王献唐往来书信集》，南京：凤凰出版社，2021年，页1737－1738〕

按：该信全文皆为文书代笔。

九月九日

先生访顾颉刚，邀请其出席明日《四库未刊珍本》委员会会议，后者因有疾婉拒。〔《顾颉刚日记》卷3，页86〕

晚，先生设宴，周作人、藤塚邻、小竹文夫、桥川时雄、孟、钱、徐、杨、何等人与席。〔《周作人日记（影印本）》下册，郑州：大象出版社，1998年，页487〕

按：《周作人日记》本为人名缩写，现可确定的是藤塚邻、小竹文夫、桥川时雄三人，孟应为孟森，钱应为钱稻孙，徐应为徐森玉，杨、何二人待考。1932年，藤塚邻曾影印《翁覃溪手札帖》，与平馆多有交往。

九月十日

《四库未刊珍本》委员会开会，先生应出席。〔《顾颉刚日记》卷3，页86〕

九月十一日

先生致信《时代公论》记者，表明学者未阻挠影印《四库全书》，而是针对选印办法提出意见。

记者足下：

顷阅贵报二卷二十三号。内载田炯锦君《名流与景印四库珍本》一文，拜读之余，无任钦佩，文中屡引鄙人谈话，尤为荣幸。此次教部景印《四库》流传孤本，薄海内外，罔不赞同。惟选印之办法及标准，不无可议，学者指摘，亦忠于学术者应有之举（中央图书馆所拟"未刊本草目"失收及误收之处，已由陈援庵先生签注，一一为之厘正，见九月五日《北平晨报》，兹不赘），而不能认为"吹毛求疵，意存阻挠"也。曩者商务印书馆影印《四部丛刊》、《百衲本二十四史》，采用善本，展转乞借，其谨严不苟之精神，素为学术界所称许。此次景印《四库》，系由政府主持，同人拟议"以善本代库本"，稍明版本之学者无不知之，何能认为"陈义过高，观成无期"，"采访匪易，商借尤难"，岂商家能为者而堂堂政府竟不能为乎？似此矛盾冲突，何以自解。今贵报既以提倡学术相号召，凡此种种，似应予以考虑，而不能以"合于理想，不切实用"相责也。

田君又谓"文人相轻，意气不能不闹"，"封建气味，到处弥漫"，多属感情语，于事实相距甚远。深恐道路传闻，致起无意识之误会，特此奉陈，即希亮察，并乞将此函刊登贵报通讯栏内，以明真相，无任感荷。此上，顺颂撰祺。

袁同礼拜启

九月十一日

〔《国风》半月刊，第3卷第6期，页19〕

按：此信亦刊于《京报》1933年9月16日第7版。

九月十二日

先生致信王云五，告知故宫博物院会按《四库孤本丛刊目录》点交图书与商务印书馆摄照。

云五先生大鉴：

《四库孤本丛刊目录》业经各委编就，即日送部备案。除嘱本院驻沪办事处照目提出以便点交贵馆摄影外，特此奉达。即希查照是荷。此颂台祺。

廿二年九月十二日

〔国家图书馆档案，档案编号1933-※054-综合2-001017〕

按：此信虽未署名，但确为先生亲笔。

九月十四日

孙楷第携郝懿行遗书目录与先生、徐森玉浏览，二人均表示极愿购入平馆。〔《钱玄同日记（整理本）》，页957〕

按：此事最初由李文保将郝懿行遗书目录交与钱玄同一阅，后者让孙楷第转交与先生，并有意约郝家后人、李文保、孙楷第、徐森玉四人见面接洽。

九月十八日　南京

下午三时，马衡与先生拜访邵元冲。〔王仰清、许映湖整理《邵元冲日记》，上海：上海人民出版社，2018年，页1030〕

按：此次拜访似与故宫博物院古物北返之议相关。本年9月，北平文化界、学术界以时局逐渐稳定为由呼吁将古物北返，先生似颇为赞成，动用各种关系积极与政界接洽。[1]

九月中下旬

先生访张元济，谈《四库》影印及《四库善本丛刊》、《宛委别藏》影印事。其中，二人因库本与善本之争意见不同，张元济并未联署。〔《张元济傅增湘论书尺牍》，1983年，页308〕

按：张元济与王云五商量后，觉一时无力承担《四库善本丛刊》全部，希望化整为零，随印随出。《宛委别藏》则照目全印。

九月二十日　上海

晚，先生访徐乃昌，未得晤。〔《徐乃昌日记》，1543〕

晚九时，先生访刘承幹，为《碛砂藏经》及《四库》罕传本二事。〔《求恕斋日记》（稿本）〕

九月二十一日

王献唐覆函先生。〔《王献唐年谱长编》，页416〕

九月二十二日

先生访刘承幹，请其在致教育部公函中联署，刘承幹允诺。〔《求恕斋日记》（稿本）〕

按：据刘承幹记载，公函系李盛铎领衔，略谓"公同评阅选出一百

---

① 《京报》，1933年9月16日，第6版。

八十种，共九万余叶。余均从《大典》辑出，而别无他本可代者为主。其次则《四库》所录源于宋元善本者，又其次则原本虽出明刊及撰述出于近代，而今日已极为罕秘，世人所不经见者，一并甄收，统用库本以归画一。”

晚，先生访徐乃昌，未得晤。〔《徐乃昌日记》，页1544〕

九月二十三日

“四库未刊珍本”目录委员会委员联名致函教育部部长王世杰，报告共选中古籍一百八十种。

雪艇先生部长大鉴：

前奉聘函，并附《四库未刊本书目》一册，曾荷雅命委以审查。兹经同人等再三集议、详加考核，谨就原目中选出一百四十三种，别加入三十七种，总计九万余叶，并拟定办法三项，胪陈于后，敬候鉴察，并冀迅予裁定，早日观成，同深幸荷。专此奉布，顺颂台祺。

〔《申报》，1933年9月24日，第16版〕

按：其中，经部25种、史部15种、子部24种、集部106种。信文中所说书籍种类数量与《申报》同日同篇报道数目(142+38)略有差异，特此说明。

九月二十四日

先生由上海赴杭州，将与商务印书馆商酌影印《四库》办法。〔《时事新报》，1933年9月25日，第7版〕

九月二十五日

蔡元培、先生具名呈请教育部，为平馆与商务印书馆订立影印善本书事备案。

案奉大部七月十九日函委本馆担任筹印善本事宜，妥拟计画，报部备案各节，仰见大部发扬文化、嘉惠士林之至意，莫名欣感。遵即与国内公私藏家及商务印书馆再三审议，拟定办法两项，理合另纸录陈，并检同《四库善本丛刊拟目》一册(其他存目及未收拟目，容编次告竣再行呈部)。本馆与商务印书馆订立合同草案一份，具文呈请鉴核备案，实为公便，谨呈教育部长，附拟目一册、合同草案一份、办法一纸。

国立北平图书馆馆长蔡元培、副馆长袁同礼

九月二十五日

〔《申报》，1933年10月6日，第10版〕

九月二十六日　杭州

先生赴浙江省立图书馆参观，陈训慈馆长负责接待。先生对该馆藏书数量、工作近况，颇多赞许。随后，先生拜会浙江省教育厅长陈布雷，询问浙江省立图书馆每年购书费是否有十万之巨。〔《浙江省立图书馆馆刊》第2卷第5期，“馆务大事记”页9；《东南日报》杭州，1934年9月12日，第15版〕

九月下旬　绍兴

先生购入李慈铭手稿十余种。〔台北“中央研究院”历史语言研究所傅斯年图书馆，“史语所档案”，元393-14〕

九月二十七日　上海

徐乃昌访先生，晤谈。〔《徐乃昌日记》，页1546〕

按：原文记作“答拜袁守和谭，覆教部函已代签名”，所谓“代签名”待考。

九月二十八日

先生访徐乃昌，晤谈，并出示《四库善本丛书》拟目。

晚六时，徐乃昌在会宾楼设宴，先生、顾燮光、黄宾虹、李锦书、褚德彝、罗振常、胡朴安、费师洪、陈乃乾等与席。〔《徐乃昌日记》，页1546〕

按：顾燮光（1875—1949），字鼎梅，浙江绍兴人，金石学家、藏书家、书画家；褚德彝（1871—1942），原名德义，号礼堂，浙江余杭人，近代篆刻家、藏书家；胡朴安（1879—1947），原名韫玉，号朴安，以号行，安徽泾县人，南社诗人，曾任福建省立图书馆馆长；费师洪（1887—1967），字范九，南通平潮人，江宁法政学堂毕业后参与办理两淮盐务，民国初年任张謇秘书。

《大公报·图书副刊》登载先生所撰《卷头语》。〔《大公报·图书副刊》创刊号，1933年9月28日，第11版〕

按：《读书月刊》第2卷第12期前附《停刊启事》，其中预告了《图书副刊》的出版，后者计划每两周发行一次，两者可谓接续关系。《卷头语》未署名，但由《大公报·图书周刊》[1]可知为先生所作，该篇失收于《袁同礼文集》。

---

① 《大公报·图书周刊》第1期，1947年1月4日，第7版。

九月三十日

中午十二时，叶恭绰在其府邸邀请朱庆澜、徐乃昌、蒋维乔、董康、夏敬观、先生、费师洪等人，观山西广胜寺新借得“宋藏”，并用餐。饭后，张元济始到，三时许众人散去。〔《蒋维乔日记》第16册，北京：中华书局，2014年，页477-478〕

按：夏敬观（1875—1953），字剑丞，祖籍江西新建，生于长沙，词人、画家。

晚，陈乃乾在一枝香招饮，先生、张芹伯、姚光、董康、徐乃昌、顾燮光、黄宾虹、胡朴安等人受邀与席。〔上海市金山区档案局（馆）编《姚光日记》，上海：复旦大学出版社，2023年，页1214〕

按：姚光（1891—1945），一名后超，字凤石，号石子，江苏金山人，近现代藏书家、文学家，1918年接替柳亚子出任南社主任。

先生致信傅斯年，谈《四库善本丛刊》影印计划及购入李慈铭手稿事。

孟真吾兄大鉴：

在京匆匆一晤，即来沪上，忽忽又旬日矣。上次向北平所借之杂志内有许君论文者，已寄到否？日来贵体如何，谅已复原，至为悬系。影印善本承嘱“不必限于四库著录之书”，极佩卓见。当即根据指示者，拟定办法两项，并与蔡先生、董授经、张菊生诸公会商数次，群认为此次景印善本较仅印库本尤为学术界之迫切要求。兹奉上油印文件及合同草案，敢请审核，如有不妥之处，并希示复，至感。呈文业由蔡先生处寄部，想部中当亦赞同。如有人破坏，并希鼎力斡旋，俾早日观成也。每书单行则每月可出三十册至四十册，预计十年可全部告成。弟近在绍兴购到越缦老人手稿十余种，内多“未刊”或“罕传”之本，仅费九百五十元。拟一星期内由沪返平，首都方面如无他事，拟即不再前来观光矣。教部召集各委于十月九日在中央馆开会，再审定各委平沪各委恐无人出席，想部中又上蒋君之当矣呈部之目录，拟请我兄代表参加，至为感荷。此请教安。

弟袁同礼顿首

三十日

盼覆。

商务赠送之书目当奉赠贵所一部。

〔上海九华堂宝记制笺。台北“中央研究院”历史语言研究所傅斯年图书馆，“史语所档案”，元393-14〕

九十月间

先生以中华图书馆协会执行委员会主席身份,呈请教育部推行本届年会议案。

为呈请事。窃本会于本年八月二十八日至三十一日在北平举行第二次年会,各地圕代表出席者,共有十七省市,以民众教育及圕经费为讨论中心,综计各项提案判为四类:(一)推广民众教育;(二)订定圕经费标准;(三)专材之培植与指导事业;(四)善本之流传,综上四端,经到会代表,本其经验悉心讨论。其最称扼要而便于实施者,共予通过十一案,靡不系于圕业之发展。惟是推行实践,固为本会所当尽力。而奖劝策励仍有仰赖大部之提携。理合开列各项议决案,分类清单一纸,原案理由办法一册,具文呈请鉴核。恳准分别施行,实为公便,谨呈

教育部长

中华圕协会执行委员会主席袁同礼谨呈

〔《中华图书馆协会会报》第9卷第2期,页26-27〕

按:该呈附送中华图书馆协会第二次年会议决案清单,包括推广民众教育、订定圕经费标准、专材之培植与指导事业、善本之流传四大项。

十月一日

徐乃昌寄赠《镜影》一套与先生。〔《徐乃昌日记》,页1547〕

十月三日　南京

中午,邵元冲在其宅设宴,马衡、先生、贺耀祖、徐谟、褚民谊、张明炜、方治等人受邀与席,三时散。〔《邵元冲日记》,页1035〕

按:张明炜,湖北汉阳人,1927年毕业于复旦大学社会科学科,时应任北平时事日报社社长。方治(1897—1989),字希孔,安徽桐城人,早年留学日本,时应在国民政府中央宣传部任职。

十月九日

上午九时,教育部编订《四库全书未刊珍本》目录委员会假中央图书馆筹备处召开会议,董康、傅斯年、先生、柳诒徵、王世杰(张炯代)、蒋复璁出席。会议主席张炯、记录冯虚受。讨论事项如下:

(甲)请参酌各委员寄来审查目录意见,编成定目案。

议决:原定草目,经各委员同意付印者,一律早印。

(乙)中央国医馆函请将《圣济总录》及《普济方》两种医书加入景印目录并

请酌印单行本案。

议决：不印，与规定原则不符。

（丙）浙江省教育厅呈公民樊镇请将《绛守居园池记》列入景印目录。

议决：不印，与规定原则不符。

（丁）傅增湘来函，请将名改为“四库秘本丛刊”。

议决：拟定三名称，分别为“四库秘本丛书”“四库秘本丛刊”“选印四库全书”，由教育部选择其一。

（戊）李盛铎来函，请商务印书馆多印单行本，廉价发售，俾广为流传。

议决：希望商务印书馆于履行原订合同后，再另印单行本。

（己）傅斯年提议，将《四库全书》照原样景印四函，仍请商务印书馆担任，是否有当。

议决：请该馆照原样景印一函。〔国家图书馆档案，档案编号 1933-※040-编印 1-002002 和 1933-※040-编印 1-002003〕

十月十一日

上午十时，中英文化协会在教育部开成立大会，到会者三十余人，中方代表有陈剑翛、杭立武、刘藻彬、李世琼、钱昌照、叶景莘、徐东藩、黄建中、黄明豪、徐庆誉、程锡庚、吴祥麟、石瑛、郭有守、李福善、先生、胡善恒、傅坚白、李毓尧、王传炯、郑天锡、梁定蜀、李毅士、邓克愚、钟天心、刘文海、王世杰，英方为蓝博森公使等八人。会议以王世杰为主席，先由其发言，继由蓝博森致辞，随后讨论会章、选举职员。下午四时许，蓝公使设茶话会，并摄影留念。〔《申报》，1933 年 10 月 13 日，第 20 版〕

十月十二日

王云五致函先生，商洽影印《宛委别藏》用纸、合同条文。

守和先生台鉴：

昨自杭归，知承枉顾，失迓为歉。李拔翁述及尊意，以贵院对于影印《宛委别藏》主张用手工纸一节，按敝馆原意所以主张用机制纸者，因手工纸产量有限，常有供不应求之虑，且与贵馆订约影印善本书需要又复甚繁，诚恐不及兼顾。兹重荷谆属，复与敝同人再三考虑，因《宛委别藏》此次选印者为数尚不甚多，当勉为设法改用手工纸印，以副雅意。该合同容即缮两份，就近送马院长署签，将其中第二条酌加数字，录其全条文如左，

第二条　选印《宛委别藏》缩成小六开本(与《四部丛刊》大小相同),因册数无多,由乙方就可能范围内用手工连史纸或毛边纸印刷。上述条文修改之意义,尚祈先为转达马院长为荷。至影印善本书合同,尊改之两条,分述意见于次,

(一)第六条　交到之书三个月摄影完竣。按每次由平运沪之书种数、页数多寡不能预定,若一律规定三个月内摄照完竣,事实上难以办到。兹拟改为"自收到之日起,每一个月须摄照二千页,每半年内须将已摄照者汇齐缴还一次"。

(二)第十一条　在本契约期内及期满后字样加"三年内"三字。按贵馆影印善本书志在流通,敝馆已任影印流通之责,似不必再行自印或另借他人影印。且仅限以三年,则敝馆摄照制版成本綦重,如三年售出之数无多,而按印数十分之一赠书早经履行,贵馆又复自印或另借他家影印,敝馆受亏过甚。兹请将所加"三年内"三字仍行删去,倘贵馆为预防敝馆怠于重版致碍流通起见,似可于第十一条条文下加,但书"但甲方知某种书已经售缺,通知乙方重版,经过一年后仍未重版者,甲方得将该种书另借与他人或由自己影印",如此似可双方兼顾。以上各节统乞察酌,再行赐示,当将该合同另缮正式者送请签印也。专此,祗颂台安。

王云五

二十二年十月十二日

〔商务印书馆启事用笺。国家图书馆档案,档案编号1933-※054-综合2-001022至1933-※054-综合2-001026〕

按:此件为打字稿,落款处为王云五签名。

十月二十日

先生访竺可桢。〔《竺可桢全集》第22卷,页589〕

傍晚,先生访邵元冲。〔《邵元冲日记》,页1041〕

十月二十一日

竺可桢致函先生,寄上中央研究院气象研究所收存气象杂志目录,愿与平馆所藏者比对以利查漏补缺。

守和先生台鉴:

昨辱过存,快何如之。敝所收存旧杂志目录已调制总表计四十四

种,谨附审阅。贵馆签轴如林,庋藏气象旧杂志当必不鲜,亦希开示乙单,用资参考,感盼感盼。匆此,即颂著祺。

弟竺可桢顿

十月二十一日

〔《竺可桢全集》第22卷,页589〕

十月二十四日

先生致信张元济,商讨影印《四库善本丛刊》具体办法。

菊生先生道鉴:

前蒙贵公司与敝馆订约合作影印《四库善本丛刊》,提携学术、嘉惠士林,甚盛甚盛。敝馆所拟之草目系就四库著录以有善本可代者为限,凡有善本可代即废库本而用善本,依此标准选定书籍凡一百七十余种,俾与教部筹备之《四库孤本丛刊》相辅而行,月前已寄上书籍十三种。近闻尊处剔出四种,或以卷帙太多,或以无甚需用,均拟不印,是则《四库善本丛刊拟目》中可剔之书必多,似与《四库孤本丛刊》相辅而行之意不符。窃意此种善本若均单行势难一一畅销,故于销路不能不为之顾及。然因卷帙繁多或专门之书不易售出,遂一律不印,似亦未为尽善。兹拟一变通两全之道,即就《四库善本丛刊》拟目中所列各书再加删削,全书分为十集,陆续出书,每集至少十种至多十五种,如《涵芬楼秘笈》例定名曰"《四库善本丛刊》第几集",分集合售,其销路较广者自当由贵馆单行发出,取通行之书与专门之书错综排比,以资救济,其如何支配即希尊酌,如此则专门之书既得印行,而销路亦不至于迟滞,未识先生以为何如?兹奉上《善本丛刊拟目》一册,敬请察阅圈出寄回,藉资参考,此事议定后再由图书馆按目寄书,庶不致往返徒劳也。肃此,祇候道安。

袁厶厶再拜

十月廿四日

云五、拔可诸先生均此。

〔国家图书馆档案,档案编号1933-※054-综合2-001034至1933-※054-综合2-001036〕

按:此件为文书代拟之底稿,但改动甚多,所有修订、落款及补语则均为先生亲笔。

十月二十五日

先生致信王云五,略改平馆与商务印书馆影印善本合同,如蒙赞同请其转呈蔡元培签署。

岫庐先生大鉴:

关于影印善本合同,昨奉教育部指令,已准予备案,前商修改草约第六、第十一、二条,即照十月十二日尊示所开修正,并拟另加第十二条条文为"乙方如将甲方所藏善本再版时,应按每次再版印数十分之一赠与甲方",互相维护,谅荷惠允,原第十二、十三条即递改为第十三、十四条。兹另缮正稿本一份寄请察阅,如承赞许,请另缮正连同稿本就近仍请蔡孑民先生签署为荷。专此奉达,敬候台祺。

弟袁制厶厶拜启

廿二年十月廿五日

附合同稿本一份。

〔国家图书馆档案,档案编号1933-※054-综合2-001037、1933-※054-综合2-001038〕

按:"教育部指令"于10月17日下发,此信于10月30日送达。11月1日王云五致信蔡元培,请其审查并签署。

十月三十一日

先生致信纳尔逊·洛克菲勒,寄赠《故宫钟表图书目录》。

October 31, 1933

Dear Mr. Rockefeller:

I take pleasure in sending you, under separate cover, a copy of the Museum catalogue of clocks and watches, which please accept with my personal compliments. In the parcel you will also find an extra copy which please kindly present to your distinguished father. I hope they will reach you in due course and in good condition.

With kindest regards to you and Mrs. Rockefeller,

Yours sincerely,

T. L. Yuan

Acting Director

〔国立北平图书馆英文信纸。Rockefeller Foundation, Nelson A. Rockefeller Personal Papers. Box 22 Folder 173〕

按:your distinguished father 即小约翰·洛克菲勒(John Davison Rockefeller, Jr., 1874－1960)。Museum catalogue of clocks and watches 英文题名为 *A catalogue of various clocks, watches, automata, and other miscellaneous objects of European workmanship dating from the 18th and the early 19th centuries, in the Palace museum and the Wu ying tien, Peiping*, Simon Harcourt-Smith 编写,1933 年 10 月故宫印书所承印,每册定价一元五角。此件为打字稿,落款处为先生签名。

是年秋

先生为纪念母亲韩毓曾并培养国内图书馆专业人才,在武昌文华图书馆学专科学校设立韩太夫人图书馆学奖学金。〔《文华图书馆学专科学校季刊》第 5 卷第 3-4 期合刊,1933 年 12 月,页 511;《中华图书馆协会会报》第 10 卷第 1 期,1934 年 8 月 31 日,页 29-30〕

按:韩毓曾去世时间约在本年八月底或九月初。该项奖学金,每年一名,分两期付款,共计国币大洋二百元,第一位获奖人为李永安。

十一月二日

先生致信张元济,呈日本书志学会影印善本书单。

菊生先生大鉴:

在沪饫聆麈教,至为快慰。比维兴居胜常为祝。商务印书馆已影照之书,承允惠赠书目一份,甚感甚感。不识近已编就否? 如已编成,乞便中寄下,俾快先睹为幸。日本书志学会近印成善本书影若干种,尊处曾过目否? 兹奉上清单一纸,倘需参考,祈示知,当即寄呈察览。专此奉达,顺候箸祺。

弟袁制同礼拜启

附单

日本书志学会

旧刊影谱　一册

宋本书影　一册

影宋本《御注孝经》　一册

影宋刊本《三世相》　一册

活版《经籍考》　一册
善本影谱　已出十七辑
《书志学》　出至第六期
苏峄古稀祝贺记念刊行会
《成篑堂善本书目》　一册
《成篑堂善本书影》七十种　一册
贵重图书影本刊行会
《论语善本书影》一册

〔《张元济全集》第3卷,页1-2〕

按:张元济收到此信后,于11月6日覆函。

十一月四日

先生致信陈和铣、庄文亚,请世界文化合作中国协会承担《图书季刊》(中、英文版)的印刷、邮寄费用。

孟钊、文亚先生大鉴:

连奉手教,敬承种切。《图书馆运动史》一文原拟属草呈政,顷以琐务纷集终未成篇。兹奉上《北平图书馆概况》一文聊以塞责,附照片一套,希一并察收。敝馆所制铜版之书画已悉载于敝馆馆刊内,此项馆刊前以一全份寄赠国际图书馆,请就近检阅,如有可以应用者请函示,即当奉假翻印。弟东渡后,如有事件请径函敝馆参考组邓君衍林接洽为妥。再敝馆屡接国外东方学者来函,咸以西人研究中国文化最感困难者,即无法可知中国学术界最近状况,故亟望我国有一介绍新刊图书及杂志之英文期刊,藉以传达消息。今春法儒伯希和氏在平,亦认此种需要至为迫切。兹事既关宣扬文化,敝馆亟愿与贵会合作印行季刊一种,专事介绍国内新出版之重要书籍。敝馆担任搜集材料并委托专员编校,其印刷费及邮费等每年约千四百元,拟请由贵会担任,即由贵会名义印行,用以分赠国外学者及文化或学术机关,必能受其欢迎也,即乞在会先予代为接洽。如承同意,拟自二十三年一月发行创刊号,贵会翊赞文化,当承嘉许。如何之处,并希见覆是荷。专此,顺候台祺。

弟袁制ㄙㄙ拜启
廿二年十一月四日

附稿一件、照片一套。又奉一日惠书，承询美国学会指南一书，兹将书名另单奉上，祈台阅，但此书已绝版，恐无法购置也。

〔国家图书馆档案，档案编号1933-※040-编印1-001001至1933-※040-编印1-001004〕

按：陈和铣（1893—1988），字孟钊，江西九江人，法国巴黎大学法科毕业，时任世界文化合作中国协会筹备委员会总干事；庄文亚（1886—?），江苏武进人，字愤亚，英国伦敦大学毕业，后编有《全国文化机关一览》，时任世界文化合作中国协会筹备委员会常务干事。邓衍林（1908—1980），字竹筠，江西庐陵人，1930年入武昌文华图书馆学校讲习班，翌年夏入平馆，抗战前任平馆参考组组员。本月初先生本拟赴日考察图书馆及日本教育情况，[①]此次出访，似为《四库》影印风波之余响。[②]收到该信后，世界文化合作中国协会筹备委员会会长吴敬恒11月19日致函平馆，表示赞同并请寄来具体计划书及预算案，以利审查通过。[③]此件为文书所拟之底稿，但先生批改、增补甚多。

十一月六日

张元济覆函先生，告知将以快邮寄上商务印书馆照存各书清单。

前者文旌莅沪，叠接麈谈，良用欣幸。最后枉顾，适婴小极，有失倒屣，怅歉无似。嗣知台从即日北行，曾托王君岫庐致意，计蒙垂察。属录商务印书馆照存各书清单，除在日本借照各书已见前呈日本访书志外，兹分别录出，计共十二叶。正拟邮呈，适奉本月二日手教，垂询及此，迟迟甚愧，谨交邮局以快件递奉，即祈察入为幸。再承开示日本书志学会近印善本书影清目，与敝处所收到者增出二种，异时需阅当再乞借。从者何日东渡？不胜健羡之至。

廿二年十一月六日

〔《张元济全集》第3卷，页1〕

十一月八日

下午四时，故宫博物院在咸福宫召开欢送会，送别英国驻华公使蓝博森，与

①《时事新报》，1933年11月4日，第7版。
②《中华图书馆协会会报》第9卷第2期，页32。
③ 国家图书馆档案，档案编号1933-※040-编印1-001015和1933-※040-编印1-001016。

会人员有英国副领事苏高特(R. H. Scott)、商务参赞周尔执(A. H. George)、各国公使、外交部档案保管处前处长王承博、前驻比利时公使王景岐等五十余人。故宫博物院秘书长徐森玉主持招待,先参观古物,次摄影留念。先生代马衡院长致辞,大意如下:

今日本人代表故宫博物院马院长,欢送蓝博森公使。蓝公使于民国十五年来华,驻华有七年之久。在此七年中,中英两国友谊日笃,不独在政治上得蓝公使之帮助,且在文化上亦有协助之处。故宫博物院咸福宫系蓝公使所捐资建筑,此种热忱,夙为中国人士所敬仰。同人希望蓝公使赴埃及后,发扬其事业,尤希望有来华之机会。

〔《华北日报》,1933 年 11 月 9 日,第 6 版〕

按:时马衡在沪,故未能出席。

十一月九日

某记者来访,先生谈影印《四库》事、取消赴日访书计划。大意如下:

此次影印《四库全书》,共为两种:一为"影印《四库全书》库本"即以文渊阁为底本;一为"影印《四库全书》罕本"由十五人共同组织委员会,专负其责。已于本星期开始摄片,着手初步工作。本人因董康先生,对于图书研究有素,董此次赴日,曾随同前往,参观彼邦图书馆及所藏之中国图书善本,藉以研究。现因此间事务过多,无法分身,已决定暂不前往。至董先生赴日或将对于图书馆有所考察,但并未负有考察之使命云。

〔《世界日报》,1933 年 11 月 10 日,第 7 版〕

陈和铣覆函先生,请平馆将意欲刊行之季刊预算及计划书寄来,以利该会讨论是否予以资助。

守和先生大鉴:

接奉十一月四日复书,敬聆种切。承寄尊著北平图书馆概说及附照片一套,至佩至谢。尊示编行介绍图书杂志之英文《季刊》一节,私意极为赞成。敝筹委会不日须开常会,届时当提出讨论,惟此种介绍国内亦有需要,或即以中英文合刊或中英文分刊,均无不可。又季刊内容范围如何,每期约若干页,印若干册,需费几何,拟请预拟简明计画及预算一并见示,俾常会讨论时有此具体计画,尤易引起注意,不识尊意以为如何?专肃奉复,并贡区区,即颂时祺。

弟陈和铣谨上

十一月九日

〔世界文化合作中国协会筹备委员会办事处用笺。国家图书馆档案,档案编号 1933-※040-编印 1-001005 和 1933-※040-编印 1-001006〕

按:该函应为文书代笔。

十一月上旬

先生致信杨鼎甫(日本),请其协助董康在日访查善本古籍。〔董康著、朱慧整理《书舶庸谭》,北京:中华书局,2013 年,页 184〕

按:董康日记中,杨鼎甫[①]记作平馆校理。

十一月十五日

上午,某记者来访,先生介绍德国现代印刷展览会情况,涉及欧洲印刷简史、展品分类、布置等方面,严文郁、王宜晖女士陪同讲解。〔《大公报》(天津),1933 年 11 月 16 日,第 4 版〕

按:王宜晖,王荫泰律师之女,后在中德学会、平馆服务。[②]

晚五时,北平各界人士假欧美同学会举行茶会送别英国驻华公使蓝博森,黄郛夫妇、何应钦夫妇、何其巩夫妇、袁良、王正廷、傅斯年、章元善、梅贻琦夫妇、熊希龄、陶孟和、顾毓琇、胡适、叶企孙、李四光、张准、先生、蒋梦麟、蒋廷黻、周炳琳、樊际昌等二百余人到场。胡适为主席致辞,继由蒋廷黻致辞。七时许散。〔《大公报》(天津),1933 年 11 月 16 日,第 3 版〕

按:蓝博森拟于 12 月 4 日离平赴沪,12 月 12 日离沪赴埃及就任。

十一月十八日

先生致信陈和铣,寄送《图书季刊》计划书并《大公报·图书副刊》样张。

孟钊先生大鉴:

顷奉十一月九日惠书,敬悉一是。兹遵嘱奉上英文《中国图书季刊》计画书草案一份,即祈鉴裁。至发行中文介绍一节,极佩卓见。现敝馆已与天津《大公报》合办《图书副刊》,每两周刊行一次,奉上样本两张,既省印刷之费,兼免发行之劳。惟材料甚多,似可改出周刊,只

---

① 在日方档案中,杨鼎甫自述“专司日文书籍采访之任”,其此次东渡时间约在 10 月上旬,参见「JACAR(アジア历史资料センター)Ref. B05015758300、满支人本邦视察旅行关系杂件/补助实施关系 第十三卷(H-6-1-0-4_2_013)(外务省外交史料馆)」。

② 《晶报》(上海),1935 年 3 月 21 日,第 2 版。

以绌于资力，未克实行，倘贵会能稍补助则改为周刊极易办理。又英文季刊中加入中文介绍，弟亦极端赞成，惟印刷费势须增加耳。如何之处，尚希尊酌示复为荷。弟以事冗，东渡之期已展至明年二月矣。专肃，顺颂时绥。

附计画书草案一份。

〔国家图书馆档案，档案编号 1933-※040-编印 1-001007 和 1933-※040-编印 1-001008〕

按：此件为文书所拟之底稿，但先生批改、增补甚多，并在结尾处标注"十一月十八日发"，另附"英文中国图书季刊计画书草案"两页。

先生致信国会图书馆（馆长），请赐寄该馆出版的航空学类书籍三种，并询问 1932、1933 年度报告是否寄出。

November 18, 1933

Dear Sir:

In looking over our file of the Publications of the Library of Congress, we find that our collection still lacks the following published by your Division of Aeronautics:

1. *Origin and Progress of the Division of Aeronautics*.

2. *Bibliography on Skin Friction and Boundary Flow*.

3. *Aeronautic Uses of Radio*.

We shall be very grateful to you if they could be sent to us to complete our file.

With many thanks, I am

Yours sincerely,

T. L. Yuan

Acting Director.

P. S.: We have not yet received the bound volumes of your annual reports for 1932 and 1933. Will you place our name on your mailing list to receive same as they are issued?

〔国立北平图书馆英文信纸。Library of Congress, Putnam Archives, Special Files, China: National Library 1930-1939〕

按:此件为打字稿,落款处为先生签名,于 12 月 19 日送达国会图书馆秘书办公室。

十一月十九日

下午四时,北平学术界人士在欧美同学会小客厅举行徐志摩逝世二周年纪念会。胡适、蒋梦麟、陶曾谷、梁志成、张奚若、陶孟和、沈性仁、吴世昌、沈从文、杨振声、宋兴愚、卓定谋、彭基相、郑颖孙、林徽因、先生、安怀音等二十余人到场,先默哀三分钟,行礼。五时,胡适致辞,决定到场者皆为志摩文学奖金会发起人,并通过募捐办法。〔《华北日报》,1933 年 11 月 20 日,第 6 版〕

十一月中旬

先生致信董康(日本),告知因事羁绊无法东渡日本,附上目录数纸,嘱请选定应印古籍。〔《书舶庸谭》,2013 年,页 192、198、209〕

按:该信应寄杨鼎甫转交,所欲影印之古书应以孤本且有声价者为限,如图书寮所藏宋本《论衡》。28 日送到,董康遂邀长泽规矩也、田中庆太郎共同商讨。

十一月二十日

下午四时,平馆与中德文化协会共同主办的现代德国印刷展览会在平馆开幕。德国公使陶德曼、陶孟和、任鸿隽、梁思成等人到场。先生以德语致开幕词,后又译为中文,大意如下:

今日开会,承诸位先生光临,极为感谢。此次展览之举行,曾经许多努力,尤以德国书业联合会所予之助力为极大,该会于接得此次展览消息后,立即将代表德国印刷技术之全部书籍送来。此外德国公使陶德曼先生及其他馆员之赞助与合作,又西门、谢礼士、严文郁诸先生及王宜晖女士等之帮忙,应均表示感谢。此展览会在北平陈列一个月后,将再运往南京、上海、汉口等地陈列。至于开会之意义,系使中国知道现代德国印刷之进步,藉此改良中国印刷工业,想不仅专门学者感觉兴趣,即对普通喜欢书籍者,亦有莫大益处。

继由陶德曼、谢礼士二人演说,至晚七时始散。〔《中华图书馆协会会报》第 9 卷第 3 期,1933 年 12 月 31 日,页 20-22〕

按:德国出版协会捐赠给平馆三千册书籍。①

① *Clarion-News*, Thursday, Feb. 8, 1934, p. 3.

先生撰写有关图书馆学奖学金的备忘录(Memorandum in re Fellowships for Library Science)。

按:该备忘录由先生寄送给洛克菲勒基金会驻沪代表耿士楷(Selskar M. Gunn,1883-1944),由后者于1934年1月5日发送给纽约总部。〔Rockefeller Foundation. Series 601: China; Subseries 601.R: China-Humanities and Arts. Vol. Box 47. Folder 388〕

顾颉刚致函先生。〔《顾颉刚日记》卷3,页112〕

十一月二十三日

陈和铣覆函先生,谈世界文化合作中国协会对《图书季刊》名称及内容的意见。

守和先生惠鉴:

接奉十一月十八日复示,敬悉种切。承示季刊计画草案,具征荩虑周详,至深佩仰。惟现在既拟中英文合印,则原名英文《中国图书季刊》,似不适用。拜读尊拟计画,本有选载欧美期刊中支那学论文一项,弟意略再扩充范围,对于外国最近书籍亦为择要向国内介绍,名称即改用《世界图书季刊》,庶与敝会事业亦相契合,如何仍候卓裁。平时贵馆于外国新书,向系随时购藏,书目亦征求甚广,度于此项介绍工作,当属轻而易举,且篇幅方面亦有伸缩余地,不必再事增加。至内容及其他一切办法,兹经参照尊示各节重拟一通,仍以奉请指正。如尊意尚有出入之处,务乞迅赐示复,俾期早日确定,照预定时期出版。其印刷费及邮费两项,日前敝会常务会议,系照前书所告一千四百元之数通过,现以增加内容,照原拟数增出六百元。弟可先以个人资格予以承诺,将来常会时再提请追认。惟敝会经费无多,尚有其他进行计画,对于此项季刊之经费担负实已力尽于此,无可复增矣。又承示《大公报·图书副刊》一节,此时已无余力,只好从缓另议。再倘采用《世界图书季刊》名称,其英文译名如何,并乞见示。专肃奉复,顺颂台绥。

弟陈和铣敬启

十一月廿三日

附《世界图书季刊》编印办法草案一份。

再《季刊》译名,率奉一种,以备参考。敝会同人之意,中文名称须标明"世界"二字,而西文名称须标明"Sino"字样,以期促起中外人士之注意。又及。

〔世界文化合作中国协会筹备委员会办事处用笺。国家图书馆档案,档案编号 1933-※040-编印 1-001010 至 1933-※040-编印 1-001012〕

按:随函发来"《世界图书季刊》编印办法草案",共三页七条,包括宗旨、形式、内容、本数(每期一千五百本)、编辑费、印刷费和邮费、编辑和发行方。

十一月二十八日

先生致信陈和铣,拟办刊物仍以介绍中国本土学术成果为主,并告知编辑部人员组成。

孟钊先生大鉴:

接奉二十三日大函,敬承种切。《图书季刊》进行办法,曾与此间同人及圣章、觉之诸公详商,咸以西文书籍量数甚多,择要介绍,去取之间殊感困难;况各国专门杂志均有新书介绍,可供吾人参考,似不若仅将关于支那学之著述介绍于国人较为亲切,范围既狭,则名称一节似以"图书季刊"四字较为简当,想高明当以为然也。又办法各条文字亦略修正,另纸录呈察阅。倘承同意,即作定局,以便从速进行,即希酌夺见复为荷。又创刊号已约定曾觉之著《近年中国文艺界之进步》一文,其他稿件亦在征求中,并闻。专此,顺候台祺。

弟袁制厶厶拜启

廿二年十一月廿八日

又《季刊》英文名称拟用*Bookman* 一字或拉丁字,俟编辑部决定后再奉闻。编辑部共五人,翟孟生(美人,清华英文教授)、谢理士(德人,辅仁大学教授)、曾觉之(中法大学教授)、顾子刚、向达(北平图书馆)。

〔国家图书馆档案,档案编号 1933-※040-编印 1-001017 和 1933-※040-编印 1-001018〕

按:"季刊英文名称"后定为*Quarterly Bulletin of Chinese Bibliography*,即《图书季刊》英文本。1933 年 9 月 28 日,《大公报·图书副刊》创刊,其英文名称即*Bookman*。翟孟生(Rupert D. Jameson,1895-1959),美国汉学家、文学研究者、民俗学家,威斯康星大学文学士,后在芝加哥大学、英国伦敦国王学院等校学习,

1925 年来华，旋即任教清华大学，1938 年回到美国在国会图书馆服务，1942 年在美国红十字协会服务。此件为文书所拟之底稿，但先生批改、增补甚多，另附“《图书季刊》编印办法草案”三页。

先生致信国会图书馆斯拉夫语特藏部，询问苏联之外的俄文科学、文学出版物目录及其他相关信息。

Nov. 28, 1933

Chief, Division of Slavic Literature,

Library of Congress,

Washington, D. C.,

U. S. A.

Dear Sir:

As I understand that the Library of Congress has made special effort in obtaining publications issued outside of Russia by Russian political refugees, I am writing to inquire whether there is any printed catalogue or check list of these scientific and literary publications issued outside of Russia. If you have no such lists of the publications in question, may I request you to supply us the names and addresses of the literary, scientific, political and social institutions of learning outside of Russia, which have issued publications of scientific and permanent value.

We are also anxious to know whether there have been published any article or books concerning the most important Russian reference books suitable for a reference library, and also whether there is any printed list of important bibliographies of Russian books printed before and after the Revolution. In case no such lists in Russian or any other language exist, will it not be too much trouble to you to supply us typewritten copies.

Any assistance from you in this matter will be highly appreciated.

Sincerely yours,

T. L. Yuan

Acting Director

〔国立北平图书馆英文信纸。Library of Congress, Putnam Archives, Special Files, China: National Library 1930-1939〕

按：此件为打字稿，落款处为先生签名，12 月 28 日送达国会图书馆斯拉夫语特藏部。

十一月二十九日

杨鼎甫致函先生，告其与长泽规矩也、董康等人商洽影照日本各机构所藏善本古籍的出版结果，并请寄送《国立北平图书馆善本书目》。

守和先生馆长大鉴：

日前奉接大示，即日拜复一函，谅登记室。今日约同长泽君至董先生处面谈，长泽谓申请书上须言明照相后由何机关何时出版即定期出书，新等答以北平圕照相交商务印行，将来出版当系用平馆与商务两处名义，至何时出版，不能预定，总之视经费何如，极愿从速出版，以利学界。长泽又言，就双圈者言之，如《周易注疏》，足利学校绝对办不到；《春秋经传集解》本可用静嘉堂本，以图书寮本补之，但图书寮恐不愿意；《广韵》照全部或可照，二卷绝对不可；《集韵》版甚大照原样或可，缩小则不可，张菊生时亦曾交涉，未许可；《汉书》大部头日本不易影印者易商可以照；《太平寰宇记》可以照；《吴志》有问题；《论衡》可以照；《初学记》可以照；《天台陈先生类编花果卉木全芳备祖》张菊生先生已照，未知有无烧失。其余集部数种皆可照云云。新初意以为静嘉堂书必无问题，今就长泽所言反较他处为难，不解所以，因问其故，彼微示静嘉堂有自行影印《吴书》、《广韵》等书之意。董先生最后决定请公使馆行文至图书寮，先就图书寮所许可者照相随后再进行内阁及静嘉堂，董意不赞成《初学记》及《西翁诗文》二种，拟改照《金台集》、《王文公集》、《群书治要》等书。尊示有至少四千元至多八千元以内云云，兹决定拟照八千元此数只敷几部照费办之，但现时物价甚昂贵，张先生时之价钱兹已办不到。董先生带来之人有曾学照相者，大约此事非长泽荐人则董先生荐人，新意仍以托长泽觅人为妥，因将来办至一段落，回平以后仍可由长泽代办也。余容办有眉目再行报告。专此，敬请台安，不一。

杨维新拜上

十一月廿九日

《善本书目》如已出书，请寄十部分送各处。北平馆所出《舆图目录》、《地志书目》等书，此间文求堂已有发售，如非绝对不发售之书，似可送赠。

〔国家图书馆档案,档案编号 1933-※042-外事 1-002013〕

十一月三十日

杨鼎甫致函先生,拟在日先照《论衡》并告已由驻日公使馆行文至各藏书机构,并商付款办法。

守和先生馆长大鉴:

前日上书,谅登记室。顷与长泽决定,拟先照《论衡》二十五卷,此书董先生数年前已得图书寮许可,延至今日未照。兹拟面商一次,公同决定即着手进行,其余诸书昨已由董公致书蒋公使,行文各处,新亦亲到公使馆面陈一切,大约此事不久将有各处回文答复。照相人或用数人以求迅速,但此事尚未决定,将来付款手续拟办到货到北平,由北平开支票付给,未知可否?惟此间仍需用款,拟请先寄二千元支票一纸,以便应用,即希示复。新留东之期亦不能太久,拟于一个月内了之,如不能了,届时托长泽先生善其后。余不一一,专叩钧安。

杨维新拜上

十一月三十日

〔国家图书馆档案,档案编号 1933-※042-外事 1-002012〕

十一、十二月间

先生与翟孟生聚餐,告《中国书讯》(*Book News from China*)将会成为平馆的正式期刊,并请其协助向洛克菲勒基金会申请资助。〔Rockefeller Foundation. Series 601: China; Subseries 601.R: China-Humanities and Arts. Vol. Box 47. Folder 388〕

按:翟孟生夫人 Dorothy Work 是洛克菲勒基金会在华职员。[①] 12 月 3 日,翟孟生致信洛克菲勒基金会人文部主管 David H. Stevens,专谈此事,强调该份册页对于外国学者了解中国学术动态的重要。《中国书讯》即 *Quarterly Bulletin of Chinese Bibliography* 之雏形,该册页由顾子刚负责编辑。

① Greenway, John. "R. D. Jameson (1895-1959)." *Western Folklore*, vol. 19, no. 3, Western States Folklore Society, 1960, p. 154.

十二月一日

姚光致函先生,询问《四库善本丛刊》首批影印者是否选定,并谈故家所藏相关版本,其中有方志可假平馆补钞。

久仰风范,前来海上适从者亦南下,于乃乾兄席上获挹光仪,并领教益,不胜快慰,而意气殷拳,尤所心感。吾华文化中枢,得阁下主持其间,发扬盛业,于国有光。年来政治设施觉毫无是处,此其一线曙光矣。近日教育部选印清代《四库全书》,徒骛虚名,以轻心掉之。贵馆为之再印罕传珍本,以相辅而行,甚盛甚善。今度已着手进行。第一批拟印之书,其目曾确定乎?前承寄示《四库罕传本拟目》,其中舍亲高氏有旧钞《丛桂毛诗集解》,敝处有旧钞《半轩集》、《西郊笑端集》及嘉靖刻本《东江家藏集》,又于里中故家得见旧钞《宝佑四年会天历》,后有朱彝尊、钱大昕、李锐、沈钦裴、蔡复午、陈悉、金望欣各长跋,宛委所藏,谅系宋代原刻。凡此数种,究为影印否?贵馆所藏残本正德《松江府志》及乾隆《金山县志》,其府志敝处有完本,异日可以奉假补抄。县志原版已失,近为景印,即并《干巷镇志》各捐贵馆一部,尚祈察存。闻贵馆善本书目将次刻竣,荷兄见赠,印出后敢乞即寄为幸。

二十二年二月一日

〔《姚光全集》,北京:社会科学文献出版社,2007 年,页 344-345〕

按:"舍亲高氏"似指高吹万(1878—1958)。该函落款时间,《姚光全集》(排印本)有误,由"教育部选印清代《四库全书》""贵馆为之再印罕传珍本"可知应晚于 1933 年冬,并据《姚光日记》确定本函应写于 12 月 1 日。

十二月初

先生将平馆拟定的善本书目寄送上海商务印书馆,供其挑选。〔《张元济傅增湘论书尺牍》,页 310-311〕

按:该目录约在本月 10 日左右寄到,张元济表示双方协定时即明确选书彼此协商,不以平馆拟目为主,商务印书馆会从销路角度拣选。

十二月四日

中午,北平教育界人士假欧美同学会设宴款待无线电发明家伽利尔摩·马可尼(Guglielmo Marconi),蒋梦麟、梅贻琦、李蒸、徐诵明、先生、任鸿隽、胡适等四十余人出席,席间由胡适致欢迎词,马可尼答谢词,至下午一点散。

〔《申报》,1933 年 12 月 5 日,第 9 版〕

纳尔逊·洛克菲勒覆函先生,感谢寄赠《故宫钟表图书目录》,并告知其父所藏瓷器图录尚未编完。

December 4, 1933

Dear Mr. Yuan:

Mrs. Rockefeller and I appreciate greatly your thought in sending us the copy of the Museum catalog of clocks and watches. I am giving the extra copy to my father who is out of town at the present moment.

I am sorry to say that my father's book with the colored illustrations of his Chinese porcelains has not as yet been completed. However, I have not forgotten my promise to send you a copy of it when it finally comes out.

Mrs. Rockefeller and I often think of the many kindnesses which you showed us while we were in Peking and hope that someday we may have the pleasure of seeing you here in New York.

With personal regards.

Sincerely,

Nelson A. Rockefeller

〔Rockefeller Foundation, Nelson A. Rockefeller Personal Papers. Box 22 Folder 173〕

十二月六日

下午一时半,平馆委员会召开第十一次会议,胡适、傅斯年、任鸿隽、孙洪芬、先生、周诒春、刘半农、陈垣出席,胡适为会议主席。讨论议案如下:

(一)审定平馆与商务印书馆影印善本合同,议决通过,惟第六条之文中"乙方并应将所收到各书妥慎保存不得污损"改为"收条上注明乙方对于收到之书,如有损坏遗失情事应负赔偿责任"。

(二)审核上年度决算,共亏洋二千八百七十九元七角五分,议决归入本年度经常费项下弥补,不得列入事业费,又中基会会计处签注意见三条,议决送本馆参考。

(三)筹划影照日本所存古佚书经费,议决美国 Departmental Bank 因复业退还美金一千五百二十元九角,如购书委员会无异议,可全数作为该项影照古佚书之用。

(四)审查先生推荐之职员,严文郁(编纂部主任兼预览部主任)、贺昌群、马廉(编纂)、孙述万(中文期刊组组长兼在中文编目组办事),照案通过。

(五)购书委员会王守竞辞职,公推叶企孙继任。

(六)刘半农、孙洪芬两委员任满,议决连任。

(七)本委员会改选结果,委员长胡适七票、副委员长傅斯年六票、书记先生七票、会计孙洪芬六票。

(八)先生报告馆址及书库已不敷用,应如何扩充,议决由平馆报告实际情形提出具体计划,连同建筑图样候下次会议再议。

(九)先生报告拟于1934年秋与法国交换馆员及报告接洽经过,议决照办。

(十)请教部拨给购书费案,议决俟明春由本会函请教部将购书费列入中央教育文化预算。

(十一)通过借印馆藏图书规则八条,并加入一条"凡借印本馆图书者须于卷端声明底本为本馆藏书",又建议馆中应备一照相室,凡借照图书者应在馆内照像,以防损坏。

下午三时散会。〔《北京图书馆馆史资料汇编(1909-1949)》,页340-341〕

按:孙述万,字书城,湖北黄陂人,后任平馆西文采访组组长,并兼期刊组组长。

十二月七日

先生致信杨鼎甫,告在日影照古籍费用上限并谈选择书籍原则。

鼎甫先生大鉴:

接十一月二十九及三十两次来函,敬悉一是。照书款项昨经委员会开会决定,至多可拨美金一千五百元,约合日金四千五百元之谱,大约可照四千五百叶。如实不敷用,可在购书帐上暂借日金千元,希万勿出此范围,以免发生困难。将来出版概用本馆名义,印刷则由馆委托商务印书馆承办。《广韵》一书因傅沅叔先生处有残本,故拟只照二卷(见前单),《太平寰宇记》、《初学记》、《天台陈先生类编花果卉木全芳备祖》等书可择其叶数较少者影照。惟《汉书》可暂从缓,望即一一相机办理,总以少用款而多照几种书为宜。故大部头之书可暂不影照也。善本书目尚未出书,俟出版再寄。余不多及,即问近佳。

袁厶厶启

廿二年十二月七日

〔国家图书馆档案,档案编号 1933-※042-外事 1-004001 和 1933-※042-外事 1-004002〕

按:"只照二卷"应指下平、入二卷。[①] 此件为文书所拟之底稿,但先生删改甚多。

先生致信董康,请在日影照《广韵》等类书。〔《书舶庸谭》,页 209〕

按:该信应寄杨鼎甫由其转交,18 日送达。董康收到后颇为不解,因与此前所嘱"孤本且有声价者为限"不符。另,12 月 16 日,平馆向日本宫内省图书寮、内阁文库、静嘉堂文库致函,请允照所藏善本古籍。[②]

十二月上旬

先生致信邵元冲,告知贵州赵氏笛倚楼欲转让所藏泉币。〔《邵元冲日记》,页 1064〕

按:邵元冲虽颇感兴趣,但因索价甚高,无力收藏,12 月 30 日决定婉拒。

十二月十日

中午十二时,中法大学欢迎法国前教育总长欧乐诺(André Honnorat),并邀李书华、沈尹默、刘半农、汪申、蒋梦麟、先生、李蒸、胡适、翁文灏、常道直、任鸿隽、徐诵明等作陪。〔《华北日报》,1933 年 12 月 10 日,第 7 版〕

按:André Honnorat(1868-1950),1920 年 1 月至 1921 年 1 月担任法国教育总长。1933 年 9 月底,欧乐诺抵沪,后赴日本并转平津,12 月 9 日上午抵达北平。本日下午,拟赴中法大学、北京大学、师范大学、平馆等处参观。

十二月十三日

先生致信伯希和,告知即将挂号寄赠四种书册,其中一套请转予巴黎中国学院作为交换,并告北平学人对翻译《唐史》和节译《大唐西域记》颇感兴趣,另询法方《元朝秘史》所存版本册页情况。

December 13, 1933

---

① 国家图书馆档案,档案编号 1933-※042-外事 1-005012。

② 国家图书馆档案,档案编号 1933-※042-外事 1-005001 至 1933-※042-外事 1-005004。

Prof. Paul Pelliot

38 Rue de Varenne

Paris VII

France.

Dear Prof. Pelliot:

Further to my sending of June 16, I am dispatching by registered book post the following:

2. *Catalogue of the Exhibition of Chinese Maps*.

2. *Deutsche Druckkunst der Gegenwart*.

2. *Letters of Yu Ming-chung*.

2. *Ch'ing Ch'u K'ai kuo shih liao k'ao*.

One copy of each is presented to you by the National Library of Peiping,while the second copy is for the Institut des Hautes Etudes Chinoises, on exchange account. Kindly convey these four volumes to the Institut.

We are now much interested in the translation of *T'ang Shih* (History of the T'ang dynasty) and the Selected Translations from the Chinese *Tripitaka*. I hope it will be found possible to send these to us.

Referring to my letter of May 29, 1933, regarding some missing pages from the photostat copy of the *Yuan Ch'ao Pi Shih*, I much hope you would check your copy and let me know whether you have them.

Yours sincerely,

T. L. Yuan

Acting director

〔韩琦《袁同礼致伯希和书信》,页 124-125〕

按:*Catalogue of the Exhibition of Chinese Maps* 即《国立北平图书馆舆图版画展览会目录》,该次展览于 1933 年 10 月举办。*Deutsche Druckkunst der Gegenwart* 即《现代德国印刷展览会目录》;*Letters of Yu Ming-chung* 应指《于文襄手札》,1933 年 12 月平馆印行(故宫印刷所承印);*Ch'ing Ch'u K'ai kuo shih liao k'ao* 应指《清开国史料考》,谢国桢辑。

十二月十四日

下午五时半，黄郛假欧美同学会举行茶话会，约请各界名流为黄河水灾募捐。何应钦、章元善、徐诵明、江瀚、先生、周肇祥、任鸿隽等百余人到场。首由黄郛致辞，继由义赈会章元善报告募捐近况。〔《大公报》(天津)，1933年12月15日，第4版〕

按：据"河北省黄河水灾救济委员会经募赈款赈品通告"可知先生捐二十二元，其中二十元为平馆副馆长身份，余下则为故宫博物院图书馆副馆长。①

十二月十七日

午，张国淦在东兴楼设宴，梅贻琦、先生、翁文灏、周诒春、章鸿钊、张准、容庚、田洪都、顾颉刚受邀与席。〔《顾颉刚日记》卷3，页123〕

按：张国淦(1876—1959)，字乾若，号仲嘉，一号石公，湖北蒲圻人，清末民国政治家、历史学家、方志学家。章鸿钊(1877—1951)，字演群，浙江吴兴人，地质学家。

十二月十八日

顾颉刚致函先生。〔《顾颉刚日记》卷3，页124〕

十二月二十二日

恒慕义覆函先生，称赞拟请徐世昌题写匾额"玉海珠渊"的计划，表示汪长炳来国会图书馆实习虽有可能但需要外部资金支持，另外欢迎先生赴美考察。

December 22, 1933

Dear Mr. Yuan:

I have your kind letter of November 18th containing your generous offer to secure from Ex-President Hsu Shih-Ch'ang, now eighty years of age, a specimen of his well-known and much-admired calligraphy in a form suitable for hanging in our Chinese collection. Nothing could be more appropriate to our collection than that, and we thank you for the thoughtfulness that prompted the suggestion.

The memorandum which you appended to your letter concerning the desirability of giving to Mr. Sanford Wong and others who succeed him at

① 《大公报》(天津)，1934年1月19日，第13版；《大公报》(天津)，1934年1月30日，第13版。

Columbia University, the opportunity to get experience in various divisions of the Library of Congress, I have transmitted to the Librarian who without doubt will give it his earnest attention. You recognize, of course, that government regulations make it difficult to find funds for projects that are basically for training rather than for carrying out specific tasks. I think the Library of Congress would be only too happy to expend limited sums for precisely the purpose you have in mind, but I fear that funds covering as much as a year's allowance would have to be obtained from outside sources as, for example, a foundation. Your idea appears to me so reasonable that one of the foundations should give it sympathetic consideration.

You will doubtless have word before this reaches you that I am to be in China next spring at just the time that you are to be in this country. I had counted much on seeing you, but must plan better some other time. I reach Hongkong March 3rd, and Peking about April 1st. Your old friends in this Library will look forward to your coming, and are expecting you to make this your headquarters while you are here.

Sincerely yours,

Arthur W. Hummel

Chief, Division of Orientalia

〔Library of Congress, Putnam Archives, Special Files, China: National Library 1930-1939〕

按:Mr. Sanford Wong 即汪长炳(Sanford C. P. Wong),后确在国会图书馆实习。

十二月二十九日

王云五覆函先生,告商务印书馆愿意帮助平馆和中德学会在沪上举办德国现代印刷展览会事。

守和先生台鉴:

奉二十日手书,承示贵馆与中德文化协会举办现代德国印刷展览会,定于明年一月十六日在沪开会,具仰宣扬文化之盛,敬佩敬佩。尊嘱由敝馆及中德文化协会担任主人名义一节,因思此事系贵馆及中德文化协会所创办,前在京平两处开会均由贵馆具名,今沪上开会改用敝馆名义恐非所宜。兹拟仍由贵馆及中德文化协会为主人,至于会前布置及会场招待等事,敝馆均当派人协助办理,以副雅意。日昨已倩人至八仙桥青年会询问,据云只接得尊处一电,'各事如何进行,尚未接洽'等语。中德文化协会在沪(想有会址)主持者为何人,乞见示,以便趋洽为荷。专此奉复,祇颂台安。

弟王〇〇顿首

〔商务印书馆信稿纸。孔夫子旧书网拍卖(http://www.kongfz.cn/5521592)〕

按:1934年1月4日,现代德国印刷展览会先在南京中央大学图书馆举办巡展,展期两周。[①] 此件为底稿。

十二月三十一日

《中华图书馆协会会报》刊登先生文章,题为《现代德国印刷展览会目录序》。〔《中华图书馆协会会报》第9卷第3期,页1-2〕

是年

中国圕服务社在上海博物院路二十号内四三一号创设。先生、刘国钧、何日章、杜定友、沈祖荣、冯陈祖怡、陈训慈、王文山、田洪都、杨立诚、陈东原、李燕亭为发起人。〔《中华图书馆协会会报》第9卷第2期,封底内页〕

按:中华图书馆协会第一次年会时,曾有成立圕用品机关的提议,遂有此次之发起。

先生为《清季外交史料》撰写序言。〔《清季外交史料》[②]卷首〕

按:该书序言众多,作序者依次为徐世昌、蒋中正、蔡元培、顾维钧、胡适、蒋廷黻、先生、章梫、王彦威。

刘半农与先生、蒋梦麟相商,由平馆与北京大学影印《西儒耳目资》,供学界利用。

按:平馆所藏《西儒耳目资》为明天启六年版,共印五百部,1933年12月出版[③],分为夹连纸、毛边纸两种。〔《西儒耳目资》,1933年初版〕

---

① 《时事新报》,1933年12月29日,第5版。

② 该册实际印刷时间应晚于1934年1月,因作序诸人中最晚者为胡适,其序撰写于1934年1月6日。另,王彦威之自序撰于光绪三十三年(1907年)。

③ 《图书季刊》第1卷第2期,1934年6月,页95。

一九三四年　四十岁

一月初

先生受北平市政府之托，为市民图书馆草拟筹建计划。〔《世界日报》，1934年1月21日，第7版〕

按：该机构本意由市政府与平馆合作创设，先生曾与北平市长袁良磋商数次。

中华图书馆协会发布募集基金启，先生为募集基金委员会委员之一。〔《中华图书馆协会会报》第9卷第4期，1934年2月28日，未标识页码〕

一月四日

先生致信王云五，仍请商务印书馆担任德国印刷展览会在沪主办人，并与青年会接洽现场事宜。

岫庐先生大鉴：

接奉十二月廿九日大函，敬承种切。德国印刷展览会事允为襄助，至感至感。担任主人名义一节，仍归敝馆原无不可，惟敝馆远在北平，似不如当地机关出名较为易于号召，且事关宣扬印刷，在沪举行自以贵馆最为适宜。本日在京开会，系用中央大学图书馆与中德文化协会并名寄发请柬，亦其一例也。可否仍由贵馆出名，必不得已加入敝馆，未识尊意以为如何？前致八仙桥青年会函，适未接到，未悉何故。兹另补寄彼处快函一件，仍希便中接洽为荷。中德文化协会在沪主持之人拟托德人 Wilhelm 先生办理（另寄介绍片，由渠面陈）。所有陈列之书，由敝馆陈君贯吾携沪协同照料。统此附闻，专肃，顺候台祺。

弟袁制同礼拜启

一月四日

再，展览日期现拟改订本月二十日起至三十日止，是否合宜，仍请与青年会一商。又及。

〔国立北平图书馆用笺。俞国林老师提供〕

一月六日

国会图书馆覆函先生,答复前信所询有关国会图书馆航空学部、年度报告的问题。

January 6, 1934

Dear Sir:

In response to your letter of November 18, we take pleasure in sending you herewith a copy of "*Origin and progress of the Division of Aeronautics, Library of Congress*", reprinted from the *Annual Report of the Librarian of Congress for the fiscal year ending June 30, 1930*. We have also sent to your Library (through the International Exchange Service of the Smithsonian Institution) a copy of the 1932 Report, and are placing the name of the National Library of Peiping on our regular Report mailing list. The 1933 issue will be sent when it becomes available, -presumably about the middle of the time month.

According to a report from the Chief of our Division of Aeronautics, a new edition of the "*Bibliography on Skin Friction and Boundary Flow*", which you requested, is now in preparation. A copy will be sent to your Library from the Division of Aeronautics within a few weeks.

The third item requested in your letter-Aeronautic uses of Radio-we understand was published in *Mendel Bulletin* (Villanova College) Villanova, Pennsylvania, 1931, volume 3, pages 13-14. Possibly you will wish to apply to that institution for a copy.

Very truly yours,

Secretary

〔Librarian of Congress, Putnam Archives, Special File, China: National Library 1930-1939〕

按:*Mendel Bulletin*,1929 年为纪念奥地利科学家孟德尔(Gregor J. Mendel,1822-1884)创刊,至 1969 年终刊。此件为录副。

一月八日

Charles C. Williamson 致函先生,请在美访问时前往哥伦比亚大学图书馆学院做演讲,并建议以中国图书为主题。

January 8, 1934

Dear Mr. Yuan;

I learn from Mr. Goodrich of our Chinese Department that you are planning to come to the United States next spring. This is very nice news; I can assure you of a warm welcome at the University and especially in the School of Library Service. We shall want you to talk to the students at some Wednesday morning assembly on a topic of your own choosing, but I would suggest that it have to do with the present status of the library development in China.

Mr. Goodrich and I are agreed that we want you to give a public lecture at the University on some suitable subject and we suggest that you take for your subject the development of the Chinese book from the beginning to the present time. This will not only be of great interest to the general public but of special interest to the students in the School of Library Service.

Mr. Goodrich has no funds in his department to pay fees to outside lecturers. In the Library School we have also very little money for this purpose, but we can offer you a modest fee which will at least pay taxi fares! I know without even consulting Miss Sanderson and other colleagues that we shall want to offer you little hospitalities of various kinds. Consequently, I trust your stay in New York will not be too limited and that you will keep open a few dates which we can claim for luncheon or dinner and afternoon tea in East Hall.

I shall be glad to know as soon as convenient what your schedule is likely to be so that we can suggest definite dates for these various functions.

Cordially yours,

Dean

〔Columbia University Library, New York State Library School Collection, Series 2 Student Records, Box 65, Folder Yuan, T. L.〕

按：Charles C. Williamson（1877-1965），美国图书馆学家，长期担任哥伦比亚大学图书馆馆长、图书馆学院院长。该件为录副。

一月十二日

先生致信长泽规矩也，请其缓照日藏善本古籍。

长泽先生大鉴：

星移物换、气象更新，比维著祺鬯楙、凡百增庥为祝。敝馆此次影照贵国各文库所藏善本书籍，诸承鼎力，感泐曷胜。属以流通文化，允应积极进行，惟现在所影国内书籍存稿甚多，一时未能完全付印，与其存积不如留待将来。兹拟对于此次请求影照之书，其已照成与已照而未完成者，自当赓继办理，以竟事功，其尚未开始照印者除附单加双圈者七种仍拟照印外，余则暂行停止，此种不得已之情形，尚祈谅察是幸。高山借助，幸有光辉，嗣后倘继续进行，仍当上烦执事予以提携也。专此奉达，并鸣谢忱。顺候台祺，不僩。

弟袁厶厶拜启

附单。

〔国家图书馆档案，档案编号 1933-※042-外事 1-005001 至 1933-※042-外事 1-005004〕

按：此件为王祖彝所拟之底稿，先生多有修改，附单不存。

王云五覆函先生，商务印书馆愿列为德国印刷展览会共同发起人，并已派人前往青年会考察会址情形。

守和先生大鉴：

奉本月四日环示，敬悉。德国印刷展览会事，敝馆当遵为加入发起，仍请贵馆共同列名，较易号召，尚祈鉴洽。八仙桥青年会业已商妥，地位可以备用，当俟 Wilhelm 君来时接洽一切。日期俟接洽就绪后再行奉告。专此布复，祗候台安。

王〇〇

〔商务印书馆信稿纸。孔夫子旧书网拍卖（http://www.kongfz.cn/3563168）〕

按：该件为底稿，右侧有"中华民国廿三年壹月拾贰日"字样，应为发信日期。2 月 5 日，德国印刷展览会在上海福开森路世界社举行开幕仪式①，与商务印书馆并无关联。

---

①《国际现象画报》第 3 卷第 1 期，页 662；《印刷画报》创刊号，1934 年 5 月，页码不详。

一月十六日

刘半农来馆，访先生、徐森玉、赵万里等人。〔刘小蕙著《父亲刘半农》，上海：上海人民出版社，2000 年，页 240〕

按：所谈之事似与平馆拟召开戏曲音乐展览会相关。

一月十八日

国会图书馆致函先生，前信所询有关俄文科学、文学出版物目录的问题，该馆斯拉夫语部已有相应报告，已将这些信息随函寄出。

January 18, 1934

Dear Sir:

Your letter of November 28, addressed to the Chief of our Division of Slavic Literature, has just been received in this Office, together with the accompanying report on publications containing lists of the literary and scientific works of Russian political refugees, Russian bibliographies suitable for a reference library, and new Russian bibliographical sources.

Doubtless you will be able to procure copies of certain of the publications noted from the publishers, whose names and addresses appear in the enclosed report.

Very truly yours,

Secretary

〔Librarian of Congress, Putnam Archives, Special File, China: National Library 1930-1939〕

按：此件为录副。

一月中旬

某记者来访，先生谈东方图书馆复兴事务，并表示北平地区将积极筹划，但是否须添聘具体工作人员，则将与上海商务印书馆函商。〔《益世报》（北平），1934 年 1 月 19 日，第 7 版〕

先生访傅增湘，后者交信一封、书三部与先生，请其去沪时转交张元济。〔《张元济傅增湘论书尺牍》，1983 年，页 313〕

一月二十日

晚，先生乘平浦线列车南下入京。〔《世界日报》，1934 年 1 月 21 日，第 7 版〕

按：此次前往南京为奉教育部电召，并拜谒蔡元培报告馆务近况。

一月下旬

先生由京转沪，与商务印书馆商讨平馆善本书影印事。〔《世界日报》，1934年1月30日，第7版〕

按：先生在沪盘桓三日，主要为与王云五接洽，请商务从速影印平馆数百余种善本书。另，馆长蔡元培亦与商务签订合同影印李慈铭《越缦堂日记》。

一月二十九日

先生返回北平，某记者来访，先生略述在上海商洽善本书影印事经过，表示将用小六开连史纸、每种皆用单行本形式。〔《华北日报》，1934年1月30日，第7版〕

二月一日

某记者来访，先生谈出洋考察计划，此外表示第二阅览室俟市政府批复后即可开设。〔《世界日报》，1934年2月2日，第7版〕

按：先生以平馆副馆长身份向中基会提出申请，请休假九个月赴欧美考察。中基会将在最近举行的年会上对先生申请予以讨论。就平馆第二阅览室选址问题，先生已考察过数处，认为北长街北口航空学会会址最为适用。①

二月六日

某记者来访，先生介绍工程参考阅览室概况，并表示该室除八日开幕式外，还将举行工程图籍展览会。〔《京报》，1934年2月7日，第7版〕

晚，先生在同和居设宴，傅增湘、陈垣、马衡、刘半农、徐森玉、余嘉锡等人受邀与席，商讨复兴上海商务印书馆东方图书馆事。〔《父亲刘半农》，页246〕

按：《刘半农日记》所存部分将徐森玉排印成"徐森坟"，另有一"张公乾"，笔者认为极有可能是张国淦（乾若）。

二月八日

下午四时半，平馆工程阅览室举行开幕礼，同时展览工程书籍，约八十余人出席。先生作为主席报告筹备经过，大意如下：

北平图书馆工程阅览室，承中国工程师学会及中美工程师学会之帮助，捐赠许多书籍，今天在此地举行开幕典礼，各界来宾踊跃来临，

---

①《华北日报》，1934年2月6日，第6版。

曷胜荣幸。查工程阅览室之成立，于中国之新式建筑上，予以莫大之辅助，使将来中国一切建设能以达到现代化。现工程阅览室书籍，虽属不多，希望以后逐渐推广。图书馆拟于最近成立一工程研究会，邀请各机关人员参加，以期中国工程事业前途发扬光大。同时，并向今日参加之来宾，致十二分之感谢。

继由中国工程师学会代表顾毓琇、中美工程师学会代表李书田、塔德先后演说。五时半，来宾稍进茶点，先生招待至图书陈列室参观各类图书。〔《益世报》(北平)，1934年2月9日，第8版〕

按：李书田(1900—1988)，字耕砚，直隶昌黎人，水利学家，1949年前往台湾，次年赴美国定居。该阅览室由平馆、中国工程师学会、中美工程师学会共同筹办。塔德似为英人。① 工程图籍展览亦同时开幕，布置于梁任公纪念室内，预计开放七日。

二月十日

先生致信田中庆太郎，寄上照书费请其代为保管。

田中先生大鉴：

杨君鼎甫返平，备悉执事对于敝馆影照古书事多所赞画，并蒙代为经管款项，诸事赖以顺利进行，获闻之下，铭感曷胜。敝馆原定照书计划，近以经费关系略有变更。兹再由正金拨付日金贰千圆，仍恳尊处收下，一并代为保管。今年照书费拟即以四千圆为限，余俟下年再行商定办法。此款到后，希即惠复为荷。专此，敬请台安。

附本馆拟照书目单一份。

正金银行日金贰千圆支票一纸。

〔国家图书馆档案，档案编号1933-※042-外事1-005010至1933-※042-外事1-005014〕

按：照书目单应为：《大宋重修广韵》北宋刻本(以上静嘉堂文库)，《钜宋广韵》宋建宁刻本、《淮海居士长短句》宋高邮军学刻本(以上内阁文库)，《论衡》宋刻本、《新雕初学记》宋刻本、《文选》宋明州刻本、《太平寰宇记》宋刻本、《天台陈先生类编花果卉木全芳备祖》元刻本(以上图书寮)，其中《大宋重修广韵》《文

① 《世界日报》，1934年2月9日，第7版。

选》均标有已有部分及所需拍摄各卷。此件为文书所拟之底稿，先生在其上颇多修改。田中庆太郎的地址为：东京本乡区二丁目二番文求堂书店。

先生致信长泽规矩也，告知汇上日金与田中庆太郎，在日拟照古籍有所增加。

长泽先生大鉴：

杨君鼎甫返平，备悉台端对于敝馆影照古书事热心指导，不避辛劳，诸事赖以进行，铭感无似。敝馆原定照书计划，近以经费关系不得不略变更。兹再由正金银行拨付日金贰千圆，仍托田中先生代为保管，以备今年度照书之用，余竢下年再行商定办法。敝馆前月寄呈之书单，兹又略有增加，希即查照办理，无任盼祷之至。专此申谢，顺颂著祺。

附书单一份。

〔国家图书馆档案，档案编号 1933-※042-外事 1-005015 至 1933-※042-外事 1-005017〕

按：此件为文书所拟之底稿，先生修改颇多。长泽规矩也的地址为：东京小石川区小日向台町三丁目五十三番。

安徽省立图书馆举行二十一周年纪念会，先生题"皖江瑰宝"，以示祝贺。〔《学风》第 4 卷，1934，《安徽省立图书馆二十一周年纪念》，页 16〕

二月十二日

上午十时，北京大学在二院办公处召开建筑委员会，审定新图书馆的设计图，该稿为第三次图型。胡适、周炳琳、刘树杞、蒋梦麟、汪申、先生、毛准、郑天挺等参会，会议主席为蒋梦麟。议决三项：一是第三次图型设计通过；二是图书馆内部设计须提交图稿，待下次会议讨论；三是待设计稿完善后，再行决定（工程）投标日期。〔《北京大学史料》第 2 卷第 2 册，页 2126〕

按：刘树杞（1890—1935），字楚青，湖北蒲圻人，化学家，时任北京大学理学院院长。北京大学新图书馆选址于松公府，建筑费须三十万元，由中基会结余款补助一半，另外则向毕业同学、旧日教授及相关人员募集。本日会议参与者均为建筑委员会委员。①

① 《中华图书馆协会会报》第 9 卷第 4 期，页 15。

二月十三日

中午,陶孟和、傅斯年在欧美同学会设宴为先生饯行,邀陈寅恪、刘半农等作陪。另,先生在此遇胡适。〔《父亲刘半农》,页 248;《胡适日记全集》第 7 册,页 60〕

先生致信詹森,告平馆英文馆藏中有关华盛顿总统的书籍情况。

February 13, 1934

Dear Minister:

I am enclosing a list of works on George Washington which we have in the National Library.

If there is any work you need, please let me know.

Yours very truly,

T. L. Yuan

Acting Director

〔Library of Congress, Nelson T. Johnson Papers〕

按:此件为打字稿,落款处为先生签名。后附一页书单,共计五种英文书籍。

二月十六日

先生致信詹森,感谢其撰写数封介绍函。

Feb. 16th

Dear Minister:

Many thanks for the letters of introduction you so kindly sent to me. They will be of great assistance, I am sure.

I shall write to you and keep you informed about my work in America. With renewed thanks,

Yours sincerely,

T. L. Yuan

〔Library of Congress, Nelson T. Johnson Papers〕

按:据詹森档案可知,其为先生撰写了数份介绍函,其中录副者有 Colonel A. Woods、Tyler Dennett、Stanley K. Hornbeck(洪培克)、James W. Wadsworth Jr.(海约翰女婿)。该信为先生亲笔。

二月十八日

晚,沈兼士在华安饭店设宴为先生饯行,陶孟和、马裕藻、刘半农、李书华、李麟玉、周作人等人作陪。〔《父亲刘半农》,页249;《周作人日记(影印本)》下册,郑州:大象出版社,1998年,页573〕

二月中旬

先生致信中华图书馆协会执行委员会,推刘国钧担任执委会主席,李小缘、洪有丰、严文郁为常务委员。

中华图书馆协会执行委员会同人公鉴:

年来本会会务日益进展,同礼滥竽其间,愧无建树。兹奉教育部令,派赴欧美考察图书馆事业,即日出国,对于本委员会主席职务势难兼顾。刘衡如先生主编《图书馆学季刊》,对于本会之发展素所关怀,拟建议公推衡如先生为本委员会主席,李小缘、洪范五、严文郁三先生为常务委员,以资熟手。倘荷赞同,即希通知本会事务所,以便通告全体会员,而免会务停顿,至为感盼。

〔《中华图书馆协会会报》第9卷第4期,页9〕

按:3月上旬中华图书馆协会本年度职员改选结果公布,执行委员连任十名,分别为刘国钧、洪有丰、王文山、田洪都、冯陈祖怡、先生、杜定友、李小缘、沈祖荣、胡庆生,新任执委为戴志骞、蒋复璁、桂质柏、何日章、严文郁五人。因先生赴美,在此期间协会拟请金陵大学文学院刘国钧代行执委会主席之职,并由李小缘、洪有丰、严文郁为常务委员。①

二月二十日

下午五时,平馆委员会召开第十二次会议,胡适、任鸿隽、傅斯年、刘半农、先生、周诒春、陈垣出席,胡适为会议主席。讨论议案如下:

(一)先生请假出国期间,由孙洪芬代副馆长、刘半农代理本委员会书记;本委员会设置常务委员会,以委员长、书记及会计组成;平馆设置事务委员会,由孙洪芬、徐森玉、王访渔、严文郁组成,其中孙洪芬为当然主席。

(二)审议图书馆扩充计划案,议决先建筑新闻阅览室,由平馆拟具详细图案计划及预算提交下次委员会再行审议。

(三)与法国交换馆员,拨给法国馆员旅费案,议决本馆下年度经费困难,该

① 《华北日报》,1934年3月14日,第7版。

员旅费势难担任，请平馆将困难情形函告法使馆，派王重民赴法留学事请先生到巴黎后径与法方接洽。

(四)议决由刘节代理金石部主任。

六时散会，会毕胡适为先生饯行。〔《北京图书馆馆史资料汇编(1909-1949)》，页341-342〕

按：此次会议应在胡适家召开。①

二月二十一日

下午四时，中基会干事长任鸿隽与先生在平馆举行茶话会，欢迎驻俄大使颜惠庆，②胡适、蒋梦麟、李书华、傅斯年、李蒸、梅贻琦等数十人作陪。〔《大公报》，1934年2月22日，第4版〕

按：此次茶话会上，先生应与颜惠庆谈及赴苏俄考察图书馆、文化事宜。③

晚六时，马裕藻、马廉在东兴楼为先生饯行，徐森玉、周作人、钱玄同、徐祖正、黎锦熙、台静农作陪。〔《钱玄同日记(整理本)》，页992；《周作人日记(影印本)》下册，页574〕

是年春

李俨致函先生，请平馆调查北平各图书馆所藏中文算学书并汇编成专册，藉利研究。后，先生将此事交由邓衍林负责。〔《北平各图书馆所藏中国算学书联合目录》引言〕

按：先生收到此函后曾告邓衍林"北平各图书馆藏书甚富，所藏中算书籍类亦不少，且间有罕见之本，君盍记之。既有资于研究国算者之一助，且可略沾编纂中文书籍联合目录之尝试也。"1936年6月，邓衍林编、李俨校《北平各图书馆所藏中国算学书联合目录》出版。

二月二十二日

下午四时许，先生坐火车赴天津，刘半农等到站送行。〔《父亲刘半农》，页250；《申报》，1934年2月23日，第14版〕

---

① 《胡适日记全集》第7册，页66；《父亲刘半农》，页249。

② 本日，《颜惠庆日记》(译本)记作"在图书馆用茶点"，页797。

③ 《大公报》(天津)，1934年2月23日，第4版。

按:行前,先生告记者"此行赴欧美各国对文化图书等书业,作详细之考察,同时并将我国文化及国粹介绍于欧西各国,故宫所存之宋元明古代书画复印件已装妥两箱,携往陈列,将选择一部分赠友邦。"①另外,先生此行有为平馆募集基金的考虑。

二月二十三日

先生乘日轮离津,前往神户。〔《申报》,1934 年 2 月 23 日,第 14 版〕

按:先生拟在日本停留一周。

二月二十七日

先生抵达神户,旋参观图书馆一二所,晚间访日本青年圕员联盟事务所,乘车赴京都。〔《中华图书馆协会会报》第 9 卷第 5 期,1934 年 4 月 30 日,页 17〕

按:先生在日行程和参观由该联盟代为拟定,预计在京都停留两日,旋即在横滨乘亚细亚皇后号赴美。

二月二十八日

先生撰写 Memorandum in re *Quarterly Bulletin of Chinese Bibliography*。〔Rockefeller Foundation. Series 601: China; Subseries 601.R: China-Humanities and Arts. Vol. Box 47. Folder 394〕

按:虽然该件落款明确,但笔者存疑。

二三月间

先生在京都逗留数日,后在横滨乘亚细亚皇后号轮船赴美。〔《中华图书馆协会会报》第 9 卷第 5 期,1934 年 4 月 30 日,页 17〕

三月二日

国民政府行政院委派先生代表故宫博物院出席国际博物馆联席会议。〔《申报》,1934 年 3 月 3 日,第 8 版〕

三月五日

哥伦比亚大学校长 Nicholas M. Butler 致函先生,告知将授予其"大学卓越勋章",并请暂时保密。大意如下:

It gives me very great pleasure to advise you that the Trustees of

---

① 本年 5 月 21 日至 26 日,先生携带至美的故宫博物院所藏画作的复制件在 Morse Hall 美术馆展出。这批复制件数量应为 36 件,原作为 10 到 16 世纪的名画。Midjo 教授(Fine Arts Department of the College of Architecture)安排了此次展览,此外 James Hunter 夫妇、Hugh Moran 夫妇、C. H. Myers 夫妇、J. G. Needham 夫妇借出自己的收藏,以丰富该展览。*The Ithaca Journal*, May 21, 1934, p. 2.

Columbia University at their meeting today, unanimously voted that the University Medal for Excellence be awarded to you at the Commencement of 1934. This medal is awarded by the University in recognition of your scholarship and library service in China.

The award of the medal will be made at the degree ceremonies on the afternoon of Tuesday, June 5. Full details of the exercise will be sent to you as the date approaches.

This information is, of course, to be treated as entirely confidential until public announcement is made by the University immediately preceding the Commencement exercise.

With hearty congratulations upon this well-deserved distinction.

〔王成志《袁同礼先生和哥伦比亚大学》,《袁同礼纪念文集》,北京:国家图书馆出版社,2012 年,页 240。〕

按:Nicholas M. Butler(1862－1947),美国哲学家、外交官和教育家,本谱中译作“巴特勒”,1902 年至 1945 年担任哥伦比亚大学校长,1925 年至 1945 年兼任卡耐基国际和平基金会会长。University Medal 授予者并非仅先生 1 人,本年共有 9 位校友获此殊荣。

三月中下旬

先生抵达美国(西海岸),发电至中基会(平馆),告知近况。〔《世界日报》,1934 年 3 月 22 日,第 7 版〕

按:北平收到先生电报的时间应为 3 月 21 日,先生告知以国会图书馆为通讯地址。

三月十八日

先生致信 Charles C. Williamson,接受其邀请前往哥伦比亚大学与老师和朋友叙旧,并告知行程安排。

March 18th

Dear Dr. Williamson:

Just a few days before leaving Peiping, I received your good letter of Jan 8th. It is most kind of you to ask me to give talks at the School and at the University and I shall be most delighted to do so as you suggested.

I shall be in New York on Monday, the 26th, and shall call on you in the afternoon, but have to leave for Havana Wednesday morning. I shall be back after April 10th, so any date between April 20th and 30th would suit me admirably.

I am most happy to be back at my alma mater and able to see my old teachers and friends. I only regret that my stay in New York is too limited to enable me to attend some classes at the School which you so ably direct.

With kindest regards,

Yours sincerely,

T. L. Yuan

〔Hotel del Monte（California）信纸。Columbia University Library, New York State Library School Collection, Series 2 Student Records, Box 65, Folder Yuan, T. L.〕

按：该信为先生亲笔，于 3 月 21 日送达。

三月二十六日　纽约

先生前往洛克菲勒基金会总部，拜会人文部主管 David H. Stevens。先生认为平馆作为研究型图书馆，需要培养更多专业的图书馆馆员，希望该基金会可以资助馆员访美学习图书馆学。此外，先生希望该项计划能资助沈祖荣赴美进行三到六个月的考察。〔Rockefeller Foundation. Series 601: China; Subseries 601.R: China-Humanities and Arts. Vol. Box 47. Folder 388〕

按：David H. Stevens（1884-1980），美国社会活动家，本谱译作“史蒂文斯”，早年入劳伦斯大学（Lawrence University）学习，先后获学士、硕士学位，后入哈佛大学、芝加哥大学学习并在后者任教，1930 年加入洛克菲勒基金会，任大众教育董事会（General Education Board）副主席，1932 年起担任人文部主任，至 1949 年退休，对该基金会在国际文化交流领域产生了深远的影响。

三月三十一日　华盛顿

先生致电恒慕义，祝其在北平一切顺利并通知平馆竭尽所能满足其任何需求。

Washington, D.C.

To Dr. A. W. Hummel

Care of　Language School

Peiping　China

PLEASE CALL UPON THE NATIONAL LIBRARY FOR WHATEVER ASSISTANCE YOU WISH OBTAIN. HAVE CABLED PEIPING GIVE YOU ALL FACILITIES POSSIBLE. WISHING YOUR STAY IN PEIPING INTERESTING AND POSSIBLE. BEST WISHES FOR YOUR SUCCESS AND HAPPY EASTER.

T. L. Yuan

先生致电平馆,请竭尽全力协助恒慕义,并为其联系故宫博物院及北平学术界人士。

To National Library

Peiping　China

PLEASE EXTEND TO DR. HUMMEL EVERY POSSIBLE ASSISTANCE. HELP HIM GET NECESSARY CONTACT WITH OUR STAFF, PALACE MUSEUM AUTHORITIES AND SCHOLARS IN AND AROUND PEIPING.

T. L. Yuan

〔Library of Congress Archives, The Library Ass. of China The Metropolitan Library T. L. Yuan〕

按:以上两封电文均录副寄送国会图书馆,4 月 2 日送达国会图书馆秘书办公室。

四月二日

先生与国会图书馆参考馆员 B. A. Claytor 晤谈,就该馆馆藏中文文献编目问题交换意见。

B. A. Claytor 致函先生,略述国会图书馆馆藏中文图书主题目录编制的现状和困难。

April 2, 1934

Dear Mr. Yuan:

During our conversation today the question of a subject catalogue for the Chinese books was touched upon. The importance of such a catalogue, without further discussion on that point, is well known to you.

The lack of funds to employ the necessary help for preparing the cards desired is the principal reason that such a catalogue has not been made are this.

In order to make a complete subject catalogue it will be necessary:

1. To write from 1 to 6 additional cards for the 52,000 or more titles in the present title catalogue (38,000 ts'ung shu; 14,000 independent works).
2. To re-classify, perhaps, the whole collection, adopting the system now in use at Harvard or by revising our own system so that it will be more elastic.
3. To employ an additional assistant who will devote his whole time to rewriting and classifying subject headings.

I am sure that Dr. Hummel will be grateful to you for any suggestions as to ways and means of meeting this problem. Of course, all matters relating to the Library of Congress must be approved by the Librarian.

Yours sincerely,

B. A. Claytor

〔Library of Congress Archives, Arthur W. Hummel Sr. correspondence series, MSS86324〕

按:该函寄送费城美国东方学会,此件为录副。

四月上旬 费城

美国东方学会举行第一百四十六次会议,先生列席。〔"Proceedings of the American Oriental Society at the Meeting in Philadelphia, 1934." *Journal of the American Oriental Society*, vol. 54, no. 3, 1934, pp. 321-343〕①

按:本次会期为4月3日至5日,先生在此遇到加斯基尔。

四月十日

先生致信 Andrew Keogh,告知拟于十四日上午十点半拜访耶鲁大学图书馆。

① 在参加人名单中,先生被标记为"Yaure",特此说明。

April 10th

Dear Dr. Keogh:

I was sorry to have missed you at the meeting of the A. O. S. I am coming to New Haven Saturday morning specially to see you and the great library under your direction.

I shall call on you at 10:30 and unless I hear from you to the contrary, I shall assume that the time is not inconvenient to you.

With kindest regards.

Yours sincerely,

T. L. Yuan

c/o China Institute

119 W. 57th Str.

New York City

〔Hotel New Yorker 信纸。Yale University records, Peiping National Library, 1931–1937, Box: 80, Folder: 831〕

按:Andrew Keogh(1869–1953),美国图书馆学家,本谱译作“凯欧”①,英国出生,1900 年起担任耶鲁大学参考图书馆馆长,1916 年至 1938 年出任该校图书馆馆长,其中 1929 年至 1930 年兼任美国图书馆协会主席。该信为先生亲笔,翌日送达。

四月十二日

凯欧覆函先生,期待本周六会面,但因耶鲁大学校方会议无法恭迎先生,已安排相关人员接待。

April 12, 1934

My dear Mr. Yuan,

I have your letter of the 10th telling me that you are coming to New Haven on Saturday morning to see this Library and that you will call about 10.30.

I shall be here at that hour and will be glad to see you unless, indeed, I am needed for a meeting of our Yale Corporation which meets on

① 该人译名参照严文郁著《中国图书馆发展史:自清末至抗战胜利》,台北:“中国图书馆学会”,1983 年,页 235。

Saturday morning. If I am not here someone on the staff will look after you.

Yours very sincerely,

〔Yale University records, Peiping National Library, 1931-1937, Box: 80, Folder: 831〕

按:此件为底稿,写在4月10日先生信的背面,该函寄送华美协进社。

四月十三日 纽约

先生前往洛克菲勒基金会总部,拜会耿士楷和史蒂文斯,讨论资助近代中俄关系史料出版事宜。〔Rockefeller Foundation. Series 601: China; Subseries 601.R: China-Humanities and Arts. Vol. Box 47. Folder 388〕

按:近代中俄关系史料应存于故宫博物院,非平馆馆藏。[①] 洛克菲勒基金会对该项计划持积极态度,但因为出版计划的规模并不清晰,需要等恒慕义从中国归来后听取其意见。

四月十四日 纽黑文

先生赴耶鲁大学图书馆参观,并与朝河贯一晤谈,内容涉及平馆的出版计划和与耶鲁大学等美国高校交换图书的设想。先生认为平馆馆藏中欧美出版书籍仍属薄弱,可以与美国各高校展开交换。〔Yale University records, Peiping National Library, 1931-1937, Box: 80, Folder: 831〕

按:朝河贯一(Kan'ichi Asakawa,1873-1948),作家、历史学家、图书馆专家,第一位在美国知名高校获得正教授的日裔学者。两天后,朝河贯一将此次会谈的情况以内部文件的方式提交给耶鲁大学图书馆馆长凯欧。

四月十七日

先生致信哥伦比亚大学校长巴特勒,感谢母校给予卓越勋章的荣誉。大意如下:

On my arrival in New York, I was most happy to receive your letter of March 5th informing me unofficially of the action taken by the trustees of Columbia University in awarding me the University Medal for

---

① 参见1934年4月23日史蒂文斯覆詹森函,Library of Congress, Nelson T. Johnson Papers。

Excellence at the Commencement of 1934.

I am greatly touched by this attention and I only wish it were possible to express to you how keenly I appreciate the honor. It is especially significant to me because it comes as an expression from my Alma Mater for which I have the deepest affection.

Since my graduation at Columbia in 1922, I have been following with interest and admiration the remarkable development of this great institution of learning which has been made possible through your great personality and under your distinguished direction. Your achievement at Columbia has been the inspiration of my work in China during these years.

Permit me to express once more my best thanks to you, my dear President, and to beg you to convey to the Trustees the expression of my deepest gratitude.

〔王成志《袁同礼先生和哥伦比亚大学》〕

四月二十四日

先生前往哥伦比亚大学，拜会校长巴特勒。〔王成志《袁同礼先生和哥伦比亚大学》〕

四月二十五日

国会图书馆致函先生，感谢赠予有关平馆的册页。

April 25, 1934

Dear Dr. Yuan:

Let me thank you for the brochure and other documents relating to your library at Peiping. I am glad to have them, and shall value them.

Very sincerely yours,

〔Librarian of Congress, Putnam Archives, Special File, China: National Library 1930-1939〕

按：此件为底稿，该函寄送华美协进社。

哥伦比亚大学教务长 Frank D. Fackenthal 致函先生。〔王成志《袁同礼先生和哥伦比亚大学》〕

四月二十六日

先生覆信 Frank D. Fackenthal，介绍将送给母校的两件“礼物”——《四库全

书珍本》(初集)、《四库善本丛刊》。〔王成志《袁同礼先生和哥伦比亚大学》〕

四月二十八日

先生致信凯欧,邀请其访问中国指导图书馆事业发展。

April 28th, 1934

Yale University

New Haven, Conn.

Dear Dr. Keogh:

When I was in New Haven the other day, I learned that you will soon retire from your Librarianship at Yale. Since returning to New York I have been wondering whether you would like to take a trip to China in 1935-36. I hope you will consider this invitation and I feel that nothing will give us greater pleasure than to welcome you in China. After a few months' survey of library conditions in China, you will be able to advise us as to further development of our libraries.

With my kindest regards,

Sincerely yours,

T. L. Yuan

〔国立北平图书馆英文信纸。Yale University records, Peiping National Library, 1931-1937, Box: 80, Folder: 831〕

按:此件为打字稿,落款处为先生签名。

四月

先生在纽约拜会 Frederick P. Keppel,表示有意邀请美国图书馆学家访华考察,后者对该计划颇感兴趣。〔Yale University records, Peiping National Library, 1931-1937, Box: 80, Folder: 831〕

按:Frederick P. Keppel(1875-1943),美国教育家、慈善活动家,本谱中译作"科普尔",长期担任卡耐基基金会(Carnegie Corporation of New York)主席。

五月七日 芝加哥

先生覆信凯欧,告收到本月一日来函,欣悉其有可能访华,将与国联方面协商,以增加其访华考察图书馆事业的可能性。

Chicago, Ill.

May 7, 1934

Dear Dr. Keogh:

I am most happy to receive your letter of May 1st just forwarded to me here in Chicago. So glad to hear that you find it possible to make the proposed trip.

The League of Nations has been collaborating with China in giving China technical assistance and I hope to be able to arrange to have libraries included in the program. I have had a talk with M. Rajchman when he was in New York and I shall take up the matter when I get to Geneva in July. If it can be realized, you will be requested by the League and the Chinese Government to conduct this survey.

I also extended the invitation to Dr. Bishop at Michigan when I had……

〔Yale University records, Peiping National Library, 1931-1937, Box: 80, Folder: 831〕

按：M. Rajchman 应指 Ludwig J. Rajchman（1881-1965），波兰细菌学家，通译作“拉西曼”，国际联盟流行病学委员会共同召集人，领导国联卫生组织的具体工作，20 世纪 30 年代曾担任蒋中正与宋子文的医疗顾问。该信为先生亲笔，余下部分未能拍摄。

五月八日

Frank D. Fackenthal 致函先生。〔王成志《袁同礼先生和哥伦比亚大学》〕

五月十日

先生撰写一信致某教授，谈最近在美考察情况及赴欧计划，大意如下：

（前略）一月以来，旅行各地，无片刻暇，搜集材料外，并为我国宣传近数年各项事业之进步。深觉国中对美国以及其他各国，毫无宣传，除报纸报告内战及共产党外，其他建设事业，向不登载。同礼此次到美国及加拿大，转赴各地讲演，彼等闻所未闻，故受一般之欢迎，哥伦比亚大学并赠名誉奖章，以示鼓励。各国对于不承认“满洲国”一节，一时不易改变态度，但如我国对于日本之所要求，一一屈服，贻笑外人，莫此为甚。同礼近由纽约转赴美国中部各大城，六月初赴欧洲法比荷兰瑞士,七月中旬国联召集文化合作委员会会议,将代表我国出席,八月赴德,九月赴英,十月赴西班牙,开国际博物院会议,(自四月展至十月。)故至早须十一月中旬,方能回平。各国均有信函,或电报,竞相欢迎,足征外人对于事业方面之观念,较国人为亲切也。(下略)

五月十日

〔《国讯》第72期,1934年7月1日,页199-200〕

按:此次在美访问期间,先生曾代青岛大学与哈佛大学协商互派学生,此信似写给该校某教授,后被节录于《国讯》杂志。

五月十一日　匹兹堡

先生拜访卡耐基图书馆、匹兹堡大学学习堂(Cathedral of Learning)。先生对后者极表兴趣,并与该地华人代表 Cornelia Nellie Yot 夫人讨论在此处设立中国纪念室(China Memorial Room)的计划。〔*The Pittsburgh Press*, May 12, 1934, p. 5〕

按:1937年 Cathedral of Learning 落成,此时虽尚未竣工,但已成为匹兹堡大学的标志性建筑,内部设有国际教室(Nationality Classrooms),每个教室按照某一国家的风格装修、陈设而成。

五月中上旬

故宫博物院改组,图书馆正馆长为江瀚,先生仍被推为副馆长。〔《申报》,1934年5月17日,第8版〕

五月十九日　达勒姆

先生拜访杜克大学,该校设宴款待,校领导和图书馆人员参加。〔*The Charlotte News Sun*, May 20, 1934, p. 10-a〕

按:此次访问的成果是平馆与杜克大学达成了图书交换协议,以双方馆藏复本和出版物为对象,而渠道应为美国快递公司(American Express Company)。[1]

五月二十日　华盛顿

先生覆信哥伦比亚大学教务长 Frank D. Fackenthal,附上参加颁奖典礼所需提交的各项信息,并告因未携学士服来美,望母校提供。此外,22日的晚宴因故无法应约。〔王成志《袁同礼先生和哥伦比亚大学》〕

---

① *The Enquirer*, Cincinnati, Aug. 26, 1934, p. 9.

五月二十二日

先生致信黄星辉,祝贺其将前往哈佛汉和图书馆任职并建议申请官方学生护照。

Care The Library of Congress,
Washington, D. C.,
May 22, 1934

Dear Mr. Huang:

I am glad to learn from Mr. Chiu that you are able to take a trip to America this Fall, and to work in the Chinese Library at Harvard University. Mr. Chiu will, undoubtedly, write to you about the exact date on which you are expected to begin work at Harvard, but I hope that you will plan your trip in such a way that you will be able to visit a number of libraries on your way to Cambridge. You may consult with Mr. F. F. Lee of the Division of Accessions of the National Library at Peiping, who is coming to America on a Rockefeller Foundation fellowship. He will visit a number of libraries along the Pacific Coast and in the Mid-West. I am sure that if you can take the trip together you will be able to visit a number of libraries on your way to Cambridge.

As you will note, librarianship is not classified in the class of professors. Therefore, unless you have an official student passport you will have a great deal of trouble with the Immigration officials in this country. I would urge you to ask the President of the University of Shantung to apply for an official student passport for you from the Ministry of Foreign Affairs through the Ministry of Education. Please show this letter to President Chao, who is a close friend of mine. I am sure he will help you out in getting this official passport.

I hope very much that you will find your trip interesting and profitable.

Yours very sincerely,
T. L. Yuan

按:黄星辉(Juliu H. H. Hwang,1889—1980),毕业于武昌文华图

书馆专科学校，先后任职于东吴大学、山东大学图书馆，著有《普通图书编目法》。President Chao 即赵太侔（1889—1968），原名赵畸，字太侔，以字行，山东益都人，1914 年考入北京大学英文系，1919 年考取公费留美，在哥伦比亚大学攻读文学，时任国立山东大学校长。该信附在同日致裘开明信中，此为抄件。

先生致信裘开明，谈黄星辉旅去哈佛汉和图书馆任职，询问汪长炳有无可能在暑假期间到哈佛汉和图书馆任职。

Care The Library of Congress,
Washington, D. C.,
May 22, 1934

Dear Mr. Chiu:

I am enclosing copy of a letter which I am sending to Mr. Huang at the University of Shantung. If you can, you may send him a list of the libraries which he should visit on his way to Cambridge. You should also tell him that he should plan to leave earlier in order to give more time to the visiting of libraries. I am hoping that after a few years' service at Harvard, he might be given an opportunity to visit libraries in Europe, so it is not likely that he will ever go back to China by way of the Pacific.

I remember that I told you when I was in Cambridge that I was planning to have Mr. C. P. Wang, who is now working in the Chinese Library at Columbia, join the Library of Congress in the Fall. As Mr. Hummel will not be back until June 22nd, the matter is now in the state of suspense. Mr. Wang will be leaving Columbia by June 30th. I have been wondering whether the Chinese-Japanese Library at Harvard could make use of him for two months, from July 1st to August 31st. If you could help him out, he will be greatly benefited by his experience at the Chinese-Japanese Library at Harvard. I think very likely Mr. Hummel will invite him to the Library of Congress in assisting the cataloging of the Chinese collection here. I shall be very much obliged if you could do something for Mr. Wang. Let me know your decision as soon as possible.

Yours very sincerely,

T. L. Yuan

〔国立北平图书馆英文信纸。Harvard-Yenching Institute Archives, Letter of Yuan Tung-li to Alfred K'aiming Ch'iu, May 22, 1934〕

按:Mr. C. P. Wang 之 Wang,应为 Wong,以下各处皆同。此件为打字稿,落款处为先生签名。

五月二十三日

裘开明覆函先生,告知因预算问题不能安排汪长炳赴汉和图书馆工作,请先生考虑联系加州大学或斯坦福大学。

Dear Mr. Yuan:

In response to your letter of May 22nd I want to extend our hearty thanks to you for the excellent arrangement you made for Hr. H. H. Huang to come to work here next year. I shall report your kind cooperation to Professor R. P. Blake, Director of University Libraries.

With regard to Mr. Wang, I am very sorry to inform you that we could not possibly take on another assistant this summer being strictly limited by our small budget. As you know, we already have Mr. Andrew Ko and Mr. Chaoying Fang working here. I have also arranged several months ago for Mr. Hanyee Feng to work for our Library during the summer, especially to finish some job he started last year. You will surely see the difficulty and unfairness in laying off our old associates who have done good work (Mr. Hanyee Feng worked here for two years) in order to admit entirely new persons. I sincerely hope that you will explain my difficulties to Mr. Wang, so that he may not take our inability to invite him as any reflection on his ability.

I understand that both University of California and Stanford University have substantial Chinese collections to be catalogued. Could you try to arrange something for Mr. Wang in either one of these libraries? Dr. Hummel, who will be director of the Summer Seminar on Far Eastern Studies at the University of California this summer, knows the opening at Berkeley. I am sure that he will be glad to assist Mr. Wang in as much as he is going to invite him to the Library of Congress this fall.

Dr. Hummel can be reached through Mr. Graves of the American Council of Learned Societies.

Sincerely yours,

A. Kaiming Chiu

Librarian

〔Harvard-Yenching Institute Archives, Letter of Alfred K'aiming Ch'iu to Yuan Tung-li, May 23, 1934〕

按:Mr. Andrew Ko 即葛受元;Mr. Chaoying Fang 即房兆楹;Mr. Hanyee Feng 即冯汉骥,时在宾夕法尼亚大学人类学习学习,本年暑期在哈佛燕京图书馆编目。Mr. Graves 即 Mortimer Graves (1893-1987),本谱中译作"格雷夫斯",长期担任美国学术团体理事会 American Council of Learned Societies)秘书,积极推动美国汉学、中国学的发展。

五月二十四日

美国天主教大学(Catholic University of America)校长 James H. Ryan 和该校国际法教授 Herbert Wright 邀请先生做客该校并对学生发表演讲。

晚,该校、国家记者联谊会假 National Press Club 设宴款待先生,James H. Ryan、犹他州参议员 Thomas、Harold J. Moulton(Brookings Institution 主席)、Herbert Wright 与席。〔*The Evening Star*, Washington, D. C., May 25, 1934, pp. a-8, b-1〕

按:James H. Ryan(1886-1947),天主教教长(prelate),1928 年至 1935 年担任该校校长。

国会图书馆馆长助理致函先生,告知先生所需华盛顿特区图书馆指南册页的名称和售卖者及其他信息。

May 24, 1934

My dear Mr. Yuan:

Some copies of the handbook of libraries in Washington, entitled *Informational Resources of Washington*, are in the hands of Mr. W. Taylor Purdum, at 455 Pennsylvania Avenue, N. W. They are on sale at fifty cents a copy.

Our Mail Division, whose wagon goes by there several times every day, could get you a copy if you wish.

Very truly yours,

Chief Assistant Librarian

〔Librarian of Congress, Putnam Archives, Special File, China: National Library 1930-1939〕

按:该函送国会图书馆第 26 号研究室,时先生应在此看书。此件为录副 。

五月二十七日

中午,施肇基在中华民国驻美使馆设宴款待先生,蒲特南(国会图书馆馆长)、阿博特(史密斯森协会秘书)、Waldo G. Leland(美国学术团体理事会秘书)、William A. Slade(Folger Shakespearean Library 馆长)、施永高、Lawrence C. Coleman(美国博物馆协会主任)、J. Franklin Jameson、William Alexander Hammond、Col. Lawrence Martin、Henry Eldridge Bourne、John T. Vance 女士、Victor Selden Clark、John Alexander Low Waddell、Carl Engle、F. W. Ashby、Martin A. Roberts、David J. Haykin、格雷夫斯、Carroll Kenworthy、使馆参赞 Yung Kwai 等人作陪。〔*The Evening Star*, Washington, D. C., May 28, 1934, p. b-2〕

按:Waldo G. Leland(1879-1966),美国历史学家、档案学家,本谱中译作"利兰",时任美国学术团理事会秘书长,是该协会发起人之一。

五月二十九日

先生致信加斯基尔,告知纽约华美协进社展出故宫博物院名画复制件,并询问汪长炳暑期前往康乃尔大学图书馆服务的可能性。

c/o The Library of Congress,

Washington, D. C.

May 29, 1934

Dear Miss Gaskill:

Since meeting you in Philadelphia early in April, I have been travelling around visiting libraries and scientific institutions. This explains why I have not been able to write to you earlier.

I am exceedingly sorry that I shall not be able to pay you a visit in

Ithaca this trip.

While in New York I asked the China Institute to arrange an exhibition of the Reproductions of Chinese Paintings from the collection in the Palace Museum, which I brought over. I understand from Mr. Chao-Mei-po, that the exhibition was appreciated by visitors interested in Chinese art. I hope also you are getting along very nicely with your Chinese Collection.

As Mr. C. P. Wang, who is now working in the Chinese Library at Columbia, will complete his work at Columbia on June 30th, I have been wondering whether your Library would like to make use of his services for a month or two, from July 1st. I am arranging with Mr. Hummel to have Mr. Wang spend some time in the Library of Congress, beginning in September. Mr. Wang will be free during the months of July and August, and I hope very much that he will be able to help a little towards strengthening your Chinese Collection, if your budget allows.

I hope you have already received from Peiping the *Quarterly Bulletin of Chinese Bibliography*. I trust that through the medium of this publication you will be kept informed about the current publications in China.

As I am leaving Washington on Thursday, please write to me c/o The China Institute, 119 W. 57th St., New York City.

With kindest regards, I remain,

Yours very sincerely,

T. L. Yuan

〔国立北平图书馆英文信纸。Cornell University Library, Wason Collection Records, 1918-1988, Box 1, Folder Koo, T. K. Letters〕

按:Chao-Mei-Po 即赵梅伯(1905—1999),宁波奉化人,男中音歌唱家、音乐教育家,留学比利时布鲁塞尔皇家音乐学院,1936 年回国后受上海国立音乐院萧友梅院长之聘,任上海国立音专声乐系主任。此件为打字稿,落款处为先生签名。

先生致信哥伦比亚大学校友会助理编辑 Daniel C. McCarthy,寄上个人信息及近照。

c/o The Library of Congress,
Washington, D. C.,
May 29, 1934

Mr. Daniel C. McCarthy, Assistant Editor,
Alumni Federation of Columbia University,
110 Library,
Columbia University,
New York, N. Y.

Dear Mr. McCarthy:

I thank you very much for your letter of May 22nd, and in accordance with your request I am sending you the information about myself, which you desire to have.

Under separate cover, I am sending you, my photograph. You may keep it for your files.

With kindest regards, I remain,

Yours very sincerely,
T. L. Yuan

〔国立北平图书馆英文信纸。Columbia University Archives, Rare Book and Manuscript Library, Historical Biographical Files, Box 343〕

按:此件为打字稿,落款处为先生签名,附简历一纸,包括先生学历背景、家庭成员、学会和社团组织、爱好等。

六月二日

加斯基尔覆函先生,告知无法在暑假期间聘请汪长炳前往康乃尔大学图书馆服务。

June 2, 1934

Dear Mr. Yuan,

It was a pleasure to hear from you, but I am sorry that you cannot come to Ithaca this year. I understand, though, how much you must have to do during your short visit in this country. I hope that some of these times I shall get to Peking again and be able to work for some months at least there, making use of your splendid library, but I do not know now when that will be.

The reproductions of paintings you had sent here were much appreciated, when first exhibited at the Cosmopolitan Club and then at the week's exhibit at the University Art Gallery. It was very good to have them here.

Mr. Wang was here helping me last summer, as you know, for a short time-rather shorter than I should have liked to have him-and I should like to have him again this summer for a while but it is, I am sorry to say, impossible. I am going to be away myself from the middle of August, attending the Seminar in Far Eastern studies at the University of California, in preparation for teaching a course in Chinese history here this coming year, and so having anyone to help with the Wason Collection during that period is out of the question. Knowing that Mr. Wang's interests are rather in general library work anyway I spoke to Dr. Kinkeldey, the librarian, about the possibility of there being some other work in the library he might do, but Dr. Kinkeldey says that the library funds are so cut down this year that there just isn't any possibility of having any extra help. I am sorry it is so, and I hope that Mr. Wang will find some other very pleasant way of spending the two months before he goes to Washington.

We have received the *Quarterly Bulletin of Chinese Bibliography* and are very glad indeed to have it.

With best wishes to you in all your journeying, I remain

Very sincerely yours,

〔Cornell University Library, Wason Collection Records, 1918-1988, Box 1, Folder Koo, T. K. Letters〕

按:此函寄送纽约华美协进社(119 West 57th Street)收转。

六月五日　纽黑文—纽约

先生与凯欧晤谈,后又致信一封,邀请其代表美国图书馆协会来华访问。

June 5, 1934

Dear Dr. Keogh:

With further reference to our conversations today, I am writing to extend to you on behalf of the Library Association of China a most cordial invitation to plan an early trip to China. We hope that through your visit, some scheme of closer cooperation may be arranged between Chinese and American libraries.

As soon as I return to China, I shall arrange with our Government to extend to you an official invitation. Meanwhile, I hope very much that you will keep me in touch with your plans.

With kindest regards, I remain,

Very sincerely yours,

T. L. Yuan

Chairman, Executive Board

〔中华图书馆协会英文信纸。Yale University records, Peiping National Library, 1931-1937, Box: 80, Folder: 831〕

按:此件为打字稿,落款处为先生签名。

下午五时许,哥伦比亚大学举行年度荣誉奖章(University Medal)颁奖典礼,先生因对中国图书馆事业的贡献获此殊荣。〔*The Evening News*, Wilkes-Barre, Pennsylvania, July 18, 1934, p. 6〕

按:同时获得该项奖章者共计九位,其他人为 Herbert S. Agar, Francis Blossom, James Brown, Lewis Einstein, Peter Grimm, Jacob B. Small, Arthur Hays Sulzberger, Jonathan M. Wainwright,①礼毕后应在教授俱乐部聚餐。

六月六日

史蒂文斯致函先生,表示洛克菲勒基金会对资助美国图书馆专家访华这一项目持开放态度,建议美国学术团体理事会作为辅助申请的机构。

June 6, 1934

Dear Dr. Yuan:

Just a note to wish you well as you leave our shore line. It was a

① *Columbia Spectator*, New York, June 5, 1934.

great pleasure to have you here.

I shall expect to hear from you in case the visits of our librarians are not provided for through other channels. In case you have not determined upon the routine, it may be useful to consider an invitation from your library by way of the American Council of Learned Societies both for future relations and for encouragement of the L. of C. project. But this is not to be considered if you have now made a beginning with the A. L. A. as a channel. A fairly prompt announcement might be helpful too.

Sincerely yours,

David H. Stevens

〔Yale University records, Peiping National Library, 1931－1937, Box: 80, Folder: 831〕

按:L. of C.即 Library of Congress。

六月下旬

先生离美赴欧。〔《王献唐年谱长编》,页 469〕

按:先生离开美国的具体日期不晚于 6 月 25 日。

六月三十日　布鲁塞尔

先生致片伯希和,告知预计抵达巴黎的时间,期待与 Dolleans 的会面。

c/o Legation de Chine

Brussel

June 30th

Prof. Paul Pelliot

38 Rue de Varenne

Paris VII

Dear Prof. Pelliot:

I expect to arrive at Paris July 4th or 5th. As I shall be staying only for a week, I would appreciate if you could arrange an interview with me with Mlle. Dolléans. Looking forward to seeing you.

Your sincerely,

T. L. Yuan

〔韩琦《袁同礼致伯希和书信》，页 125〕

按：Mlle. Dolléans 即 Marie-Roberte Dolléans（1911－1972），法国学者，伯希和的学生，中文名杜乃扬，1944 年结婚，改夫姓（Guignard）。1934 年 7 月，杜乃扬离开巴黎前往中国，在平馆服务至 1938 年 2 月。在此期间除日常馆务外，杜乃扬还应先生的要求，筹备了法国当代艺术书籍展览。

七月五日

下午二时，故宫博物院理事会假行政院召开第二次常会，蔡元培、王世杰、罗家伦、马衡等人出席。议决点收故宫博物院存沪存平古物办法、人事任命两项，其中徐森玉为古物馆馆长、先生为图书馆馆长、沈兼士为文献馆馆长。〔《申报》，1934 年 7 月 6 日，第 3 版〕

七月中旬

先生拜会戴密微，并在其家遇见法国国家图书馆拟派往平馆的交换馆员杜乃扬。〔蒙曦《王重民巴黎往事追记（1934－1939）》，《版本目录学研究》第 5 辑，2014 年 6 月，页 6〕

按：戴密微（Paul Demiéville，1894－1979），法国汉学家。

七月十六日　日内瓦

国联世界文化合作委员会召开第十六次会议，中国政府代表为胡天石，先生则以平馆副馆长身份作为专家列席。〔《第十六次国联文化合作报告》，1935 年，页 1－2〕

按：本次会议至 7 月 21 日终，其中胡天石代表吴稚晖参加。

七月二十日

国联世界文化合作委员会继续开会，决定协助国民政府在南京及西方设立全国学术工作咨询处，为在欧美的中国留学生提供职业训练的便利条件，以此满足中国经济建设之需要，先生及西人哈司、郎之文、莫列德、皮耶托劳马奇、萧特会被推选为该会会员。〔《申报》，1935 年 2 月 10 日，第 16 版〕

按：先生应出席此次会议，其中“哈司”即 Sir E. Heath，“郎之文”即法国列席之 Paul Langevin（1872－1946），法国物理学家，通译作“郎之万”，“莫列德”即国际劳工局副局长 M. F. Maurette，“皮耶托劳马奇”即意大利代表 M. L. Pietromarchi，“萧特会”即美国代表 James T. Shotwell。[①] 1934 年 3 月，莫列德来华，与教育部、教育人士、全国文化合作委员会几度商洽，决定由教育部向全国经济委员会提议，合组成立全国学术工作咨询处，其任务一为对中央政府、地方政府以及公私团体需要学术人才的状况，持续调查并登记；二为对于全国学术求业人才给予相当介绍，而留学尚未完成者则给予必要指导和援助。10 月 2 日，该会正式成立，会址最初在傅厚岗一号，翌年 1 月 22 日迁至北平路五十号，又因业务发展租中正路曾公祠二号为新址。[②]

日内瓦中国国际图书馆馆长胡天石与先生共同设宴，邀请各国代表及国联行政院秘书长，并参观"古画影片展览会"。〔《大公报》(天津)，1934 年 9 月 4 日，第 5 版〕

按：该展自 7 月 19 日始至 25 日终，展厅位于中国国际图书馆一层之陈列室，其中相当数量展品由先生带至瑞士，多为故宫博物院所藏古画的复制件。

七月下旬

先生致函平馆，大意如下：

国际间对北平图书馆之批评甚佳，对馆员之服务辛勤诚笃，及庋藏之丰富，尤为赞美，希望同人继续努力，使所博得之国际好评，永垂不朽。

〔《华北日报》，1934 年 9 月 2 日，第 9 版〕

八月三日　柏林

先生致信伯希和，附上致杜乃扬信请其转交，并谈她在华服务时的薪水支付方式。

c/o Chinese Legation
Berlin, Aug. 3rd

Dear Prof. Pelliot:

I hope you have moved into your new residence, and I am looking forward to seeing you again early in October when I return.

I am much obliged to you for having arranged an exchange of

① 《第十六次国联文化合作报告》，世界文化合作中国协会筹备委员会，1935 年，页 1–2。
② 《全国学术工作咨询处概况》，1936 年，页 1–2。

librarians between the two national libraries, and I am sure it will prove profitable to both parties. I enclose a letter to Mlle. Dolléans and shall be obliged to you if you will kindly forward for me. I sincerely hope that she will feel at home at Peiping.

As to her salary $4000.00 mex a year, it will be paid out of the grant from Sino-French Commission. I would suggest that the Foreign Office in Paris should write to the French Legation asking to set the money aside for Mlle. Dolléans, or pay it to our library which will hand to her each month.

Wishing you a pleasant summer and with kindest regards,

Yours sincerely,

T. L. Yuan

〔韩琦《袁同礼致伯希和书信》,页 125-126〕

八月中旬

先生致片金问泗。〔《金问泗日记》上册,页 135〕

按:8 月 15 日,金问泗为中国与土耳其换约事抵日内瓦,后经比利时于 23 日回到海牙,始阅此片。

八月二十三日

德国外交部文化关系委员会设宴款待先生,驻德公使刘崇杰、普鲁士国立图书馆(Preußische Staatsbibliothek)馆长 Krüss、Otto Franke、Hanish、柏林大学图书馆馆员西门华德、Kuhlborn 等人作陪。〔*The North-China Herald and Supreme Court & Consular Gazette,* Sep 26, 1934, p. 459〕

按:Krüss 即 Hugo Andres Krüss(1879-1945),1925 年担任普鲁士国立图书馆馆长;Otto Franke(1863-1946),中文名福兰阁,德国汉学家。

八月二十四日

先生与德国帝国交换局(Reichstauschstelle)代表 Adolf Jürgens 签订平馆与该所书刊交换协议。〔Librarian of Congress, Putnam Archives, Special File, China: National Library 1930-1939〕

按:Adolf Jürgens(1890-1945),德国历史学家、图书馆学家。该协议以等价为原则,平馆将寄送已有德文书刊目录、未来希望获取的书刊清单、中文现代出版物和科学杂志,双方负责各自寄出书刊的邮费。此外,该协议不具有排他性,即不限制与对方国其他文化机构达成交换协议。

先生致信 Alma Hedin,询问斯文·赫定的行踪并表示自己将赴斯德哥尔摩短暂访问。

Uhland-str. 194a
Bei Krehl, Berlin
August 24, 1934

Dear Miss Hedin:

I have been very anxious to know the whereabout of your brother. I do hope that he is safe and well.

I hear that Dr. Hedin is on his way to Stockholm and I should like to see him soon.

I expect to be in Stockholm for one day, next Friday, the 31st, on my way to Soviet Russia. I should like to meet you and any member of the Expedition. I am writing to Dr. Siren, but I am afraid he may be in vacation.

Looking forward to meeting you.

Yours sincerely,
T. L. Yuan

〔韩琦教授提供〕

按:Dr. Sirén 即 Osvald Sirén(1879-1966),瑞典艺术史学家、汉学家,中文名喜龙仁,对中国绘画、建筑颇多研究。该信为先生亲笔。

八月二十五日

先生致信恒慕义,讨论平馆与国会图书馆交换图书的可能性并谈平馆属意的书刊类型。

Chinese Legation,
Berlin,
August 25, 1934

Dear Mr. Hummel:

I think I wrote you once about the exchange of books between the National Library and the Library of Congress. I am now enclosing herewith an agreement which I concluded with Dr. Jürgens. It seems desirable that we may use it as a basis for our closer cooperation.

The National Library in all fields is interested in scientific periodicals and books representative of British and American scholarship. You have in the Library of Congress a large collection of duplicates which are available for exchange. As you were away when I was in Washington, I did not try to examine the duplicates, but if you think the Library of Congress would agree to enter into exchange relations with our Library, it may not be very difficult for you and your colleagues to assist us in the selection of titles.

Among your Russian duplicates, there were many things which we would like to have. Miss Liu will be able to assist in the selection.

I shall hope to hear from you after you have consultations with Dr. Putnam and Mr. Blanchard.

Yours sincerely,

T. L. Yuan

P. S. I shall be back in London after Sept. 20th. Please address me care of our Legation in London.

〔Library of Congress, Putnam Archives, Special Files, China: National Library 1930-1939〕

按:该信为先生亲笔,此件为photostat所制副本。

八月　德国威斯巴登

德国驻华前领事卜尔熙及其夫人设家宴款待先生。〔*The North-China Herald and Supreme Court & Consular Gazette* (1870-1941); Sep 26, 1934, p. 459〕

八月三十日　丹麦

中午,丹麦大北公司董事司加温利司设宴款待国民政府赴欧考察人员,客为俞飞鹏、徐庭瑶、郑方珩、罗怀公使夫妇、鲍尔逊伍,先生自柏林至此,亦受邀与席。〔俞飞鹏著《欧美考察日记》,1935年,页82-83〕

按:俞飞鹏(1884—1966),字樵峰,浙江奉化人,时任交通部次长,1934年夏,奉国民政府明令赴欧美各国考察军事和交通。徐庭瑶(1892—1974),原名其瑶,字月祥,安徽无为人,1914年考入保定陆军军官学校，好藏书。司加温利司、鲍尔逊伍皆外国人，待考。

八月三十一日　瑞典斯德哥尔摩

先生访问瑞典学术机构并与多位专家、学者晤面。〔韩琦教授提供〕

九月初　苏联列宁格勒

先生在东方学院演说，并订立平馆与该学院中苏两国科学刊物永久交换协议。〔《申报》，1934年9月9日，第10版〕

按：1930年，苏联科学院东方学研究所是在原亚洲博物馆、东方学家委员会、佛教文化研究所和突厥语文学研究室的基础上合组成立，设于列宁格勒（圣彼得堡）。1950年，该研究所迁往莫斯科，列宁格勒设分所。

先生在科学院图书馆看到一部《聊斋图说》，非常罕见。〔《东方杂志》，第33卷第23号，1936年12月1日，页44〕

按：先生认为其与故宫博物院藏《石经图说》颇相近，应是雍正时期的绘本。

九月六日

先生由列宁格勒抵达莫斯科。〔《申报》，1934年9月7日，第3版〕

先生致信 Alma Hedin，感谢其殷勤招待并希望代为向他人致以谢忱。

Sept. 6, 1934

Dear Miss Hedin:

I wish to thank you again for the many courtesies you so kindly extended to me during my stay in Stockholm.

May I ask you to express to your sister and Dr. Montell, Dr. Hörner, Dr. Bohlin and Prof. Sirén my keen appreciation for their thoughtfulness and assistance. Without their help, I would never be able to see so many institutions in one single day.

I sincerely hope that you will soon get good news from your brother and you will let me hear from you.

With many thanks and with kindest regards,

Yours sincerely,

T. L. Yuan

I sent to H. R. H. the Crown Prince our bulletin from Helsingborg. I hope you would get it before departure.

〔韩琦教授提供〕

按：Hörner 即 Nils Hörner（1896－1950），瑞典地理学家，本谱中译作"霍涅尔"①，1928 年至 1933 年参与西北科学考查团。该信为先生亲笔。

九月七日

晚，中华民国驻苏联代办吴南如宴请先生、清华大学教授蒋廷黻、苏联图书馆联合会会长伏克斯、苏联教育委员阿罗西夫、莫斯科图书馆代理馆长基鲁夫等人。先生在席上致词，称赞苏联科学馆之成绩，尤称誉其对于国家事业建设之贡献；并表示中国文化虽极悠久，对新科学亦竭诚欢迎，是以藉两国文化关系之增进，以敦睦其邦交，实为至要。〔《申报》，1934 年 9 月 9 日，第 10 版〕

按：8 月 16 日晚，蒋廷黻从北平出发前往欧洲各国考察，尤其寻找各国所藏中国近代史料，由东北经西伯利亚前往莫斯科，8 月 26 日晚上抵达莫斯科，较先生早了 10 天。② 吴南如（1898—1975），字炳文，江苏宜兴人，1916 年入北京大学法预科，1921 年任华盛顿会议中国代表团咨议，归国后在外交部供职，曾任情报司司长。

九月上旬

先生、蒋廷黻在莫斯科考察各大学图书馆、研究所、图书馆专门学校。〔《独立评论》，第 125 号，1934 年 11 月 4 日，页 18－19〕

按：蒋廷黻在其《欧游随笔》中尤其提到"马克思—恩格斯—列宁研究院"、"共产主义研究所"中国部、"国立书评编辑所"等处。

苏联政府派西夏文专家 Алексéй Ивáнович Ивано́в 博士款接，先生屡次申请查阅中俄条约底本，均遭婉拒。〔《中俄西北条约集》序〕

按：Алексéй Ивáнович Ивано́в（1878－1937），中文名伊凤阁，1897 年入圣彼得堡大学学习汉语和满语，1902 年来华学习，两年后回

---

①《万里向西行：西北科学考查团 90 周年纪念展展览图录》，页 91。

②《独立评论》，第 123 号，1934 年 10 月 21 日，页 11、14；《独立评论》，第 124 号，1934 年 10 月 28 日，页 13。

国,1922年曾任苏联驻北京大使馆高级翻译。

九月九日

晚,苏联图书馆协会会长伏克斯设宴款待先生、蒋廷黻。〔《申报》,1934年9月9日,第10版〕

九月中上旬

苏联对外文化交谊会设宴款待先生、蒋廷黻,并邀吴南如陪同。首由该会主席阿洛西夫致欢迎辞,后先生致答辞。大意如下:

> 数年前吾人对于苏联之伟大发展事业,茫无所知,此次身历其境,目睹贵国之伟大成功,深觉钦佩。贵国"伟大之未来"已指日可待矣。苏联科学家、经济学家、考古学、语言学各方面之惊人成功,中国殊为景佩,且望中俄两国学者,有更密切之联络。中国学者认研究苏俄经济学、文字及国策为目前当务之急。

〔《世界日报》,1934年9月15日,第7版〕

按:该消息源自塔斯社莫斯科14日电文,但笔者认为宴请之事非14日当天,故系于中上旬。

九月十七日

先生致电平馆,报告行踪。〔《京报》,1934年9月18日,第7版〕

按:《京报》所言8月28日由法国来俄京之说太过笼统,并不真切。

九月中下旬

先生由德国出发,前往英国。〔《中央日报》,1934年9月24日,第2版〕

按:先生抵达伦敦的时间,不晚于本月23日。

九月二十五日　英国格拉斯哥

先生致信William W. Bishop,告知在日内瓦参加国际知识合作委员会第十六次会议的感受,请其和凯欧于来年访华推动中国图书馆事业的发展,并在更宽广的文化领域促进中美文化沟通与合作。

The Central Hotel,
Glasgow.
Sept. 25, 1934

Dear Dr. Bishop:

I must apologize for having delayed in writing to you. Since coming over to Europe, I have been kept busy with my visits to libraries and museums, and I have just returned from a strenuous journey in Soviet Russia. During my tour on the Continent, I have met many librarians who know you personally as well as your achievements in library service.

I am very much delighted to find that you and Dr. Keogh, in spite of your many duties, are both favorably inclined towards taking a trip to China next year. Nothing would give us greater pleasure than welcoming you and Dr. Keogh. As soon as I return to China in December, I shall arrange to send you an official invitation.

Dr. Stevens of the Rockefeller Foundation wrote me some time ago that the Foundation would be glad to finance your trip to China. President Keppel is also interested in your forthcoming visit, and I have no doubt that the Carnegie Endowment is keenly interested in the promotion of cultural relations between China and the United States.

I am anxious to enlist the interest of these foundations towards cultural cooperation with China and I have not the least doubt that through your and Dr. Keogh's visit, the relations between the two countries will be made closer.

I attended the 16th session of the International Committee on Intellectual Cooperation at Geneva. I had the intention of asking the Paris Institute to extend you the invitation as a part of the League's technical collaboration with China. But as you will learn from Professor Shotwell, there seemed to have existed some anti-American feeling. This is at least the impression which Prof. Shotwell and I had at Geneva. The Paris Institute desires to take every activity in its own hands, incompetent as it is.

The Chinese Government, on the other hand, has placed a great deal of confidence in the League, and has entrusted to the League many things which it has not proved competent to deal with in a satisfactory manner. But our Government's attitude is "First come, first served". As far as I can observe, unless the United States takes greater interest in closer cultural cooperation with China, the American prestige will be lost-at least temporarily. Many Chinese professors now travelling in Europe have expressed to me the same viewpoint.

Although you will be invited by the National Library Association of China, I hope your field of inquiry will be made broader than libraries proper. I am quite confident that you and Dr. Keogh will carry out this mission most admirably.

As the International Library Congress which you will preside will be held in May, you may arrange your visit in the Spring. If you cannot afford three months, two months will be required. I shall send you a tentative itinerary for you and Dr. Keogh, as soon as I learn your plans. When you meet Dr. Keogh, will you kindly show him this letter, so I hope I may be excused for not writing him a similar one.

I shall be in Rome after the Museum Conference at Madrid and shall stay until November 9th, when I sail for China. You may reach me care of the Chinese Legation in Madrid and/or in Rome.

With kindest regards to you and to Dr. Keogh.

Yours sincerely,

T. L. Yuan

Will you and Dr. Keogh send me a copy of your recent photograph?

〔Yale University records, Peiping National Library, 1931-1937, Box: 80, Folder: 831〕

按:William W. Bishop(1871-1955),美国图书馆学家,本谱中译作"毕寿普"[1],先后在密歇根大学获古典学学士、硕士学位,1898年曾赴罗马进修学习希腊语、拉丁文,1902年在普林斯顿大学负责图书馆编目,1905年至1915年在国会图书馆担任阅览室主管,随后出任密歇根大学图书馆馆长。该件为录副。

九月二十八日

先生致信伯希和,告知王重民或将于今明两日抵达巴黎,希望其能够将他

① 该人译名参照严文郁著《中国图书馆发展史:自清末至抗战胜利》,页235。

介绍给法国国家图书馆的负责人,并谈自己的行程安排。

Sept. 28, 1934

Dear Prof. Pelliot:

I wrote you once when I was in Vienna. I trust Mlle. Dolléans has already left for the Far East.

I hear Mr. Wang Chung-min will arrive Paris today or tomorrow. He will certainly come to call on you and I hope you will put him in touch with the authorities in the Bibliothèque Nationale.

I originally intended to be back in Paris from Oct 1st, but my friends here insist that I should stay longer in London, so I am coming to Paris on the 6th or 7th and shall stay until the 11th when I shall go to Madrid for our conference. It is possible that I shall be back in Paris from Oct. 25 to 30th.

Looking forward to the pleasure of seeing you.

Yours sincerely,

T. L. Yuan

〔韩琦《袁同礼致伯希和书信》,页 126-127〕

是年秋

先生与牛津大学 Ernest R. Hughes 会晤,后者请先生介绍中国学者赴该校协助整理中文典籍,先生向其推荐向达。〔《中华图书馆协会会报》第 11 卷第 2 期,1935 年 10 月 31 日,页 38〕

按: Ernest R. Hughes(1883-1956),英国汉学家、伦敦会传教士,中文名修中诚,1911 年来华,在福建传教,后任中华基督教青年会干事,时在牛津大学任教,并在英国大学中国委员会(Universities' China Committee,即本谱中之 U. C. C.)任职。

先生派馆员协助北京大学商鸿逵整理刘半农藏书。〔《京报》,1934 年 7 月 16 日,第 7 版;《京报》,1935 年 1 月 15 日,第 7 版〕

按:本年 7 月 14 日,刘半农猝然离世,其藏书本拟入藏平馆专室陈列,如梁启超旧例。但因先生远在欧洲,不能尽力争取,翌年入藏北京大学图书馆。

故宫博物院筹设点验委员会,由马衡、王世铎(总务处长)、徐森玉、先生、沈兼士暨行政院派来的监视员周传经、内政部监视员罗耀枢、教育部监视员舒楚石等组成，拟于十一月开始点验。〔《晨报》，1934 年 10 月 23 日，第 6 版〕

十月七日

先生由伦敦抵达巴黎，王重民特前往拜谒，先生谓“海外保存吾国史料颇多，善本书之流出者亦不少；君于图书稍窥门径，盍记之，可以海外希见录命编也。”〔《大公报·图书副刊》第 75 期，1935 年 4 月 18 日，第 11 版〕

按：后《大公报·图书副刊》专辟“海外希见录”一栏，登载王重民撰写的书志文章。

十月八日

毕寿普覆函先生，收到前信并表示感谢，虽然有兴趣前往中国考察图书馆事业，但仍需等待正式邀请后再商讨请假出行时间，预计一九三五年秋季或有空档。

October 8, 1934

My dear Dr. Yuan:

Your letter of September 25th from Glasgow has just reached me, and has naturally interested me very much indeed.

I saw Dr. Keogh in New York a few days ago. We talked about the possibility of an invitation to go to China on a library mission, but of course, in the absence of anything more definite than has come to us up to that time, neither of us felt that we could make any plans involving long absences from our libraries.

Your letter raises quite sharply the question of leave of absence and the proper time for such a journey. I must say to you quite frankly that there seem to be difficulties of a rather serious nature in arranging for a leave of absence in the spring of 1935. It is entirely probable that the budget of this Library for the subsequent year will have to be determined somewhat hastily after the adjournment of the Legislature of Michigan. The Legislature meets in January, and ordinarily adjourns before the first of May. The last two, however, have held on for a longer time and in 1933 the Legislature did not adjourn until mid-June. The University's appropriation was passed on the last day of the Session. This necessarily requires repaid work in submitting estimates and in making adjustments in the light of the income for the Library for the next year. These circumstances would not necessarily prevent me from asking for a leave of absence in the spring of 1935, but I confess that I should hesitate to do so. It would probably be easier for me to get away from Ann Arbor in the autumn of that year.

I am sending a copy of your letter to Dr. Keogh at New Haven. If I recall his conversation with me correctly, he too would probably find it easier to be away in the autumn of 1935 than in the spring of that year.

I am answering your letter immediately without taking an opportunity to consult to the President of the University. When I talked to him last spring he was favorably inclined toward the suggestion that I should go to China at your invitation. Of course I cannot say whether his attitude and that of the Board of Regents of the University will result in an approval of a request for a leave of absence. You must, therefore, take this letter merely as an acknowledgement of your kind favor and as an expression of my sincere appreciation, and not as a definite promise to accept it. That will have to be determined a little later by the course of events. However, I assure you that I am sincerely interested in coming to China if it can be arranged without detriment to my work here.

Faithfully yours,

Librarian

〔Yale University records, Peiping National Library, 1931－1937, Box: 80, Folder: 831〕

按:该件为录副,抄送凯欧。

十月九日

法国外交部文化事业部长马克斯在国际俱乐部举行宴会欢迎先生,国立图书馆馆长、博物院院长、伯希和,教育部高等教育司司长、外交部远东司司长、东方语言学校(École Nationale des Langues Orientales Vivantes)校长及中国驻法代办萧继荣等人与席。先由马克斯致欢迎词,并由前教育总长安得拉演说,称赞先生能力。随后,先生在法国国立图书馆馆长的陪同下访问大学区及各文化机关。〔《中华图书馆协会会报》第10卷第2期,1934年10月31日,页17〕

行政院令,任命褚民谊、甘乃光、徐谟、邹琳、段锡朋、马衡、陈树人、张道藩、曾仲鸣、先生等十人为伦敦中国艺术国际展览会筹备委员,王世杰为主任委员。〔台北"国史馆",〈伦敦中国艺术国际展览会任免〉,数字典藏号001-032315-00001-001;《国民政府公报》,第1562号〕

按:筹委会第一次会议于10月24日①在教育部召开,先生尚在国外,缺席。邹琳,字玉林,广东大埔人,北京政法专门学校法律科毕业,时应任财政部政务次长;陈树人(1884—1948),广东番禺人,日本东京帝国大学美术科毕业,时任国民政府侨务委员会委员长。

十月十二日

平馆与法国国家图书馆签订协议,约定两馆交换馆员和出版物。〔蒙曦《王重民巴黎往事追记(1934-1939)》,页4〕

按:这一协议的核心内容应为1932年底至1933年春伯希和在华期间与先生商定。

十月二十四日

下午四时,中国文化建设协会北平分会假中山公园董事会召开第一次干事会,陈石泉、潘仲鲁、陈博生、熊佛西、余上沅、徐诵明等出席。讨论事项,其中决定组织教育、新闻、戏剧、美术、出版五种委员会,先生被推为教育委员会委员之一。〔《华北日报》,1934年10月25日,第6版〕

十月二十五日

蔡元培致函先生。〔《蔡元培日记》,北京:北京大学出版社,2010年,页394〕

按:该函先寄送马衡,由其转交先生。

十月二十六日　马德里

先生致信史蒂文斯,欢迎其来平考察并对即将赴美的李芳馥寄予厚望,表示回国后即以中华图书馆协会公函邀请毕寿普、凯欧访华。

Oct. 26, 1934

---

①《申报》,1934年10月25日,第3版。

Dear Dr. Stevens,

I must apologize for having delayed in writing to you. Since leaving the States in June, I have been travelling in western and central Europe. Although the tour has been most interesting and profitable, yet it has been rather strenuous owing to the pressure of time. The fatigue and daily travel explain why I have not written to you earlier.

In spite of very long silence, I have frequently had occasion to recall our pleasant meeting in New York. It was a great privilege to me to have made your acquaintance. I am very much gratified to find that you are taking such a keen interest in China and her cultural development. I do want to thank you once more for the most cordial and charming way in which you and your colleagues received me while in New York. I only hope that you will keep up your promise of visiting China soon. Nothing would give me greater pleasure than welcoming you in Peiping.

I am particularly obliged to you for your interest in the training of Chinese librarians, as these men will immediately be given with responsible posts after their return. I trust that Mr. F. F. Li has called upon you upon his arrival. I expect a great deal from him, although, as I have told you, he does not look attractive!

There is an urgent need for China in the training of museum workers especially when we are to reorganize our national museums on a scientific basis. If it would be possible for the Foundation to consider this point, it will be rendering an important service to our country.

I appreciate very much the letter you so kindly sent to me to the steamer. I have recently written to Dr. Bishop and Dr. Keogh about your interest in their forthcoming visit. I do hope they will plan an early trip to China. I shall send them an official invitation from our Library Association as soon as I return to China.

I am here attending the International Museum Conference which has been postponed until next Sunday on account of the disturbances in Spain. I am sailing Nov. 10th and shall arrive Shanghai Dec. 3.

With renewed thanks and with kindest regards,

Yours sincerely,

T. L. Yuan

〔Rockefeller Foundation. Series 601: China; Subseries 601.R: China-Humanities and Arts. Vol. Box 47. Folder 388〕

按:1934 年马德里建筑工人罢工,并随之引发一系列骚动。该信为先生亲笔,11 月 7 日送达。

十月二十八日

国际博物馆会议(International Museography Congress)在西班牙马德里圣费尔南多画家艺术学院(Real Academia de Bellas Artes de San Fernando)召开,参加者三十余国,先生代表中国出席,对于博物院管理之方法等皆有详细讨论。〔《申报》,1934 年 12 月 24 日,第 28 版;《国立北平图书馆馆务报告》(民国二十三年七月至二十四年六月),页 8;《中央日报》,1935 年 2 月 6 日,第 2 版;《华北日报》,1934 年 12 月 10 日,第 9 版〕

按:故宫博物院委派先生代表前往参加本次会议之原委,可参见《马衡年谱长编》第 467、469、476 页。另,本次会议至 11 月 3 日止,在此期间,经驻西班牙公使钱泰介绍,先生在西班牙马德里购入 Santa Maria① 旧藏之东方学书籍,内有二百余种为 17、18 世纪出版者,翌年 2 月运抵上海。

十月底

先生抵达马赛,预计十一月九日乘船返国。〔《民国日报》(江西),1934 年 11 月 3 日,第 2 版〕

十月

先生致函教育部,报告国联方面决议设学术工作咨询处并先组织一小型委员会之大略经过情形。〔《时事新报》,1934 年 12 月 19 日,第 6 版〕

按:该小型委员会共有委员六人,先生位列其中,其职责为征集资料以供咨询。

《中国养蜂杂志》刊先生题辞"利用厚生"。〔《中国养蜂杂志》第 10 期,1934 年 10 月,页 1〕

---

① 《中华图书馆协会会报》第 10 卷第 4 期第 23 页将其译为"罗克子",笔者深表怀疑,另该刊记作三百六十余种,两种记录之差距,待考。

按:该刊由中国养蜂杂志社刊行,社址位于北平李林园养蜂场(时为后门织染局6号)。

十一月五日

先生致信伯希和,感谢在巴黎时的热情款待,并告寄赠《中国地学论文索引》,希望其将论文(抽印本)寄送平馆。

Nov. 5, 1934

Dear Prof. Pelliot:

I write to thank you once more for the many courtesies you so kindly extended to me while in Paris. I have had a most profitable visit and it is to you that I owe a great deal.

I have just come here from Madrid on my way to Rome. Under separate cover, I take pleasure in sending you the "*Index to Chinese Geographical Literature*" which we published recently. Please accept it with my compliments.

Whenever you have time, I shall be obliged to you if we will send us the reprints of your articles. I assure you that they will be cordially received.

With best thanks and kindest regards.

Yours sincerely,

T. L. Yuan

〔韩琦《袁同礼致伯希和书信》,页127〕

按:*Index to Chinese Geographical Literature* 应指《中国地学论文索引》,由王庸、茅乃文编,国立北平师范大学、平馆1934年6月共同出版。

金问泗(荷兰)致函先生。〔《金问泗日记》上册,页144〕

恒慕义覆函先生,告知已与国会图书馆相关领导商洽同平馆缔结正式交换协议并着手初步准备,鼓励先生就平馆编印中文书籍目录卡片计划与美国各基金会联系,此外告知汪长炳工作近况。

November 5, 1934

Dear Mr. Yuan: -

I received your letter of Oct. 23rd written from Madrid - also your letter of a previous date suggesting formal exchange relations between the National Library and the Library of Congress. I showed to Dr. Putnam and to Mr. Blanchard and Mr. Childs the formal agreement which you drew up in Berlin. They had no specific suggestions to make, but I have verbal assurances that I can proceed informally, exchanging our government documents and duplicates for your Chinese material. Thank you for your list of desiderata of "Papers Relating to Foreign Relations of the U. S.". I shall set to work at once to see that you get them, if they are to be had at all. I can secure practically any documents you want, if they are still in print. In a few days Mr. Wong and I will also look over our duplicated books (together with Mr. Childs) and pick out what scientific books we think you may want. Mr. Childs, Chief of the Documents Division, is much interested in promoting the exchange, and you can also write to him directly if you wish. Mr. Blanchard is so busy with other things that the matter of exchange is likely to be more easily handled by the Division of Documents.

If the Rockefeller Foundation is interested in assisting your bibliographical needs, no one would be happier than I, for I believe entirely in the worth of such work at this time. I agree with you that Chinese students in the West, and in Europe particularly, are lamentably lacking in a knowledge of recent achievements in Chinese studies, and anything that will remedy that is to be encouraged. So please feel free to use my name as a reference with the Foundation for any work along this line. You can count absolutely on my encouragement of your proposals. It is true that our Foundations feel the need of going more and more into this type of work, and I think now is an opportune time for you to approach them. Write to them directly, using my name as are with whom they may consult with if they are interested. That is better than if I approached them first.

Mr. C. P. Wong is doing good work in the reorganization of our classification system. I could find his salary ($ 150.00 per month) only by taking it out of our fund for biographical work. We had on this year's appropriations $900 extra allotted for secretarial work, and I used this to engage Mr. Wong for six months. If our project for writing Ch'ing dynasty biographies is renewed for another year, and if we have a few hundred dollars of extra money which can be used for Mr. Wong, I hope we can keep him for nine months or a full year. If such money is not forthcoming, I can do nothing else but let Mr. Wong go at the end of February, much as I should dislike to do that.

Please let me know your exchange needs as soon as you can, I shall do everything in my power to see that you have them filled. Please give my regards to Miss Han and to President and Mrs. Mei when you see them.

Sincerely yours,

Arthur W. Hummel

Chief, Division of Orientalia

〔Library of Congress Archives, Arthur W. Hummel Sr. correspondence series, MSS86324〕

按:该件为录副。

十一月上旬　罗马

先生抄录梵蒂冈教皇图书馆所藏中文古籍、手稿目录,并向 Giovanni Vacca、梵蒂冈教皇博物馆询问《本草品汇精要》何以流传至此,但均以年代久远不可考答之。〔《图书季刊》第3卷第4期,1936年12月,页231〕

按:归国后,先生曾将此目寄送在欧洲访书的王重民,后者于1936年10月1日至10月16在罗马访书。① Giovanni Vacca(1872-1953),意大利数学家、汉学家,中文通译作华嘉。20世纪40至50年代,Giuliano Bertuccioli(1923-2001),专门撰写论文证明该抄本于19世纪传入梵蒂冈,1946年、1954年先生曾与其讨论此问题。

---

①《大公报·图书副刊》第162期,1936年12月24日。

十一月十二日　地中海—埃及

先生致信王重民，建议其学习欧洲语言、编法国出版东方学书刊简目。

有三吾弟：

在罗马时奉到三日来书，详悉种种，内中述及留学计划，尤佩卓见。惟鄙意法文极不易学，亟应用全副精神先在最短期内将其学好，能懂能说能写缺一不可。至关于东方学书目极不易作，必须先懂拉丁文及德、俄、意、西班牙诸文，因天主教士之书札及报告多用此种文字为之。李小缘君编此书目已有十年，尚未完成，明年拟设法使之至国外考察，顺便完成轻而易举，吾人不必作重复工作也。

兹有一事，在法时可编成之，即将1934及1935法国出版之东方学书籍及论文编一简目，愈完备愈好。可先查此二年之《通报》及*Journal Asiatique*、《东方美术杂志》安南远东学院院刊、《里昂大学杂志》之书报介绍等等，并请他同学随见随告且常至书店访求，将来可在国内发表，以后再作1933及1932者，如此逐年进行，轻而易举且可多得经验也。

今晚抵埃及，余俟续告。顺颂大安。

同礼顿首

十一月十二

外二片请分转林君及于君。

〔顾晓光《袁同礼致王重民四通书信浅疏》〕

按：*Journal Asiatique* 即《亚洲学报》，1822年法国亚洲学会(Société Asiatique)创办。《东方美术杂志》即*Revue des Arts Asiatiques*，1924年由法兰西远东学院(École française d'Extrême-Orient)在河内创办。"林君及于君"应指林藜光、于道泉，时均在巴黎。

十二月三日

先生抵达上海。〔《中华图书馆协会会报》第10卷第3期，1934年12月31日，页10；《世界日报》，1934年12月10日，第7版〕

按：关于先生抵达上海的时间，《世界日报》等另有12月4日的记录①，笔者倾向于认同3日的说法。另，先生所乘之轮船应为

① 《华北日报》，1934年12月10日，第9版。

"加拿大号"。①

十二月五日

先生抵达南京，拜访教育部部长王世杰，报告考察所得并请示馆务事宜。〔《世界日报》，1934年12月10日，第7版〕

十二月六日　上海—南京

上午，先生访刘承幹，未晤，留片而去。〔《求恕斋日记》（稿本）〕

按：12月8日正午，刘承幹为亡父行题主之礼。

下午四时，伦敦中国艺术国际展览会筹备委员会假教育部举行第二次会议，王世杰、马衡、褚民谊、徐谟、段锡朋、张道藩、邹琳、陈树人、先生出席，杨振声列席。会议主席王世杰，记录唐惜分。

首由主席报告

（一）关于展览物品安全问题之行政院议决案及郭泰祺公使转告英方发起人与英外交部对于保护安全之声明。

（二）展览物品之选择与英方第六次备忘录大概情形。

继由主任专门委员杨振声报告第一、二、三、四各次专门委员会会议议决各案，拟订铜器、瓷器、书画等选择标准，故宫博物院、古物陈列所物品初选目录，青铜、瓷器及书画等总八二一件。

此外议决六项，较为重要者为：

（一）选送物品运英展览前应在上海开一预展会（时间拟定明年三月间），物品回国后并应在南京展览一次以昭明信。

（二）由本会专门委员会负初选之责，由英方来华选择委员负决选之责。

（三）展品时代起自商周止于清代，其年月由专门委员会定之。

（四）英皇家艺术学院秘书所拟关于物品装运之安全方法大体上予以接受，详再细订。

（五）办事细则草案修正并通过。

（六）函故宫博物院理事会报告本会议决各案并推王世杰代表出席该会商洽进行。〔故宫博物院档案〕

按：唐惜分，广东恩平人，广东高等师范学校毕业，后赴美留学获加州大学硕士学位，归国后历任广西省教育厅科长、中山大学教

① 《申报》，1934年12月3日，第14版。

授等职务，并与庄尚严等人赴英参加伦敦中国艺术国际展览会，1944年至1945年任教育部秘书。

晚，南京各图书馆同仁四十余人设宴款待先生，首由刘国钧致欢迎辞，继由先生略作报告，冯陈祖怡作陪。席间，先生谈两点感受，一是中国图书馆事业与美国相比差距甚远，二是中国学习档案管理法及博物馆学的专业人员太少。〔《中华图书馆协会会报》第10卷第3期，页10〕

十二月七日

先生乘平浦路列车北返。〔《世界日报》，1934年12月10日，第7版〕

下午四时，故宫博物院理事会在行政院召开第四次常务理事会，蔡元培、罗家伦、李书华、蒋梦麟、王世杰出席，张继、王正廷、傅斯年、马衡、褚民谊、傅汝霖列席。其中，讨论事项之一为先生请辞图书馆长案，决议由马衡院长慰留。〔《马衡年谱长编》，页559〕

按：该会会期为7日至9日，辞职申请应为先生返国后在南京时提出。

十二月九日

上午十时三十分，先生抵达北平东车站。平馆采访主任徐森玉、总务部主任王访渔、阅览部主任严文郁率全馆大部工作人员、交换馆员杜乃扬等迎接，另有李书华、任鸿隽等人到场迎候。先生下车后，在候车室与杜乃扬女士晤谈十数分钟，旋即返东观音寺扁担胡同四号宅。

某记者赴先生寓所采访，先生略谈赴欧美考察之目的，即代表故宫博物院出席在日内瓦举行之国际博物文化会及接洽国际文化合作，并谈各国文化事业之进步和中国推动文化合作之决心。〔《华北日报》，1934年12月10日，第9版；《世界日报》，1934年12月10日，第7版〕

十二月十日

上午，先生到馆视事。中午，平馆设宴为先生洗尘。下午三时，平馆同仁在会议室召开欢迎会，严文郁、孙洪芬先后发言，先生答词略述欧美各国图书馆事业的现状及平馆改进之设想，尤其称赞美国图书馆馆员三大特性：一、注重个人健康，二、分工虽细但合作程度甚高，三、新式机器大加利用。至五时许，始散。〔《世界日报》，1934年12月10日，第7版；《华北日报》，1934年12月11日，第9版〕

十二月十八日

某记者来访，先生略谈平馆发展计划，涵盖扩充阅览、交换馆员、购买图书

及全国图书馆事业等方面。〔《华北日报》,1934 年 12 月 19 日,第 9 版〕

十二月十九日

蒲特南致函先生,告知国会图书馆已收到徐世昌撰写的“玉海珠渊”匾额,感谢先生为此做出的努力并请转达谢忱。

December 19, 1934

My dear Dr. Yuan:

We have just received the remarkable plaque with the four characters-Yü Hai Chu Yüan-inscribed by ex-President Hsü Shih-ch'ang.

We recognize, of course, the appropriateness for a library of the legend which identifies it as “a repository of precious things”, and we realize that as an inscription it constitutes a remarkable example of the most expert and distinguished calligraphy.

We are therefore greatly impressed with the generous thought that has induced the execution of the plaque and confers upon the National Library of the United States the privilege of possessing it. May we hope that our appreciations will reach Dr. Hsü Shih-ch'ang, as well as, of course, the proponents and intermediaries in the matter, especially yourself, to whose good offices we are so indebted.

With all good wishes,

Faithfully yours,
Chief Librarian

〔Librarian of Congress, Putnam Archives, Special File, China: National Library 1930-1939〕

按:此件为录副。

十二月二十日

下午四时,先生受私立辅仁大学文学院院长沈兼士邀请,赴该校大礼堂演讲,题为“十年来欧美文化事业之进展”,听者甚多,至五时半方毕。〔《磐石杂志》第 3 卷第 1 期,1935 年 1 月 1 日,页 61〕

按:该演讲由刘大洲记录,后刊于《磐石杂志》第 3 卷第 2 期。

十二月二十一日　北平—天津

下午四时,先生受李书田之邀赴北洋工学院演讲,题为“十年来国际图书馆

博物馆发展概况”。〔《益世报》(天津),1934年12月22日、23日,第6版〕

按:李书田时任该院院长。22、23日《益世报》(天津)载先生讲辞。

十二月二十二日

赵丰田赠《康长素先生年谱稿》抽印本与先生。〔孔夫子旧书网拍卖(http://www.kongfz.cn/28926863/)〕

按:康长素即康有为,赵丰田为顾颉刚学生,该文刊于《史学年报》第2卷第1期,抽印本封面题有“守和先生教正。丰田敬赠一九三四,十二,廿二”。

十二月二十四日　北平

先生受邀赴清华大学,在总理纪念周上演讲,题目为“近十年来欧美文化之进展”。〔《益世报》(北平),1934年12月25日、26日,第9版〕

按:《益世报》(北平)载先生讲辞。

十二月

先生覆信金问泗。〔《金问泗日记》上册,页144〕

按:翌年1月5日,该信送达。

是年

Arundell Esdaile 编著 *National Library of the World: their history, administration and public services*,其中第二十章为 The National Library, Peiping(pp. 351-357),该部分由先生提供底稿。

按:Arundell Esdaile(1880-1956),大英博物馆秘书长(Secretary of the British Museum),目录学家,在英国图书馆界占有极重要地位。该书由伦敦 Grafton & Co.出版。